KB068924

THEORY OF INSURANCE SCIENCES

보험학개론

최
상
언

박영사

머리말

　　보험은 우리들의 광범위한 사회적 환경 속에 깊이 자리했고, 우리 사회와 분리를 할 수 없는 관계가 된 보험은 그 중요성을 대부분이 알고 있으며, 삶의 질(質)을 유지하는 데 필수적인 요소로 인식하고 있다. 또한, 개인이나 가정 또는 기업의 합리적인 경제주체라면, 미래의 경제적 불확실성의 해소와 경제적 리스크(Risk)에 대한 관심이 없다면 한마디로 무지(無智)이며, 무책임의 극치와 다를 바가 없다. 보험은 우리들의 경제생활과 매우 밀접한 관계가 있고, 과학적이고 합리적이며 보편적인 경제제도로서 정착하게 되었으며, 그 과정은 우리나라의 경제발전과 함께 해온 역사적인 의미도 있다.

　　우리나라의 경제는 1962년 제1차 경제개발 5개년 이후부터 계속적으로 놀라운 성장을 거듭하여 세계적인 경제수준으로 눈부신 발전을 이루었으며, 이에 발맞추어 금융·보험업계도 많은 변화를 가져왔다. 그 나라의 경제수준을 알 수 있으면 그 나라의 보험수준을 알 수 있고, 그 나라의 보험수준을 알면 그 나라의 경제 수준을 알 수 있듯이 경제와 보험은 밀접한 관계가 있다고 하겠다. 또한, 대외적인 경영 환경의 변화에 매우 민감하게 반응하는 것이 금융·보험업이다.

　　우리나라 보험시장은 1987년부터 본격적으로 개방되기 시작한 이후 UR협상이 타결되고 OECD가입 협상, 미국 등과의 쌍무협상을 진행함에 따라 급속히 개방화와 국제화의 길을 걸어왔다.

　　우리나라의 금융시장과 금융보험업계는 1997년 말 외환위기로 환란(患亂)의 IMF 금융위기, 2007~2008년에는 1929년의 경제 대공황에 버금가는 세계적 수준의 경제적 혼란을 초래한 글로벌 금융위기를 거치며, 오늘날 보험업계의 수준으로 성장했고, 종합적인 경제수준은 세계 10위권의 경제적 성장을 이루었다.

저자는 외환위기로 인한 환란의 IMF 금융위기 때, 우리나라 굴지(屈指)의 대기업이며 업계에서 독보적인 1위 기업인 삼성그룹 삼성생명보험(주)에 재직하면서 1년에 2회를 실시한 인력구조조정의 불안감과 그 뒷맛을 많이 봤다. 그 당시에는 어쩔 수 없는 상황이었지만, 회사 전체의 정규인력(약 1만 명) 중에 약 20%의 인력에 대한 구조 조정을 실시한 회사에서 중견 간부로 근무하였다.

처절한 몸부림과 무조건 생존을 위해서 경제적 재앙수준인 금융시장의 현장에서 온몸으로 맞서며 실제 말로써 형언(形言)할 수 없는 경험을 한 사람이다. 하루아침에 떠나간 선·후배들의 모습과 다행히 살아남았으나, 그들의 몫까지 하느라 남은 자들은 재앙에 가까웠다. 공휴일도 없었고 매일 밤 11시 이후에 퇴근하는 것이 기본이 되었고, 나날이 발전을 거듭하고 멀쩡했던 경제를 외환관리의 잘못으로 대환란을 초래한 위정자(爲政者)들 때문에 망가진 경제와 재앙적인 수준의 금융보험시장에서 살기 위한 아우성과 혼돈(混沌)은 지금도 눈에 선하다. 이 때문에 금융보험 분야에 늦었지만 더욱 매진하고 있는 이유이다.

이러한 아우성과 혼돈의 시기에 보험회사에서 영업마케팅의 중심인 지점장 및 기타의 역할을 하면서 대고객 접점의 보험설계사들에게 보험지식, 금융·세금제도 지식, 보험상품 지식, 기타 등의 교육을 통하여 극복할 수밖에 없었으며, 이때 경험하고 축적한 교육자료 및 강의 자료들을 활용하여 본 저서를 집필하는 데 많은 도움이 되었고, 또한, 금융·보험산업의 현장에서 경험한 보험실무와 현장에서 실무 경험이 본 저서의 집필 과정과 내용에 많은 도움이 되었다. 삼성생명보험(주)을 퇴직한 시절부터 축적된 자료를 바탕으로 논문 또는 교재 집필을 희망하고 계획을 한 적이 있었으나, 개인적인 사정으로 엄두를 못 내었는데, 근래에 대학교에서 강의를 하면서 그 필요성을 더욱 인식하였고, 지금에 와서는 좀 늦었고 일부가 다소 부족하지만, 그간 본 저자가 갈망한 바를 실천하게 되어 다행스럽게 생각한다.

강의 시 교재를 선정하면서 느낀 것은 훌륭한 저자 분들의 교재도 있었고, 보험실무 및 현장업무와 직접 연결되고 연관된 분야를 중점으로 한 교재도 있었지만, 보험실무의 현장에서 다루어지는 많은 업무 중에 일부분이지만 부족함을 알았고, 항상 아쉬운 점을 안고 있었다. 산업 현장에서 근무하면서, 대학교에서 강의를 하느라 시간적인 한계로 엄두를 낼 수가 없었고, 금융보험업계 현장의 단순한 경험 하나로 먼저 집필하신 분들에게 누가 될까 하는 마음에 엄두를 못 내었다. 저자가 보험업계 현장의 경험과 보험실무를 강의하면서 금융·보험학 전공의 학생들이 학문적 및 이론적인 것보다 보험실무와 금융보험업계의 현장 업무에 더 접근하고자 하는 것이 학생들의 관심 분야라는 것을 알았다. 그만큼 학생들이 금융보험업계 실무와 현장의 노하우에 관심이 많다는 것은 현재의 경제 및 사회가 녹록하지 않다는 것과 취업 문제가 어렵다는 것을 감안한 학생들의 인식과 현실적인 측면을 중시하는 학생들을 외면할 수 없어 집필을 계획 하고 시도를 하게 된 계기가 되었다. 또한, 나 자신의 부족함으로 인해 부담스럽고 모든 것이 두렵지만, 학생들의 니즈(Needs)에 적극 부응하기 위해서 저자가 젊은 청춘의 전부를 금융·보험산업의 현장에서 보내며, 실제로 경험한 보험실무 중심의 교재 및 요점 정리식의 교재 편성과 학생들의 보험실무 능력의 향상을 위한 목적을 내용으로 하는 교재 집필의 갈망이 이번의 집필에 도전하게 된 큰 계기가 되었다.

그러나, **금융보험산업 분야**의 현장에서 경험한 것을 상기하며, 보험실무와 경험을 중심으로 집필하고, 대학교 강의안(講義案), 삼성생명보험회사 재직 시절에 확보한 보험설계사의 교육자료 및 강의자료, 대학원 및 삼성생명보험(주)의 논문자료, 기타 확보하고 있는 자료로 토대로 집필을 하다가 보니, 뭔가 부족함을 느낀 것은 기존의 훌륭하신 선배 집필진 분들과 같은 보험학의 이론이 좀 부족함을 알았다. 이런고로 여기에 대한 집필 내용을 보강하다가 보니, 교재 페이지 수의 증가로 처음부터 계획했던 교재 슬림화가 되지 않았고, 금융·보험학의 중요 분야별로 요점 정리식의 완벽한 실무교재가 되지 못한 점은 깊이 반성하고 다음 기회에 좀 더 가까운 내용으로 개선할 것을 약속한다.

보험실무와 실무경험을 중심으로 한, 요점 정리식의 실무교재 집필의 순수한 목표 100%를 반영하지 못한 점은 아쉬움과 유감스러운 일이 된 것 같아 송구한 마음이 든다. 이번 집필에는 복합적인 사정과 능력의 한계로 어쩔 수 없지만, 다음 기회에는 본래의 취지를 살리는데 중점을 두겠다. 그나마 다행스러운 것은 다른 분들이 집필하신 보험학 기본서와 논문, 기타 자료를 꼼꼼하게 검토, 분석하고 이를 반영함으로서 보험회사에서 경험한 것을 토대로 금융보험 분야에서 **보험실무 및 보험학 이론 중심의 보험학개론**의 교재로서 완성도를 높이고자 노력을 했다. 그러나, 그간 본 저자가 갈망한 내용과 생각한 방향의 교재 수준에는 다소 미달한 결과물이라서 아쉬운 마음이다.

그리고 **삼성생명보험회사** 시절부터 대학교에서 강의하면서 축적된 자료들이 너무 많은 것도 있지만, 너무 오래된 자료도 많아서 어디에서 자료를 인용하고 축적하였는지?, 어느 논문의 자료를 인용했는지? 어느 금융보험 분야의 교재나 자료에서 인용했는지? 정확한 팩트 확인의 어려움이 있어서 유감이다.

삼성생명보험(주)에서 보험설계사의 교육을 위한 교육 자료와 강의 자료의 안(案)을 많이 만들었고, 대학교에서 학생들의 수업을 위해 강의안 자료를 직접 만들어 사용한 바가 많다. 저자의 실제 경험을 바탕으로 하지만, 나의 개인적인 한계로 많은 자료들을 참고로 하여 보험학개론의 교재를 만들다 보니, 어디에서 인용했는지 표기가 안 된 것이 있으며, 기억의 한계로 지금 어떻게 찾는 것이 어렵다. 문헌 및 자료의 인용 사실을 본의 아니게 누락한 것은 사과의 말씀을 올리며, 만약 지적을 하신다면 교정할 것을 약속드린다. 본 집필자가 처음부터 교재집필을 목적으로 자료를 만들었다면, 문헌 및 자료의 인용 분야에 좀 더 충실하고 집필 윤리에 충실했을 거라는 것을 밝히며, 이 점에 대해 거듭 사과드린다. 또한, 집필에 대한 경험이 미천하여 부족한 점에 대해 너그러이 용서와 양해의 부탁말씀을 드린다.

본 저서에서는 보험학개론에 대해 7편으로 구분하여 저술하였고, 각각의 목적과 강의 교과목에 따라 필요한 분야별로 독립적으로 선택하여 강의 또는 사용 및 적용할 수가 있다. 제1편 위험과 보험에 대한 이론 및 관련 지식, 제2편 보험이란 무엇인가?(보험에 대한 개념 및 지식), 제3편 보험계약 이론과 보험실무의 기초지식, 제4편 보험계약 체결 및 보험 계약보전 업무의 내용(보험실무), 제5편 생명보험의 지식 및 상품, 제6편 손해보험의 지식 및 상품, 제7편 제3보험의 지식과 상품에 대해 저술(著述)하였다.

또한, 보험지식 및 관련된 기타 지식, 보험실무 지식 및 실무와 연관된 지식들, 보험이론 등을 분야별로 요약하며, 요점정리 식의 교재가 되도록 많은 노력을 하였다. 이로 인해 보험지식을 접하는 일반인이나 금융·보험학을 전공하는 학생들이 좀 더 쉽게 접근하고, 이해력을 높이며 금융보험지식을 학습하는 데 용이하도록 하였다. 특히, 보험산업의 현장에서 이루어지는 주요한 업무와 연관되는 분야는 업무FLOW에 최대한 맞추어서 요약하고 설명을 하였으며, 보험회사의 보험실무 및 지식의 습득과 이해를 높이는 데 중점을 두었다. 보험실무 분야는 실제로 이루어지는 업무FLOW의 순서와 흐름에 따라 교재를 편성하고자 노력하였으며, 분야별로 요점정리 식으로 교재를 집필하고 내용을 일목요연(一目瞭然)하게 하여 좀 더 쉽게 보험실무 지식의 습득과 보험관련 정보를 획득하여 보험업무능력의 향상을 위한 노력을 하였다.

또한, 보험학에 대한 이론적인 지식이 필요한 분야는 요점정리 식보다는 서술식(敍述式)으로 집필하고 설명하여 보험학의 이론적인 개념을 보강(補强)함으로써 금융·보험지식을 강화하는데 노력을 하였다.

본 서적이 보험학개론(보험실무 중심 및 이론)의 기본서로서 학계와 보험업계에 도움이 되기를 기대하고 선의의 보험계약자 및 소비자는 보험제도로 부터 충실한 보호를 받으며,

보험업계는 건전하고 내실 있게 발전하기를 바란다.

금융·보험학의 기본서로서 이를 전공하는 학생들에게 많은 도움이 되어 금융·보험업계와 사회 진출에 많은 도움이 되기를 기대한다. 우리나라 보험산업은 글로벌 무대에서도 충분한 경쟁력을 가지고 있다고 믿고 있기에 금융·보험학을 전공하는 학문의 후진들을 양성하고, 금융·보험업계에서 경쟁력을 갖춘 많은 후진들을 배출하여 각자의 관련분야에서 많은 활약을 기대해 본다.

끝으로, 역대급(歷代級) 이상의 경제적인 어려움과 코로나바이러스를 비롯한 여러 가지 복합적인 상황들 때문에 점점 어려워지는 출판업계의 환경 속에서도 본서의 출간을 위해서 많은 도움을 주신 ㈜박영사의 대표님께 감사드리며, 장규식 과장과 전채린 과장 및 박영사의 출판 담당자께도 고마운 마음을 전하여 드린다. 감사합니다.

2020년 7월
저자

차례

제2편
保險이란 무엇인가?

제3편
보험계약 이론과 보험실무 기초지식

제4편
보험계약 체결 및 보험 계약보전 업무(보험실무)

제5편
생명보험이란 무엇인가? Ⅰ : 總論

제6편
손해보험이란 무엇인가? II : 損害保險商品

제1편

위험(危險)과 보험(保險)

제1장
위험(危險, Risk)

제1절   위험(Risk)의 개념

1. 위험(Risk)의 정의

위험이란 "손실 발생에 대한 불확실성"이다.

위험은 "어떤 사건의 발생에 관해서 예측 능력의 부족에 기인한 객관적 불확실성"이라고 정의한다.[1] 즉, 위험(Risk)은 근본적으로 경제적 이익과 손실에 불확실성(uncertainty)의 성격을 가지고 있다. 이는 미래에 확실하지 않은 상황을 뜻한다.

이 불확실성은 인간의 미래에 대한 예측 능력이 부족하기 때문에 실제의 결과가 예측과는 다른 현상으로 나타남을 뜻한다. 이러한 불확실성이라는 위험(Risk)의 본질은 본래 존재하는 것이 아니고, 인간의 지식과 경험이 유한하기 때문에 미래를 완벽하게 예측할 수 없어서 야기된다. 즉, 인간이 신(神)과 같이 전지전능하지 않은 이상, 인간 사회에는 항상 위험(Risk)이 존재한다는 것이다. 또한, 예측불능에 의한 손실의 발생가능성이 있다는 것이다.

- 위험(Risk)의 의미: 손실발생에 대한 불확실성이 존재한다는 의미가 있다.

  - 원하지 않는(Undesired) 또는 뜻하지 않는(Unintentional) 손해가 발생할 가능성이 있는 것이다.
  - 사전적 의미는 좋지 않는 일이 생길 걱정이 있어 위태하고 험악함으로 불안하다는 의

---

[1] 이경룡, 보험학원론, 영지문화사, 2011, p.6.

미로서 "위험한 것, 안전하지 않는 것, 위해(危害) 또는 손실이 발생할 수 있는 것" 등으로 쓰인다.

- 위험 = Risk "뒤로 넘어져도 코가 깨진다."

• 위험(Risk)의 함축적 의미

① 어떤 사건의 발생에 관해서 예측 능력의 부족에 기인한 객관적 불확실성
② 불확실성(Uncertainty = Variability)
③ 예기치 않은 사건(Unexpected events, different from expectation)
④ 경제적 이익/손실

• 위험(Risk)의 정도(degree of risk)

① 객관적 불확실성의 크기를 나타냄.
② 측정방법: 분산(variance), 표준편차(standard deviation), 분산계수(coefficient of variation), Value at Risk(VaR), 기타 등

2. 위험(Risk) 인식의 이유와 중요성

① 경제 국제화(경제 世界化, Globalization): 세계 경제의 영향을 받는 위험(Risk)이 증가하고 있다.
② 기업측면: 위험(Risk) 관리가 곧 기업의 생존과 연결되어 있다.
③ 개인측면: 위험(Risk)은 가정 경제와 밀접한 연관성이 있어서 가정의 존립과 생존에 연결되어 있다.
④ 보험을 통해 리스크를 효율적으로 관리하고, 위험을 보험에 전가시켜 경제적인 안정화를 도모한다.

3. 위험(Risk)과 페릴(peril), 해저드(hazard)의 구분

① 페릴(peril): 우리 주변에서 발생하는 각종의 손실(loss)을 야기시키는 원인(cause)이라 정의된다.[2] 즉, 보험계약에서 보험자가 피보험자에 대하여 전보의 책임을 지는 손실

---

2) 이경룡, 보험학원론, 영지문화사, 2011, p.13.

은 보험계약에 합의된 페릴에 의하여 발생한 것이다.

예) 자동차의 손실을 발생시키는 충돌, 지진, 홍수, 태풍이나 건물의 손실을 야기하는 화재 등이 페릴이다.

• 보험학에서 peril이란 재산이나 인적손실의 원인 또는 원천을 의미한다.

다음과 같이 구분한다.

- 자연적 peril: 인간의 통제력을 벗어난 사건으로 자연재해(홍수, 폭풍, 지진, 해일, 가뭄)와 질병 등
- 인적 peril: 사람의 행위, 무책임으로 인한 것으로 절도, 사기, 부주의 등
- 경제적 peril: 경제전반에 미치는 손실의 원인으로 노동쟁의, 경기침체, 기술진보 등

② 해저드(hazard): 손실의 원인, 즉 페릴을 발생시켜 손실의 발생가능성 또는 손실의 규모를 증대시키는 행위 또는 여건을 말한다. 즉, 손실이 발생하게 만드는 확률과 밀접하게 관련되어 있으며, 리스크와 직접적인 관계가 없다.

해저드의 개념은 손실의 발생시키는 확률, 즉 빈도 수 뿐만 아니라 손실의 정도에 영향을 미치는 여건도 포함한다.

• 보험학에서 hazard이란 손실의 빈도나 심도 그리고 손실의 발생가능성을 새로이 만들어내거나 증가시키는 상태를 말한다.

세 가지 형태로 구분하여 설명한다.

- 물리적 해저드: 손실의 발생가능성을 새로이 만들어 내거나 증가시키는 자연적이고 물리적인(physical hazard) 조건으로 제동장치 방치, 인화성 물질의 방치 등
- 도덕적 해저드: 손실의 발생가능성을 새로이 만들어 내거나 고의적으로 증가시키는 개인의 특성(moral hazard)이나 정신적 상태로 보험금을 목적으로 방화행위, 교통사고에 의한 상해를 과장하는 행위 또는 음주운전 등

  보험자는 통제가 어려우나, 공제조항, 유예기간, 예외조항 등의 규정으로 통제함.
- 정신적 hazard: 도덕적 hazard의 경우처럼 고의성은 없지만, 무관심 또는 부주의 등으로 손실(morale hazard) 발생을 방관하는 정신적인 태도로서, 자동차 키를 차에 두고 주차했다가 도난, 졸음운전의 교통사고 유발, 침대에 담배꽁초 두고 잠이 들었다가 화재발생 등

4. 위험(Risk)의 경제적 부담

• 예상하지 못한 손실의 부담

- 가정 및 기업에 심각한 경제적 부담.
- 사회에도 직간접적으로 부정적인 영향.

• 불확실성의 존재 자체에 의한 부담

- 자원의 비효율적 이용과 배분.
- 효용의 감소경향.
- 근심과 두려움에 의한 정신적 육체적 고통.

1) 예상하지 못한 손실의 부담

예기치 않거나 예기치 못한 경제적인 손실이 발생한다면, 가정과 기업에 심각한 경제적 부담으로 가정생계의 파탄으로 가정 파괴와 기업의 자금 흐름 및 기업 존립에 문제가 있고 위협이 된다. 또한 사회에도 직간접적으로 부정적인 영향을 미치기 때문에 이러한 예기치 못한 손실을 효율적이고 효과적으로 관리해야 할 필요성이 있다.

2) 불확실성의 존재 자체에 의한 부담: 자원의 비효율적 이용과 배분, 효용의 감소경향

불확실성의 존재로 인해 리스크가 적은 산업에 중점을 둠으로서 자원 배분의 한계로 사회 전반적으로 경제발전이 어렵고, 경제 활동의 과정에 불확실성이 존재하면 효용(utility)이 감소한다.

3) 근심과 두려움에 의한 스트레스와 정신적 육체적 고통의 부담

불확실성으로 인해 인간은 미래에 대한 두려움과 근심이 많아서 부담이 된다. 또한 일상생활에 직접적으로 영향을 미쳐 사회적·경제적 활동에 많은 손실이 발생한다.

1. 주관적 위험(subjective risk)

개인의 정신적 태도와 심리적 상태로부터 발생하는 위험으로서, 보통 정확하게 측정할 수 없는 위험이다. 즉, 개인에 따라 종류와 크기를 달리하는 관계로 통계를 이용한 측정이 불가능하다.

　① 개인의 정신적, 심리적 상태에 따른 위험이다.

　② 정신적, 심리적 상태에 따라 위험이 달라진다.

　③ 통계적으로 측정이 매우 어렵다.

2. 객관적 위험(objective risk)

우연과 불가항력에 의해 생기는 위험으로서, 대량관찰의 통계적 분석에 의하여 측정이 가능하고, 대수의 법칙을 적용할 수 있는 위험을 의미한다.

　① 통계적으로 측정될 수 있는 위험으로서,

　② 기대손실과 실제 손실의 차이로 정의된다.

　③ 통계적 방법으로 표시될 수 있는 관계로 보험경영이나 위험관리 측면에서 매우 유용함.

3. 순수위험(pure risk)과 투기위험(speculative risk)

① 순수위험의 정의

일단 발생하기만 하면 반드시 손해만 발생시키는 위험(loss only risk)이다. 즉, 이익의 발생가능성은 없고 손실의 가능성만 있는 위험으로서 위험 자체가 이미 존재해 있는 위험이다.

② 투기위험의 정의

그것이 발생하면 이익 또는 손해를 가져오는 위험(loss or gain risk)이다. 손실의 가능성과 함께 이익의 가능성도 내포한 위험이다.

예) 시장위험, 즉 증권 투자에 따른 위험

• 순수 위험의 분류

(1) 인적위험(personal risks)

인간과 관련된 위험으로서, 사망과 관련된 위험, 노령과 관련된 위험, 실직과 건강에 관련된 위험 등이 있다.

(2) 재산위험(property risks)

각종 재산의 피해를 수반하는 위험으로서, 직접손실과 간접손실로 구분된다.

직접손실은 손실의 원인과 직접적으로 관련된 손실을 의미하고, 간접손실은 손실의 원인과 직접적으로 관련되지는 않으나 직접손실로 말미암아 간접적으로 입힌 손실을 말한다.

(3) 배상책임위험(liability risks)

과실이나 계약위반 등으로 제3자에게 손해를 입힌 경우 이로 인한 경제적 손실의 위험이다.

제3절 위험에 대한 대비방법

위험에 대한 대비방법(위험관리 기법)

1. 위험회피(risk avoidance)

단순히 위험을 피함으로써 위험에 대비하는 방법이다.

위험자체를 회피하거나 기존에 존재해온 위험을 제거함으로써 위험에 대비하는 방법이다.

예) 교통사고의 위험이 많은 오토바이 안 타기, 암벽 등반 안 하기, 기타 등

2. 위험인수(risk retention): 위험을 전부 인수와 일부 인수가 있다.

- 자기인수(self retention) 위험에 대한 대비책을 전혀 강구하지 않고 단순하게 인수한다.
- 자기보험(self insurance) 자기인수의 경우와 달리 과학적 방법으로 위험에 대비한다.
  위험 보유는 예상되는 손실의 일부나 전부를 보유하여 직접 손실을 부담하는 방법이다.

3. 위험전가(risk transfer)

- 위험을 자기 자신이 인수하는 대신 제3자에게 넘기는 경우이다.
- 보험가입, 특수계약의 체결, 리스를 이용 등을 이용하여 전가를 시킨다.
- 건설공사의 부분적 위험을 해당분야에 공사기술과 경험이 많은 하청업자에게 하청을 주어서 공사중에 일어나는 경제적 손실가능성을 제3자에게 부담시키는 경우.

4. 손실(위험)통제(loss control, risk control): 손실방지와 손실의 최소화

손실통제를 하는 목적은 손실을 미연에 방지하고, 발생된 손실을 최소화하는 것이다. 손실의 횟수와 손실의 규모를 최대한 줄이는 방법이다.
- 손실방지: 손실발생의 가능성을 줄이거나 손실발생 자체를 막는 데 목적이 있다.
  건강을 위해 운동 또는 금연과 절주, 보일러 정기점검 등
- 손실 최소화: 이미 발생한 손실을 최소화하는 데 목적이 있다.
  건물에 스프링클러를 설치하여 화재발생시 손실을 최소화시키는 방법.

5. 보 험(insurance)

위험을 대비하는 가장 과학적인 방법이다.

보험의 성격: 위험의 전가.
　　　　　　위험분산을 위한 기법.
　　　　　　대수의 법칙에 의해 위험에 대비하는 과학적인 방법.

제2장
위험관리

제1절 위험관리의 의의

1. 위험관리(risk management)

조직의 이익을 위해 조직에서 발생될 수 있는 손실가능성을 체계적으로 파악, 분석하여 그에 대응하는 최적의 방안을 강구하는 것이다.

위험관리란 조직이 직면하는 위험(Risk)을 합리적이고 체계적인 방법을 활용하여 효율적이며 효과적으로 관리하는 것이다. 위험관리는 기업경영의 한 축으로서 잠재적 리스크를 관리하여 기업의 소득능력을 유지시키며 자산을 보전함으로써 기업의 목적달성에 기여한다.

 - 위험(Risk)이란 예측 능력의 부족에 기인한 객관적 불확실성이다.
 - 위험관리(risk management)는 리스크와 손실에 대한 평가, 통제, 재무에 있어서 미래지향적 행동을 강조하며, 분석과 대응 또한 통합되고 합리적이며 체계적인 접근방법을 추구한다.
 - 최근 기업의 경영환경이 급속히 변화하면서 리스크 관리의 중요성이 증대하고 있다.
 - 위험관리(risk managment)는 리스크 통제와 리스크 재무라는 2가지 기본적인 방법을 활용하여 관리한다.

2. 리스크 관리의 영역

리스크 관리의 영역은 점진적으로 확대 변화하는 경향이다.

투기 리스크와 완전히 분리된 순수 리스크는 거의 없다.

3. 위험(Risk)관리의 목적: 위험(Risk)관리는 기업의 목적과 부합되어야 함.

- ♣ 손실 전 목적: 경제적 효율성 추구(경제적 목적), 불확실성 제거를 통한 심리적 안정(걱정, 근심 감소), 손실방지를 위한 각종 규정의 준수.
- ♣ 손실 후 목적: 생존목적(기업의 존속), 작업 계속성 유지 목적, 수익의 안정성 목적, 성장 계속 목적, 사회적 책임과 기업 이미지 제고 목적.

4. 환경변화와 위험(Risk)관리

장기 안정적 성장 지향 경제정책, 기업의 규모 확대 및 국제화 경향, 새로운 기술의 발전, 기업의 경쟁적 환경에 따른 원가 절감 압박, 일반 대중의 리스크에 대한 관심 및 지식 증가, 소비자 보호를 위한 사회적 압력 증가, 새로운 노사관계 요구, 기업의 사회적 책임에 대한 사회적 요구 증대

5. 위험관리의 기능

1) 위험의 인식(identifying risk): 존재하고 있는 위험을 인식하여 파악함.
재산적 손실위험, 법적 배상손실위험, 기업중단에 따른 손실위험, 종업원 부상에 따른 손실위험, 사기 범죄 등

2) 위험의 평가(evaluating risk): 인식되고 파악된 위험의 평가와 성질을 파악해야 함.
- 예상되는 손실의 빈도수와 심도 측정 및 추정되어야 한다.
- 인식된 위험은 그 중요성에 따라 우선순위 결정해야 한다.
- 적절한 대비 방법이 강구 될 수 있도록 평가되어야 한다.
- 한 번의 사고로 입을 수 있는 최대손실액을 고려하여야 한다.

3) 위험관리 기법의 선택(selecting techniques for handling risk)
- (1) 위험회피: 위험자체를 회피하거나 기존에 존재해온 위험을 제거함으로써 위험에 대비하는 방법이다.
- (2) 위험보유: 예상되는 손실의 일부나 전부를 보유하여 직접 손실을 부담하는 방법이다.
- (3) 위험의 전가: 보험가입, 특수계약의 체결, 리스를 이용하여 위험을 제3자에게 전가시

킨다.

    (4) 손실의 통제: 손실의 횟수와 손실의 규모를 최대한 줄이는 방법이다.

    (5) 보험: 손실의 확률은 매우 낮으나 손실의 규모가 크리라고 예상되는 경우에 사용한다.
보험선택 시 유의 사항으로는 보험 상품의 선택, 보험자의 선택, 자세하고 명확한 약
관의 구성, 선택된 보험 상품에 대한 조직 내부에서의 충분한 인식, 보험 상품에 대한
정기적인 검토.

4) 위험관리계획의 수행(administrating the program)

위험관리자는 위험관리기능의 효율적인 수행을 위해 ① 위험관리방침의 문서화, ② 타부서
와의 협조, ③ 위험관리계획의 정기적인 검토를 필요로 한다.

제2절 위험의 관리(Risk Management) 방법

위험(Risk)을 관리하는 방법은 위험(Risk) 통제와 위험(Risk) 재무가 있다.

    ① 위험 통제(Risk Control)는 손실을 감소시키고 손실에 대한 불확실성을 감소시킨다.
그 기법은 위험(Risk)의 회피, 분리, 결합, 손실통제, 전가 등이 있다.

    ② 위험 재무(Risk Finance)는 손실의 재무적 결과를 최소화하고 손실을 복구하는 것이다.
그 기법은 위험(Risk) 보유와 위험(Risk) 전가가 있다.

1. 위험 통제(Risk Control)

1) 의의와 목적

위험(Risk)관리에 있어 사전적 상황에 대비하는 적극적 관리기법으로서 이의 목적은 손실 감
소 및 손실에 대한 불확실성의 감소이다.

2) 위험 통제(Risk Control)의 기법

① 위험 회피(Risk Avoidance)

개인의 행동과 활동, 기업의 경영과 활동을 함에 있어서 수반하는 갖가지 모든 위험을 검토
하여 득보다 실이 많다고 판단하면 위험을 회피하는 것이다. 손실발생의 가능성이 있는 재

산, 사람, 활동을 피함으로써 손실에 대한 불확실성을 제거하는 것이다. 방법은 재산 소유권에 따른 위험(Risk) 회피, 특정인을 기업 활동에 참여시키지 않음으로 회피, 손실 발생확률이 클 경우에 활동에 참여하지 않기의 방법이 있다.

② 위험의 예방과 경감 :

- ♣ **위험의 예방**: 위험의 발생을 미연에 방지하기 위해서 사전조치를 취하는 방법으로서, 건물의 내화구조화, 기계 안전장치, 안전교육, 정기점검 등의 조치하는 것이다.
- ♣ **위험의 경감**: 어떤 특정한 위험으로 인하여 입는 손해를 가능한 최소한도로 줄이기 위해 각종 대책을 강구한다. 화재발생시 피해경감을 위해 소화기, 스프링클러 설치, 정기검진 등

③ 위험(Risk)의 분산 및 다양화

분산은 손실의 대상이 되는 것을 한 곳에 집중시키지 않고, 여러 장소에 분산시켜 한 곳의 위험발생으로 인한 경제적 손실의 가능성을 감소시키며, 위험의 정도와 빈도를 줄이는 것이다. 분산의 형태는 장소적, 기술적, 시간적 분산 등이 있다.

④ 위험의 결합(Risk Combination, pooling of risks)

손실의 대상이 되는 것을 하나의 관리조직에 포함시켜 관리하는 손실대상의 수를 증가시킴으로써 대수의 법칙에 따라서 손실의 불확실성을 감소시키는 기법이다.

⑤ 손실 통제: 손실방지 기능과 손실경감 기능을 갖는다.
손실방지는 손실발생의 빈도 또는 확률을 감소시키는 것이다.
손실경감은 손실의 규모를 감소시키는 것이다.

⑥ **위험(Risk) 전가**: 제3자에게 손실에 대한 책임을 넘겨주는 것을 말한다.

위험(Risk) 통제로서의 전가는 손실발생의 불확실성 자체를 이전하는 것이고, 위험(Risk) 재무적 전가는 손실의 발생에 따른 재무적 손실의 부담에 관련된 불확실성을 제3자에게 넘기는 것이다.

2. 위험 재무(Risk Finance)

1) 의의와 목적

예기치 않은 손실이 발생할 때 이에 따른 재무적 문제를 해결할 수 있도록 준비해 두어야 하며, 주요 목적은 예기치 않은 손실의 발생이 기업에 미치는 재무적 영향을 최소화시켜서 궁극적으로 기업의 자산과 소득능력을 보장하는 것이다(손실의 재무적 결과를 최소화하고 손실 복구).

2) 위험(Risk) 재무의 기법

① 위험(Risk) 보유: 위험의 자기보유

- **수동적 보유**: 위험(Risk)은 발견되었으나, 지식과 경험의 부족으로 위험(Risk)을 무계획적 으로 보유함.
- **능동적 보유**: 발견, 규명된 위험(Risk)을 다각적으로 평가한 후, 의도적으로 보유하는 것 을 말한다. 위험(Risk)의 보유가 불가피한 것이거나, 위험(Risk)의 특성이 의도적으로 보 유하는 데 적합한 것일 때 한다.

② 위험(Risk) 전가

제3자에게 위험을 전가시키고 위험이 현실화한 경우에 그 제3자로부터 손실액을 보전받는 방법이다. 위험(Risk) 전가의 대표적인 방법은 보험이다.

위험의 전가는 계약을 통해 고용계약, 용역계약, 운송계약, 창고보관계약, 임대계약 등 체결 한다. 그 외의 방법은 헷징(hedging)계약, 무해협약, 수탁계약, 보증제도 등이 있다.

제3절　위험 관리(Risk Management)로서의 보험

보험의 존재 이유는 곧 리스크 때문이며, 다양한 분야와 종합적으로 연구되고 있으며 보험 제도는 발전 중이며, 보험이 전적으로 리스크를 모두 해결해 줄 수 없으며, 사전에 리스크 를 파악하고 관리하는 것이 중요하다.

보험은 위험에 대처하는 수단의 하나이다. 보험에 가입함으로서 위험은 보험자(보험회사)에 게 전가되고, 전체적으로 볼 때 다수의 경제 주체가 결합하여 위험은 축소된다.

위험(Risk)관리는 기업 경영의 주요한 기능 중 하나이다. 위험(Risk)관리를 통해 앞으로의 불확실성으로 인해 발생할 추가적인 비용을 절감할 수 있고, 현재의 사업에 집중함으로써 효율적인 경영환경을 제공할 수 있다. 그러한 가운데 보험은 위험(Risk)관리의 중심에 있고, 핵심적 역할을 해낼 것이다.

보험은 위험(Risk)관리를 위한 다양한 방법 가운데 위험(Risk)전가의 기능을 수행한다. 원활한 위험관리를 위해 보험 제도를 운영하는 보험자는 개별 피보험자에게 적은 금액의 보험료를 받고, 위기상황과 보험사고 시에 경제적 손실보상을 위해 보험금을 지급해야 하는 의무가 있다.

이러한 상황에서 보험을 운영하기 위해서는 기본 원리가 필요한데, 이 기본 원리에는 보험등식, 확률과 대수의 법칙, 통계자료와 정보 등이 있다.

제4절 위험관리의 절차 및 방법

1. 위험관리의 절차

| 위험의 확인 및 발견 | : 과거의 통계분석, 유사업종 사례, 체크리스트(Checklist), 현장방문 등 |

⬇

| 위험의 분석 및 평가 | : 발생빈도와 심도, 최대추정 손해액 측정 등 |

⬇

| 위험의 처리 | : 위험의 통제(Risk control), 위험 재무(Risk financing) |

2. 위험의 처리방법

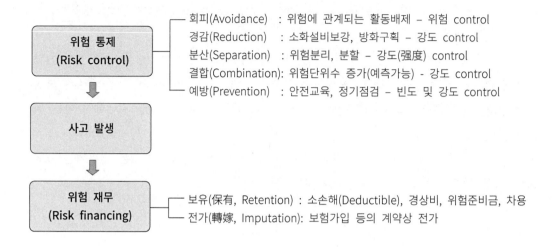

위험 통제
(Risk control)
┌ 회피(Avoidance)　: 위험에 관계되는 활동배제 – 위험 control
├ 경감(Reduction)　: 소화설비보강, 방화구획 – 강도 control
├ 분산(Separation)　: 위험분리, 분할 – 강도(強度) control
├ 결합(Combination): 위험단위수 증가(예측가능) - 강도 control
└ 예방(Prevention)　: 안전교육, 정기점검 – 빈도 및 강도 control

사고 발생

위험 재무
(Risk financing)
┌ 보유(保有, Retention) : 소손해(Deductible), 경상비, 위험준비금, 차용
└ 전가(轉嫁, Imputation): 보험가입 등의 계약상 전가

3. 위험관리(Risk Management)의 4단계

1) 위험(Risk)의 발견 및 규명

기업 활동에 잠재하는 모든 손실 형태의 위험을 발견 및 규명하는 활동이다.
  – 손실 형태: 자산의 손실, 인적 손실, 배상책임손실 등
  – 리스크 발견 및 규명 기법
    잠재손실점검표, 리스크 분석 질문서, 재무제표방법, 업무흐름 도표 방법, 타 부서와의
    교류, 과거경험 및 계약서 분석, 환경분석, 시스템 접근방법

2) 위험(Risk)의 측정 및 평가 방법

  ① 손실의 빈도 측정: 평가 방법은 통계적 자료를 통해 발생확률을 측정.
  ② 손실의 규모 측정: 손실의 규모를 경제적 가치로 측정한다. 최악 손실, 최대 가능손실,
    연간 기대손실 등
  ③ 손실의 재무적 평가: 현금흐름의 측면, 대차대조표의 측면, 이익의 측면 등으로 평가할
    수 있다.

3) 위험관리(Risk Management) 방법의 선택

① 위험 통제(Risk Control): 손실의 감소 및 손실에 대한 불확실성을 감소.
위험(Risk)의 회피, 분리, 결합, 손실통제, 전가
② 위험 재무(Risk Finance): 손실의 재무적 결과를 최소화하고 손실을 복구.
위험(Risk) 보유, 위험(Risk) 전가

4) 위험(Risk)의 행정(administration)

- 위험(Risk)관리 기능이 잘 수행되도록 계획, 지휘, 통제한다.
- 위험(Risk)관리의 질적인 수준을 좌우한다.

제3장
위험(Risk)과 보험(保險)

제1절   위험 AND 보험

1. 대형사고 사례

1) 타이타닉 침몰사고(1912. 4. 14.)

2,200여 명의 승객을 싣고 미국으로 향하던 타이타닉호 암초에 부딪혀 침몰(1,513명 사망)

→ 영국 로이드보험사 140만 파운드 지급(약1,430억원)

2) 대한항공 여객기 괌 추락사고(1997. 8. 6.)

대한항공여객기 괌에서 추락(229명 사망, 25명 부상)

→ 1인당 약 2억 5천만원 보험금 지급

3) 삼풍백화점 붕괴(1995. 6.29.)

   501명 사망, 6명 실종, 937명 부상 → 4억 4천만원 보험금 지급

4) 대구 지하철 화재 참사(2003. 2. 18)

   전동차 전소, 192명의 사망자와 6명의 실종자 그리고 151명의 부상자, 총 343명, 보험금
   약 137억

5) 서해대교 29중 추돌사고 발생(2006. 10. 2.)

   11명 사망, 46명 부상, 40여 억원 보험금 지급

6) 남대문 화재 발생(2008. 2. 10.)

　한국지방재정공제회 9,500여만원 보험금 지급(일반화재보험 미가입)

2. 보험의 시작은 위험에서

집, 컴퓨터, 가재도구, 기타
(손실보전, 안전장치, 위험회피)

위험　　　　　보험

3. 위험이란?

- 위험 ＝ Risk
- 원하지 않는(Undesired) 또는 뜻하지 않는(Unintentional) 손해가 발생할 가능성.
- "뒤로 넘어져도 코가 깨진다."

4. 위험관리의 방법

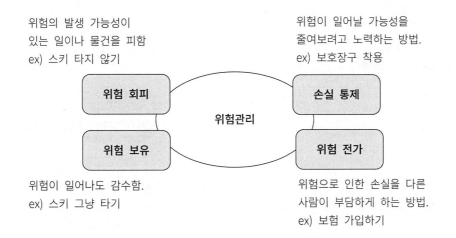

위험의 발생 가능성이
있는 일이나 물건을 피함
ex) 스키 타지 않기

위험이 일어날 가능성을
줄여보려고 노력하는 방법.
ex) 보호장구 착용

위험 회피　　　　손실 통제

위험관리

위험 보유　　　　위험 전가

위험이 일어나도 감수함.
ex) 스키 그냥 타기

위험으로 인한 손실을 다른
사람이 부담하게 하는 방법.
ex) 보험 가입하기

5. 위험과 보험

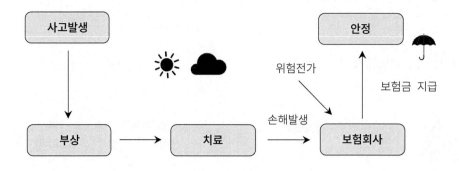

제2절　보험의 기본원리와 가입절차

1. 보험의 성립

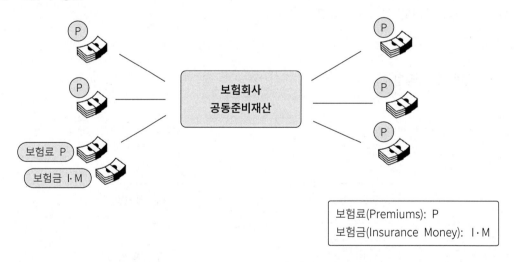

보험료(Premiums): P
보험금(Insurance Money): I·M

서로 비슷한 어려운 일에 처할 것 같은 사람들이 모여서 돈을 조금씩 내어서 몫 돈을 마련하고, 그 사람들 중 누구에게 어려운 일이 일어나면 그 돈으로 도와주는 것.

미래의 안전장치!!!

2. 보험 용어

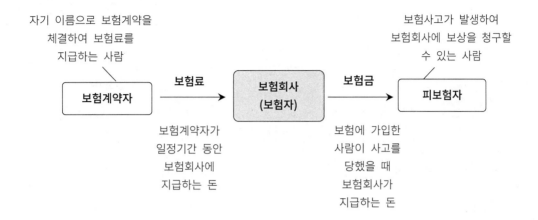

3. 보험의 기본원리

- 위험의 분담: 만인은 1인을 위하여, 1인은 만인을 위하여!!!
    (All for one, One for all)
- 대수의 법칙: 다수 위험의 결합
    위험 집단이 늘어날수록 그 위험의 발생 가능성을 예측할 수 있다.

4. 보험가입의 절차

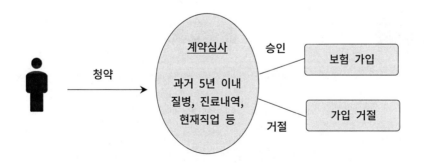

보험은 가입자의 청약과 보험회사의 승인에 의해서 성립되는 쌍방계약이다.
다만, 피보험자의 위험률에 따라 가입이 거절될 수도 있다.

5. 보험가입 시 의무

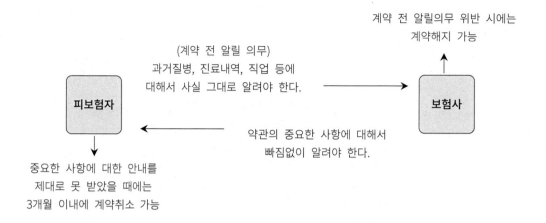

피보험자

(계약 전 알릴 의무)
과거질병, 진료내역, 직업 등에
대해서 사실 그대로 알려야 한다.

보험사

계약 전 알릴의무 위반 시에는
계약해지 가능

약관의 중요한 사항에 대해서
빠짐없이 알려야 한다.

중요한 사항에 대한 안내를
제대로 못 받았을 때에는
3개월 이내에 계약취소 가능

6. 예금과 보험의 차이

저축

예금
─────
은행

해약금

원금 + 이자

*예금은 원금에 이자를 더한 금액을 돌려준다.

7. 보험의 종류

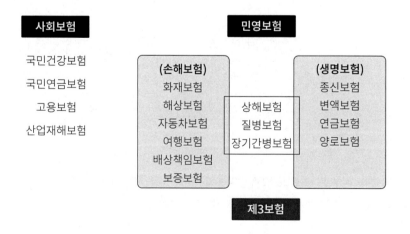

사회보험

국민건강보험
국민연금보험
고용보험
산업재해보험

민영보험

(손해보험)
화재보험
해상보험
자동차보험
여행보험
배상책임보험
보증보험

상해보험
질병보험
장기간병보험

(생명보험)
종신보험
변액보험
연금보험
양로보험

제3보험

제3절 손해보험 집중탐구

1. 손해보험의 사회적 기능

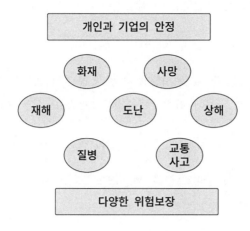

2. 손해보험의 화재보험

화재보험

주택이나 공장 등 건물의 화재발생에 대비하여 가입하는 보험.

보상내용: 화재로 인한 직접적인 손해

　　　　　화재 진압을 위한 소방손해

　　　　　최초 사고일로부터 5일 이내에 피난지에서 생긴 화재로 인한 손해

제4절 기타 탐구

• 보험사기

• 보험은 안정적인 경제생활의 도우미

위험은

원하지 않는 또는 뜻하지 않은 경제적 손해가 발생할 가능성을 말하며, 이러한 위험을 관리하는 방법 중의 하나가 보험에 가입하는 것이다.

보험은

서로 비슷한 어려운 일에 처할 것 같은 사람들이 돈을 조금씩 내어 공동준비자금을 마련하고, 사람들 중 누구에게 어려운 일이 일어나면 그 돈으로 도와주는 "미래의 안전장치"이다.

손해보험은

다양한 위험을 보장함으로써 개인과 기업의 안정을 도모하고, 타인에 대한 배상을 통해 피해자를 보호하며 각종 사고를 예방한다.

제2편

保險이란 무엇인가?

제1장
보험(保險)의 개론(槪論)

제1절 보험의 개념

1. 보험(保險, insurance)의 정의

"보험"이란 동질(同質)의 경제상의 위험에 놓여 있는 다수인이 하나의 단체를 구성하여, 미리 통계적 기초에 의해 산출한 일정한 금액(보험료)을 내어 일정한 공동자금(기금)을 만들고 현실적으로 우연한 사고(보험사고)를 입은 사람에게 이 공동자금에서 일정한 금액(보험금)을 지급하여 경제생활의 불안에 대비하는 경제제도이다.

동질의 위험에 처한 다수인이 우연한 사고의 발생과 그로 인한 경제적 수요에 대비하고자 위험단체(보험단체)를 구성하고, 그 단체 내에서 통계적 기초와 대수의 법칙(大數의 法則)에 따라 일정한 금액(보험료)을 미리 갹출하여 기금을 형성한 후, 약정된 사고(보험사고)가 우연하게 실제 사고를 당한 구성원에게 재산적 급여(보험금)를 지급함으로써 경제적 어려움과 불안을 극복하고 위험을 분산하는 경제제도이다.

즉, 보험(保險, insurance)은 다수의 사람(다수의 경제주체)들이 수리적인 관점에서 확률과 실제 경험적 통계로 소액의 보험료(Premium)를 갹출하여 일종의 공동기금을 마련한 후, 소수의 사람들에게 우발적으로 발생 하는 일정한 위험(보험사고)에서 생기는 경제적 손실과 경제적인 부담을 덜어주기 위하여 손해보상(보험금 지급)을 하는 경제제도이다. 이것은 동질적인 위험의 결합을 통해 실제 손실을 평균 손실로 대체하는 제도이다.

또한, 보험(保險, insurance)은 경제적, 사회적, 법적, 수리적 관점과 특성(속성)을 모두 포함하고 있는 종합적인 경제제도이다.

미래에 직면할 위험에 대비하기 위한 집단적 위험대비 제도로, 현존하는 보험형태 가운데 가장 오랜 역사를 지니는 것은 후에 해상보험으로 발전한 것이고 그 후에 나타난 화재보험, 재해보험으로 확대되었다. 재해보험은 19세기에 더욱 확대되어 새로운 산업기술의 산물을 보험대상으로 하게 되었다. 19세기 말엽과 20세기 전반기에는 의료보험 등 다양한 형태의 사회보험이 생겼다. 20세기말에는 자동차보험 등 다양한 종류의 책임보험이 역할을 증대시 켰다. 보험대상은 재산과 사람으로 양분할 수 있고 보험으로 대치하는 사고는 재해와 의무 위반 등이다. 보험료와 보험급여의 징수 및 지불방식은 어떤 분야에서든 보험증권의 내용에 따라 다소 차이가 있다.

보험이란 위험의 감소와 손실의 분담과 전보(전가), 그리고 손실의 예측과 분배를 목적으로 한다. 보험의 정의를 분석하면, 발생이 불확실한 우연성이 존재, 가계 및 기업의 경제적 불안정 제 거가 목적, 다수 개별경제주체의 결합으로 공동기금조성, 합리적인 계산에 의한 보험료의 각출이다.
- 보험은 현대인들에게 삶에서 분리할 수 없는 필수적인 존재이며 경제제도이다.
- 보험은 우리 인생에 보다 효율적으로 이용하여 삶의 질(質)을 윤택하게 만드는 데 힘 써야 할 것이다.

2. 보험과 위험

"위험(危險)이 없으면 보험(保險)도 없다."
- 우발적 위험(사고): 위험의 불확실성, 위험의 다수성, 위험의 동질성 → 전가(轉嫁): 보험
- 위험의 분담: "만인은 1인을 위하여, 1인은 만인을 위하여(All for one, One for all)"!!!

3. 보험의 기본 성격

1) 위험의 전가(risk transfer)

일정한 보험료를 내고 순수위험의 부담을 보험자에게 전가한다. 보험의 필수적인 요소로, 화재보험의 경우, 피보험자가 일정한 보험료를 내고 화재로 인한 손실부담을 보험자에게 전 가하는 것이다. 생명보험의 경우도 사망에 따른 손실부담을 피보험자로부터 보험자에게 전 가시키는 것이다.

2) 위험의 결합(pooling of risks)

발생된 손실을 보험가입자 모두에게 분산시키는 효과가 있다. 보험원리의 핵심적인 요소를 구성한다. 위험의 결합과 관련된 개념으로서 대수의 법칙이 있는데, 이는 "어떤 위험에 대하여 측정대상의 수를 늘리면 늘릴수록, 또한 측정을 통한 예상치는 실제 치에 가까워진다"라고 풀이 될 수 있다.

3) 우연적 손실의 보상(indemnification of fortuitous losses)

고의적이고, 의도적인 사고에 의한 손실은 보상하지 않고, 우발적인 보험사고의 우연적 손실을 보상한다.

4. 보험의 목적(目的)과 목적 달성을 위한 수단

• 보험(保險,insurance)의 목적

위험을 감소하고, 손실을 분담하며, 손실을 전가(轉嫁)하고, 손실을 예측하고 분배하는 것이다.

• 목적 달성을 위한 방법

위험(Risk)을 전가(轉嫁)하거나 결합하고, 공동기금을 형성하거나, 법적인 계약을 체결하고, 보험수리라는 수리적 수단(확률, 경험적 통계)을 이용하는 방법이 존재한다.

5. 보험의 필수 요건

1) 손실의 발생은 우연적이고 고의성이 없어야 한다.

- 보험대상의 손실은 반드시 우연적이고, 손실발생의 장소 및 시간을 예견할 수 있어서는 안 된다.
- 보험계약자가 고의로 손실을 발생시키거나, 발생한 손실을 고의로 확장시키거나, 과장시키는 것을 방지하기 위한 것이다.
- 만약, 손실이 고의적으로 발생되고 확대·과장된다면 이는 도덕적 위태(moral hazard)에 해당되는 것으로서 보험의 대상이 될 수 없다.

2) 다수의 동질적인 위험이 존재해야 한다.

- 보험에서 대상으로 할 수 있는 위험은 동질성(同質性)과 다수성(多數性)을 갖추어야 한다.
- 위험의 동질성과 다수성을 필요로 하는 이유는, 만약 동질성과 다수성을 갖추게 되면 보험회사는 대수의 법칙을 이용하여 위험으로 인한 손실의 규모와 발생수를 보다 정확하게 측정할 수 있고, 이에 따른 보험료 산출도 정확해질 수 있다.

3) 손실은 대이변적(大異變的, catastrophic)이어서는 안 된다.

- 한번 보험사고의 발생으로 보험회사를 비롯한 보험집단 전부에 심각한 영향을 줄 수 있는 위험은 일반적으로 보험대상에서 제외된다는 뜻이다.
- 국가전체 불경기로 대량 실업사태 발생, 태풍, 홍수, 지진 등 천재지변의 사고 등은 제외한다는 뜻이다.
- 대형 위험은 재보험을 효율적으로 이용하거나, 지역적으로 대형 위험을 적절히 분산하여 대처할 수 있다.

4) 손실은 확정적이고 측정이 가능해야 한다.

보험대상의 손실은 그 발생원인, 발생한 때 발생한 장소, 손실의 금액이 명확하고 측정 가능한 것이어야 한다. 이러한 것들이 명확하게 정해지지 않는다면 손실에 관한 모든 사항을 파악할 수 없고, 보험료 산출 등 보험에 필요한 모든 자료를 객관적이고 과학적으로 처리하지 못하게 된다.

5) 손실의 발생가능성은 확률로서 측정이 가능해야 한다.

보험대상이 되는 손실은 그 발생 규모나 발생 횟수를 예상하여 그 예측이 가능하여야 한다. 이러한, 확률적 예상이 가능해 짐에 따라 충분하고 정확한 보험료 계산이 가능하다.

6) 보험료는 시장성을 고려해 경제적이어야 한다.

위의 열거된 여러 가지 요건을 고려하여 계산된 보험료는 보험가입자들이 부담 없이 지불할 수 있을 정도로 시장성이 있고 경제적이어야 한다. 또한, 보험계약금액에 비해 보험료가 상대적으로 비싸다면 보험가입자들이 보험가입 자체를 포기하거나 주저할 것이다.

제2절 보험의 본질(本質)로서 정의(定義)

보험을 부분적으로만 이해한다면, 그에 대한 왜곡된 시각이 생길 수가 있으므로 보다 다각적인 방법으로 살펴볼 필요가 있다. 따라서 아래의 다양한 관점들을 통하여 보험의 특성(속성)을 이해하고자 한다.

보험은 어떤 관점에서 보느냐에 따라 그 정의(定義)도 상이하다. 보편적으로 보험을 크게 4가지 관점에서 정의할 수 있는데, 경제적 관점, 사회적 관점, 법적 관점, 수리적 관점이다. 따라서 이 4가지 관점에서 보험을 어떻게 정의 할 수 있을지?, 보험의 목적이 무엇인지?, 어떤 수단들이 사용되는지? 여러 가지 관점들을 적용하여 보험을 정의하고 보험의 특성(기능)을 종합적으로 파악한다.

• 보험이란 위험의 감소와 손실의 분담과 전보, 그리고 손실의 예측과 분배를 목적으로 한다.

1. 경제적 관점의 보험(보험의 개념과 특성)

‒ 위험이란, 손실이 발생할 수 있다는 불확실성.
‒ 위험 감소를 위한 방법은 전가와 결합, 2가지
‒ 보험은 계약을 통해 위험을 전가하거나 결합하여 관리.
‒ 보험은 경제적 손실 가능성(위험)을 감소시키는 경제적 제도.

경제적 관점에서 보험의 근본적 목적은 위험(Risk)의 감소와 위험(Risk)의 전가 및 결합에 있다. 위험(Risk)을 감소시키는 방법은 ① 위험(Risk)의 전가이고, ② 위험(Risk)의 결합이다. 일반적인 보험의 형태는 첫 번째(①) 형태이고, 피보험자와 보험자의 계약을 통해서 피보험자는 보험자에게 위험(Risk)을 전가시킬 수 있다.

둘째(②)의 형태는 보험자가 첫째에서 이루어진 개별적 위험(Risk)을 한데 모아 결합시킴으로써, 위험분산의 효과를 낼 수 있다.

경제적 관점에서는 보험은 위험을 결합하여 위험을 분산(감소)시키는 것이다. 즉, 피보험자가 보험자에게 위험을 전가하는 행위뿐만 아니라 위험의 결합으로 위험을 분산시킬 수 있다면 경제학에서 보험이라고 볼 수 있다.

• 리스크의 감소와 리스크의 전가 및 리스크의 결합

보험은 리스크를 결합하여 위험을 분산시키는 것.

• 경제적 관점의 보험 : 재무적 손실에 대한 불확실성, 즉 위험(Risk) 감소

 – 위험(Risk) 전가: 개별적 위험을 감소시키기 위해 피보험자가 자신의 재무적인 위험을 보험자에게 전가.
 – 위험(Risk) 결합: 집단적 위험을 감소시키기 위해 대수의 법칙에 따라 개별적 위험을 결합하여 관리.

2. 사회적 관점의 보험(보험의 개념과 특성)

보험의 기본 정신은 상부상조(다수의 사람들이 모여 불행을 함께 해결)
사회 구성원들 중 소수의 손실을 다수가 분담하는 목적.
사회적 관점의 특성: ① 다수인의 참여가 전제
　　　　　　　　② 다수가 힘을 합쳐 소수를 돕는 것(상부상조)
　　　　　　　　③ 개별 구성원 모두의 책임 의식 필요

사회적 관점에서 보험의 근본이념은 상부상조(相扶相助)이다. 사회의 다수가 모여 협력을 형성하고 개인이 불행한 일을 겪게 될 때 다수의 협력으로 해결하는 형태이다. 즉, 보험은 사회적 관점에서 개인에게 발생한 손실을 다수인이 부담하는 것으로, 기금의 형태이다. 단, 사회적 관점에서 보험의 특징은 개인의 불행을 다수가 분담한다는 것이고, 특정 개인의 원조(aid)를 위한 기금의 형성이나 협력은 아니다.
보험의 사회적 특성의 표현은 "만인은 일인을 위하여, 일인은 만인을 위하여"로 함축하여 인용한다.

• 사회의 다수가 모여 개인이 불행한 일을 겪을 때 다수의 협력으로 해결하는 형태

• 사회적 관점의 보험

다수인이 모여 손실에 따른 불행을 공동의 노력으로 해결하고자 하는 사회제도로 다수인의 참여가 필요하다(상부상조 정신).

3. 법적 관점의 보험(보험의 기반)

- 재무적 손실의 전보를 목적으로 한 법적인 계약.
- 보험은 계약의 원칙과 법적 특성이 존재.
- 법률적 요건을 충족해야 함.

보험이 구체적으로 실현되기 위해서는 법적인 효력이 존재하여야 한다. 만약 법적인 제제가 없다면 피보험자에게 손실이 발생하였을 때, 피보험자가 자신의 의무를 이행하지 않는 기회주의적 행동이 발생할 수 있다. 따라서 보험자를 보호하기 위하여 법적인 제도가 필요할 것이다.

법적인 관점에서 보험은 보험자와 피보험자 또는 보험계약자 사이에 맺어진 재무적 손실의 전가를 목적으로 하는 법적 계약이다.[3]

피보험자의 불확실성을 보험자에게 전가하는 대가로 프로미엄(premium, 보험료)을 지불하는 거래를 구체화하는 수단은 바로 보험계약이다.

• 보험자와 피보험자 또는 보험계약자 사이에 맺어진 재무적 손실의 전보를 목적으로 하는 법적 계약.

• 법적 관점의 보험

  - 보험은 법적인 관점에서 보험자와 피보험자 또는 보험계약자 사이에 맺어진 재무적 손실의 전보를 목적으로 한 법적 계약.
  - 피보험자는 미래의 불확실하고 큰 손실과 보험료 형태의 확실하고 적은 손실을 보험자와 교환.
  - 보험 계약의 성립을 위해서 고유한 법률적 요건을 구비하고 보험과 관련된 법으로 이를 충족

4. 수리적 관점의 보험(보험의 기반)

- 보험은 근본적으로 수리적인 이론과 기술을 바탕으로 함.

---

3) 이경룡, 보험학원론, 영지문화사, 2011, p.111.

- 미래의 손실을 다각적인 측면에서 예측.
- 피보험자가 각자 부담해야 할 몫을 예측.
- 예측을 위한 수단이 보험수리.

보험은 수리적 이론과 기술을 바탕으로 미래의 불확실성과 손실에 대한 예측을 통해 배분을 하는 제도이다. 이러한 기능을 올바르게 실행하기 위해서는 보험수리를 필요로 하며 이는 확률과 통계로 구성된다.

• 수리적 이론(확률, 통계)과 기술을 바탕으로 미래의 손실에 대한 예측을 통해 배분을 하는 제도

• 수리적 관점의 보험

  - 수리적 관점에서 보험제도의 운영을 위한 이론과 기술이 필요.
  - 확률 이론과 통계적 기법을 바탕으로 미래의 불확실한 손실을 예측하여 배분(수리적 제도).

제3절   보험의 기본원칙과 보험운영의 기본원리

1. 보험의 기본원칙(보험계약법상)

1) 대수의 법칙

동일한 사실을 대량적으로 관찰할 경우 예측 사고율과 실제 사고율의 편차가 작아진다는 원칙이다(확률 동일함).
경험적 확률로 미래의 사고 발생률을 구하는 법칙이며, 대수 법칙에 따라 결정한다. 예) 주사위

2) 수지상등의 원칙

보험계약자로부터 받은 순보험료의 총액과 보험자가 지급하는 보험금의 총액은 서로 균형의 원칙.

3) 보험계약자 평등대우의 원칙

보험가입자는 위험단체의 한 구성원으로서 다른 구성원과 평등하게 대우를 받아야 한다는 원칙.

4) 보험계약자 이득금지의 원칙(실손 보상의 원칙)

손해보험에서 보험사고로 인하여 피보험자가 이득이 생겨서는 안 된다는 원칙. 즉, 보험사고 발생 시 피보험자는 실제의 손해액 이상으로 보상받을 수 없다는 원칙.

2. 보험운영의 기본원리

보험자는 개별 피보험자에게 적은 금액의 보험료(保險料, Premium)를 받고, 위기 상황과 경제적 손실 발생 시에 많은 보험금(保險金, insurance money)을 지급해야 하는 의무가 있다. 이러한 상황에서 보험을 운영하기 위해서는 기본원리가 필요하며, 기본 원리에는 보험등식, 확률과 대수의 법칙, 통계자료와 정보 등이 있다.

1) 보험등식("수지상등의 원칙": 수입 = 지출)

보험등식은 수입과 지출을 같게 만드는 관계를 말한다. 즉, 보험 제도를 운영하는 것과 관련하여 자금의 수입과 자금의 지출이 같게 하는 관계식을 뜻한다.
수입과 지출이 같은 상태가 성립함으로써 보험 사업을 장기적으로 운영할 수 있으며, 피보험자는 보험서비스(경제적 손실보상)를 받을 수 있게 된다. 즉, 장기적으로 보험등식을 성립시킬 수 있다면, 보험자는 보험 사업을 영위할 수 있으며, 보험계약자 및 피보험자는 보험을 이용하여 경제적 손실을 보상받을 수 있다.

• 보험은 장기적으로 안정적인 운영을 위해서는 '수입=지출'의 등식을 만족시켜야 한다.

• 정의: 보험제도 운영과 관련하여 수입과 지출을 같게 하는 관계식이다.

자금의 수입은 보험료 수입, 투자 수입, 기타 수입으로 구성되고, 자금의 지출(비용)은 손실보상, 사업비, 자본비용 및 기타 지출로 구성된다.

• 수 입

보험료수입: 위험(Risk)의 전가를 대가로 피보험자 또는 보험계약자로부터 받는
보험료(Premium)

투자수입: 보험 상품을 기초로 한 투자활동을 통한 수입

기타수입: 자산운용 수익, 임대수입 등

• 지 출(비용)

손실 보상: 피보험자의 손실 보전을 위한 비용

사업비: 보험 사업을 운영하기 위해 드는 비용

자본비용 및 기타비용, 채권 및 주식 발행비용 등

보험등식에서 보험자는 '수입=지출'이라는 균형을 이루기 위해 노력해야 한다. 그 이유는 지출이 수입보다 더 크다면 보험자는 보험 사업을 장기적으로 영위하기 어려우며 계약 불이행의 위험이 발생할 수 있기 때문이다. 그렇게 된다면 보험자와 계약을 맺은 보험계약자 또는 피보험자는 피해를 입을 수 있다. 반면, 수입이 지출보다 큰 상황이 발생할 경우도 있다. 이러한 상황은 보험자에게는 호의적인 상황이지만, 보험계약자 또는 피보험자는 적정 이상의 과대한 보험료를 부담하게 되어 효율적이지 않다.

• 보험등식

수입 > 지출: 보험자에게는 호의적인 상황.
하지만 보험계약자는 적정이상의 보험료 부담으로 효율적이지 않은 상황.

수입 < 지출: 보험 사업을 장기적으로 영위하기 어려움. 계약의무 불이행 위험.

수입 = 지출: 보험 사업을 장기적으로 운영가능. 안정적으로 보험서비스 제공 가능.

수입이 지출보다 적은 경우: 적정 보험료 예측 실패.
투자 수입이 예상보다 낮음.
예측을 벗어난 손실.

수입이 지출보다 큰 경우: 미래 손실을 지나치게 크게 예측.
투사 수입이 예상보다 높음.
사업비 규모 산정에서의 잘못.
손실을 지나치게 크게 예측.

2) 확률과 대수법칙

보험제도가 건전하게 운영되기 위해서는 수리적인 이론으로 뒷받침하는 것이 필요한데, 보험수리 중에 확률과 대수법칙이 가장 중요한 역할을 한다.

보험 제도를 운영할 때 수리적 뒷받침이 필요한 이유는 미래에 발생하는 손실을 보다 정확하게 예측하기 위해서이며, 보험료를 비롯한 보험제도는 예측된 손실을 바탕으로 운영되고 있다.

미래의 손실을 예측하는 것과 대수법칙은 매우 밀접한 관계를 가지고 있다. 예측된 손실과 실제 손실이 항상 일치되기는 어렵지만 대수법칙을 통해 이러한 불확실성을 감소시킬 수 있다.

확률: 특정 사건의 발생기회를 측정한다. 상대적인 빈도와 주관적인 판단으로 구분된다.

    * 손실이 발생할 확률이 클수록 보험료도 증가한다.

    ① **상대적인 빈도**: 선험적 확률과 경험적 확률로 구분된다.

        선험적 확률: 수리적 기초에 의하여 연역적인 방법으로 추론한 확률

        경험적 확률: 사고가 발생할 확률을 실제경험이 축적된 데이터를 통하여 귀납적으로 도출한 확률

                모든 보험 제도는 경험적 확률을 바탕으로 운영된다.

    ② **주관적인 판단**: 선호되지 않으나, 특수한 경우의 보험료 산출 시 이용한다.

        즉, 상대적 빈도로 예측이 불가능할 경우, 개인의 경험 및 판단을 기초로 한다.

대수법칙: 다수 위험의 결합.

        위험 집단이 늘어날수록 그 위험의 발생 가능성을 예측할 수 있다.

대상의 수가 많을수록 예측과 실제 손실의 차이를 감소시키는 방법이나.

따라서 보험자는 실제 발생한 손실이 예측한 손실보다 적을 때 이익을 얻기 때문에 불확실성을 줄이기 위해 대수법칙을 이용한다.

    * 확률은 단순한 평균 예측의 수치에 불과하다.

    * 보험자의 위험은 예측한 손실과 실제 손실 사이의 불확실성이다.

    * 보험자는 보험료 산정의 불확실성을 감소시키기 위해 대수법칙이 필요하다.

    * 대수법칙을 통해 보험자는 이익을 얻을 수 있다.

3) 통계자료와 정보

확률과 대수법칙을 이용하여 실제와 비슷한 손실을 예측하기 위해서는 충분한 양과 정확한 질을 가진 통계자료와 관련 정보가 있어야 하며, 보험을 운영하는 데 가장 핵심적인 것은 보험요율의 산정이다.

보험료율 산정은 풍부하고 정확한 통계자료를 과학적으로 사용하는 것을 기본으로 한다. 확률개념을 이용하여 미래의 손실을 예측하기 위해서는 그와 관련된 통계자료를 활용한다. 따라서 보험자 입장에서는 통계자료의 충분성, 정확성, 분석능력이 보험의 질적 수준을 좌우한다.

* 손실 예측을 위해서는 충분한 정보가 필요.
* 정확한 통계 정보의 부재는 미래손실에 대한 신뢰성 저하.
* 통계자료의 충분성, 정확성, 분석능력이 보험의 질적 수준을 좌우.
* 보험 운영의 핵심은 보험료율의 산정.
* 보험료율 산정은 풍부하고 정확한 통계자료를 과학적으로 활용해야 함.

3. 보험운영의 원칙

1) 수많은 동질성의 다수 리스크가 존재한다.

– 대수법칙의 혜택을 얻을 수 있을 만큼의 다수의 리스크가 존재해야 함.
– 대수법칙: 관찰 횟수가 증가할수록 우연성이 점점 제거되어 일정한 규칙적인 관계가 나타나게 되는 것이다.
– 예전의 발생 손실을 통해 앞으로의 손실을 예측이 가능하다.

2) 절대적인 손실이다.

발생한 시간, 장소, 원인을 객관적으로 파악할 수 있는 손실.

3) 규모가 큰 손실이다.

보험료 = 보험계약자의 리스크 관리 비용.
만약, 보험료 > 손실이라면, 보험계약자 관점에서는 비경제적 의사결정.

4) 합리적인 보험료이다.

피보험자의 손실발생 확률이 너무 크지 않아야 하고, 그에 따른 보험료도 합리적으로 책정되어야 할 것.

5) 손실가능성과 비용의 측면에서 손실 측정가능하다.

제4절 보험의 분류 및 종류

1. 보험의 분류

보험의 운영 목적에 따른 보험의 분류
- 국가나 그 밖의 공공단체가 공동 경제적 목적으로 운영하는 보험을 공보험(公保險)이라 한다. 이러한 공보험의 예로는 산업재해보상보험, 선원보험, 국민건강보험, 수출보험 등이 있다.
- 개인이나 사법인이 사경제적 목적으로 운영하는 보험을 사보험(私保險)이라 한다. 이러한 사보험의 예로는 생명보험, 손해보험 등이 있다.

1) 공보험

① 사회보장의 성격이 강하고 국민의 최저생활 확보에 그 목적이 있다.
② 주로 국가나 지방 공공단체에 의해 운영한다.
③ 공보험과 사보험의 차이점.

* 사보험은 보험료와 혜택이 비례한다.
* 공보험은 강제적 성격, 사보험은 개인의 의사에 따라 결정한다.
* 공보험 보험료는 정부가 일부 분담, 사보험은 계약자가 모두 부담한다.
* 공보험은 사회보장적 성격이므로 비통계적이다.
* 사보험은 순수 통계자료에 의한다.

2) 사보험

① **생명 및 건강 보험**: 사망보험, 연금보험, 양로보험, 치료비 지급하는 보험
② **재산 및 배상책임 보험**(손해보험)
   * 화재 및 관련보험
   * 재해보험: 생명 및 건강보험, 화재 및 관련보험, 해상보험, 육상운송보험으로 부보되지
           않는 모든 위험을 그 부보대상으로 하는 광범위한 보험
③ 자동차보험, 일반배상책임보험, 강도 및 도난보험, 근로자재해 배상, 책임보험, 유리보험,
   기관 및 기계보험, 핵보험, 농작물 우박보험
④ **해상보험**: 항해사업과 관련하여 발생된 손실을 보상해 주는 보험
⑤ **육상운송보험**: 육상운송 중에 있는 재산은 물론 정지 상태에 있는 교량, 터널, 부두시설,
             통신시설 등
⑥ **복합종목보험**: 한 계약 안에 여러 가지 보험을 한꺼번에 포함시킨 보험이다.
             예) 화재보험과 재해보험을 같이 가입함.
⑦ **신용 및 보증본드**: 신용본드는 주로 종업원의 부정직, 횡령, 사기 등에 따른 손해 보상하는
               보험
               보증본드는 계약 등의 불이행에 따른 손해 보상하는 보험.

3) 보험과 본드

① **본드**(bond): 보험과 유사한 것이다.
② **신용본드**(Fidelity, 신용보험): 종업원의 부정직, 횡령, 사기 등에 따른 손해 보상
③ **보증본드**(Surety, 보증보험): 계약 불이행에 따른 손해 보상

4) 보험과 본드의 차이

① **계약 당사자**: 보험은 보험자와 피보험자, 본드는 채무자, 채권자, 보증인

② **보험료**: 보험에서는 손실보상에 대한 대가, 본드는 신용공여에 대한 수수료의 성격

③ **구상권**: 본드에서는 피보험자에 대한 구상권을 가지나 보험은 없다.

④ 보험은 피보험자의 통제 불가능 우연적 손실을 보상, 본드는 피보험자가 통제 가능한 불성실, 부정직 등에 기인하는 손실 보상

2. 보험의 종류

부정액보험과 정액보험, 손해보험과 인보험, 공보험과 사보험, 공영보험과 사영보험, 영리보험과 상호보험, 가계보험과 기업보험, 원보험과 재보험, 개별보험과 집단보험

(1) 「상법」에 따른 보험의 종류

1) 인보험(人保險)

인보험은 피보험자의 생명이나 신체에 보험사고가 발생할 경우 보험회사가 보험계약으로 정하는 바에 따라 보험금이나 그 밖의 급여를 지급하는 보험으로 생명보험, 상해보험 등이 이에 해당한다(「상법」 제727조 및 「상법」 제4편 제3장 제2절 및 제3절).

2) 손해보험(損害保險)

"손해보험"이란 보험회사가 보험사고로 인해 생길 피보험자의 재산상의 손해를 보상하는 보험으로 **화재보험, 운송보험, 해상보험, 책임보험, 자동차보험** 등이 이에 해당한다(「상법」 제665조 및 「상법」 제4편 제2장 제2절부터 제6절까지).

(2) 「보험업법」에 따른 보험의 종류

1) 생명보험

"생명보험"이란 위험보장을 목적으로 사람의 생존 또는 사망에 관하여 약정한 금전 및 그 밖의 급여를 지급할 것을 약속하고 대가를 수수하는 계약으로서 다음과 같은 계약을 말한다(「보험업법」 제2조 제1호 가목 및 「보험업법 시행령」 제1조의2 제2항).

① 생명보험계약

② 연금보험계약(퇴직보험계약을 포함함)

2) 손해보험

"손해보험"이란 위험보장을 목적으로 우연한 사건(제3보험에 따른 질병·상해 및 간병은 제외함)

으로 발생하는 손해(계약상 채무불이행 또는 법령상 의무불이행으로 발생하는 손해를 포함)에 대하여 금전 및 그 밖의 급여를 지급할 것을 약속하고 대가를 수수하는 계약으로서 다음과 같은 계약을 말한다(「보험업법」 제2조 제1호 나목 및 「보험업법 시행령」 제1조의2 제3항).

- 화재보험계약, 해상보험계약(항공·운송보험계약을 포함함), 자동차보험계약, 보증보험계약, 재보험계약, 책임보험계약, 기술보험계약, 권리보험계약, 도난보험계약, 유리보험계약, 동물보험계약, 원자력보험계약, 비용보험계약, 날씨보험계약

3) 제3보험

"제3보험"이란 위험보장을 목적으로 사람의 질병·상해 또는 이에 따른 간병에 관하여 금전 및 그 밖의 급여를 지급할 것을 약속하고 대가를 수수하는 계약으로서 다음과 같은 계약을 말한다(「보험업법」 제2조 제1호 다목 및 「보험업법 시행령」 제1조의2 제4항).

① 상해보험계약
② 질병보험계약
③ 간병보험계약

3. 인보험과 손해보험의 비교

구 분	인보험(생명보험 및 제3보험)	손해보험
피보험자	보험사고의 객체인 사람	보험사고 발생 시 보상금을 받는 사람
보험금청구권자	보험수익자	피보험자
보험목적	사람 (15세 미만자, 심신상실자, 심신박약자는 사망보험의 피보험자가 될 수 없음)	사람, 법인, 물건 등 (피보험이익 요건을 충족하는 것이면 모두 가능)
피보험이익	없음	보험가액
보험금 지급범위	계약체결 시 약정한 보험금	보험금액과 보험가액의 범위에서 실손보상
보험자대위	불인정 다만, 상해보험 등 실손보상 개념이 있는 경우 특약에 의해 보험자대위 인정 가능	인정

출처: 금융감독원, 금융생활안내서(보험편), 2007.

제5절 보험의 사회적 기능과 보험의 장애 요소

1. 보험의 사회적 순기능 및 역기능

1) 순기능: 경제적 안정, 자본의 형성과 공급, 신용수단, 위험의 국제적 분산, 손해방지기능
2) 역기능: 사행적 성격으로 처음부터 보험금 취득 목적과 피보험자를 고의 살해하는 보험 범죄, 도덕적 위험의 문제 및 역선택의 문제가 대표적인 역기능이다.

2. 보험의 사회적 기능(효용)과 비용

1) 보험의 사회적, 경제적 기능(효용)

- 가계나 기업의 안정성을 유지한다.
- 경제적인 걱정과 근심을 감소시킨다.
- 투자의 재원을 마련해 준다.
- 손실방지의 역할을 한다.
- 사회 전반적인 신용을 증가시킨다.

① 개인 또는 법인의 미래에 발생할 수 있는 리스크에 대한 불안과 초조함을 전가받아 심리적 안정감을 주어 자신의 역할을 충실히 다하게 한다.
② 개인 또는 법인이 곤경에 처하였을 때 손실을 보전해 줌으로써 재무적 안정성을 유지한다.
③ 자원을 효율적으로 이용하고 배분한다.
④ 보험자에게 리스크를 전가하고 분산함으로써 자본조달 비용을 낮출 수 있게 한다.

2) 보험의 사회적 비용

① 보험의 기능이 발휘함에 사회적 비용을 발생시킨다.
   (예: 모집인의 수수료, 일반경비, 보험료에 따르는 세금, 인력, 자본, 토지 등)
② 보험사기라고 하는 일종의 사회적 비용을 발생시킨다.
③ 보험금의 과잉청구로 인해 사회적 비용을 증가시킨다.
④ 기회비용을 발생시킨다.
   보험 사업에 투자하고 있는 인적자원과 물적 자원은 다른 곳에 사용될 수 있음.

⑤ 보험 수요에 의한 도덕적 해이, 역선택 발생시킨다.

위험에 대한 부주의 증가.

3. 보험의 장애요소

• 보험의 장애 요소 - 도덕적 해이

- 도덕적 해이: 사전적 - 보험 때문에 위험 회피를 적게 한다.

사후적 - 보험 때문에 손실발생 후 손실 최소화 노력을 적게 한다.

- 도덕적 해이에 대한 **보험업자의 대응**: 본인 부담금 부가 혹은 공동 보험, 레트로 요율 산정
안(retrospective rating plan), 경험요율 산정안(experience rating plan)

1) 도덕적 해이는 보험사가 피보험자의 행동을 일일이 관찰할 수 없기 때문에 발생한다.

2) **사전적 도덕적 해이**: 보험 가입으로 피보험자가 사고에 대한 무한 책임을 지니지 않기 때문에 사고예방의 노력을 기울이지 않는다.

3) **사후적 도덕적 해이**: 사고 발생 시 보험금 때문에 사고 발생 이후 그 피해를 최소화하기 위한 노력을 줄이는 것이다.

4) 도덕적 해이에 대한 보험사의 방안

① 피보험자의 부주의한 행동에 대한 한계비용을 증가시키는 것이다.

② 피보험자의 사고를 예방하기 위한 행동의 한계편익을 상승시키는 것이다.

ex) 보험료를 이전의 평균적인 사고경험 횟수 등에 따라 차등하여 보험 가입자의 조심스러운 행동에 대한 보상을 제공.

• 보험의 장애 요소 - 역선택

- **역선택**(adverse selection): 정보의 불균형으로 불리한 의사 결정을 하는 상황이 된다. 보험회사가 보험계약자에 대한 정확한 정보를 가지고 있지 않기 때문에 공정가격 형성의 어려움이 있다.

- **역선택에 대한 보험업자의 대응**: 정보 수집 및 리스크 계층을 분리한다. 서로 다른 조건을 가진 보험 계약을 통해 고객 스스로 선택한다.

1) 보험사는 피보험자에 대한 정보를 토대로 보험료를 결정.

2) 정보의 부족은 역선택을 가능하게 함.

예) 보유 자산이 250,000원인 A,B는 암 발생 시 200,000원의 손실이 발생하고, A와 B는 각각 75%와 25%의 확률로 암 발생, 보험사가 A와 B의 암 발생 확률에 따라 공정 보험료를 요구하면 A와 B 모두 기대효용 상승, A의 공정 보험료는 150,000원이고 B는 50,000원인데, 보험사가 둘에게 100,000원으로 일괄 부여한다면, A는 보험 가입으로 기대효용은 커지지만, B는 오히려 효용이 떨어짐.

3) 피보험자의 완벽한 정보를 토대로 차별화된 공정 보험료를 요구할 때보다 역선택의 영향으로 수요가 감소.

4) B는 보험 가입을 통한 기대 효용상승을 받지 못하기 때문에 사회적으로 자중손실이 발생.

5) 역선택에 대한 보험사의 방안.
　① 정보 비대칭 해소를 위해 정보 비용 감수.
　② 피보험자 스스로 자신의 위험에 따라 선택하도록 하는 방법(다양한 옵션 제공).

4. 보험과 사회적 인식의 비교

❙ 보험과 투기, 도박과의 비교

	보 험	투 기	도 박
동 기	위험의 제거 또는 감소	부의 획득	부의 획득
사회적 인식	생산적	비생산적	비생산적
대상 위험	기존에 존재하는 위험	새로이 창출된 위험	새로이 창출된 위험
기타	위험의 전가 및 감소 가능, 발생된 손실의 일부 또는 전부 회복가능	위험의 전가만 가능	발생된 손실의 회복 불가능

출처: 김동현, 보험론, 학현사, p.57.

제6절　보험의 역할 및 효용성

－ 심리적 안정과 평화
－ 가계, 기업, 사회의 안정성 보장

- 자원의 효율적 이용 및 배분
- 가격인하 효과
- 신용경제의 활성화
- 손실방지 활동의 증가
- 그 외 보험의 효용

1. 심리적 안정과 평화

- 불확실성을 제외하는 것은 사회, 경제적으로 큰 가치이다.
- 보험은 경제주체를 미래에 대한 불확실성에서 해방시킨다.
- 위험에 대한 효과적인 대비는 경제활동에 있어 심리적 안정으로 능률이 향상된다.
- 심리적 안정은 자원의 효율적 이용 및 국가의 정치적 안정성에 큰 기여한다.
- 많은 선진국에서 사회복지제도를 통해 사람들에게 안전망을 만들어 주는 것을 중요하게 여긴다.

2. 가계, 기업, 사회의 안전성 보장

- 보험은 금전적인 보상을 통해 가계, 기업의 경제적 안정에 기여한다.
- 우리나라는 0~3억의 순자산을 보유한 가구가 전체의 70%, 자산 구조의 70%가 실물자산이다.
- 보험은 손실 복구가 어려운 70%의 가계 및 실물 자산의 안전성 유지에 도움을 준다.
- 보험은 재정적 안정을 추구하면서 불가피한 재정적 곤경의 파급 효과를 제한한다.

3. 자원의 효율적 이용 및 배분

(1) 투자 자금의 효율적 형성과 배분

- 보험을 통해 형성된 적립금은 사회 전체적 의미에서 공동준비재산 및 저축의 개념으로 자본의 적립에 큰 도움.
- 이 적립금은 다양한 부분으로 투자되어 산업투자자금으로도 이용.
- 또한 전문 투자자에 의해 관리되기 때문에 개인들의 의사에 따라 투자했을 때보다 효율적인 투자로 이어짐.

(2) 손실 대비 적립금의 감소

- 개인과 기업의 위험준비금은 위험이 현실화되기 전까지 사용할 수 없으나, 보험은 리스크 결합을 통해 집단적 위험을 감소시켜 전체 집단의 위험 적립금을 작게 만든다.
- 위험 준비금의 감소는 가처분 소득의 증가로 이어지고, 이는 가계의 소비와 기업의 투자가 촉진되어 국가의 경제가 활성화된다.
- 따라서 보험을 통한 손실 대비 적립금의 최소화는 사회에 존재하는 통화의 유동성을 높인다.
- 나아가 경제 활성화와 성장에 크게 기여한다.

(3) 자원의 효율적 이용

- 자원의 효율적 배분은 경제 각 부분에 한계생산성에 따라 자원이 투자되어 모든 생산 부분의 한계생산성이 동일해졌을 때 의미가 있다.
- 자원의 배분은 기업의 이윤 추구로 자연스럽게 일어나는데, 기업의 투자는 리스크가 발생한다.
- 기업의 투자가 리스크가 적은 부분에만 몰리면 사회 전체적인 비효율 발생한다.
- 보험을 통한 리스크 감소는 리스크로 인해 투자 기피 대상이었던 산업에도 자원 배분 가능하다.
- 보험을 통한 투자의 위험 대비는 자원의 효율적 배분을 도움 준다.

4. 가격 인하 효과

- 경제학에서의 이자율은 대부가능자금의 수요량과 공급량이 서로 같아지는 수준에서 결정한다(이준구·이창용, 2015).
- 현실의 이자율은 시장이자율을 토대로 위험성의 차이에 따라 변동하여 기업의 경우, 채무 불이행의 위험이 높을수록 더 높은 이자율을 요구 받는다.
- 보험이 기업의 일반적 사업 리스크를 감소시킨다고 설명한다.
- 리스크가 낮아지면 이자율에 포함된 리스크 프리미엄도 낮아져 투자 활동에 도움이 된다.
- 소비자나 정부도 재화의 소비를 위한 대부자금 필요 시 낮아진 리스크는 이런 소비 활동에 도움이 된다.
- 재화 및 용역의 가격은 자금 비용이 인하되어 가격 수준이 낮아진다고 한다.

5. 신용경제의 활성화

- 신용이란, 개인의 명성이며 미래의 지불 약속으로 화폐, 상품, 노동력 등을 획득할 수 있는 힘이라 한다(홍순영, 2006).
- 신용경제를 활성화하려면 신용제도에 대한 사회적 인식이 높아져야 한다.
- 신용거래는 물적 그리고 인적 자산의 손실을 보장하는 제도를 필요로 하는데, 이 제도가 보험이다.
- 보험은 신용의 담보로써 사용되는 물적, 인적 자산의 가치를 보장하는 역할을 한다.
- 보험은 신용의 보완에 의하여 금융을 촉진하고 신용거래를 원활하게 하며 신용 경제의 활성화에도 막대한 영향을 미친다.
- 경제구조가 고도화되고 유통구조가 발달하면서 신용 위험 역시 높아졌는데, 보험이 존재하지 않는다면 이런 신용거래는 크게 위축될 수 있다.
- 따라서, 보험의 경제적 사회적 효용은 매우 크다.

6. 손실방지 활동의 증가

- 사회 전체적으로 손실발생 수준이 낮아져야 보험자가 부담할 비용이 감소하기 때문에 보험이 보험자, 피보험자 모두에게 손실방지 활동을 유도한다고 설명한다.
- 보험사업 자체적으로도 피보험자가 손실방지를 할 수 있는 방법을 연구하여 전체적인 비용 절감을 도모할 수 있다.
- 보험회사가 제공하는 손실방지 인센티브는 손실의 발생 빈도와 규모를 감소시키는 데 도움이 된다(예: 스프링클러의 보급).
- 보험 가입을 위해 보험자가 요구하는 손실방지와 관련된 일정한 기준을 충족해야 하고, 이는 손실방지활동의 증가로 이어진다(예: 방화시설이 있어야 화재보험 가입 가능).
- 손실방지 활동의 정도 또는 손실발생 실적에 따른 차등 보험료는 손실방지에 대한 노력을 촉구한다.
  * 손실 감소: 예) 소화기, 스프링클러 등과 같은 화재에 대한 손실 감소.
  * 손실 예방: 예) 경보기 설치를 통한 무단 주거침입의 가능성 감소.
  * 손실 예방은 보험의 대체재이자 보완재: 손실 예방 비용이 증가(감소)하면 보험에 대한 수요가 증가(감소).
  예) 경보기 설치비용이 증가하면, 경보기 설치보다는 보험 가입.

7. 그 외 보험의 효용성

① 정부 연금 프로그램 대체 혹은 보완

② 기업 간의 무역 촉진

③ 사회의 재정적 효율성 강화

④ 자본시장과 기타 중개자에 대한 보완

⑤ 위험의 가격을 통한 효율성 고수

제2장
保險의 역사

제1절   고대 보험의 발달

1. 그리스 이전의 보험

- 기원전 1750년경 바빌로니아(Babylonia)를 중심으로 이루어졌으며, 함무라비 법전에 최초의 모험대차(bottomry and respondentia) 개념이 기록되어 있다.
- 리스크 분담의 시작.
- 모험대차(bottomry and respondentia) 개념의 발달.
- 해상보험의 기원: 이후 페니키아, 로디아, 그리스, 로마 등으로 파급되었다.
- 최초로 모험대차(Bottomry and respondentia)가 공식화되었다.

2. 그리스 시대의 보험

- 서민조합의 등장.
- 모험대차 계약의 정교화 및 발달되었다.
- 모험대차와 더불어 그리스시대에 매우 발달된 개념으로 공동해손(general average)제도가 발달되었다.
- 원시적 형태이긴 하나, 모험대차 계약이 정교화되어 로마시대에도 많이 사용됨.
- 현대까지 이어지는 공동해손의 시작.

3. 로마 시대의 보험

- 모험대차 및 공동해손이 보편적으로 사용되었고, 서민조합이 더욱 조직화되어 에라노이 (Eranoi)와 콜레지아(Collegia Tenuiorum)로 발달했다.
- 에라노이의 등장: 어떤 사람이 갑자기 불행한 처지에 이르게 되거나 돈이 필요하게 되었을 때 도움의 주는 일종의 종교적 공제단체
- 콜레지아의 조직적 발전: 그리스 시대의 종교단체 중심에서 로마시대에는 일반 시민들로 범위가 확대됨
  사회적 신분 및 직업에 따라 다수의 콜레지아가 형성됨.
- 콜레지아는 현대적 상호보험조합의 시초라고 볼 수 있음.
- 부상, 장애, 군인 퇴직급여 등 연금제도의 개념도 함께 발달함.

제2절 중세 보험의 발달

1. 길드(guild)

- 유럽 북구의 한자 상인과 남쪽의 십자군 및 롬바르드 상인의 무역통로 개발에 따라 국제무역이 발달하면서 상공업 중심의 상업적인 길드로 발전했다.
- 중세 길드의 가장 대표적인 사례: 한자 동맹(Hanseatic League)

2. 해상보험

- 공식적으로는 1547년 9월 20일에 이탈리아어로 작성된 해상보험증권이 영국에서 발견되었다.
- 소비대차와 가장매매계약 등의 등장.
- 현존하는 가장 오래된 해상보험: 1383년 피사에서 체결된 보험계약과 1395년 베니스에서 체결된 계약.
- 고대와 중세의 보험은 근대에 비해 과학적 기반이 부족한 원시적 형태.

제3절 근대 보험의 발달

1. 서유럽

(1) 해상보험

- 가장 먼저 발전한 보험은 해상보험으로서 중세시대 이탈리아와 스페인에서 발달하기 시작.
- **영국 해상보험의 시작**: 1688년, 템즈 강변에 문을 연 Lloyd's of London이라는 커피하우스는 해상보험의 근대적 발달을 촉진시키는 데에 큰 역할을 담당함.
- **최초의 해상보험 회사 등장**: 1720년 Royal Exchange Assurance와 London Assurance → 신디케이트(syndicate)와 재보험(reinsurance) 개발.

• 신디케이트

- 몇 명의 보험업자들이 하나의 연합을 조직하여 공동으로 보험계약을 인수하고, 수익금을 투자금액에 대비하여 나누어 갖는 방법.
- 하나의 리스크를 담보하고 있는 보험계약에 다시 보험을 걸어, 업자의 손실을 분담하는 방법.

(2) 화재보험

독립적이고 근대적인 화재보험이 출현하게 된 계기: 1666년 9월 2일에 발생한 '런던 대화재 사건' 재앙에 대한 대비해야 한다는 인식.

(3) 생명보험

- 개인의 수명에까지 보험의 영역이 확장된 것으로, 가입자가 사망할 경우 남겨진 유가족들에게 보험금을 지불하여 경제적인 어려움을 덜어주려는 취지.
- **생명보험이 최초로 널리 발전되게 된 계기**: 프랑스, 네덜란드, 영국에서 톤틴(Tontines)연금을 이용함.

2. 미국

19세기 말까지 미국 보험업의 발달은 대체로 영국의 보험을 새로운 환경에 이전한 과정.

(1) 해상보험

1800년까지 30개 이상의 보험회사가 설립되고 미국 상선의 선복량 증가에 따라 해상보험도 발전.

(2) 화재보험

'Philadelphia Contributionship for the Insurance of Houses from Loss by Fire'라는 조직을 만들어 일반 대중에 공개 → 여전히 미국 최고(最古)의 화재보험회사로서 존재.

(3) 생명보험

최초 생명보험회사: 1759년 필라델피아의 장로회의(Presbyterian Synod of Philadelphia)에 의하여 조직.

3. 아시아

고대부터 보험이 추구하는 상부상조 문화가 존재
(1) 중국

- **중국 최초의 보험회사**: 1805년 당시 영국의 동인도회사가 광저우에 설립한 '젠당바오안항(諫當保安行)' 아편전쟁 이후 서양의 보험 빠르게 확산.
- **중국 국적 보험회사**: 보험쟈오샹쥐(保險招商局)

(2) 일본

- 1879년에 도쿄(東京)해상보험회사(현 도쿄해상일 동화재보험)가 설립과 동시에 해당 업무를 양도받으면서 일본 최초의 보험 전업회사로 자리매김 함.
- 1877년 메이지 사절단의 일원인 와카야마 요시카즈(若山儀一)가 미국 주재 중에 생명보험 사업을 접하고 '니치도우(日東)보생회사'의 창립 인가를 받은 것이 현대 생명보험의 시초.

제4절 현대 보험의 발달

현대와 근대 간에 뚜렷이 구분되는 특징
- 각 지역에서의 다양한 보험제도의 개발.
- 제도 운영을 뒷받침하는 이론의 발달.
- 다양한 상품의 등장, 글로벌화와 겸업화를 통한 대규모 보험기업의 등장.
- 경영의 마케팅·유통 측면의 혁신.

1. 지역별 현대 보험 발전의 역사

(1) 서유럽

- 로이드 조직을 중심으로 근대적 해상보험의 기초를 확립해 나갔고 세계 보험의 중심 으로 자리매김 함.
- 로이드는 해상보험 이외에도 특수 리스크를 대상으로 하는 각종 손해보험 및 생명보 험을 인수하고 있어 세계 최대의 보험업자로서 보험시장의 중심에 있음.

(2) 미국

제2차 세계대전 이후 미국이 세계 제1의 강대국으로 자리 잡게 되면서 보험 산업의 중심 역 시 유럽에서 미국으로 옮겨가는 형태.

(3) 아시아

- 대규모의 인구와 아직 낮은 보험 침투도로 성장 잠재력이 높은 시장으로 각광.
- 덩샤오핑이 경제개혁의 일환으로 1987년에 People's Bank of China(PBOC) 금융시스 템을 탄생시킨 것으로부터 시작.

2. 다양한 상품의 등장과 발달

- 해상보험, 화재보험, 생명보험 이외에도 다양한 위험을 다루는 보험 상품들이 존재
- **특종보험**(casualty insurance): 손해보험에서 해상, 화재, 자동차 등 일반적인 보험영역을 제외한 거의 모든 피보험 이익을 다루는 보험.
- **변액보험**: 보험의 고유 기능인 보장에 저축 및 펀드의 개념이 결합된 상품.

3. 글로벌화의 겸업화를 통한 대규모 보험기업의 등장

- 프랑스의 AXA, 독일의 Allianz, 미국의 AIG 등의 대형 보험회사 등장.
- 보험 그룹이나 지주회사 형태의 사업 조직을 구성하고, 자회사로 은행, 생명보험, 손해보험, 자산운용 등 다양한 금융업을 복합적으로 소유하는 형태로 종합 금융그룹으로서 발전.

4. 보험 경영의 마케팅·유통 측면의 혁신

- 방카슈랑스(bancassurance)
  프랑스어로 은행(banque)과 보험(assurance)의 합성어로 금융기관이 보험회사와 제휴함으로써, 대리점이나 중개사 자격으로 보험상품을 판매하는 제도.
- 선진국의 보험 유통시장에서 채널의 대형화 및 전문화가 진행되면서 보험회사가 만든 상품을 위임받아 판매만 하는 독립대리점(General Agent, GA)의 성장이 두드러짐.
- 보험은 향후에도 더욱 다양한 형태로 진화하고 발전할 것이라고 예상.

제5절   우리나라 보험의 역사

서구에 비해 늦은 1891년 일본의 도쿄해상이 대리점을 설치한 것이 시초이다.

1. 근대 이전의 우리나라의 보험

- 근대 이전 보험과 유사한 우리나라의 풍습으로는 두레, 품앗이, 창, 계, 보 등 존재.
- 제도적인 사회보험을 시행: 고구려의 진대법, 고려의 흑창·의창·상평창, 조선의 환곡제도 등 존재.
- 개인의 위험을 사회가 공동부담하고 더 나아가 국가가 개인의 위험을 제도적으로 방지해주었다는 측면에서 생명보험·사회보험적인 측면을 지녔다고 볼 수 있다.

2. 일제 강점기 우리나라의 보험

- 일제시대 우리나라의 보험은 1891년 1월, 일본의 보험회사인 '도쿄해상'이 부산에 대리 점을 개설한 것으로부터 시작.
- 이윤용이 '대조선보험회사'를 설립 → 보험으로 보기에는 무리가 있음.
- 1921년, 우리나라 최초의 생명보험회사인 '조선생명보험주식회사', 1922년 최초의 손해 보험회사인 '조선화재해상보험주식회사'가 한상룡 등의 조선 실업가들에 의해 설립.

Ⅰ 조선에 진출한 일본 생보사와 진출지역

생명보험회사	지역	연도	비고
제국생명	부 산	1891. 1	목포는 1899년 3월에 진출
공재생명	부 산	1895. 7	
진종신도생명	부 산	1897. 7	
일본생명	목 포	1898. 10	

출처: 생명보험사료 제1권, 생명보험협회

Ⅰ 국내에 진출한 일본 생명보험사 점포현황

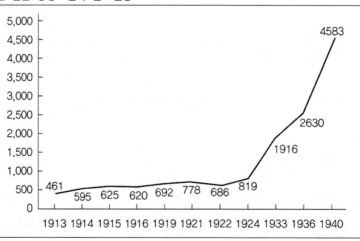

출처: 생명보험사료 제1권, 생명보험협회

제1차 세계대전이 일어난 1919년 이후에 국내에 진출한 일본생명보험회사의 점포의 수가 점차 증가하는 추세이다.

3. 광복 이후 우리나라의 보험

- 광복 이후 우리나라 보험업계가 직면한 가장 큰 문제: 보험에 대한 불신.
- 한국 전쟁은 생보사들의 자금 사정 역시 회사가 파산에 이를 정도로 심각한 상태.
- 우리의 보험 업계는 한국 전쟁 이후 4·19 혁명과 5·16 군사쿠데타 때문에 여전히 성장하지 못함.
- 1960년대 국민들의 보험에 대한 지식이 부족하여 피해 사례가 속출.
- 우리나라의 OECD 가입 역시 우리 보험 산업에 큰 영향.
- 현재 우리 보험 산업은 세계화의 물결 속에서 여전히 변화 중.
- 우리나라의 보험시장 규모는 수입보험료 기준으로 1995년에 이미 599억 8천만 달러를 기록 하며 세계 6위.

제3장
인보험과 손해보험

제1절   인보험

1. 인보험의 개관

(1) 인보험의 의의 및 종류

1) 인보험의 의의

인보험은 피보험자의 생명이나 신체에 보험사고가 발생할 경우 보험회사가 보험계약으로 정하는 바에 따라 보험금이나 그 밖의 급여를 지급하는 보험이다(「상법」제727조).

2) 인보험의 종류

① 「상법」은 인보험을 생명보험 및 상해보험으로 구분하고 있다(「상법」제4편 제3장 제2절 및 제3절).
② 그러나, 「보험업법」에서는 생명보험을 생명보험업의 한 종목으로, 상해보험을 제3보험업의 한 종목으로 구분하고 있다(「보험업법」제2조 제1호 가목 및 다목). (※제3보험: 상해, 질병, 간병보험)

(2) 인보험의 특징 및 보험증권의 기재사항

1) 인보험의 특징

① 인보험은 보험의 목적이 피보험자의 생명 또는 신체이다(「상법」제727조).
② 보험대위 금지

- 보험자대위란 보험회사가 보험사고로 인한 손실을 피보험자에게 보상한 경우 보험의 목적이나 제3자에 대한 피보험자의 권리를 취득하는 것을 말한다(「상법」 제681조 및 682조).

- 사람의 생사를 보험사고로 하는 생명보험은 보험회사가 보험계약자 또는 보험수익자의 제3자에 대한 권리를 대위하여 행사하지 못한다. 그러나, 상해보험에서는 다른 약정이 있는 경우 보험회사가 피보험자의 권리를 해하지 않는 범위에서 그 권리를 대위행사할 수 있다(「상법」 제729조).

2) 인보험증권의 기재사항

인보험증권에는 다음의 사항이 기재되어야 한다(「상법」 제666조 및 제728조).

- 보험의 목적
- 보험사고의 성질
- 보험금액
- 보험료와 그 지급방법
- 보험기간을 정한 경우 그 시기와 종기
- 무효와 실권의 사유
- 보험계약자의 주소와 성명 또는 상호
- 피보험자의 주소, 성명 또는 상호
- 보험계약의 연월일
- 보험증권의 작성지와 그 작성연월일
- 보험계약의 종류
- 피보험자의 주소, 성명 및 생년월일
- 보험수익자를 정한 경우 그 주소, 성명 및 생년월일

(3) 인보험의 책임범위

1) 보험회사의 책임

① 보험회사는 피보험자의 생명이나 신체에 보험사고가 발생할 경우 보험계약으로 정하는 바에 따라 보험금이나 그 밖의 급여를 지급할 책임이 있다(「상법」 제727조).

② 사망을 보험사고로 한 보험계약에서는 사고가 보험계약자 또는 피보험자나 보험수익자의 중대한 과실로 발생한 경우에도 보험회사는 보험금을 지급할 책임을 면하지 못한다(「상법」 제732조의2 제1항).

③ 둘 이상의 보험수익자 중 일부가 고의로 피보험자를 사망하게 한 경우 보험자는 다른 보험수익자에 대한 보험금 지급 책임을 면하지 못한다(「상법」제732조의2 제2항).

2) 보험회사의 책임면책

① 보험사고가 전쟁, 그 밖의 변란으로 생긴 경우 당사자 간에 다른 약정이 없으면 보험 회사는 보험금액을 지급하지 않아도 된다(「상법」제660조).

※ 여러 개의 생명보험에 가입했을 경우의 보험금 지급(중복보험)

가. 만약 여러 개의 생명보험에 가입하였을 경우 또는 생명보험에도 가입하고 손해보험에도 가입하였을 경 우 보험금 지급이 어떻게 달라질 것인지 살펴보면, 먼저 생명보험은 기본적으로 손해보험과 달리 보험 사고에 일정액을 지급하는 정액보험으로서 중복가입 여부에 상관없이 각각의 보험이 각각의 약관에서 정한 보험금을 지급한다. 따라서 여러 개의 생명보험에 가입한 경우에도 각각의 보험에서 해당보험금 을 지급받게 된다.

나. 또한 생명보험회사의 상품에 가입하고 손해보험회사의 상품에 가입한 경우에도 생명보험과 손해보험 의 성격이 서로 달라 각각의 보험회사로부터 해당되는 보험금을 지급받을 수 있다.

② 보험료 결정 시 고려사항

보험료는 보험료 계산의 3요소로 계산한다. 즉, 예정위험률(예정사망률 등), 예정이율, 예정사 업비율의 3가지 예정률을 기초로 보험료를 계산한다. 동일한 보장이라도 보험료 계산 시에 적용하는 예정기초율에 따라 납입보험료가 달라지므로 회사별로 예정기초율을 확인한 후 가입하면 보험료 부담을 줄일 수 있다.

※ 생명보험의 보험료 계산

가. 보험회사에서 생명보험의 보험료를 계산하기 위해 예정위험률, 예정이율, 예정사업비율을 고려한다.

나. 예정위험률은 피보험자가 사망하거나 장애, 질병에 걸리는 등의 보험사고가 발생할 확률을 가정한 것 이다. 따라서 예정위험률이 높으면 보험료는 높아지게 된다.

다. 생명보험은 보통 장기에 걸친 계약이므로 계약자와 보험회사 간에 접수되는 보험료에 대한 이자의 요 소를 무시할 수 없다. 이 때문에 장래에 납입할 순보험료를 일정 이율로 계산하기 위해 예정한 이율을 예정이율이라 한다. 예정이율은 보험회사가 보험금 지급 때까지 보험료 운용을 통해 거둘 수 있는 예 상수익률을 의미하는 것으로, 이 수익률을 감안해 일정 비율로 보험료를 미리 할인해 주게 된다. 따 라서 예정이율이 낮아지면 보험료는 높아지고 반대로 높아지면 보험료는 낮아지게 된다.

라. 생명보험회사가 보험계약을 유지, 관리해 나가기 위해서는 여러 가지 비용이 든다. 보험회사는 이러한 보험사업의 운영에 필요한 경비를 미리 예상하고 계산하여 보험료에 포함시키고 있는데, 보험료 중 이 러한 경비의 구성 비율을 예정사업비율이라고 한다. 따라서, 예정사업비율이 낮아지면 경비가 적어지 므로 보험료는 낮아지고 예정사업비율이 높아지면 경비가 많아지므로 보험료도 높아지게 된다.

마. 가입 당시 특별한 위험이 예기되어 보험료가 높이 책정된 경우라 하더라도 보험기간 중 그 예기된 위험이 소멸한 때에는 보험료의 감액을 청구할 수 있다(「상법」 제647조).

| 예정기초율과 보험료의 관계 |

구 분	보험료와의 관계
예정위험률	예정위험률이 낮아지면 보험료도 낮아지고, 예정위험률이 높아지면 보험료도 높아진다.
예정이율	예정이율이 낮아지면 보험료는 높아지게 되고, 예정이율이 높아지면 보험료는 낮아지게 된다.
예정사업비율	예정사업비율이 낮아지면 보험료는 낮아지게 되고 예정사업비율이 높아지면 보험료는 높아지게 된다.

출처: 생명보험이란 무엇인가, 생명보험협회, 2015.

인보험 종류, 상품은 제5편 생명보험이란 무엇인가? Ⅱ, 제4장과 제5장에 저술하므로 참고하기 바랍니다.

2. 인보험의 종류

(1) 생명보험

1) 생명보험의 의의
생명보험은 피보험자의 사망, 생존, 사망과 생존에 관한 보험사고가 발생할 경우 약정한 보험금을 지급하는 보험을 말한다(「상법」 제730조).

2) 생명보험의 목적
생명보험은 사람의 생명을 보험의 목적으로 한다(「상법」 제730조).

(2) 연금보험

연금보험의 의의

연금보험은 일정연령 이후에 생존하는 경우 연금을 주된 보장으로 하는 보험을 말한다. [「보험업감독규정」(금융위원회고시 제2020-9호, 2020. 3. 18. 발령·시행) 제1-2조제5호].

※ **연금보험의 가입연령 및 지급방법 등**

연금보험은 장래 노후생활의 준비를 위한 목적으로 운영되고 있다.

① 특징: 연금수령방법 다양

② 가입연령: 15세 ~ 72세(회사별, 상품별 상이)

③ 연금개시연령: 45세 ~ 80세(회사별, 상품별 상이)

④ 연금지급방법: 종신형, 확정형, 상속형

- 종신형: 연금지급개시 후 사망 때까지 매년 연금을 받는 방식으로 보험회사가 일찍 사망하면 연금보증 기간(10년 또는 20년) 동안 유족에게 대신 연금을 지급

- 확정형: 연금지급개시 후 연금지급기간(10년, 15년, 20년) 동안 매년 연금을 지급받는 방식이며, 피보험자가 연금지급기간 중 사망하면 잔여 연금지급기간 동안 미지급된 연금액을 매년 연금지급일에 지급받음

- 상속형: 연금개시 시점의 보험계약자 적립금을 원금으로 하여 연금지급개시 후 사망 시까지 가입한 목돈의 이자를 매년 연금으로 지급받는 방식이며, 피보험자의 사망 시에는 사망시점의 연금계약 적립금을 지급받음

⑤ 예금보호 여부: 「예금자보호법」에 따라 보호

출처: 한국은행, 금융생활 길라잡이, 2012.

(3) 변액보험

변액보험의 의의

① 변액보험은 보험의 기능에 투자의 기능을 추가한 일종의 간접투자 상품으로 보장도 받으면서 투자수익도 기대할 수 있는 보험을 말한다(한국은행, 금융생활 길라잡이, 2012).

② 일반적으로 보장금액이 가입 당시 정해져 있는 정액보험과 달리 변액보험은 지급되는 보험금이 투자수익에 따라 달라지는 것이 특징이다.

(4) 상해보험

1) 상해보험의 의의

상해보험은 사람의 신체에 입은 상해에 대해 치료에 소요되는 비용 및 상해의 결과에 따른 사망 등의 위험에 관하여 금전 및 그 밖의 급여를 지급할 것을 약속하고 대가를 수수하는 보험(계약)을 말한다(「보험업감독규정」 제1-2조의2 및 별표 1 제3호).

※ 상해보험에서 담보되는 위험으로서 상해란 외부로부터의 우연한 돌발적인 사고로 인한 신체의 손상을 말하는 것이므로, 그 사고의 원인이 피보험자의 신체의 외부로부터 작용하

는 것을 말하고 신체의 질병 등과 같은 내부적 원인에 기한 것은 제외된다(대법원 2001. 8. 21. 선고 2001다27579 판결).

※ 급격하고도 우연한 외래의 사고를 보험사고로 하는 상해보험에 가입한 피보험자가 술에 취하여 자다가 구토로 인한 구토물이 기도를 막음으로써 사망한 경우, 보험약관상의 급격성과 우연성은 충족되고, 나아가 보험약관상의 외래의 사고란 상해 또는 사망의 원인이 피보험자의 신체적 결함, 즉 질병이나 체질적 요인 등에 기인한 것이 아닌 외부적 요인에 의해 초래된 모든 것을 의미한다고 보아야 한다(대법원 1996. 10. 13. 선고 98다28114 판결).

2) 보험회사의 책임

보험회사는 신체의 상해에 관한 보험사고가 생길 경우 보험금액, 그 밖의 급여를 보상할 책임이 있다(「상법」 제737조).

※ 여행보험(해외여행보험 포함)은 신체상해 손해, 질병치료, 휴대품 손해, 배상책임 손해 등 여행 중 일어날 수 있는 다양한 위험에 대비할 수 있는 보험이다.

• **보상내용**
  - 여행 중 사고로 사망하거나 후유장애가 남은 경우
  - 상해나 질병으로 인해 치료비가 발생한 경우
  - 여행 중 발생한 질병(전염병 포함)으로 사망한 경우
  - 여행 중 가입자의 휴대품 도난 등으로 인해 손해가 발생한 경우
    * 통화, 유가증권, 신용카드, 항공권 등은 보상하는 휴대품에서 제외하며, 휴대품의 방치나 분실에 의한 손해는 보상하지 않음.

• **가입 시 유의사항**
보험가입 시 작성하는 '청약서'에 다음의 사항을 사실대로 기재해야 한다.
  - 여행지(전쟁지역 등) 및 여행목적(스킨스쿠버, 암벽등반 여부 등)
  - 과거의 질병여부 등 건강상태
  - 다른 보험 가입여부 등
    * 가입자의 직업, 여행지 등 사고발생 위험에 따라 인수가 거절되거나 가입금액이 제한될 수 있으며, 사실대로 알리지 않을 경우 보험금을 지급받지 못할 수 있다.

• 보험약관을 반드시 읽어보아야 하며, 특히 보험회사가 다음과 같은 원인에 의한 손해는 보상하지 않음을 유의해야 한다.
  - 전쟁, 외국의 무력행사, 혁명, 내란 기타 이들과 유사한 사태
    * 전쟁 등으로 인한 상해를 보상하는 특약도 운영 중이나 추가 보험료의 부담이 있다.
  - 가입자의 고의, 자해, 자살, 형법 상의 범죄행위 또는 폭력행위 등

(5) 질병보험

1) 질병보험의 의의

질병보험은 사람의 질병 또는 질병으로 인한 입원·수술 등의 위험(질병으로 인한 사망을 제외함)에 대해 금전 및 그 밖의 급여를 지급할 것을 약속하고 대가를 수수하는 보험(계약)을 말한다(「보험업감독규정」 제1−2조의2 및 별표 1 제3호).

2) 보험자의 책임

질병보험계약의 보험자는 피보험자의 질병에 관한 보험사고가 발생할 경우 보험금이나 그 밖의 급여를 지급할 책임이 있다(「상법」 제739조의2).

(6) 간병보험

간병보험의 의의

간병보험은 치매 또는 일상생활장해 등 타인의 간병을 필요로 하는 상태 및 이로 인한 치료 등의 위험에 대해 금전 및 그 밖의 급여를 지급할 것을 약속하고 대가를 수수하는 보험(계약)을 말한다(「보험업감독규정」 제1−2조의2 및 별표 1 제3호).

(7) 건강보험의 의의

건강보험은 개인의 의료비 부담 완화를 위해 정액 의료비를 지급하거나 실의료비를 보장하는 보험이다(한국은행, 금융생활 길라잡이, 2012).

건강보험의 가입연령 및 납입방법 등
- 가입연령: 제약 없음
- 보험기간: 보험회사별, 상품별로 다소 차이가 있으며 계약 시 이를 명기
- 납입기간: 일시납, 5·10·15·20년납, 55·60·65세납 등 다양
- 납입방법: 일시납, 월납, 3개월납, 6개월납, 연납 등

- 예금보호 여부: 「예금자보호법」에 따라 보호

(8) 실손의료보험

1) 실손의료보험의 개념

실손의료보험은 보험가입자가 상해 또는 질병으로 입원, 통원치료를 받을 경우 발생한 의료비를 보장하는 실손보상형 보험이다(한국은행, 금융생활 길라잡이, 2012).

2) 실비보장금액

① 의료기관이 환자에게 청구하는 진료비는 그 진료행위가 국민건강보험의 보장대상인지 여부에 따라 급여와 비급여로 구분되며, 급여부분은 다시 국민건강보험 부담과 환자본인 부담으로 구분된다(한국은행, 금융생활 길라잡이, 2012).

② 실손의료보험은 입원 및 통원 시 실제 발생한 진료비 중 "급여 중 환자 본인부담금 + 비급여 의료비 일정 수준의 본인부담금"의 금액을 실비로 보장하는 보험이다.

③ 일정 수준의 본인부담금'은 다음에 해당하는 금액을 의미한다(「보험업감독규정」 제7-63조 제2항 제2호).

- 입원: 보장대상의료비의 10% 또는 20%(다만, 공제할 금액이 연간 200만원을 초과할 때에는 200만원까지 공제)

- 의원 · 치과의원 · 한의원 · 조산원 · 보건소 · 보건의료원 · 보건지소 · 보건진료소의 외래: 1만원 또는 1만원과 보장대상의료비의 20% 중 큰 금액

- 종합병원 · 병원 · 치과병원 · 한방병원 · 요양병원의 외래: 1만 5천원 또는 1만 5천원과 보장대상의료비의 20% 중 큰 금액

- 전문요양기관 또는 상급종합병원의 외래: 2만원 또는 2만원과 보장대상의료비의 20% 중 큰 금액

- 약국, 한국희귀의약품센터에서의 처방 · 조제(의사의 처방전 1건당, 의약분업 예외지역에서 약사의 직접조제 1건당): 8천원 또는 8천원과 보장대상의료비의 20% 중 큰 금액

※ 실손의료보험 가입 시 유의사항

① 보험모집인은 사람의 질병 · 상해 또는 이로 인한 간병에 관해 손해(의료비에 한함)의 보상을 약속하고 금전을 수수하는 보험계약(이하 "실손의료보험계약'이라 한다)을 모집하기 전 보험계약자 또는 피보험자가 될 자의 동의를 얻어 실손의료보험계약을 체결하고 있는지의 여부를 확인해야 한다(「보험업감독규정」 제4-35조의5 제1항).

② 보험모집인은 실손의료보험계약을 체결하고 있는지의 여부를 확인한 결과, 피보험자로 될 자가 다른 실손의료보험계약의 피보험자로 되어 있는 경우 보험금 비례분담 등 보장 방법에 관한 세부사항을 보험계약자에게 충분히 안내하고 이를 인지하였음을 서명(전자 서명 포함), 기명날인, 녹취 등의 방법으로 확인 받아야 한다(「보험업감독규정」제4-35조의5 제4항).

제2절 손해보험

1. 손해보험의 개관

(1) 손해보험의 개념

"손해보험"이란 보험회사가 보험사고로 생길 피보험자의 재산상의 손해를 보상하는 보험을 말한다(「상법」제665조).

> 손해보험 종류와 상품은 제6편 손해보험이란 무엇인가? Ⅱ, 제4장, 제5장, 제6장에 저술하므로 참고하기 바랍니다.

(2) 손해보험의 목적

① 손해보험은 금전으로 산정할 수 있는 이익을 목적으로 한다(「상법」제668조). 따라서, 금전으로 산정할 수 없는 정신적, 감정적 이익은 손해보험의 목적이 될 수 없다.
② 또한, 손해보험의 종류 중 운송보험은 적하의 도착으로 인해 얻을 이익 또는 보수의 보험에서 계약으로 보험가액을 정하지 않은 경우에는 보험금액을 보험가액으로 한 것으로 추정한다(「상법」제698조)고 규정하고 있어 장래의 이익도 손해보험의 목적으로 보고 있다.

(3) 손해보험 종류

1) 「상법」은 손해보험을 화재보험, 운송보험, 해상보험, 책임보험, 자동차보험으로 구분하고 있다(「상법」제4편 제2장 제2절부터 제6절까지).
2) 「보험업감독규정」은 손해보험을 화재보험, 해상보험, 자동차보험, 보증보험, 재보험, 책

임보험, 기술보험, 권리보험, 도난보험, 유리보험, 동물보험, 원자력보험, 비용보험, 날씨보험으로 구분하고 있다[「보험업감독규정」(금융위원회고시 제2020−9호, 2020.3.18. 발령・시행) 제1−2조의2 및 별표1]

※ 손해보험업의 보험종목별 구분기준은 「보험업감독규정」 별표 1 제2호에서 확인할 수 있다.

3) 보험회사의 책임

① 보험회사는 보험사고로 생길 피보험자의 재산상의 손해를 보상해야 한다(「상법」 제665조).

② 보험의 목적에 손해가 생긴 후 그 목적이 보험회사가 보상 책임을 지지 않는 보험사고의 발생으로 멸실된 경우에도 보험회사는 이미 생긴 손해를 보상해야 한다(「상법」 제675조). 예를 들면, 화재보험의 목적이 화재로 일부 훼손된 후 홍수로 전부 멸실된 경우 보험회사는 화재로 인한 손해를 보상할 책임이 있다.

4) 보험회사의 책임 면책

① 보험사고가 보험계약자 또는 피보험자나 보험수익자의 고의 또는 중대한 과실로 일어난 경우 보험회사는 보험금액을 지급하지 않아도 된다(「상법」 제659조).

② 보험사고가 전쟁, 그 밖의 변란으로 생긴 경우 당사자 간에 다른 약정이 없으면 보험회사는 보험금액을 지급하지 않아도 된다(「상법」 제660조).

③ 보험목적의 성질, 하자 또는 자연소모로 인한 손해는 보험회사가 보상 책임을 지지 않는다(「상법」 제678조).

2. 손해보험의 보험가액 및 손해액 산정

(1) 보험가액(保險價額)

① 보험가액이란 사고발생 당시 보험계약자가 입게 되는 손해액의 한도로서 목적물을 금액으로 평가한 것을 말한다(금융감독원, 금융생활안내서(보험편), 2007).

② 당사자 간에 계약체결 시 보험가액을 미리 정한 경우 그 가액(기평가보험의 보험가액)은 사고발생 시의 가액으로 추정된다. 그러나 그 가액이 사고발생 시의 가액을 현저하게 초과할 때에는 사고발생 시의 가액을 보험가액으로 한다(「상법」 제670조).

③ 당사자 간에 보험가액을 정하지 않은 경우 그 가액(미평가보험의 보험가액)은 사고발생 시의 가액을 보험가액으로 한다(「상법」 제671조).

(2)손해액 산정

① 손해보험은 보상할 손해액의 가액을 그 손해가 발생한 시기와 장소를 기준으로 산정한다. 그러나 당사자 간에 다른 약정이 있는 경우에는 신품가액에 의해 손해액을 산정할 수 있다(「상법」 제676조 제1항).
② 이때 손해액의 산정비용은 보험회사가 부담한다(「상법」 제676조 제2항).

3. 손해보험의 유형 및 그 특례: 보험금액 및 보험가액

(1) 초과보험

① "초과보험"이란 보험금액이 보험계약 목적의 가액(보험가액)을 현저하게 초과하는 보험을 말한다(「상법」 제669조 제1항 전단).
② 보험가액은 계약 당시의 가액에 의해 정해진다(「상법」 제669조 제2항).
③ 초과보험의 경우 보험회사 또는 보험계약자는 보험료와 보험금액의 감액을 청구할 수 있다. 그러나 보험료의 감액은 장래에 대해서만 그 효력이 있다(「상법」 제669조 제1항 후단).
④ 보험가액이 보험기간 중 현저하게 감소한 경우에도 보험회사 또는 보험계약자는 보험료와 보험금액의 감액을 청구할 수 있다(「상법」 제669조 제3항).

(2) 중복보험

① "중복보험"이란 동일한 보험목적을 가지고 사고에 대비하기 위해 여러 개의 보험계약을 동시에 또는 차례대로 체결하는 보험을 말한다(「상법」 제672조 제1항 전단).
② 중복보험을 체결한 경우 그 보험금액의 총액이 보험가액을 초과한 경우 보험회사는 각자의 보험금액의 한도에서 연대책임을 진다. 이 경우 각 보험회사의 보상책임은 각자의 보험금액의 비율에 따른다(「상법」 제672조 제1항 후단).

(3) 일부보험

보험가액의 일부에만 보험을 든 경우 보험금액의 보험가액에 대한 비율에 따라 보상을 받게 된다. 그러나 당사자 간에 다른 약정이 있는 경우에는 보험금액의 한도 내에서 보상을 받는다(「상법」 제674조).

※ 중복보험 가입 시 수령하는 보험금액

(질문) 저는 A보험회사의 'OO운전자보험'에 가입하여 유지하여 오던 중, 2003. 9. 발생한 교통사고로 입원 치료 후 입원비 등 치료비에 관한 보험금을 청구하였으나 A보험회사는 제가 B보험회사의 'OO운전자보험' 에 중복 가입하였다는 이유로 보험금을 50%만 지급하겠다고 하고 있습니다.

(답변) 중복보험은 비례 보상합니다.

1. 손해보험의 경우 기본적으로 보험사고로 인해 실제 발생한 손해를 보상하며, 발생한 손해 이상의 이득은 얻지 못하는 것을 원칙으로 하고 있습니다. 만약 같은 위험을 담보하는 손해보험을 여러 개 가입한 경우 해당 보험사고로 발생한 손해에 대해 가입한 모든 보험에서 보험금을 지급한다면 발생한 손해의 몇 배에 해당하는 보험금을 받게 되는데 이는 손해보험의 원칙에 어긋나게 되므로 손해보험에서는 발생한 손해에 대해 가입한 보험들에 대한 적정한 비율로 나누어서 보험금을 지급하게 됩니다.

2. 이 사례의 경우 보험회사가 책임지는 비율은 A보험회사에만 가입하였을 경우 발생한 손해에 대해 A보험회사로부터 받게 될 보험금과 B보험회사에만 가입하였을 경우 발생한 손해에 대해 B보험회사로부터 받게 될 보험금의 합계액에 대한 A보험회사에만 가입하였을 경우 받게 되는 보험금의 비율만큼입니다. B보험회사의 책임비율도 마찬가지로 계산됩니다. 양 보험회사에 각각 단독으로 가입하였을 경우 사고 시 받게 되는 보험금이 같다면 A보험회사와 B보험회사로부터 각각 50%씩 지급받게 됩니다.

3. 다만, 이는 손해보험상품의 항목 중 입원비 및 치료비 등의 실제 발생한 손해를 보전하는 항목의 보험금의 경우이고, 정액성 항목의 보험금에 대해서는 비례보상하지 않고 각각 보상합니다.

출처: 한국소비자원, 사례안내, 자주 묻는 질문.

제4장
보험마케팅(Insurance Marketing)

제1절   마케팅(Marketing)의 개념

마케팅(marketing)이란 모든 일련의 판매 행위를 말하며, 생산자와 소비자가 원하는 것을 원활하게 공급하기 위한 활동으로 시장 조사, 상품 선전, 판매 촉진 등이 이에 속한다. 또한 상대방의 잠재욕구를 자극하여 상품과 용역을 생산자로부터 소비자에게 원활히 이전하기 위한 비즈니스 활동을 포함한다.

마케팅이란 생산자로부터 소비자내지 사용자에게 상품 및 용역을 유통시키는 제 기업활동의 수행이다.[4] 이 정의는 마케팅이란 유형의 상품뿐만 아니라 보험회사가 제공하는 보험, 금융권의 여신 등의 무형의 서비스도 마케팅의 대상으로 한다.

현대적인 마케팅이라면, 소비자에게 상품이나 서비스를 효율적으로 제공하기 위한 체계적인 경영 활동이다. 시장 조사, 상품화 계획, 선전, 판매 등이 이에 속하며, 소비자 및 사용자에게 최대한 만족과 감동을 주고, 생산자 및 판매자의 목적을 가장 효율적으로 달성하는 방법에 의하여 재화와 용역을 생산자로부터 사용자나 소비자에게 유통시키는 것이다.

생산자로부터 소비자에게로 상품과 용역이 이동되는 모든 과정과 활동. 경제의 특정 유형을 초월하는 거대한 개념으로, 이익을 전제로 한 사업에만 해당되는 것이 아니다. 예전에는 판매량의 극대화 정도의 개념으로 이해되었으나, 최근에는 소비자와 관련된 모든 활동으로 의미가 확대되었다. 상품 가격에서 차지하는 마케팅 비용은 매년 증가하고 있을 정도로 그 영

---

4) 미국마케팅협회 정의위원회의 정의임.

향력이 크다. 기업의 마케팅 담당자는 가격책정·상품선정·유통·판매촉진·장리서치를 모두 고려하여 마케팅 전략을 세운다.

마케팅의 4P's 전략

제품(product) 전략: 장비의 차별화를 통한 고객 만족
가격(price) 전략: 고소득층을 위한 별도의 고가 정책 전략
유통(place) 전략: 최신 유통 장비의 도입을 통한 고객의 신뢰성 확보
촉진(promotion) 전략: After Service 전략을 넘어선 Before Service 전략의 판촉활동

제2절 마케팅 관리(Marketing Management)

1. 마케팅관리의 의의

개인과 조직의 목표를 달성하기 위하여 아이디어, 제품, 서비스에 관하여 개념 규정, 계획 수립, 가격 설정, 판매 촉진, 유통을 관리하는 과정이다.
마케팅 관리란, 마케팅 조사 활동과 마케팅 전략 활동을 관리·통제하는 이론과 기법의 총체라 할 수 있다.
마케팅은 소비자의 필요와 욕구를 충족시키기 위하여 시장에서 교환이 일어나도록 하는 일련의 활동이다. 따라서 마케팅 활동이란 제품 및 서비스를 설계하고 가격을 결정하며, 유통 등을 계획하고 실행하는 과정이라 할 수 있다. 마케팅은 기업 경영뿐 아니라 사회적 기능에 있어서도 중요한 의미가 있다.
기업의 마케팅 활동을 종합적, 체계적, 합리적으로 실시하기 위해 계획, 조직, 실시 및 통제의 각 단계를 관리하는 것으로, 마케팅 관리의 주요 대상은 제품계획, 가격설정, 광고, 판매촉진, 판매경로의 설정, 물적 유통 등이다. 마케팅 관리는 전체로서의 마케팅 활동을 계획하고, 이를 실시하기 위한 조직을 설정하며, 그에 의하여 실시되는 활동을 관리, 통제하는 것이다.
개인이나 단체의 필요를 충족시키기 위한 교환이 이루어지도록, 제품이나 서비스의 개념 설정, 가격결정, 판촉정책, 유통정책 등을 계획·집행 및 통제하는 활동이다. 여기서 계획이란 적절한 마케팅 전략을 수립하는 과정, 집행이란 그 계획을 실행하는 것, 통제란 집행 결과

를 분석하여 계획에 반영시키는 것을 말한다. 이 활동은 마케팅 관리 과정을 통해 구체적으로 실행된다. 마케팅 관리 과정은 시장을 분석하여 마케팅 기회를 포착하고(마케팅 기회 분석), 마케팅 조사를 통해 목표시장을 선정하며(마케팅 조사와 목표시장 선정), 목표시장에서의 마케팅 전략을 수립하고(마케팅 전략 수립), 마케팅 전략을 집행하기 위한 구체적인 마케팅 프로그램을 작성하며(마케팅 프로그램 작성), 프로그램된 마케팅 활동을 조직하고 실시하며 그 결과를 통제하는(조직, 집행, 통제) 일련의 활동을 말한다.

2. 마케팅의 중요성

1) 기업 경영상의 중요성

오늘날 소비자의 욕구는 급변하고 있고 이를 충족하기 위해서는 소비자가 원하는 제품 및 서비스 제공을 위한 마케팅 활동이 반드시 필요하다. 또한 시시각각 변하는 무한 경쟁 속에서 기업의 지속적인 성장을 위하여 마케팅 활동은 반드시 수반되어야 한다.

2) 사회적 기능상의 중요성

마케팅은 '수요에 부합하는 자원의 배분'이라는 사회적 기능을 수행하고 있다. 이는 마케팅을 통하여 수요와 공급이 조정되며 사회 경제가 균형적으로 발전할 수 있다는 의미이다. 마케팅 활동은 수요 증진에도 기여하여 고용 창출의 효과도 기대할 수 있다.

제3절 보험마케팅(Insurance Marketing)

---

1. 보험마케팅의 의의

보험이라는 무형의 서비스상품을 대상으로 개인과 기업의 위험에 대한 보장 및 저축 욕구 등의 여러 욕구를 충족시키고자 보험서비스를 고안하고 가격을 설정하고 촉진 및 유통을 효율적으로 하기 위한 제반 활동이다.

보험판매 5단계: 준비 − 접근 − 상담 − 판매 − 사후봉사(보험 계약보전 업무 및 관리)

2. 보험 서비스(마케팅)의 특징

(1) 보험상품상의 특성

① 보험상품은 무형상품이며 관념적 상품으로서 추상적인 상품이다. 일반 상품에 비해 구체적으로 어떠한 성질과 기능을 갖고 있는지 이해하기 어렵다. 일반적인 상품은 유형상품이며 구체적인 상품이다.

② 일반 상품과 서비스는 동가교환(同價交換)원칙이 적용되지만 보험상품은 이 원칙이 적용되기 어렵다(예를 들어 적은 보험료 납입, 사고발생시 많은 보험금 수혜).

③ 일반 상품과 서비스는 계약관계가 대체적으로 교환과 동시에 종료되지만 보험상품은 보험계약기간 동안 계속되며, 사고발생 시 사고처리, 보험계약 변경 등 다양한 서비스가 추가로 존재한다.

④ 보험상품은 고도의 기술적 전문적 내용을 내포하기 때문에 소비자가 그 내용을 구체적으로 인식하고 다른 보험상품과 구분하기 어렵다.

⑤ 요구(수요)측면에서 보험상품은 존재하고 있으나 주로 인식되지 못하며, 보험상품에 대해 대부분은 고객의 자발성은 존재하지 않는다.

(2) 보험가격 결정상의 특성

보험가격은 일반상품과 달리 수요와 공급의 원리에 의해 결정되기보다는 보험자에 의해 일방적으로 결정되지만, 감독기관의 통제와 통계적, 과학적인 자료가 가격산정의 기초가 된다.

(3) 판매상의 특성

① 보험은 필수품이 아니라 미래의 불확실성에 대비하는 간접적이고 2차적인 욕구와 관련된 것이므로 공급자에 의해 일방적으로 판매되는 일종의 push 상품의 성격이 강하다.

② 보험상품은 보험의 기본원리인 대수의 법칙에 의해 대량판매를 전제로 하며 생산원가가 판매 후에 결정되는 사후적 성질을 가지므로 양질의 소비자를 많이 확보해야 한다.

③ 고도의 기술적, 전문적 내용을 내포하므로 판매 시 소비자에게 충분한 설명과 계약 후 계속적으로 서비스를 해야 하는 거래의 정직성과 서비스 정신이 강조된다.

(4) 그 이외 보험상품의 특성

객관적이 아니고, 잡아 볼 수 없으며, 볼 수 없으며, 순차적으로 급부가 실현될 수 없고, 구체적인 등가관계가 없으며, 대부분 장기간의 계약구속이 이루어지고 있고, 상품공급은 임의로 무한정 증대 시킬 수 있고, 미래의 수요 파악이 곤란하다.[5]

보험상품은 생산에서 판매에 이르는 전 과정이 주로 인적 요소에 의해 처리되는 특징이 있다. 상품의 성질은 사회성과 공익성이 강조되고, 보험상품의 수요는 국민소득, 인구 등의 경제 사회적 요소에 많은 영향을 받는 특성이 있다.

3. 보험마케팅의 목표

무한한 경쟁에 효율적으로 대처하는 최선의 방법으로 기업이 임의로 생산한 제품 및 상품이나 서비스를 판매하려는 것보다 그 기업이 대상으로 하는 목표시장의 욕구를 파악하여 그 욕구를 충족시키는 것이 필요한데 이를 마케팅 개념이라 한다.

보험마케팅이 추구하는 목표는 바로 고객 욕구충족 내지, 고객 만족 경영이라고 한다. 기업 중심 관리의 철학은 기업이 기존제품을 판매적인 수단으로 판매량 증대에 의한 이익실현의 목표를 추구하여 판매하지만, 고객 지향적 관리의 철학은 고객 요구에 고객 Needs를 위한 노력으로 고객만족을 통한 이익실현에 목표와 초점을 두는 것이 보험마케팅의 목표이다.

제4절 보험마케팅 믹스(Insurance Marketing Mix)

1. 마케팅 믹스 (Marketing Mix)

마케팅 믹스는 기업이 마케팅 목표를 달성하기 위하여 사용하는 실질적인 마케팅 요소이다. 제품(product), 가격(price), 유통(place), 촉진(promotion)으로 구성되며 보통 4P라고 부른다. 보험마케팅 믹스란 보험마케팅의 효율성을 극대화하기 위해 여러 가지 마케팅 변수들 중에 통제가 능요소(4Ps: 상품, 경로, 촉진, 가격)를 최적의 상태로 결합, 운영하는 것이다.

기업이 판매 목표를 이루기 위해 제품 계획, 가격 설정, 광고, 입지, 공급 경로, 서비스 따위의 요소를 합리적으로 짜 맞추는 일이다.

기업이 표적 시장에서 마케팅 목표의 달성을 위해 사용하는 보다 실질적인 마케팅 도구들

---

5) 신수식, 보험경영론, 박영사, 2002. p.388.

이다.

기업의 마케팅 관리자가 특정의 마케팅 목표를 달성하기 위해 이용 가능한 여러 가지 마케팅 수단들을 최적 조합한 상태를 의미한다.

일반적으로 제품(product), 가격(price), 촉진(promotion), 유통(place)이라는 요소로 구성된 이 4P 요소는 기업의 마케팅 시스템의 핵심을 구성하는 투입 변수의 결합을 기술하는 데 사용되는 용어이며, 이를 효과적으로 조합하는 것이 가장 중요한 과제이다.

최근에는 4P가 너무 공급자 지향적인 해석이란 비판이 있어 소비자 관점으로 해석하고자 하는 경향이 있어, 4C 개념(product → customer value, price → cost, promotion → communication, place → convenience)으로 바꾸어 부르기도 한다.

(1) 보험상품

경제적 환경의 영향: 국민소득, 경제성장률, 산업구조

마케팅 믹스의 한 요소인 상품은 재화, 신상품 개발 및 기존상품의 개량에 대한 아이디어 및 상품과 관련된 서비스를 모두 포함하는 광의의 개념이다.

상품과 관련된 요인으로는 취급하고자 하는 보험종목의 결정, 새로운 보험상품의 개발 및 기존상품의 개량, 보험계약의 담보조건과 내용에 관한 결정, 보험금지급, 고객상담 등 보험 관련 서비스에 관한 결정 등이 있다.

(2) 보험가격

정치적·법률적 환경의 영향: 정치상황, 보험규제, 법률 등

마케팅 믹스의 한 요인으로서의 가격은 교환과정에서 상품을 소유하는 대신 지불하는 대가를 말하며, 이는 생산 및 판매업자에게 적정한 이익을 보장하는 수준에서 결정되어야 한다.

보험가격은 시장의 수급에 의해 결정되기 보다는 감독당국의 통제 하에 보험자가 결정하는 경우가 일반적이지만 향후 보험가격의 자율화가 확대된다면 가격경쟁력의 중요성은 더욱 증가할 것이다.

가격요인으로는 보험요율을 구성하는 순보험료, 부가보험료, 영업마진, 대리점 수수료 등이

있다.

(3) 보험경로

기업 환경의 영향: 경쟁상태, 기업조직, 보험시장 등

마케팅 믹스의 한 요인으로서의 경로는 소비자가 상품을 구매할 수 있도록 시간적·공간적 간격을 좁히는 활동을 의미한다.

마케팅 믹스의 경로는 거래기능과 유통기능 및 촉진기능이 있는데 보험의 경우 이 중 거래와 촉진기능이 중요시되며 그 중 판매기능(보험 모집조직)이 매우 중요하다.

(4) 보험촉진

사회·문화적 환경의 영향: 인구, 평균수명, 보험 및 위험관리 의식

촉진은 소비자로 하여금 특정상품을 구입하도록 하기 위한 의사소통과 관련된 제반 활동을 말하며, 광고, 홍보, 인적 판매 및 판매촉진으로 크게 구분된다.

보험판매촉진은 주로 보험모집과 대리점을 통해 이루어지는데 관련 요인으로는 보험광고, 정확하고 신속한 손해사정과 보험금지급, 손실방지를 위한 각종 서비스, 고객과 기업과의 호의적 관계 유지 등이 있다.

2. 마케팅 믹스의 구성 요소(4P)

마케팅의 요소(4P)는 제품(product), 가격(price), 유통(place), 촉진(promotion)이다.

(1) 제품(product)

제품은 경제적 시장에서 사용·소비·구입·관심 등의 형태로 고객의 필요와 욕구를 충족시켜 줄 수 있도록 제시된 모든 형태의 재화와 용역을 말한다.

제품이란 기업이 취급하고 있는 모든 제품 계열과 품목 등이다.

※ 제품의 수명 주기를 파악하기

제품의 수명 주기는 제품이 새로 개발되어 시장에 도입된 후 성장 과정을 거쳐 사라지기까지의 과정을 말한다.
① 도입기: 제품이 시장에 도입된 단계로, 비용이 과다하게 발생되는 반면 판매량이 낮으며, 유통이 제한적이다. 이 시기에는 신제품에 생소한 소비자들에게 제품의 사용을 증대시킨다.
② 성장기: 제품이 시장에서 급격히 수용되는 단계로, 매출액과 비용이 급격하게 상승한다. 성장기에는 시장 점유율을 유지·확대하기 위하여 시장을 세분화한다.
③ 성숙기: 제품의 충분한 구매·수용으로 매출액의 성장이 둔화되는 단계로, 이익이 극대화되다가 감소한다. 이 시기가 지나면 곧 쇠퇴기가 되므로 신제품을 개발해야 한다.
④ 쇠퇴기: 매출액이 급격히 감소하는 단계로, 비용 통제, 광고 활동의 축소, 제품 폐기 등이 이루어진다.

(2) 가격(price)

가격은 소비자가 제품 구매 또는 서비스 사용 시 지불하는 화폐의 양을 말한다. 따라서 제품 및 서비스의 가치를 나타내는 기준이 된다.

※ 합리적인 기준에 따라 가격을 결정하기

가격은 원가, 수요, 경쟁 업체의 가격, 고객의 심리 상태 등을 고려하여 결정한다.
① 원가 기준: 제품의 원가를 중심으로 가격을 결정한다.
② 수요 기준: 수요와 가격과의 탄력성을 고려하여 가격을 결정한다.
③ 경쟁 기준: 경쟁 기업이 설정한 가격을 기준으로 제품의 가격을 결정한다.
④ 고객의 심리 상태 기준: 구매자의 심리 상태를 고려하여 가격을 결정한다.

(3) 유통(place)

유통은 제품 및 서비스가 생산자에서 소비자로 옮겨 가는 과정을 말한다. 유통 과정에 참여하는 개인 및 기업들 사이에 효율적인 물자의 흐름을 만들어 주는 것이 물류 활동이다. 물류 활동의 목적은 물류 합리화를 통하여 고객 서비스의 수준을 높이면서 물류비용을 최소화하는 데 있다.

※ 유통 경로가 창출하는 효용 가치를 잡기

유통 경로는 제품 및 서비스를 생산자로부터 소비자에게 이전시키는 과정에서 시간 효용, 공간 효용, 소유 효용, 형태 효용 등의 네 가지 효용을 제공한다.

① 시간 효용: 소비자가 원하는 시간에 제품 및 서비스를 구매할 수 있을 때 발생하는 효용을 말한다.

② 장소 효용: 소비자가 원하는 장소에서 제품 및 서비스를 구매할 수 있을 때 발생하는 효용을 말한다.

③ 소유 효용: 소비자가 제품 및 서비스를 빨리 소유할 수 있도록 유통 경로를 줄여줌으로써 발생하는 효용을 말한다.

④ 형태 효용: 소비자가 원하는 포장 상태를 갖춤으로써 발생하는 효용을 말한다.

(4) 촉진(promotion)

촉진은 기업이 소비자에게 제품 및 서비스를 인지시켜서 소비자의 구매 욕구를 증대시키는 활동을 말한다. 주요 촉진 수단으로는 광고, 인적 판매, 홍보, 판매 촉진 등이 있다.

※ 적절한 촉진 수단을 선택하기

제품 및 서비스의 특성, 기업의 상황에 맞는 효과적인 촉진 수단을 선택해야 한다.

① 광고: 텔레비전, 신문, 잡지 등의 매체를 통하여 기업의 특정 상품이나 메시지를 소비자에게 제시하는 활동을 말한다.

② 인적 판매: 판매원이 직접 고객과 대면하여 기업의 제품이나 서비스를 구매하도록 권유하는 활동을 말한다.

③ 홍보: 후원자의 대금 지불 없이 제품 및 서비스 내용을 대중 매체에 기사화하여 수요를 자극하거나 호응을 얻고자 하는 비인적 촉진 행위를 말한다.

④ 판매 촉진: 단기적으로 매출을 증대시키기 위하여 사용하는 모든 활동을 말하며, 광고 · 홍보와 같은 장기적 효과를 노리는 다른 촉진 수단과 구별된다.

제5장
보험 언더라이팅(Insurance Underwriting)

제1절 언더라이팅(Underwriting)의 개념, 목표, 유래

1. 언더라이팅(보험계약 심사, Underwriting)의 개념

언더라이팅(Underwriting)이란 생명보험 계약 시에 계약자가 작성한 청약서 상의 고지의무 내용이나 건강진단 결과 등을 토대로 보험계약의 인수 여부를 판단하는 최종 심사 과정을 말한다.

보험자가 위험, 피보험 목적, 조건, 보험료율 등을 종합적으로 판단하여 계약의 인수를 결정하는 일이다.

보험자가 피보험자의 손실을 담보하는 의미로 요약할 수 있다. → 규범 표기는 미확정이다.

'언더라이팅은 보험의 일부가 아니고, 그 자체가 보험이다'라는 말이 있다.

보험은 언더라이팅 없이는 불가능하다는 뜻이며, 언더라이팅은 보험에만 있는 특수한 분야이다.

• 언더라이터(Underwriter)

보험계약을 체결함에 있어 보험대상자의 위험을 선택하고, 적절한 위험집단을 분류하여 보험료 및 가입조건을 결정하는 "계약심사업무"를 하는 사람이다.

언더라이터(Underwriter)란 보험을 가입하고자 하는 사람의 건강상태, 직업, 취미 등의 고지내용과 청약내용을 바탕으로 일정기준에 따라 보험계약의 성립여부를 결정하는 업무를 담당하는 보험회사의 직원을 말하고 있으며, 이런 과정을 언더라이팅(계약심사)이라 한다.

일반적으로 보험회사에서는 고객이 보험을 가입할 때 심사를 하여 계약의 승낙여부를 결정하게 된다. 이러한 절차를 '언더라이팅(Underwriting)'이라고 하는데, 보험계약 시에 계약자가 작성한 청약서의 '계약 전 알릴 의무' 내용이나 방문진단 등의 결과자료 등을 기반으로 계약의 최종 인수여부를 판단하는 최종심사 과정을 의미한다.

> ※ 실제로 통상 보험사는 보험가입 전에 피보험자에게 청약서의 질문지를 통해 과거병력이나 현재의 건강상태, 직업, 운전여부 등 보험계약 체결에 중요한 사항을 확인한다. 이때 피보험자는 자신의 위험 정도를 보험사에 사실대로 알려야 할 의무가 있는데, 이를 고지의무라고 한다.

회사가 청약을 받게 되면 해당 계약의 피보험자가 계약에 적합한지 아닌지를 판단한다. 이 과정을 계약심사, 계약 선택 혹은 언더라이팅이라고 한다.

같은 계약인데 누구는 사고가 발생할 확률이 더 높고, 질병이 걸린 병력이 있어 보험금을 탈 확률이 높다면 불공평한 계약이 되는 것이다. 회사는 자체적으로 이런 상황을 방지하고 손해를 막기 위해 전문적인 언더라이터를 배치한다.

보험 회사엔 많은 직군이 있지만, 그 중에서도 '언더라이터(underwriter)'는 상당한 전문성을 요하는 직업이다. '언더라이팅(underwriting)'이라는 용어는 오래전 영국에서 보험회사들이 '이 보험 계약을 맺겠다.'는 의미로 계약서 하단에 서명을 했던 관행에 따라 붙여진 이름이다. '언더라이터(underwriter)'는 '서명을 하는 사람' 곧 '계약 성립 여부를 결정하는 사람'을 의미한다.

이들은 피보험자의 과거 병력 기록이나 건강 검진 결과 등을 토대로 보험 계약을 최종적으로 맺을지 심사하는 업무를 수행한다. 또 계약을 맺더라도 피보험자의 위험도에 따라 보험료를 차등화하는 일도 맡고 있다. 미래에 병에 걸릴 확률이 높은 사람에게는 높은 보험료를 책정하고, 반대의 경우에는 낮은 보험료를 매기는 것이다.

언더라이터가 제 역할을 하지 못하면 보험 회사는 위험도가 높은 사람들이 몰려 보험료가 천정부지 솟게 된다. 건강한 사람들은 높은 보험료가 부담돼 보험 가입을 안 하게 되고, 결국 보험 회사의 고객은 위험도가 높은 사람들만 이뤄져 회사의 존폐 자체가 위협받을 수 있다. 이 때문에 보험 회사들은 언더라이터들의 일부를 의사나 간호사 경력이 있는 사람들로 구성한다. 의학적 지식이 어느 정도 있어야 피보험자의 위험도를 보다 정확하게 판단할 수 있기 때문이다.

2. 언더라이팅의 궁극적인 목표

1) 피보험자의 환경(직업, 건강)에 따른 위험도를 통계에 근거하여 비슷한 수준의 위험도끼리 분류하고(위험 등급의 분류),

2) 신체위험과 관련한 보험은 건강이 양호한 사람보다 건강에 이상이 있는 사람이 보험가입을 선호하는 경향이 강하다. 즉, 보험계약을 통하여 이익을 얻기 위한 목적으로 자신의 건강상의 결함을 은닉하고 계약을 체결하는 역선택을 방지하며,

3) 궁극적으로 양질의 위험을 최대한 확보하여 보험사의 이윤을 창출하여 지불능력을 유지하는 것이 목표이다.

• 고객 측면

① 다양한 환경과 조건을 가진 피보험자의 위험의 정도를 평가하고,

② 동일한 위험집단에 대해서는 동일한 보험료를 부가하여 계약자간 형평성 제고가 가능하며,

③ 역선택으로 인한 사망보험금 등의 지급이 증가하여 보험료인상, 배당금감소 등 선의의 계약자들이 손해보는 것을 방지하는 것이다.

• 보험사 측면

① 언더라이팅은 피보험자가 지는 위험의 정도를 평가하고 분류하여 가입여부 및 인수조건을 결정하는 과정으로,

② 보험사는 언더라이팅을 실시함으로써 과다 위험에 노출된 피보험자 및 부당한 보험금 지급을 목적으로 한 청약에 대해서 거절을 할 수 있고 표준체보다 큰 위험을 지닌 피보험자에 대해서는 할증, 삭감,부담보 등 조건부 인수를 함으로써,

③ 과다한 위험에 보험사가 노출되는 것을 막을 수 있다.

• 역선택이란?

보험사고의 발생 가능성이 높은 위험의 계약자가 스스로 보험에 가입하려고 하는 경향을 역선택이라고 한다. 즉, 위험발생률이 높은 사람이 자신의 위험발생 정보를 보험자에게 알리지 않고 자신에게 유리한 보험을 선택함으로써 보험 회사에게 불리한 선택을 하도록 하는 경우가 '역선택'에 해당된다.

1) 역선택의 증가는 보험회사의 경영수지를 악화시켜 보험료를 인상하게 함으로써 보험에 대한 신뢰도를 떨어뜨려 보험회사의 이미지를 손상시킨다.

2) 예정사망보험금 등의 지급을 초과시켜 선의의 계약자들이 소수의 보험 가입자들 때문에
   경제적 피해를 입게 된다.
3) 비합리적인 보험계약 즉, 역선택은 사회적으로 보험금 사취를 정당화하여 사회의 가치관
   과 윤리관을 파괴할 우려가 있다.

3. 언더라이팅(보험계약 심사, Underwriting) 유래

지금으로부터 400여 년 전 영국 런던의 로이드 찻집(현 Lloyd's of London의 전신)에서는 무역
업자 또는 선주들이 해상보험 거래를 주로 했었다.

본래는 차 또는 다과를 판매하는 곳이었으나 해상업자들이 주로 모이면서 자연스레 보험업
이 성행했던 곳이었는데, 해상보험 거래에서 금융업자가 항해에 따른 난파 위험을 담보해
주는 조건으로 선주로부터 보험료를 받고 위험 관련 정보가 기재된 계약서(청약서)의 하단
(Under)에 자신의 이름을 작성(Writing)하는 관습이 있었는데 여기서 유래되었다고 한다.

대한민국의 경우 1990년대 초에 대형 보험회사를 중심으로 언더라이팅이 시작되었으며,
1999년도에는 우량체가 도입되었으며, 부담보제도 개발, 보험료 할증제도 등으로 활성화되
었다.

유가증권 따위의 인수·판매를 업무로 하는 금융업자 또는 보험 계약의 인수여부를 판단하
는 보험업자를 칭하는 단어로, 대개는 후자를 뜻하는 경우가 많다.

증권회사가 간접 발행방식의 유가증권의 인수 후 발행증권의 전액 또는 판매 후 잔액을 인
수하는 발행위험을 떠맡는 것과, 사고의 불확실성을 전제로 한 보험사고의 발생시 수입보험
료보다 훨씬 많은 보험금을 지급하는 위험을 보험회사가 부담한다는 데서 증권업계에서의
언더라이터와 보험업계에서의 언더라이터는 그 역할이 비슷하다고 할 수 있다.

제2절 언더라이팅(보험계약 심사, Underwriting) 개요

1. 언더라이팅 목적

1) 역선택 방지와 적정요율 적용

보험거래에 있어서 역 선택이란, 평균손실 가능성 보다 높은 손실 가능성을 갖고 있는 보험 가입대상이 평균보험요율을 보험에 가입하고자 하는 경향을 말한다.

역선택의 방지가 언더라이팅의 중요한 목표이며, 보험제도 운용의 건전성을 유지하기 위하여서는 적정보험요율의 합리적인 적용이 필요하다.

보험요율의 합리적인 적용이 이루어지지 않으면 보험회사 재무건전성, 보험계약자에 대한 공공성, 그리고 보험계약자 상호간의 형평성 등에 문제가 발생한다.

2) 보험 범죄의 방지

보험제도는 본질적으로 우연적 사고에 따른 손실을 보상하는 것이 중요 목적인데, 보험을 이용하여 악의적으로 이익을 보려고 하는 사람들이 있음에 방지해야 할 당위성이 있다.

보험 범죄는 보험제도의 후진성과 사회적 불안, 경기침체와도 상관관계가 있다. 경기가 침체하여 사업이 저조하거나 소득이 감소하고 실업이 증가하면 방화, 살인, 자살, 자해 등의 보험범죄사건이 증가하는 경향이 있다.

3) 수익성 확보

보험영업이익의 여부는 언더라이팅의 질적 수준에 크게 좌우되기 때문에 언더라이팅 기능의 중요 목적 가운데 하나가 보험산업의 수익성 확보이다.

언더라이팅의 정책 및 기준이 엄격하면 이익발생의 가능성 커지게 되고, 그렇지 않을 때는 손해발생이 예상된다.

보험회사는 언더라이팅 기능에 질적 수준을 적절히 유지하므로 보험산업의 수익성을 확보하는 데 기여해야 한다.

2. 언더라이팅 의사결정 원칙

언더라이팅의 기능을 제대로 발휘하고 목적을 달성하기 위해서는 다음과 같이 언더라이팅의 기본 원칙을 지켜야 한다.

1) 언더라이팅에 종사하는 사람은 신계약 또는 새로운 리스크를 선택할 때 반드시 회사의 언더라이팅의 기준을 따라야 한다.

2) 등급별 요율산정 방식을 이용하는 경우 각 등급 내에서 피보험자의 분포가 적정한 균형을 이룩하도록 언더라이팅을 해야 한다는 것이다.

3) 보험계약자 사이에 공평성을 유지해야 한다.

3. 언더라이팅의 기본기능

1) 위험의 선택

이것은 언더라이팅의 시발점이다. 그것은 사실의 정보를 확보하고, 정보를 평가하고, 행동 과정을 결정하는 것을 포함한다. 선택 과정을 위험의 적격과 부적격의 목록 사용이 도와준다.

2) 분류와 요율산정

일정 위험을 받아들이기로 결정한 후에 언더라이터는 적절한 분류와 요율을 결정해야 한다. 많은 종목들이 복잡한 분류체계와 다수의 요율플랜을 사용한다.

3) 보험증권 폼

분류 및 요율산정 업무를 취급하는 것인 그 과정의 필요 부분은 사용되는 보험증권 폼을 결정하는 것이다.

4) 보유와 재보험

언더라이터는 재보험처리에 비용이 많이 소요되고, 다른 재보험자에 배분한 보험에 이익을 실현할 수 없거나 거의 불가능하기 때문에 합리적으로 가능한 정도로 많은 위험을 보유하여야 한다.

4. 위험선택의 기본요소

1) 도덕적 위험

모든 위험 중에 도덕적 위험이 가장 발견하기가 어려우며, 가장 피해가 클 수 있다.

피보험자가 고의적으로 재산을 파괴하고자 한다면 재산의 전체 가치보다 적은 보험료는 부족한 것이다. 도덕적 위험의 예로는 자기물건과 자동차에 방화, 도둑, 거짓장부기록 등이다.

2) 방관적 위험

재산의 소유자가 실제로 자신의 재산을 파괴하기 위한 행동을 하였다면, 그것은 도덕적 위험인 것이며, 손해를 방지하기 위한 행동을 취하지 않았다면 그것은 방관적 위험인 것이다.

3) 물질적 위험

물질적 위험이란 객관적으로 물질적인 요소에 의해서 나타나는 불확실성의 증가를 의미하는 것이다. 어떤 형태의 물질적 위험이던 간에 그것은 요율로써 보장되는 이상으로 손해의 가능성과 심도를 증가시키게 된다.

4) 법률적 위험

법률적 위험은 법률의 적용 시 발생하는 불확실성의 증가를 의미하는 것이다.
책임보험은 보험계약자가 책임져야 할 상황에서 발생하는 손해에 대하여 계약자를 보호해주기 위해 판매한다. 법률적 위험은 상황이 변화할 때 즉, 손해의 가능성이나 손해의심도 또는 두 가지가 다 같이 증가할 때 존재한다.

5. 언더라이팅 시 위험의 종류란?

일반적으로 언더라이팅 단계에서 위험은 신체적 위험, 환경적 위험, 도덕적 위험으로 총 3가지로 분류하게 된다. 그러다보니 실제로 언더라이팅 시 감안하게 되는 심사영역은 의적 언더라이팅, 재정적 언더라이팅, 직업 언더라이팅 세 가지의 단계를 거치게 된다.
① 의적 언더라이팅이란 피보험자가 과거 진단 및 치료력과 같은 이력이 가입 후에 미칠 영향 등을 판단하여 앞으로 발생할 위험을 미리 예측하는 것을 말한다.
   예를 들면 척추질환으로 진단 및 치료받은 피보험자의 경우 임상의학에서는 반드시 치료할 필요가 없다고 해도 보험의학에서는 재발 및 보험금 지급 발생 여부를 판단, 일정 기간 부담보 또는 심사거절, 할증 등의 여부를 판단하게 된다.
② 재정 언더라이팅이란 해당 피보험자의 소득수준에 따른 보험가입금액의 적정성 여부를 판단하는 것으로 연령별 소득에 대비하여 적정보험료를 설정하고 추가적인 언더라이팅을 진행하기도 한다.

그리고, 타사 가입 내역(최근 타사 가입 여부, 해지 또는 실효, 거절 이력) 조회를 하여 연령에 비해서 고액 계약의 경우 재정 상태를 증명할 수 있는 서류를 의무적으로 제출하여야 한다.

③ 직업 언더라이팅이란 직업을 위험직과 비위험직으로 구분하고 상해등급을 적용하여 상해 보험에 적용하게 된다(생명보험사와 손해보험사가 서로 다름). 또한, 운전자냐, 비운전자냐, 운전자라면 운전형태(자가용, 화물차, 택시, 승합차, 건설기계, 농기계, 오토바이) 등에 따라서 심사가 달라진다.

예를 들면 직업적으로 사고위험이 매우 낮은 사무직 종사자가 보장성 보험에 가입한다면, 질병 및 재해 위험정도가 낮기 때문에 가입금액에 대해서는 제한을 두지 않는다. 그러나, 반대로 사고위험이 매우 높은 건설일용직, 선원, 배달대행업자 등은 가입금액의 제한, 거절, 할증인수 등이 발생할 수 있게 된다. 또한, 추가로 위험도가 높은 취미활동 여부를 확인하여(예: 스카이다이빙, 암벽등반, 패러글라이딩, 수상스키, 제트스키, 번지점프 등) 본업과 겸업을 하는지, 부업을 하고 있는지를 검토하게 된다.

모든 직업의 위험도가 서로 다르기 때문에 반드시 직업 언더라이팅이 필요하다.

제3절 언더라이팅의 절차 및 고려 대상

1. 언더라이팅 절차

1) 모집종사자에 의한 1차 선택

계약자로 부터 모집종사자는 과거의 병력부터 생활방식, 직업 등 언더라이팅에 필요한 정보들을 청약 과정에서 수집하게 된다. 동시에 가입을 위해 추가적인 조사가 있을 수 있다는 사실을 알린다.

2) 외적 진단에 의한 2차 선택

계약자가 제시한 자료와 더불어 병원에서 진단을 통해 나온 결과들을 토대로 언더라이팅하는 과정이다.

3) 언더라이터의 의한 3차 선택

언더라이터가 1차, 2차에서 수집한 피보험자의 정보들을 바탕으로 보험계약의 보험금, 보험료 등을 결정하고 최종 승인 or 거절하는 단계이다.

4) 계약적부 확인에 의한 선택 4차 선택

3차 선택에서 언더라이터가 최종적으로 선택하기 전, 혹은 계약 후에 문제발생이 높아 보이는 계약에 대하여 보험사가 직접 나서서 계약자의 정보(위험정도)를 확인하고 수집하는 방법이다.

2. 언더라이팅의 고려 대상

그렇다면 언더라이팅 과정에서 계약자들에게 확인하는 정보들은 어떠한 것들이 있는지 알아보자.

1) 환경적 언더라이팅(環境的 underwriting)

피보험자의 직업, 생활방식들과 같은 피보험자가 처한 주변 환경을 언더라이팅한다.
보험자가 피보험자 개인의 환경적 위험을 종합적으로 판단하여 해당 위험을 인수할 것인지를 결정하고, 인수할 경우에 인수 조건과 보험 가입 금액, 적정한 보험 요금의 정도나 비율을 결정한다.
환경적 요인에는 직업, 운전, 흡연, 음주, 취미, 거주지 위험 따위가 있다.

2) 신체적 언더라이팅(身體的 underwriting)

피보험자의 성별, 연령, 체격, 병력 의료기관에서 근거한 자료를 바탕으로 한다.
보험에서 개인의 신체상 위험을 평가·분류하여 해당 위험을 인수하거나 거절하고, 인수할 경우에는 인수 조건을 결정하며 보험 가입 금액을 설정하고 적정한 보험요율을 부과한다.

3) 도덕적 언더라이팅[道德的 underwriting]

피보험자가 위험에 대하여 적극적으로 대비를 하고 방치하지 않는가에 대한 도덕적인 영역을 의미한다.
보험 청약자가 일부러 위험을 일으키거나 부실 고지 등을 통해 보험 회사를 속이는 행위를 예방하기 위하여 보험자가 피보험자 개인의 도덕적 위험을 종합적으로 판단하여 해당 위험을 인수할 것인지를 결정하고, 인수할 경우에 인수 조건과 보험 가입 금액, 적정한 보험 요금의 정도나 비율을 결정하는 일이다.

4) 재정적 언더라이팅(財政的 underwriting)

보험을 가입하는 목적이 위험대비인지 금전적인지에 대한 판단을 내리는 영역이다.

보험자가 피보험자 개인의 재정적 위험을 종합적으로 판단하여 해당 위험을 인수할 것인지를 결정하고, 인수할 경우에 인수 조건과 보험 가입 금액, 적정한 보험 요금의 정도나 비율을 결정하는 일이다.

피보험자가 청약한 상품의 보장 내용이 피보험자의 생활환경 및 소득 수준과 일치하는지 확인하고, 보험금이 신체를 담보로 한 투기의 대상이 되는 것을 예방하면서 피보험자가 적정한 수준의 보장을 받도록 하는 것이 목적이다.

제4절   전문 언더라이터 자격제도: KLU(Korea Life Underwriter)

1. 언더라이터

보험계약을 체결함에 있어 보험대상자의 위험을 선택하고, 적절한 위험집단을 분류하여 보험료 및 가입조건을 결정하는 "계약심사업무"를 하는 사람이다.

즉, 보험가입자의 신체적, 재정적 위험 등을 종합적으로 평가해 보험 가입 여부를 판단한다. 또한, 생명보험회사, 손해보험회사에 있어 언더라이터는 필수 요원이다.

2. 전문 언더라이터 개요

보험회사 임직원을 제외하고는 들어본 적이 없을 만큼 매우 생소한 단어로, 보험계약 인수 여부를 판단 하는 전문적인 업무를 말한다.

우리나라 생명보험업계의 경우 1990년대까지만 해도 외자계 보험회사를 제외하고는 언더라이팅보다는 주로 계약사정, 신계약심사라는 용어를 사용하였다고 한다. 2000년대에 들어오면서 수행업무의 본질 자체의 변화(구체적으로는 건강진단계약의 인수기준 평가)와 함께 본격적으로 언더라이팅이란 용어를 사용하면서 대형보험회사를 중심으로 부서 명칭에도 사용하게 되었으며, 2002년에는 우리나라 언더라이팅 관련 자격제도인 KLU(Korea Life Underwriter)에도 사용되는 등 서서히 일반화되고 있다. 손해보험에서는 주로 자동차, 선박, 건물 등의 사고발생 위험발생을 평가하는 반면, 생명보험에서는 주로 사람의 신체적, 환경적, 도덕적 위험을 평가하는 차이점이 있다.

3. 단계별로 전문 언더라이터 자격제도

생명보험협회는 이러한 언더라이팅의 중요성을 인식해 단계별로 전문 언더라이터 자격제도를 두고 있다.

언더라이터 자격시험제도는 생명보험 산업에서 그 중요성이 크게 부각되고 있는 언더라이팅 업무에 대한 인식제고와 관련업무 담당자의 전문성 향상을 위해 생보협회 주관으로 2002년부터 시행되고 있는 제도이다.

- 생명보험협회에서 실시하는 생명보험 언더라이터는 기본지식함양을 목표로 하는 CKLU과정과 전문지식+기본 의학지식 함양을 목표로 하는 AKLU과정, 전문지식+의사결정력 함양을 목표로 하는 FKLU과정으로 나뉜다.

1) 1단계의 CKLU: 언더라이팅의 기본지식 함양단계, 응시자격 제한이 없다(4과목)(Certificate of Korea Life Underwriter). 보험기초이론, 언더라이팅개론, 계약법규, 클레이실무

2) 2단계의 AKLU: 전문지식 및 기본 의학지식 함양단계, CKLU 합격한 사람이 응시자격이 있다(4과목)(Associate of Korea Life Underwriter). 의학개론, 보험리스평가, 보험계리 및 재보험기초, 보험세제 및 재무이론

3) 3단계의 FKLU: 전문지식과 의사결정력 함양단계, 시험을 통과한 후 실무경력 3년을 인정받아야 한다(Fellow of Korea Life underwriter). AKLU 합격한 사람이 응시자격이 있다. 주관식 시험(2과목) 생명보험 의학개론, 언더라이팅 관리

• 보험연수원에서 실시하는 보험심사역(AIU)자격시험은 손해보험분야 위주의 문제가 출제된다.
CKLU와 보험심사역(AIU) 응시 자격에는 제한이 없으나, AKLU는 전년도까지 CKLU 자격시험에 합격한 자, FKLU는 전년도까지 AKLU 자격시험에 합격한 자로 제한된다. 단 FKLU 합격기준으로 언더라이팅 실무경력 3년 이상을 요구하므로 실무경력요건을 충족하지 못하면

FKLU 자격시험을 합격할 수 없다.

제5절 표준체 및 우량체와 클레임

1. 표준체와 우량체

- 대한민국의 언더라이팅은 **표준체** 중심이다.
- 표준체보다 위험도가 낮은 군을 **우량체**라고 하고, 계약자 본인이 우량체임을 입증하면 **보험료를** 할인 받을 수 있다.
- 표준체 보다 위험도가 높은 군을 **표준미달체**라고 하고, 위험정도에 따라서 보험료를 제외한 **특별보험료를** 할증하여 부가한다.

  혹은 일부 담보를 제외하여 계약을 진행하는 **부담보** 형식으로 한다.

  혹은 일정 시간에만 위험도가 존재하고, 계약 후 점점 줄어드는 체감성 위험의 경우 일정기간 내의 사고에 한하여 **보험금을** 삭감한다.

2. 클레임

클레임이란?

보험금의 청구 단계부터 지급까지의 일련의 모든 업무 과정을 말한다.

회사가 클레임 과정이 없이 무분별한 보험금 지급을 하게 된다면, 1차적으로는 회사의 재정적인 문제가 발생할 수 있고, 2차적으로는 회사와 계약한 다른 계약자들 추가적으로 가입하게 될 계약자에게 피해가 발생하며, 최종적으로는 보험산업 자체에 큰 영향을 줄 수 있기 때문에 최종적으로 가입자에게 보험금을 얼마나 지급할지, 지급을 할지 말지의 여부에 관한 결정을 하는 클레임 업무 담당자에게는 3가지 요건이 필요하다.

① 상당한 수준의 조사기법과 조사경험 요구
② 약관 및 보험 관련 법규정의 올바른 이해와 해석능력의 구비
③ 상당한 정도의 의학지식 숙지

클레임 과정에는 많은 갈등과 다툼이 일어나게 된다.

모집종사자에게도 언더라이팅의 의무가 있고 클레임 과정에서는 자신의 고객이 가입한 계약에 대하여 정당한 보험료를 수령할 수 있게 반드시 도와야 하는 것이 보험설계사의 역할이자 의무이다.

제6절　"언더라이팅도 이젠 AI로"(K생명, 자연어처리·머신러닝 '바로' 개발)[6]

K생명은 자연어처리·머신러닝 기술이 적용된 인공지능(AI) 언더라이팅 시스템 '바로(BARO)'를 개발하고 현업에 활용하고 있다고 2019년 10월 30일 전자신문에 밝혔다(K생명: 교보생명). 시스템 명칭인 바로는 'Best Analysis and Rapid Outcome(최고의 분석을 통해 빠른 결과물을 도출한다)'의 머리글자를 따서 만들었다. '바로'라는 단어가 가진 '즉시' '제대로' 의미도 함축하고 있다.

바로는 인간처럼 합리적으로 사고하며 언더라이터를 대신해 보험계약 승낙이나 거절에 대한 의사결정을 처리한다. 고객이 정해진 기준에 부합하면 자동으로 계약을 승낙하고 기준에 미달하면 계약을 거절한다. 조건부 승낙으로 판단이 필요한 경우 언더라이터가 참고할 수 있도록 다양한 키워드 중 가장 유사한 5개 결과를 추려 제공한다.

과거 경험 데이터 등을 토대로 재무설계사(FP)와 실시간 질의·응답도 가능하다. 문의 내용이 복잡해 스스로 결과를 도출하기 어려우면 언더라이터에게 참고자료를 제공한다.

바로를 통해 임직원 업무 효율성과 고객 만족도도 동시에 높였다고 K생명은 설명했다. 보험심사와 질의·응답에 걸리던 대기시간이 크게 줄어 서비스 효율성이 제고됐다. 또 언더라이터는 고위험 계약 등 중요한 업무에 집중할 수 있게 되면서 업무 부담도 경감됐다.

K생명은 바로의 기능을 지속적으로 진화해 향후 보험금 청구 등 다양한 보험서비스에 단계적으로 적용해 나간나는 계획이다.

K생명 관계자는 "바로를 통해 임직원 업무 효율성은 물론 고객 만족도를 높일 수 있을 것으로 기대한다"면서 "디지털 변혁에 있어 글로벌 보험업계에 새로운 가능성을 제시할 수 있는 생명보험사로 거듭나겠다"고 말했다.

---

6) 2019년 10월 30일자 전자신문.

제3편

보험계약 이론과 보험실무 기초지식

제1장
보험계약(保險契約)이란?: 기초 이론

제1절 보험계약(保險契約)의 개념(槪念)

1. 보험계약(保險契約, contract of insurance)의 정의

보험계약(保險契約)은 당사자의 일방(보험계약자)이 약정한 보험료를 지급하고 상대방(보험자)이 재산 또는 생명이나 신체에 관하여 불확정한 사고가 생길 경우에 일정한 보험금액 및 기타의 급여(給與)를 지급할 것을 약정함으로써 효력이 생기는 계약이라고 정의한다. 즉, 보험자가 상대방인 보험 계약자로부터 보험료를 받고 보험 계약자에게 사고가 발생하였을 때 약관에 따라 일정한 금액을 지급할 것을 약정하는 계약이다.

그러나 이러한 추상적 정의로써 반드시 구체적인 유사한 성질의 계약을 구별할 수 있을 것인가 하는 비판도 있다.

보험계약은 보험계약자의 청약과 보험자의 승낙으로 서로 대립되는 의사표시의 합치로 성립하는 법률 행위를 말한다. 즉, 계약은 효력이 발생함을 뜻한다.

2. 보험계약(保險契約, contract of insurance)의 개요

- 당사자 일방이 약정한 보험료를 지급하고 재산 또는 생명이나 신체에 불확정한 사고가 발생할 경우에 상대방이 일정한 보험금이나 그 밖의 급여를 지급할 것을 약정하는 것을 말한다(상법 제638조).

  보험계약은 실무에 있어서는 보험약관에 의하여 체결되는 것이 통례이다.

– 보험자는 보험사업을 하는 주식회사인 경우가 보통이고, 보험계약자는 이 보험사업자를 대리하는 보험대리점과 보험계약을 체결하는 것이 통례이다(보험업법 제2조10호 참조). 보험계약자는 위임을 받거나 위임을 받지 아니하고 타인을 위하여 보험계약을 체결할 수 있고(상법 제639조1항) 또 대리인에 의하여 보험계약을 체결할 수도 있다(상법 제646조).

– 보험대리상은 보험계약자로부터 보험료를 수령할 수 있는 권한, 보험자가 작성한 보험증 권을 보험계약자에게 교부할 수 있는 권한, 보험계약자로부터 청약, 고지, 통지, 해지, 취 소 등 보험계약에 관한 의사표시를 수령할 수 있는 권한, 보험계약자에게 보험계약의 체 결, 변경, 해지 등 보험계약에 관한 의사표시를 할 수 있는 권한을 가진다(상법 제646조의2).

– 보험사고가 발생하기 전에 보험계약자는 언제든지 계약의 전부 또는 일부를 해지할 수 있다(상법 제649조1항). 또한 보험계약자는 보험자가 파산선고를 받은 때에는 계약을 해지 할 수 있다(상법 제654조1항).

– 보험자는 ① 보험료가 적당한 시기에 지급되지 아니한 때 ② 보험계약 당시에 보험계약 자가 고의 또는 중대한 과실로 인하여 중요사항을 고지하지 아니하거나 부실의 고지를 한 때 ③ 보험계약자가 위험변경증가의 통지를 보험자에게 지체 없이 통지하지 아니한 때 ④ 보험기간 중에 보험계약자 등의 고의 또는 중대한 과실로 인하여 사고발생의 위험 이 현저하게 변경 또는 증가된 때에는 보험계약을 해지할 수 있다(상법 제650조~제653조).

– 보험계약의 성질은 유상계약(有償契約)인 동시에 쌍무계약(雙務契約)이고 낙성계약(諾成契約) 이다.

제2절 보험계약의 특성과 성질

1. 보험계약(保險契約)의 특성

(1) 미래지향적 계약

1) 보험은 다른 상품 및 서비스와 달리 미래의 손실을 전보하며 효용을 발휘한다.
2) 미래적 효용에 대한 이해도가 필요하며 보험 마케팅의 어려움이 있다.
3) 하지만 보험의 현재적 효용에 대한 이해도가 필요하며 미래의 불확실성을 보험 상품에 전가한다.
   → 자신감, 효율성 상승

4) 미래적 효용과 현재적 효용 모두 이해가 필요하며 보험 상품의 성격에 대한 깊은 이해
   필요하다.

(2) 우연적 계약

1) 보험은 확실한 미래의 손실을 전제로 하지 않는다.
2) 손실 발생의 우연성을 전제로 하는 우연적 계약이다.
3) 손실이 일어나지 않아 손실을 전보 받지 않는 것이 최선의 상황이다.
   → 손실의 전보 외에도 보험 계약이 주는 효용이 많다.
4) 대부분이 우연적 손실에 대한 인식이 낮다.

(3) 서비스 계약

1) 보험 상품의 태생적인 어려움이 있어 이해를 돕고 효용을 높이기 위한 여러 가지 서비스
   들을 제공한다.
2) 위험 전가라는 보험의 주된 효용 외에 서비스를 통해 효용을 제공한다.
   예) 배상 책임 보험
3) 보험에 병행 되는 서비스의 질이 보험 계약의 질을 결정한다.

(4) 리스크 계약

1) 재무적 손실의 불확실성을 담보하는 리스크 계약 → 다른 상품 및 서비스와의 차별성
2) 특수한 기능이 요구된다. → 언더라이팅(Underwriting) & 보험지급금
3) 매출의 극대화만을 노리기보다는 손실에 대한 정확한 분석이 필요하다.

2. 보험계약(保險契約)의 법적 성질

보험계약은 낙성계약, 유상계약, 쌍무계약, 불요식계약, 사행계약, 선의계약, 계속적 계약, 부합계약의 성질을 가지고 있다. 또한 우발적인 사고의 발생을 전제하므로 사행계약에 속한다. 또 보험계약은 기본적 상행위의 일종이나(46조 17호) 다수의 보험계약자를 상대하므로 부합계약(附合契約)으로 될 수밖에 없고 따라서 보험계약법은 보험계약자를 보호하기 위하여 국가적 감독이 필요하므로 통칙규정은 특약으로 계약자·피보험자 보험수익자의 불이익이 되도록 변경하지 못하게 상대적 강행규정(相對的强行規定)으로 하고 있다(663조).

- 불요식 낙성계약성(不要式諾成契約性)이다.

  보험계약은 당사자의 의사표시의 합치만으로 성립하고(상법 제638조), 다른 형식을 요하
  는 것이 아니므로 불요식·낙성계약이다.
- 요식계약(要式契約)이 아니기 때문에 청약서의 작성이나 보험증권의 교부가 보험계약의
  성립요건이 아니며 효력발생요건도 아니다.
- 요물계약(要物契約)도 아니기 때문에 최초의 보험료가 납입되어야만 보험계약이 성립되
  는 것도 효력이 발생하는 것도 아니다. 다만, 보험자의 담보책임의 개시요건일 뿐이다
  (상법 제656조).
- 실거래에서는 보험계약의 체결 시에 정형화된 보험계약청약서를 이용하는 것이 보통이
  여서 요식 계약화되어 가는 경향이다.

1) 유상 쌍무계약성(有償 雙務 契約性)

보험자는 보험사고의 발생을 일정한 조건 또는 기한으로 하여 보험금 지급 의무를 부담하
고 보험계약자는 보험료 납입의무를 부담하므로 이 두 채무가 서로 대립관계에 있어 쌍무
계약의 성질을 갖는다.

2) 불요식 낙성계약성(不要式 諾成契約性)

보험계약은 보험계약자의 청약이 있고 이를 보험자가 승낙하면 계약이 성립되므로 낙성계
약의 특징이 있다. 당사자 쌍방의 의사의 합치가 있으면 성립한다.

3) 상행위성(商行爲性)

영업으로 보험을 인수하는 행위는 상행위에 해당한다.

4) 사행계약성(射倖契約性)

보험계약은 보험자의 보험금지급 책임이 장래의 우연한 사고(보험사고)의 발생에 달려 있다
는 점에 사행계약의 일종이다. 그러나 보험계약은 개별적으로는 사행계약성을 가지고 있지
만 보험단체 전체의 입장에서 볼 때에는 대수의 법칙에 의하여 산정된 보험료와 보험금이
균형을 이루도록 되어 있기 때문에 사행성은 희박하다고 할 수 있다.

5) 계속계약성(繼續契約性)

보험자가 일정기간 안에 보험사고가 발생한 경우에 보험금을 지급하는 것을 내용으로 하므로 그 기간 동안 보험관계가 지속되는 계속적 계약의 성질을 갖는다.

보험계약은 계약의 성립으로서 장기간(보험기간) 계약당사자의 계약관계를 유지시킨다. 1회성 아니다.

6) 부합계약성(附合契約性)

부합계약이란 그 내용이 당사자 일방에 의해 획일적으로 정해지고 다른 일방이 이를 포괄적으로 승인함으로써 성립되는 계약을 말한다. 보험계약은 그 성질상 다수의 보험계약자를 대상으로 동일한 내용의 계약이 반복되므로 개개의 계약과 같이 그 내용을 일일이 정하는 것은 거의 불가능하다. 그러므로 보험계약은 보험회사가 미리 마련한 정형화된 약관에 따라 계약을 체결하고 있어 부합계약의 성질을 갖는다.

7) 독립계약성(獨立契約性)

보험계약은 민법상의 전형계약의 어떤 범주에도 속하지 않는 독특한 계약으로서 독립계약이다.

※ 전형계약: 일반적으로 행하여지는 계약을 법률에 규정을 둔 계약. 증여, 매매, 교환, 소비대차, 임대차 등

8) 선의계약성(善意契約性)

보험계약은 사행계약의 일면을 가지고 있어 보통의 계약과는 달리 보험계약의 체결과 이행에 계약관계자의 선의성과 신의성실이 요구된다. 특히 보험계약은 우연한 사고의 발생을 전제로 하는 점에서 선의성이 더욱 강조되며 이에 따라 보험계약자에게 고지의무 등 특수한 의무를 부과하고 있다.

1. 피보험이익의 원칙(Principle of insurable interest)

(1) 개념

보험계약자나 피보험자는 반드시 피보험이익을 가져야 한다는 원칙이다.

피보험이익이란 손실발생시 그 손실이 어떠한 형태이든 피보험자 또는 보험계약자에게 손해를 입히는 관계를 말한다(예: 자동차보험 가입자의 사고 시 자동차손상피해).

보험목적물이 파괴 또는 손상되거나 분실되었을 때 피보험자가 직접적으로 경제적 손실을 입게 되는 관계인 것이다.

(2) 피보험이익의 필요성

① 보험계약의 도박화를 방지한다.

② 도덕적 위태를 줄인다.

③ 손실의 귀속과 규모를 정한다.

피보험이익의 성립: ① 재산, 배상책임보험의 경우
                  ② 인보험의 경우

(3) 피보험이익의 존재시기

- **손해보험**: 손해보험은 손실보상원칙에 따라 손실을 보상하므로 계약체결 시 뿐만 아니라 손실발생 시점에도 존재해야 한다.
- **생명보험**: 생명보험은 손실보상원칙에 따르는 것이 아니라 사망 시에 미리 계약된 보험금을 지급하므로 계약체결 시에만 존재하면 된다.
- * 재산, 배상책임보험의 경우 → 손실 발생 시 필요하다.
- * 인보험의 경우 → 계약 체결 시에만 필요하다.

2. 손해보상의 원칙(principle of indemnity): 실손보상의 원칙

(1) 개념

손해보상의 원칙이란 보험자가 피보험자의 사고에 대해 보상할 경우 '실제로 입은 경제적 손실'만을 보상으로 한다는 것이다. 실제로 입은 경제적 손실은 손실의 실제현금가치(actual cash value)를 말한다. 이는 피보험자가 보험을 통해 금전적 이익을 얻지 못함으로써 도덕적 위태를 방지하는 데 그 주된 목적이 있다.

보험계약자 또는 피보험자가 보험계약을 이용하여 실제의 손실 이상으로 보상받을 수 없게 하는 것이다.

• 직접손해보상의 원칙

(2) 원칙의 적용

재산, 배상책임보험의 분야에서는 특수한 경우를 제외하고 일반적으로 손실전보의 원칙을 적용한다. 생명보험에서는 손실전보의 원칙이 적용되지 않는다.

(3) 실제로 입은 경제적 손실: 손실의 실제현금가치 = 대체비용 - 감가상각

* 대체비용: 손실보상시점에서 손실을 원상 복구하는 데 드는 비용

(4) 손해보상원칙의 예외

① 기평가 보험계약(Valued policy)

사고가 발생하여 부보물건이 전손이거나 전손으로 취급될 경우, 손실발생 시의 실제 가치와 관계없이 계약된 금액을 지불하는 보험계약(예: 골동품, 예술품 등 실제현가를 정확히 평가하기 어려운 경우)

② 대체비용보험(Replacement cost insurance)

손해보상액을 결정할 때에 대체비용에서 감가상각비를 공제하지 않고 실질적인 대체비용 전액을 보상하는 보험이다(예: 가정용 주택, 개인소유 건물, 재산 등 감가상각에 대한 준비를 하지 않는 경우).

③ 생명보험(Life insurance)

인체가 부보대상으로 인체의 현금 가치를 계산하기 불가능 → 계약금액 지불

3. 대위변제의 원칙(Principle of subrogation)

(1) 개념

피보험자가 제3자의 과실에 의해 손실을 입은 경우에 일단 보험자가 이를 보상해주고, 피보험자의 제3자에 대한 손해배상청구권을 대위하는 것이다. 즉, 다른 사람의 손실을 전보한 사람은 그 손실에 대해 책임이 있는 제3자로부터 손실을 구상할 수 있는 권리를 갖고 있다.

- 대위란 보험자가 보험사고 발생으로 피보험자에게 보험금을 지급한 경우 보험계약자 또는 피보험자가 보험의 목적이나 제3자에 대하여 가진 권리를 당연히 대신하여 취하도록 하는 것을 말한다.

(2) 필요 이유(목적)

① 피보험자로 하여금 발생된 손실에 대해 이중으로 보상을 받지 못하게 하여 손실전보의 원칙이 지켜지도록 한다(피보험자가 동일한 손실에 대해 2중으로 보상받는 것을 방지).

② 손실에 대한 궁극적 책임은 손실을 발생시킨 사람에게 돌아가야 한다는 사회정의를 강조한다(손실을 초래한 제3자에게 책임을 물을 수 있음).

③ 보험료율이 상대적으로 인하된다(보험자는 대위변제를 통해 자신이 보상한 금액을 제3자로부터 회수할 수 있으므로 피보험자의 보험료인상 소지가 없어진다).

4. 신의 성실의 원칙(Principle of good faith)

(1) 개념

보험계약에 있어 계약당사자는 다른 종류의 계약에 비해 정직을 강조한 원칙이다.
계약당사자(계약자, 피보험자)는 계약체결 여부를 결정하는 데 필요한 중요한 사실을 상대방에게 알려주어야 한다는 원칙이다.

- 보험자는 계약의 내용과 거래의 절차를 정확히 알려야 하며 보험계약자는 필요한 정보 및 자료를 거짓 없고 숨김없이 보험자에게 알려야 함
- 진술 및 은폐 행위의 판단, 그리고 보증제도 등의 방법을 이용함

(2) 진술(Representation)

보험계약체결 과정에서 보험자의 질의에 대한 보험가입 신청자의 답변을 의미한다.

진술의 법적 주요성은 허위진술이다.

‒ 보험계약자의 진술이 사실이 아닌 경우 보험계약이 무효로 될 수 있으며 보험자는 보험금 지급을 거절할 수 있다.

‒ 허위진술의 요건

① 허위사실(false facts),

② 중대한 사실(materrial facts),

③ 고의성 없는 생각이나 견해인 의견과 구별되어야 된다.

(3) 은폐(Concealment)

보험계약 체결 시 피보험자가 계약체결 여부에 영향을 줄 만한 중요 사실을 고지의무에 반해 침묵하거나 고의적으로 감추는 행위이다. 이 경우 보험자는 허위 진술과 마찬가지로 고의성 여부를 떠나 보험계약의 무효를 주장할 수 있다.

(4) 보증(Warranty)

① 의의: 어떤 사실에 대한 피보험자의 명확한 입장표명 또는 합의된 조건의 이행에 대한 약속을 뜻한다.

② 종류

‒ 약속보증(Promissory warranty)과 긍정보증(affirmative warranty)

＊ 약속보증이란 보험계약 시 보험계약자의 의무준수를 약속하는 보증

(예: 방재시설설치 약속으로 보험료할인혜택)

＊ 긍정보증이란 어떤 사실이나 조건이 절대 허위가 아니라는 것을 보증

‒ 명시보증(Expressed warranty)과 묵시보증(Implied warranty)

＊ 명시보증이란 보증내용을 명백히 분자로 표현하는 것

＊ 묵시보증이란 보증내용이 문자로 표현되지는 않았지만 계약체결을 전제로 묵시적으로 인정하는 보증(예: 선박보험 → 선박이 항해에 견딜 수 있음을 묵시적으로 보증)

③ 보증과 진술의 차이

보 증	진 술
- 계약의 일부분	- 계약의 부수적 기능 수행
- 문자 그대로 엄격히 해석	- 해석의 융통성
- 보증내용이 사실이 아니거나 지켜지지 않을 경우 즉시 무효화가 가능	- 진술이 사실이 아니고 중대한 사실임을 입증하여야 무효화 가능

제4절 보험계약의 법적 요건 및 법적 특성

1. 보험계약의 기본조건(성립요건)

보험계약이 법적 효력을 갖기 위해서는 다음의 기본조건을 갖추어야 한다.

(1) 제의와 승낙(Offer and acceptance)

보험가입 신청자가 서류를 구비하고 1회분 보험료를 납입하거나 납입을 약속함으로써 제의가 성립되고 보험자가 이를 승낙함으로써 보험계약이 성립한다.
- 법률계약의 효력을 위해서는 당사자 사이의 제시(제의)와 승낙이 필요
- 재산보험의 경우 절차가 간단
- 보험계약의 효력은 보험대리인이 청약을 승낙한 순간부터
    → 단, 보험료의 납부와 효력을 연결시키지는 않음
- 생명보험의 경우, 초회 보험료의 납부를 통해 청약을 제시한다.

(2) 계약자의 법적 유자격성(competent parties): 법률행위 능력자

보험계약이 효력을 갖기 위해서는 계약당사자가 모두 법적으로 자격을 갖추어야 한다.
- 보험계약의 당사자들은 법률행위를 할 수 있는 능력자
- 미성년자, 금치산자, 정신이상자, 또는 마약중독자 등은 합법적 유자격자가 될 수 없다.
- 법률적 능력이 없는 보험자와의 계약 → 보험계약의 무효화, 보험료 반환

(3) 약인(Consideration): 합법적 행위, 급부

약인이란 계약 성립을 위해 계약당사자가 서로 대가(對價)를 지불하는 것을 의미한다.
피보험자는 1회분 보험료 납부와 증권에 명시된 조건을 준수하는 것이고, 보험자는 손실보상, 손실예방, 법률에 관한 서비스 제공 등이 약인이다.
- 보험계약의 전제는 합법적 행위
    → 피보험이익이 없는 경우, 불법적 행위를 장려하는 경우 계약 성립 불가
- 보험계약자는 일정 금액을 납부해야 효력 인정
- 보험자는 특정 손실에 대해 보상을 해야 하는 의무

(4) 보험계약 목적의 합법성(Legal purpose)

보험계약은 법의 저촉을 받지 않고 합법적 목적을 가진 것이어야 한다.
예) 공익과 사회의 건전성을 해치는 마약, 밀수품 등은 보험계약 대상이 아님.

2. 보험계약의 법률적 특성(보험계약의 특징)

(1) 요행(僥倖)계약(Aleatory contract)

일반적인 계약은 계약당사자들이 주고받는 것이 거의 동일한 동가교환계약(同價交換契約)이
지만, 보험계약은 계약당사자들이 주고받는 가치가 동일하지 않는 요행계약인 경우가 대부
분이다.
- 계약의 결과가 우연에 좌우함.
- 보험료는 반드시 납부 BUT 보험금은 손실발생의 우연성에 따라 지급함.

(2) 조건부계약(Conditional contract): 조건위반 시 손실보장 불가능

보험자의 손실보상 약속의 전제조건으로 피보험자의 보험료 지불과 약관의 이행을 요구하
는 조건부 계약

(3) 일방적 계약(Unilateral contract)

대부분의 계약은 쌍무계약이지만 보험계약은 보험계약자가 보험료 납입이라는 조건을 이행
하지 않아도 보험자가 이를 강제로 이행시킬 수 없는 일방적 계약의 성질이 있다.
- 행위와 약속의 교환
- 보험계약자가 보험료를 납부한 후에 비로소 보험자는 약속이행

(4) 부합(附合)계약(Contract of adhesion): 보험계약자는 선택과 거절의 양자택일만 가능

보험자(보험회사)가 일방적으로 준비한 계약서 내용에 대해서 보험계약자(피보험자)는 이를
전부 수락하거나 거절하는 선택권만 가지는 부합계약이다(예외, 수서(手書)[7]보험증권: 특별한
고객의 필요나 수요에 맞추어 전문가가 개별적으로 작성).

---

7) 수서(手書): 손수 쓴 편지라는 뜻. 손윗사람이 손아랫사람에게 보내는 자기의 편지를 일컫는 말.

(5) 개인계약(Personal contract)

보험계약자(또는 피보험자) 개인의 성격이나 특수성을 중시하는 개인계약이다.

제2장
보험계약과 관련한 보험실무의 법규

보험계약과 관련한 주요한 법규는 보험약관(保險約款), 보험업법(保險業法), 상법 제4편 "보험편"(보험계약법)이 있다. 그리고 자동차손해배상 보장법, 금융위원회의 설치 등에 관한 법률 및 소비자기본법, 그 밖의 관련 법률 등이 있다.

제1절   보험약관(保險約款, insurance clauses)

1. 보험약관의 의의

- "약관"이란 그 명칭이나 형태 또는 범위에 상관없이 계약의 한쪽 당사자가 여러 명의 상대방과 계약을 체결하기 위하여 일정한 형식으로 미리 마련한 계약의 내용을 말한다고 정의하고 있다.
- 보험업사가 보험계약 내용에 관하여 성한 여러 가지 조항이다. 같은 송류의 보험에 공통으로 쓰이는 **보통 약관**과, 그 계약에 한해서 적용되는 **특별 약관**이 있다.

보통보험약관은 보험자가 같은 위험을 대상으로 하는 수많은 보험계약을 맺기 위하여 보험계약의 공통적인 표준사항을 보험자가 미리 작성하여 놓은 정형적(定型的) 계약조항이다. 보통보험약관은 보험계약의 일반적, 보편적, 표준적인 계약조항이므로 특수한 보험에서는 이 약관만으로는 부족하여 다시 상세한 약정을 할 때가 있다. 이런 약관을 특별약관 또는 부가약관이라 한다. 개개의 보험계약체결 시에 당사자가 보통보험약관의 특정조항을 변경하거나 이를 보충, 배제하는 데에 특별보험약관이 사용된다.

보통보험약관은 보험자가 미리 작성하므로 보험계약자의 이익이 무시되거나 또는 계약에 있어서 보험계약자의 보험에 관한 지식이 희박하여 보험자의 일방적 의사에 따르기 쉽고, 보험업의 독점적 경향이기 때문에 보험의 공공성(公共性)·사회성(社會性)에 입각하여 엄격한 국가적 감독(監督)이 필요하므로 보험약관 중 보통보험약관(普通保險約款)은 보험사업 면허(免許)의 신청서에 첨부할 기초서류(基礎書類)의 하나로서 그 변경에 있어서는 주무부장관(主務部長官: 재정경제부장관)의 인가를 받아야 한다(보험업법 제5조).
그러나 이 인가를 받지 아니한 약관이라 하더라도 그의 사법상(私法上)의 효력은 유효하다는 것이 통설이다. 보통보험약관은 당사자가 특히 이것에 따르지 아니 할 것임을 명백히 않는 한 계약자가 이것에 따를 의사가 있든지 없든지 당사자 쌍방을 구속하는 효력을 갖는다. 이것을 보통거래약관(普通去來約款)의 규범성(規範性)이라 하고 다수의 보험계약처리상 그 내용을 정형화할 필 때문에 인정된다. 이러한 보통약관에 대하여 보험계약의 특약조항을 개개의 사정에 따라 정하는 계약조항을 특별보험약관(特別保險約款)이라 한다. 따라서 특별보험약관은 보통약관을 보충 또는 변경하기 위하여 당사자의 특별한 의사표시로써 약정된다.

보험약관은 보험계약에 관해 계약자와 보험사 쌍방의 권리·의무를 규정한 약속이다. 이 가운데 모든 보험상품에 두루 표준이 되는 것이 표준 약관이다. 보험회사는 이를 모체로 각 보험상품의 특성을 담은 개별약관을 만들게 된다. 보험회사는 많은 사람을 상대로 하므로 계약자들과 일일이 계약내용을 결정하는 것은 불가능하다. 따라서 미리 계약조건을 약관이라는 형식으로 만들어 누구나 공평한 조건으로 가입할 수 있게 하는 것이다. 그러나 보험회사가 임의로 약관을 만들 경우 계약자에게 불이익이 생길 우려가 있으므로 정부는 약관을 보험사업의 기초서류로 지정, 기획재정부장관의 인가를 받도록 규정하고 있다.

• 보험약관 부실 설명

보험설계사는 보험계약의 체결에 있어 보험계약자 또는 피보험자에게 보험약관에 있는 보험상품의 내용, 보험요율의 체계 등 보험계약의 주된 내용에 대해 구체적인 설명을 해야 할 의무가 있다.
이러한 설명의무에 위반해서 보험계약을 체결한 때에는 그 약관의 내용을 보험계약의 내용으로 주장할 수 없다. 나아가 계약자나 그 대리인이 그 약관에 규정된 고지의무를 위반하였다고 하더라도 이것을 핑계로 보험계약을 해지 할 수 없다.

• 실효약관

보험계약자가 약정된 시기에 계속보험료를 지급하지 아니한 때에는 앞서 본 바와 같이 보험자는 상당한 기간을 정하여 최고한 후 계약을 해지할 수 있다. 그러나 실무상 이와 같은 최고와 해지의 절차를 밟지 아니하고 약정된 시기(납입기일)로부터 일정한 기간을 유예기간으로 설정하여 그 기간이 경과할 때까지 계속보험료의 지급이 없으면 그대로 보험계약을 실효시키는 약관이 사용되는 경우가 있는데 이를 실효약관이라고 한다.

2. 보험약관의 필요성

보험제도는 그 사회성·공공성에서 볼 때에 사회적·경제적으로 보험자에 비하여 약자의 위치에 있는 보험가입자의 이익을 보호하기 위한 국가의 관리 감독이 필요하며, 이를 실현하기 위해서는 보험제도나 보험계약에 관한 사항을 전문적으로 알고 있는 보험자가 보험계약의 내용에 관한 일반적·표준적인 조항인 약관을 작성하게 하고 행정기관이 이를 인가·관리 감독하는 것이 합리적이므로 이와 같은 취지에서 보험약관이 필요한 것이다.

보험계약에 관하여 상법에는 간단한 원칙적 규정이 존재할 뿐이므로 실제 보험계약을 체결함에 있어서 는 상법에 규정이 없는 사항 또는 상법의 임의규정과 다른 내용을 정할 목적으로 당사자 간에 별도의 합의를 하는 것이 요구되고 이러한 필요에 의하여 발전된 것이 보험약관이다.

보험계약은 수많은 사람을 계약 상대방으로 하여 대량적·집단적·반복적으로 체결되므로, 실제로 상이한 계약내용의 합의를 개별 계약건별로 각각 도출한다는 것은 불가능할 뿐만 아니라, 개별적 합의를 통한 계약이 보험에 대한 전문지식이 없는 일반인의 입장에서도 결코 유리할 수 없다.

3. 보험약관의 구속력(보험약관의 법적성격)

보통보험약관이 계약당사자에 대하여 구속력을 갖는 것은 그 자체가 법규범 또는 법규범적 성질을 가진 약관이기 때문이 아니라 보험계약 당사자 사이에서 계약내용에 포함시키기로 합의하였기 때문이라고 볼 것이며, 일반적으로 당사자 사이에서 보통보험약관을 계약내용에 포함시킨 보험계약서가 작성된 경우에는 계약자가 그 보험약관의 내용을 알지 못하는 경우에도 그 약관의 구속력을 배제할 수 없는 것이 원칙이나, 당사자 사이에서 명시적으로 약관의 내용과 달리 약정한 경우에는 위 약관의 구속력은 배제된다.

1) 보험약관의 구속력(拘束力)

보험약관은 보험자가 작성한 것으로서 계약을 체결함에 있어서 당사자 간에 약관의 조항을 계약내용으로 한다는 합의(合意)가 있으면, 보험약관내용은 당사자(當事者)를 구속(拘束)한다. 그러나 실거래에 있어서 당사자 간에 그러한 구체적인 합의가 없는 경우가 발생될 수 있으며, 보험약관의 작성자인 보험자는 약관을 계약내용으로 하려는 의사가 분명하지만 보험가입자는 반드시 약관의 내용을 알고 그것을 계약내용으로 하려는 의도가 있었다고 단정할 수는 없다.

실제로 보험가입자는 약관의 존재를 알지 못하거나 혹은 안다고 하더라도 그 약관을 알아볼 겨를도 없이 약관을 계약의 내용으로 받아들이는 경우가 발생될 수 있다.

2) 약관의 구속력에 관한 근거

• 의사설(意思說)

약관은 계약당사자 사이에 약관을 계약내용으로 한다는 합의, 즉 계약이 체결되었기 때문에 약관이 당사자 사이에 구속력이 있다는 학설이다.

의사설은 반드시 사업자가 약관을 명시·설명하였고, 고객이 이에 대하여 아무런 이의를 제기하지 않았다면 이는 고객이 약관 적용에 관한 묵시적 동의 즉 계약에 대한 합의를 하였다고 인정하고, 따라서 고객에 대한 약관의 구속력이 생긴다고 설명하고 있다. 의사설 혹은 계약설은 약관규제법이 제정된 이후로 우리나라 판례와 학설의 입장이다.

• 법규범설(法規範說)

약관은 감독관청의 인가를 받게 되고 사회적으로도 합리성이 인정되고 있으므로 당사자의 구체적인 의사결정 없이 일정한 영역권내에서는 법규와 같은 구속력을 갖는다는 학설이다. 이 학설은 실제 상관습(商慣習)은 잘 설명하고 있으나, 당사자 간에 약관 적용의 합의가 없는 경우에도 기업 또는 개인이 마련하여 사용하는 약관을 법규와 동일시하여 그 자체에 대하여 규범력(規範力)을 인정한다는 것은 무리라는 비판이 있다.

3) 약관의 구속력에 대한 법원(法院)의 판단

[관련판례 대법원 89다카 24070, '90.4.27]

보험약관이 계약당사자에 대하여 구속력을 가지는 것은 그 자체가 법규범 또는 법규범적 성질을 가진 약관이기 때문이 아니라 보험계약 당사자 사이에서 계약 내용에 포함시키기로 합의하였기 때문이라고 볼 것인바, 일반적으로 당사자 사이에서 보통보험약관을 계약내용에 포함시킨 보험계약서가 작성된 경우에는 계약자가 그 보험약관의 내용을 알지 못한 경우에도 그 약관의 구속력을 배제할 수 없는 것이 원칙…………

[관련판례 대법원 88다카 29177, '89.11.14.]

보험계약자가 보험약관을 계약내용에 포함시킨 청약서를 스스로 작성한 이상 약관내용이 일반적 방법으로 명시되어 있지 않다든가 또는 중요한 내용이어서 특히 사업자의 설명을 요하는 것이 아닌 한, 약관내용을 자세히 살펴보지 않았다는 이유로 약관의 구속력을 벗어날 수 없다.

[관련판례 서울지법 94가단63359, '93.7.27.]

보험약관이 계약자에게 구속력을 가지는 것은 계약당사자 사이에 계약내용에 포함시키기로 합의하였기 때문이라고 볼 것인바, 보통보험약관을 계약내용에 포함시킨 보험계약서가 작성되면 계약자가 그 약관의 내용을 알지 못하더라도 약관의 구속력을 배제할 수 없음에 비추어, 계약내용을 설명하지 아니 하였다 하더라도 계약의 효력에는 아무런 영향을 줄 수 없는 것이 원칙이다.

4. 보험약관의 규제와 규제의 필요성

1) 상법 제638조의3과 약관규제법 제3조의 관계

약관에 대한 설명의무를 위반한 경우에 그 약관을 계약의 내용으로 주장할 수 없는 것으로 규정하고 있는 약관의 규제에 관한 법률 제3조 제3항과의 사이에는 아무런 모순, 저촉이 없으므로, 상법 제638조의3 제2항은 약관의 규제에 관한 법률 제3조 제3항과의 관계에서는 그 적용을 배제하는 특별규정이라고 할 수가 없으므로 보험약관이 상법 제638조의3 제2항의 적용 대상이라 하더라도 약관의 규제에 관한 법률 제3조 제3항 역시 적용이 된다.

2) 보험약관 규제의 필요성

약관은 기업의 경영과 영업을 합리화하여 대량거래를 신속하게 처리하고 법률관계를 상세히 규정하여 당사자 간의 분쟁을 예방하는 등 여러 가지 긍정적인 기능을 갖는 것은 부정할 수 없는 사실이나 한편으로 기업 등이 그들의 거래상의 우월인 지위를 이용하여 거래상의 위험을 경제적 약자(弱者)인 고객에게 전가(轉嫁)하는 등 여러 가지 문제점을 안고 있다.

즉 보험약관은 계약내용 및 조건이 보험자 측의 입장에서 작성되므로, 자칫 경제적 약자이면서 비전문가인 계약자등의 권리가 쉽게 침해(侵害)될 수 있다.

일반 계약자는 보험약관의 내용의 결정에는 직접 개입할 수 없는 입장이고, 이러한 까닭에 보험약관에 대해서는 입법적·행정적·사법적 통제가 가해지고 있다.

3) 약관에 대한 규제

가. 입법적 규제

불이익변경금지의 원칙(상법 제663조)

상법 보험편은 「이 편의 규정은 당사자 간의 특약으로 보험계약자 또는 피보험자나 보험수익자의 불이익으로 변경하지 못한다.」고 하여 불이익변경금지의 규정을 두고 있다. 일반적으로 상법상의 제규정은 보험계약의 조건 또는 보험약관의 해석기준이 되는바, 본 규정은 보험가입자 보호의 관점에서 가장 확실한 법규정이기도 하다.

상법상 『불이익변경금지의 원칙』은 상대적 강행규정으로서 이에 위반하는 약관조항은 비록 주무관청의 인가를 받은 경우에도 무효가 되어 그 효력이 없다.

본 규정은 보험에 관한 전문지식이 상대적으로 부족한 보험가입자를 두텁게 보호하기 위한 규정으로서 편면적·상대적 강행규정의 성격을 갖는다.

약관의 교부·설명(상법 제638조의 3)

보험자는 보험계약을 체결할 때에 보험계약자에게 보험약관을 교부하고 그 약관의 주요 내용을 알려 주어야 한다고 하여 보험자의 보험약관의 교부·설명의무를 규정하고 있다. 또한 동조 2항에서는 「보험자가 이 의무를 위반한 때에는 보험계약자는 보험계약이 성립한 때로부터 3월 이내에 그 계약을 취소할 수 있다」고 함으로써 보험자의 약관의 교부·설명의무의 이행을 촉구하고 있다.

약관의 교부 및 설명의무를 위반한 때에 보험계약자가 보험계약 성립일로부터 1개월 내에 행사할 수 있는 보험계약 취소권은 보험계약자에게 주어진 권리일 뿐, 의무가 아님이 법문상(法文上) 명백하므로 보험계약자가 보험계약을 취소하지 않았다고 하더라도 보험자의 설명의무 위반의 하자(瑕疵)가 치유(治癒)되는 것은 아니다.

[관련판례 대법원 91다31883, '92.3.10]
보험자 및 보험계약의 체결 또는 모집에 종사하는 자는 보험계약의 체결에 있어서 보험계약자 또는 피보험자에게 보험약관에 기재되어 있는 보험상품의 내용, 보험요율의 체계 및 보험청약서상 기재사항의 변동사항 등 보험계약의 중요한 내용에 대하여 구체적이고 상세한 명시, 설명의무를 지고 있다고 할 것이어서 보험자가 이러한 보험약관의 명시, 설명의무에 위반하여 보험계약을 체결한 때에는 그 약관의 내용을 보험계약의 내용으로 주장할 수 없다 할 것이므로 보험계약자나 그 대리인이 그 약관에 규정된 고지의무를 위반하였다 하더라도 이를 이유로 보험계약을 해지할 수는 없다.

[관련판례 대법원 96다 4893, '96. 4.12]
보험자가 보험약관의 중요내용에 대한 명시·설명의무를 위반하면 보험계약자의 고지의무 위반을 이유로 보험계약을 해지할 수 없고, 보험계약자가 상법 제638조의 3 제2항에 정한 기간 내에 계약취소권을 행사하지 아니하였더라도 보험자의 설명의무 위반의 하자가 치유되지 않는다.

약관규제법상의 제규제
    약관규제법은 사업자가 그 거래상의 지위를 남용하여 불공정한 내용의 약관을 작성하여 통용하는 것을 방지하고, 불공정한 내용의 약관을 규제하여 건전한 거래질서를 확립함으로써 소비자를 보호하고 나아가 국민생활의 균형 있는 향상을 도모함을 목적으로 제정된 법이다.
    약관규제법은 당해 약관이 계약에 편입되었는지 여부에 관하여 약관의 명시·설명의무(제3조), 개별약정의 우선(제4조)조항을 두고 있고, 약관의 해석과 관련하여 신의성실의 원칙·객관적 해석의 원칙(제5조)과 작성자불이익의 원칙(제5조)을 두고 있으며, 당해 약관이 불공정한가의 문제에 관하여는 동법 제6조(일반원칙) 및 제7조 내지 제14조(개별금지조항)에서 무효가 되는 약관조항을 개별적으로 열거하고 있다.
    한편 국제적으로 통용되는 운송업, 금융업 및 보험업의 약관과 수출 보험업에 의한 수출보험의 약관에 대하여는 동법 일부조항의 규정은 적용하지 아니한다.
    약관규제법상의 규제의 한계는 불공정한 약관으로 인하여 피해를 받는 소비자가 약관조항에 대한 심사청구를 하고 공정거래위원회가 유·무효를 판단하여 시정조치를 받는다고 하더라도 실제로 받은 피해를 구제하기 위해서는 다시 법원에 소송을 제기하여야 한다는 것이다. 그리고 법원은 공정거래위원회의 판단에 기속(羈束)되지 않는다.

[관련판례 대법원 95.11.16, 94다56852]
구 상법 제650조는 보험료가 적당한 시기에 지급되지 아니한 때에는 보험자는 상당한 기간을 정하여 보험계약자에게 최고하고 그 기간 내에 지급하지 아니한 때에는 보험계약을 해지할 수 있도록 규정하고, 같은 법 제663조는 위 규정을 보험당사자 간의 특약으로 보험계약자 또는 보험수익자의 불이익으로 변경하지 못한다고 규정하고 있으므로………

나. 행정적 규제
보험사업은 다수의 보험가입자로 부터 위험을 인수하여 그 대가로서 보험료를 받아 이를 관리 또는 운영하고, 보험가입자에게 우연한 사고가 발생한 때에 보험금을 지급하여 주는 것을 내용으로 하는 사업인바, 이러한 보험사업은 어떠한 사업에 있어서보다 공공의 이익(public interest)과 밀접한 연관을 갖고 있어 보험거래의 건전성을 유지하고 보험계약자를 보호하기 위하여 보험감독의 필요성이 부각된다.

보험감독기관의 약관의 규제(보험업법 제5조, 제7조)
보험사업의 허가를 받고자 하는 자는 신청서에 보험약관을 첨부하여 기획재정부장관에게 제출하여야 하고, 약관변경의 경우에도 금융감독위원회의 인가를 받아야 한다(보험업법 제5조, 제7조).
이는 보험사업의 공공성과 불특정 다수인인 보험계약자 등에게 미치는 영향을 고려하여 기초서류의 변경 등 중요사항은 인가를 받도록 규제한 것이다.

보험감독기관의 기초서류의 변경권(보험업법 제16조)
금융감독위원회는 보험사업에 대하여 그 업무 및 재산상황 기타 사정의 변경에 의하여 필요하다고 인정하는 때에는 기초서류의 변경을 명할 수 있다.

다. 사법적 규제
법원은 약관의 해석과 적용에 대한 최종적 판단을 행한다. 법원은 약관의 내용이 불공정하거나 강행법규 또는 선량한 풍속 기타 사회질서에 어긋나는 경우 약관자체를 무효로 처리한다.

법원의 약관 효력에 대한 사법적 판단은 향후 약관해석 및 적용의 일반원칙이 되며, 현재 약관해석의 제원칙들은 법원에서 주로 인정된 해석의 원칙이기도 하다.

5. 보험약관해석의 원칙

보험약관은 보험자가 작성하기 때문에 소비자에게 불합리하게 적용될 여지가 있다.
또한 약관의 해석에 따라서 내용이 달라질 수 있기 때문에 약관의 해석에 대한 원칙이 존재한다. 그런데 문제는 보험약관은 보험자가 작성하기 때문에 소비자에게 불합리하게 적용될 여지가 있다. 또한 약관의 해석에 따라서 내용이 달라질 수 있기 때문에 약관의 해석에 대한 원칙이 존재한다. 약관은 또한 입법적, 행정적, 사법적으로 규제를 받는다. 약관에 대한 규제의 관한 법률, 보험분쟁 시 재판, 약관의 대한 심사 등등 여러 가지로 규제, 제제를 받을 수 있다.

1) 신의성실의 원칙

약관은 신의성실의 원칙에 따라 공정하게 해석되어야 한다는 원칙이다.
당사자 간의 의사보다는 법률의 법해석 원칙에 따라 해석해야 한다는 것으로 신의성실의 원칙에 반하는 내용의 개별약정 등은 무효가 된다.
약관은 신의성실에 따라 공정하게 해석되어야 한다는 원칙으로서 당사자의 개별적인 의사보다 법률의 일반적인법 해석의 원칙에 의해서 그 뜻을 합리적으로 풀이하여야 한다는 원칙으로서, 약관 해석의 원칙 중 가장 으뜸가는 원칙에 해당한다.
신의성실의 원칙에 반하는 공정성을 잃은 약관조항, 고객에게 부당하게 불리한 약관조항, 신의성실의 원칙에 반하는 내용의 개별약정 등은 무효에 해당한다(약관규제에 관한 법률조항 제6조).

약관규제법은 약관의 공정성을 심사하는 기준으로 신의성실의 원칙을 제시하고, 신의성실의 원칙에 반한 불공정한 약관조항은 무효로 하고 있다.
일반적 개별약정은 강행규정이나 선량한 풍속 기타 사회질서에 반할 때에 비로소 무효가 되지만, 약관은 강행규정이나 선량한 풍속 기타 사회질서에 반하지 않더라도 신의성실의 원칙에 반하여 공정을 잃은 경우에도 무효가 된다.
신의성실의 원칙의 적용에 있어서 그의 남용을 경계하여야 한다. 이것은 남용하게 될 경우 법률과 도덕과의 혼동의 우려가 있으며 법관의 법률에 대한 취급에 자유재량(自由裁量)의

여지가 많아지며 아울러 법률생활의 안전을 해하게 되기 때문이다.

2) 개별약정우선의 원칙

약관에서 정하고 있는 사항과 관련하여 보험자와 보험계약자가 약관의 내용과 다르게 약정(합의)한 사항이 있을 경우에는 그 합의한 사항이 약관에 우선한다는 원칙이다.

약관규제법은 개별약정우선의 원칙에 관하여 "약관에서 정하고 있는 사항에 관하여 사업자와 고객이 약관이 내용과 다르게 합의한 사항이 있을 때에는 당해 합의사항은 약관에 우선한다."고 규정하고 있다.

고객과 기업이 설사 약관에 의하여 계약을 체결하였다 하더라도 일부분에 개별약정이 있었다면 개별약정을 우선적으로 계약의 내용으로 하고 약관은 이에 상반되지 않는 부분에 한해서 채용한다는 원칙을 말한다.

개별약정우선의 원칙은 고객의 이익을 보호하려는 목적을 갖는다. 즉 기업 측이 고객에게 개별적으로 약관과 다른 약속을 하고도 후에 약관의 내용을 계약내용으로 주장함으로써 고객의 이익을 부당하게 침해하는 것을 막고자 하는 것이다.

따라서 금융기관에 예금을 함에 있어 약관에서 정하고 있는 이율보다 고율의 이자를 지급하기로 약정하였다면 약관의 규정에도 불구하고 개별적으로 행한 약정이 우선적으로 적용된다.

[관련판례 대법원88다4645, '89. 3.28]

보험대리점 또는 보험외판원이 보험계약자에게 보통보험약관과 다른 내용으로 보험계약을 설명한 경우 그 약관의 구속력에 관하여, 보험회사를 대리한 보험대리점 내지 보험외판원이 보험계약자에게 보통보험약관과 다른 내용으로 보험계약을 설명하고 이에 따라 계약이 체결되었다면 그때 설명된 내용이 보험계약의 내용이 되고 그와 배치되는 약관의 적용은 배제된다.

3) 객관적해석의 원칙

보험계약자의 상황, 사정, 이해수준 등을 고려하지 않고 일반적인 수준으로 객관적으로 해석해야 한다는 원칙이다. 즉, 계약 당사자의 개별적 사항, 사정, 약관 이해 가능성 등을 고려하지 아니하고 평균적 고객의 이해가능성을 기준으로 객관적, 획일적으로 해석해야 한다는 원칙이다.

본래 약관은 다수의 같은 계약관계를 정형적으로 처리하기 위하여 마련하는 것이므로 상대방이 누구냐를 묻지 않고서 언제나 동일하게 객관적으로 해석되어야 한다. 따라서 약관을 해석함에 있어서 특정 상대방을 염두에 두어서는 곤란하고 일반적인 평균인이 그 대상이 되어야 할 것이다.

4) 작성자불이익의 원칙

약관의 내용이 모호하여 그 뜻이 명확하지 아니한 경우에는 작성자에게 불리하게 해석해야 한다는 원칙이다. 이처럼 약관은 공정하게 해석되어야 하며, 보험회사가 잘못 작성한 약관의 내용은 주장할 수가 없다. 또한 약관의 뜻이 명백하지 아니한 경우, 고객(계약자, 피보험자)에게 유리하게 해석되어야 한다.

약관은 작성자가 정형적인 계약조항을 만드는 것이므로 그 해석에 있어서 그 조항의 의미가 명확하지 않고, 애매한 경우에는 작성자에게 불리하게 즉 고객에게 유리하도록 해석한다는 원칙으로 불명확성의 원칙이라고도 말한다. 작성자 불이익의 원칙은 명확하게 해석되지 않는 약관조항은 그러한 조항을 만드는 데 원인을 준 자가 그 불명확의 위험을 부담해야 옳다는 측면에서 인정되는 원칙이고, 약관의 뜻이 명백하지 않은 경우 모든 해석의 의문을 사업자 귀책으로 하려는 해석원칙은 아니며 계약해석원칙에 따른 해석을 시도해 본 후에도 의문점이 있는 경우 그 의문점의 위험만을 사업자에게 부담시키는 것이다.

5) 축소해석의 원칙

사업자에게는 이익이 되고 고객에게는 부담이 되는 약관의 조항은 그 범위를 좁게 해석해야 한다는 원칙이다. 사업자에게 이익이 되고 고객에게 부담이 되는 약관의 규정이란 구체적으로 "~한 경우에는 사업자에게 책임이 없다"라든지 , "~한 경우에는 고객은 사업자에게 손해배상을 청구할 수 없다" 등의 약관조항을 말한다. 이러한 ~한 경우는 가급적 그 범위를 좁게 해석해야 공평할 것이기 때문이다.

[관련의결 제93-2호, '93.2.17]
도로 연수 시 손해배상책임을 고객에게 전가시키는 조항은, 교통법규 위반의 경우에 교습자의 부주의 및 과실 유무를 고려함이 없이 그 책임을 무조건 수강자에게 전가시키고 있으므로 약관규제법 제7조1호 및 2호에 해당되어 무효이다.

[관련판례 대법원 85다카1490, '86.3.11]
은행신용카드에 의한 거래에 있어서 그 거래약관상 비록 카드의 분실, 도난으로 인한 모든

책임이 카드회원에게 귀속된다고 약정되어 있다고 하더라도 회원이 분실, 도난 등의 사실을 은행에 통지하고 소정 양식에 따라 지체 없이 그 내용을 서면 신고하였음에도 불구하고 은행이 가맹점에 대한 통지를 게을리 하였거나 가맹점이 분실, 도난카드의 확인과 서명의 대조 등을 게을리 하여 거래가 성립되었을 경우에까지 그 책임을 회원에게 물을 수는 없다.

제2절   보험업법(保險業法)

1. 보험업법의 의의

보험업에 관한 사항을 규정하기 위해 제정한 법률(전문개정 1977. 12. 31, 법률 제3043호)을 말한다.

보험업을 경영하는 자의 건전한 경영을 도모하고 보험계약자, 피보험자, 그 밖의 이해관계인의 권익을 보호함으로써 보험업의 건전한 육성과 국민경제의 균형 있는 발전에 기여함을 목적으로 제정되었다(보험업법 제1조, 목적).

2. 보험업법의 개요

1962년 1월 15일 제정된 이래 2010년 7월 23일 부분 개정(13장 210조와 부칙)까지 총 32차례 개정했으며, 전문 개정은 1977년 제3차 개정과 2003년 제19차 개정 시 이루어졌다. 특히 2003년의 전문 개정은 금융의 자율화, 겸업화, 세계화 추세의 확대 및 소비자 권익 강조 등의 환경변화에 맞추어 보험 제도를 세계적 기준에 부합하게 정비할 필요성이 제기됨에 따라 이루어졌다.

주요 내용은 보험업을 경영하려는 자는 보험종목별로 금융위원회의 허가를 받아야 한다(제4조). 보험회사는 300억원 이상의 자본금 또는 기금을 납입함으로써 보험업을 시작할 수 있다(제9조).

보험회사는 그 상호 또는 명칭 중에 주로 경영하는 보험업의 종류를 표시해야 하고, 생명보험업과 손해 보험업을 겸영(兼營)하지 못한다(제10조). 보험회사(자산 등을 고려하여 대통령령으로 정하는 보험회사만 해당한다)는 감사위원회를 설치하고(제16조), 내부통제기준의 준수 여부 및 위반사항을 조사하여 감사 또는 감사위원회에 보고하는 자를 1명 이상 두어야 한다(제17조). 모집을 할 수 있는 자는 보험설계사, 보험대리점, 보험중개사, 보험회사의 임원(대표이사

·사외이사·감사 및 감사위원은 제외) 또는 직원 등이다(제83조). 보험회사·보험대리점 및 보험중개사는 소속 보험설계사가 되려는 자를 금융위원회에 등록해야 한다(제84조). 보험대리점이 되려는 자는 개인과 법인을 구분하여 대통령령으로 정하는 바에 따라 금융위원회에 등록해야 한다(제87조).

보험회사는 일반보험계약자가 보험금 지급을 요청한 경우에는 대통령령으로 정하는 바에 따라 보험금의 지급절차 및 지급내역 등을 설명하여야 하며, 보험금을 감액하여 지급하거나 지급하지 아니하는 경우에는 그 사유를 설명해야 한다(제95조의2). 보험회사 또는 보험의 모집에 종사하는 자가 보험상품에 관하여 광고를 하는 경우에는 보험계약자가 보험상품의 내용을 오해하지 아니하도록 명확하고 공정하게 전달해야 한다(제95조의4).

보험회사는 존립기간의 만료나 그 밖에 정관으로 정하는 사유의 발생, 주주총회 등의 결의, 회사의 합병, 보험계약 전부의 이전, 회사의 파산, 보험업의 허가취소, 해산을 명하는 재판 등의 사유가 있을 경우 해산한다(제137조). 보험회사가 보험업의 허가 취소로 해산한 경우에는 금융위원회가 청산인을 선임한다(제156조). 보험회사는 상호 간의 업무질서를 유지하고 보험업의 발전에 기여하기 위하여 보험협회를 설립할 수 있다(제175조).

미래에 직면할 위험에 대비하기 위한 집단적 위험대비 제도이다. 현존하는 보험형태 가운데 가장 오랜 역사를 지니는 것은 후에 해상보험으로 발전한 것이고 그 후에 나타난 화재보험, 재해보험으로 확대되었다. 재해보험은 19세기에 더욱 확대되어 새로운 산업기술의 산물을 보험대상으로 하게 되었다. 19세기 말엽과 20세기 전반기에는 의료보험 등 다양한 형태의 사회보험이 생겼다. 20세기말에는 자동차보험 등 다양한 종류의 책임보험이 역할을 증대시켰다. 보험대상은 재산과 사람으로 양분할 수 있고 보험으로 대치하는 사고는 재해와 의무위반 등이다. 보험료와 보험급여의 징수 및 지불방식은 어떤 분야에서든 보험증권의 내용에 따라 다소 차이가 있다.

3. 보험업법상 보험의 종류

1) 생명보험

생명보험이란 위험보장을 목적으로 사람의 생존 또는 사망에 대해 약정한 금전 및 그 밖의 급여를 지급할 것을 약속하고 대가를 수수하는 계약을 말한다(「보험업법」 제2조 제1호 가목).

2) 손해보험

손해보험이란 위험보장을 목적으로 우연한 사건(제3보험에 따른 질병·상해 및 간병은 제외함)으로 발생하는 손해(계약상 채무불이행 또는 법령상 의무불이행으로 발생하는 손해를 포함함)에 대해 금전 및 그 밖의 급여를 지급할 것을 약속하고 대가를 수수하는 계약을 말한다(「보험업법」 제2조 제1호 나목).

3) 제3보험

제3보험이란 위험보장을 목적으로 사람의 **질병**·**상해** 또는 이에 따른 **간병**에 대해 금전 및 그 밖의 급여를 지급할 것을 약속하고 대가를 수수하는 계약을 한다(「보험업법」 제2조 제1호 다목).

4. 보험계약의 모집

1) 보험모집의 정의

보험계약의 체결을 중개(仲介) 또는 대리(代理)하는 것을 말한다.
- 계약 체결의 중개란 보험회사와 보험계약자 간에 보험계약이 체결될 수 있도록 힘쓰는 행위를 말한다(보험설계사, 보험중개사).
- 보험계약 체결의 대리란 보험회사를 대리하여 보험계약을 체결하는 행위를 말한다(보험대리점)

2) 보험계약의 체결권

보험계약의 체결을 원하는 자(보험계약자)는 보험회사에 소속되어 있거나 중개 또는 대리하는 보험모집인(모집종사자)을 통해 보험계약을 체결할 수 있다(규제「보험업법」 제3조 및 제83조 제1항).

5. 보험모집인의 종류

모집종사자는 다음과 같이 나눌 수 있다(규제「보험업법」 제83조 제1항).

구 분	의 의
보험설계사	보험회사·보험대리점 또는 보험중개사에 소속되어 보험계약의 체결을 중개하는 자 [법인이 아닌 사단(社團)과 재단 포함]로서 등록된 자 (「보험업법」 제2조 제9호 및 제84조 제1항)
보험대리점	보험회사를 위하여 보험계약의 체결을 대리하는 자(법인이 아닌 사단 및 재단 포함)로서 금융위원회에 등록된 자(「보험업법」 제2조 제10호 및 제87조 제1항)
보험중개사	독립적으로 보험계약의 체결을 중개하는 자(법인이 아닌 사단 및 재단을 포함)로서 금융위원회에 등록된 자(「보험업법」 제2조 제11호 및 제89조 제1항)
보험회사의 임직원	대표이사, 사외이사, 감사, 감사위원 제외(규제「보험업법」 제83조제1항 제4호)
보험의(保險醫)	보험 회사의 위촉을 받아 생명 보험에 가입할 사람의 건강 상태를 진찰하는 의사

6. 보험모집인의 모집자격

1) 보험모집인의 등록

보험모집인은 금융위원회에 등록이 되어 있어야 한다(규제「보험업법」 제84조 제1항, 제87조 제1항 및 제89조 제1항).

2) 보험모집 위반 시 제재

보험모집을 할 수 없는 사람이 보험모집을 한 경우에는 1년 이하의 징역 또는 1천만원 이하의 벌금이 부과된다(「보험업법」 제204조 제1항 제2호).

7. 보험가입

1) 보험모집인을 통한 가입

보험모집을 할 수 있는 자는 보험설계사, 보험대리점, 보험중개사, 보험회사의 임원(대표이사·사외이사·감사 및 감사위원은 제외함) 또는 직원으로서 모집에 종사할 자로 신고된 자이다(규제「보험업법」 제83조 제1항).

2) 금융기관보험대리점을 통한 가입

금융기관은 보험대리점 또는 보험중개사로 등록을 하고 보험상품을 판매할 수 있다(「보험업법」 제91조 제1항 본문).

3) 통신매체를 통한 가입

전화·우편·컴퓨터 등 통신수단을 이용하여 모집하는 자는 금융위원회에 등록을 하여 모집을 할 수 있는 자여야 하며, 다른 사람의 평온한 생활을 침해하는 방법으로 모집해서는 안 된다(규제「보험업법」제96조 제1항).

보험회사는 통신수단을 이용해 보험계약을 청약한 자가 그 청약을 철회하고자 할 경우 통신수단을 이용할 수 있도록 해야 한다(규제「보험업법」제96조 제2항 제1호).

8. 보험회사의 배상책임

보험회사는 그 임원·직원·보험설계사 또는 보험대리점(보험대리점 소속 보험설계사를 포함함. 이하 같음)이 모집을 함에 있어서 보험계약자에게 손해가 발생한 경우 배상할 책임을 진다. 다만, 보험회사가 보험설계사 또는 보험대리점에 모집을 위탁함에 있어서 상당한 주의를 기울였고 또한 모집 시 보험계약자에게 손해가 발생하지 않도록 노력한 경우에는 책임을 부담하지 않을 수 있다(「보험업법」제102조 제1항).

9. 보험계약자의 의무

보험계약자, 피보험자, 보험금을 취득할 자, 그 밖에 보험계약에 대해 이해관계가 있는 자는 보험사기 행위를 해서는 안 된다(규제「보험업법」제102조의2).

10. 보험관계 업무 종사자의 의무

보험회사의 임직원, 보험설계사, 보험대리점, 보험중개사, 손해사정사, 그 밖에 보험 관계 업무에 종사하는 자는 다음의 어느 하나에 해당하는 행위를 해서는 안 된다(규제「보험업법」제102조의3).

① 보험계약자, 피보험자, 보험금을 취득할 자, 그 밖에 보험계약에 관하여 이해가 있는 자로 하여금 고의로 보험사고를 발생시키거나 발생하지 아니한 보험사고를 발생한 것처럼 조작하여 보험금을 수령하도록 하는 행위.

② 보험계약자, 피보험자, 보험금을 취득할 자, 그 밖에 보험계약에 관하여 이해가 있는 자로 하여금 이미 발생한 보험사고의 원인, 시기 또는 내용 등을 조작하거나 피해의 정도

를 과장하여 보험금을 수령하도록 하는 행위.

11. 보험모집인의 금지행위

1) 보험모집인은 보험모집 시 법률에 위반된 행위를 해서는 안 된다(규제「보험업법」제97조 제
   1항).
2) 보험모집인은 보험계약자에게 특별이익을 제공하거나 제공 약속을 해서는 안 된다(규제
   「보험업법」제98조).
3) 보험계약의 부활

보험계약자는 보험계약의 체결 또는 모집에 종사하는 자가 부당하게 기존 보험을 소멸시키
거나 소멸하게 한 경우 해당 보험계약의 체결 또는 모집에 종사하는 자가 속하거나 모집을
위탁한 보험회사에 해당 보험계약이 소멸한 날부터 6개월 내에 소멸된 보험계약의 부활을
청구하고 새로운 보험계약을 취소할 수 있다(규제「보험업법」제97조 제4항).

12. 보험모집인의 보험계약체결과정에서의 금지행위

(1) 보험계약의 체결 또는 모집에 관한 금지행위(보험업법 제97조)

보험계약의 체결 또는 모집에 종사하는 자는 그 체결 또는 모집에 관하여 다음 각 호의 어
느 하나에 해당하는 행위를 하여서는 아니 된다. <개정 2014. 1. 14., 2015. 12. 22.>

1) 보험계약자나 피보험자에게 보험상품의 내용을 사실과 다르게 알리거나 그 내용의 중요
   한 사항을 알리지 아니하는 행위
2) 보험계약자나 피보험자에게 보험상품의 내용의 일부에 대하여 비교의 대상 및 기준을 분
   명하게 밝히지 아니하거나 객관적인 근거 없이 다른 보험상품과 비교하여 그 보험상품
   이 우수하거나 유리하다고 알리는 행위
3) 보험계약자나 피보험자가 중요한 사항을 보험회사에 알리는 것을 방해하거나 알리지 아
   니할 것을 권유하는 행위
4) 보험계약자나 피보험자가 중요한 사항에 대하여 부실한 사항을 보험회사에 알릴 것을 권
   유하는 행위
5) 보험계약자 또는 피보험자로 하여금 이미 성립된 보험계약(이하 이 조에서 "기존보험계약"이

라 한다)을 부당하게 소멸시킴으로써 새로운 보험계약(대통령령으로 정하는 바에 따라 기존보험계약과 보장 내용 등이 비슷한 경우만 해당한다. 이하 이 조에서 같다)을 청약하게 하거나 새로운 보험계약을 청약하게 함으로써 기존보험계약을 부당하게 소멸시키거나 그 밖에 부당하게 보험계약을 청약하게 하거나 이러한 것을 권유하는 행위

6) 실제 명의인이 아닌 자의 보험계약을 모집하거나 실제 명의인의 동의가 없는 보험계약을 모집하는 행위

7) 보험계약자 또는 피보험자의 자필서명이 필요한 경우에 보험계약자 또는 피보험자로부터 자필서명을 받지 아니하고 서명을 대신하거나 다른 사람으로 하여금 서명하게 하는 행위

8) 다른 모집 종사자의 명의를 이용하여 보험계약을 모집하는 행위

9) 보험계약자 또는 피보험자와의 금전대차의 관계를 이용하여 보험계약자 또는 피보험자로 하여금 보험계약을 청약하게 하거나 이러한 것을 요구하는 행위

10) 정당한 이유 없이 「장애인차별금지 및 권리구제 등에 관한 법률」 제2조에 따른 장애인의 보험가입을 거부하는 행위

11) 보험계약의 청약철회 또는 계약 해지를 방해하는 행위

(2) 기존보험계약을 부당하게 소멸시키거나 소멸하게 하는 행위

보험모집자가 다음에 해당하는 행위를 한 경우 기존보험계약을 부당하게 소멸시키거나 소멸하게 하는 행위를 한 것으로 본다(규제 「보험업법」 제97조 제3항, 「보험업법 시행령」 제43조의2 제2항 및 제44조).

− 기존보험계약이 소멸된 날부터 1개월 이내에 새로운 보험계약을 청약하게 하거나 새로운 보험계약을 청약하게 한 날부터 1개월 이내에 기존보험계약을 소멸하게 하는 행위. 다만, 보험계약자가 기존 보험계약 소멸 후 새로운 보험계약 체결 시 손해가 발생할 가능성이 있다는 사실을 알고 있음을 자필로 서명하는 등 다음과 같이 본인의 의사에 따른 행위임이 명백히 증명되는 경우에는 그렇지 않다.
  ① 서명(전자서명 포함)
  ② 기명날인
  ③ 녹취
  ④ 그 밖에 금융위원회가 정하는 기준을 준수하는 안전성과 신뢰성이 확보될 수 있는 수단을 활용하여 보험계약자 본인의 의사에 따른 행위임을 명백히 증명하는 방법

− 기존보험계약이 소멸된 날부터 6개월 이내에 새로운 보험계약을 청약하게 하거나 새로운 보험계약을 청약하게 한 날부터 6개월 이내에 기존보험계약을 소멸하게 하는 경우로서 해당 보험계약자 또는 피보험자에게 기존보험계약과 새로운 보험계약의 보험기간 및 예정 이자율 등 다음과 같은 중요한 사항을 비교하여 알리지 않은 행위
  ① 보험료, 보험기간, 보험료 납입주기 및 납입기간
  ② 보험가입금액 및 주요보장 내용
  ③ 보험금액 및 환급금액
  ④ 예정이자율 중 공시이율
  ⑤ 보험목적
  ⑥ 보험회사의 면책사유 및 면책사항

(3) 변액보험계약 모집 시 보험모집인의 금지행위

보험모집인은 변액보험계약을 할 때 보험계약자에게 다음의 행위를 해서는 안 된다.

[「보험업감독규정」(금융위원회고시 제2020-9호, 2020. 3. 18. 발령 · 시행) 제4-31조의2 제1항]
  ① 납입한 보험료의 원금을 보장하는 권유 행위
  ② 모집 시 취득한 정보를 자신 또는 제3자의 이익을 위해 이용하는 행위
  ③ 허위표시 또는 중요한 사항에서 오해를 유발할 수 있는 표시 행위
  ④ 사실에 근거하지 않은 판단자료 또는 출처를 제시하지 않은 예측자료를 제공하는 행위

(4) 위반 시 제재

보험모집인이 보험계약 체결과정에서 금지된 행위를 한 경우에는 2천만원 이하의 과태료가 부과된다(규제「보험업법」 제209조 제4항 제18호).

13. 보험모집 시 특별이익의 제공 및 제공요구 금지

1) 특별이익의 제공 불가

보험모집인은 보험계약자에게 다음에 해당하는 특별이익을 제공하거나 제공 약속을 해서는 안 된다(규제「보험업법」 제98조 및 규제「보험업법 시행령」 제46조).
① 금품(다만, 보험계약 체결 시로부터 최초 1년간 납입되는 보험료의 100분의 10과 3만원 중 적은 금

액을 넘지 않는 금품은 제외)

② 기초서류에서 정한 사유에 근거하지 않는 보험료의 할인 또는 수수료의 지급

③ 기초서류에서 정한 보험금액보다 많은 보험금액의 지급 약속

④ 보험계약자 또는 피보험자를 위한 보험료의 대납

⑤ 보험계약자 또는 피보험자가 해당 보험회사로부터 받은 대출금에 대한 이자의 대납

⑥ 보험료로 받은 수표 또는 어음에 대한 이자상당액의 대납

⑦ 제3자의 행위로 인해 손해가 발생한 후 보험금액을 지급한 보험회사가 그 지급 금액의 한도에서 취득한 대위청구권의 행사를 포기하는 행위

2) 위반 시 제재

① 보험회사가 특별이익을 제공하거나 약속한 경우 특별이익의 제공대상이 된 해당 보험계약의 연간 수입보험료 이하의 금액이 과징금으로 부과된다(규제「보험업법」제196조제1항제2호).

② 보험회사가 특별이익을 제공하거나 약속한 경우의 상황에 따라 위 과징금과 3년 이하의 징역 또는 3천만원 이하의 벌금이 함께 부과될 수 있다(규제「보험업법」제196조제3항 및 제202조제2호).

③ 특별이익을 제공하거나 약속한 자뿐만 아니라 이를 요구하여 받은 보험계약자 또는 피보험자도 3년 이하의 징역 또는 3천만원 이하의 벌금이 부과된다(「보험업법」제202조제2호).

제3절 상법 제4편 "보험편"(보험계약법)

본서(本書)의 제3편과 제4편에 보험계약론 및 보험계약법과 보험회사의 보험실무에 대해 업무 FLOW의 순서와 흐름에 따라 중점적으로 상세히 저술(著述)되어 있다.

1. 보험계약법(保險契約法, insurance contract law)의 정의

우리나라 법전 중 상법을 보면 제1편 총칙, 제2편 상행위, 제3편 회사, 제4편 보험, 제5편 해상, 제6편 항공운송, 이렇게 총 6개의 편으로 구성되어 있다. 그 중 제4편 '보험'편을 '보험계약법'이라고 한다.

- 보험자와 보험계약자 사이의 법률관계를 규율하는 법이다. 당사자 간 특약에 의하여 보험 계약자, 피보험자, 보험수익자 등에게 불이익이 되게 변경하지 못하도록 상법에 규정하고 있다.
- 상법 제4편 보험계약법의 주요내용은 보험계약관계자, 보험계약에 필요한 요소, 보험계약의 체결, 보험계약의 효과, 보험자와 피보험자 및 보험계약자의 의무, 기타 등, 손해보험과 인보험(생명보험)의 법조항을 규정한 법이다.
- 보험계약법의 특성은 사회성·공공성, 단체성, 상대적 강행법규성, 윤리성·선의성, 기술성이 있다.

■ 상법(商法)과 제4편 '보험'편의 도표

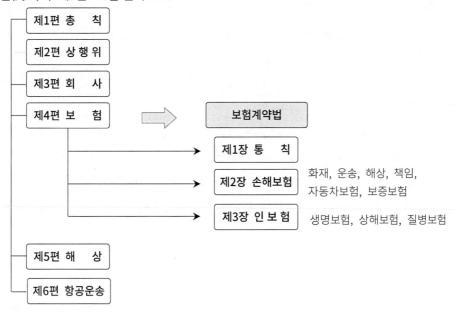

※ 상법(商法, Commercial Law)

- 상법은 형식적 의미의 상법과 실질적 의미의 상법으로 나눌 수 있다.
- 형식적 의미의 상법은 '상법'이라는 상법전을 말한다. 한국의 상법전은 1962년 제정·공포되어 1963년부터 시행되어왔으며 제1편 총칙, 제2편 상행위, 제3편 회사, 제4편 보험, 제5편 해상, 제6편 항공운송으로 이루어졌다.
- 실질적 의미의 상법은 기업관계에 특유한 법이며, 상법으로서 통일적·체계적으로 파악할 수 있는 법 영역이다. 기업이란 일정한 계획과 계속적 의도로 영리행위를 하는 독립

된 경제단위를 말하며, 기업관계에 특유한 법이란 기업의 특유한 수요를 반영하는 것만을 다룬다는 의미다.

- 기업에 관한 법 규제에는 공법적 규제도 있다. 상법은 사법적 규제에 관한 규정을 중심으로 하나, 사법질서의 실현을 보장하는 것을 목적으로 하는 공법적 규정은 상사법과 유기적 일체를 이루는 것으로서 실질적 의미의 상법에 포함된다.

2. 보험계약법의 개념

(1) 보험법의 의의

- 보험법에는 넓은 의미의 보험법과 좁은 의미의 보험법이 있다. 넓은 의미로는 보험에 관한 모든 법규를 말하는데, 이에는 보험공법과 보험사법이 있다.
- 보험공법이란 보험에 관한 모든 공법적 법규로서 보험업감독법, 공보험에 관한 법 등이 있다. 보험업감독법에는 보험업법이 있고, 공보험에 관한 법에는 산업재해보상보험법, 무역보험법, 국민건강보험법 등이 있다.
- 보험사법이란 보험에 관한 모든 사법적 법규로서, 이것은 보험기업조직법과 보험기업활동법(보험계약법)으로 나뉜다. 보험기업조직법에 관한 법규는 상법의 회사법과 보험업법에 규정되어 있고, 보험기업활동법에 관한 법규는 주로 상법 제4편에 규정되어 있다.[8] 일반적으로 좁은 의미에 있어서의 보험법이라고 할 때에는 보험계약법을 지칭한다.

(2) 보험계약법의 의의

1) 실질적 의의

실질적 의의의 보험계약법이란 사보험(특히 영리보험)에서의 보험관계를 규율하는 법을 말한다. 이것은 사회보험에 관한 것을 제외하고 사법적인 보험관계를 규율하는 것이나, 많은 부문에서 공법적인 요소도 포함되어 있으므로 두 가지 성격을 겸하고 있다.[9]

2) 형식적 의의

형식적 의의의 보험계약법이란 우리나라 상법전 「제4편 보험」에 관한 규정을 말한다. 이것을 좁은 의미의 보험법이라고도 한다.

---

8) 정찬형, 상법강의(하), 2005, p.490.
9) 양승규, 52면; 정희철, 상법학(하), 1990, p.347.

3. 상법 제4편 "보험편"의 입법취지

① 보험의 건정성 확보
② 선량한 보험계약자 보호
③ 보험의 윤리성·선의성 강조
④ 보험의 사회성·공공성
⑤ 보험산업의 성장 및 변화된 현실 반영

4. 상법 제4편 "보험편"의 적용

① 상법 제4편의 규정은 그 성질이 상반되지 아니하는 한도에서 상호보험에 준용한다(상법 제664조).
② 판례에 따르면 해상적하보험약관에 영국법 준거조항이 있는 경우에도 이것이 보험계약의 보험목적물 등 성립 여부에 관한 사항에까지 적용하기로 한 것으로는 볼 수 없다.
③ 상법에서는 일반원칙에 대한 예외로서 특별한 규정이 없으면 상법 개정 전에 체결된 보험계약이라도 개정된 상법이 적용된다.
④ 가계보험과 기업보험의 구분은 상법 제663조(불이익변경 금지의 원칙)의 적용여부와 관련하여 실익이 있다.

5. 보험계약법의 특성(保險契約法의 特性)

① 사회성·공공성 / 윤리성·선의성 / 단체성 / 기술성 등이 있다.
② 상대적 강행법규성이다(법적 성질, 보험계약자 등을 보호하기 위한 강제규정).
③ 불이익변경금지 원칙이 있다(보험계약자의 이익보호를 위한 원칙. 존재근거－부합계약성).

1) 선의성(善意性)과 윤리성(倫理性)

보험계약은 사행계약적 성질을 가지고 있기 때문에 보험제도를 악용하여 경제적 이득을 취하려는 도덕적 위험(moral risk)과 역선택이 내재할 수 있다. 이를 방지하기 위하여 보험계약법에서는 고지의무 위반(제651조), 고의사고 면책(제659조), 사기의 초과중복보험의 무효(제669조) 등의 규정을 둠으로써 보험계약자의 높은 선의성과 윤리성을 요구하고 있다.
• 보험을 보호하고 육성. 투기나 도박의 목적으로 악용 방지한다.

2) 기술성(技術性)

위험 측정에 필요한 기술적 특성이 보험계약의 내용으로 나타나게 되고, 보험관계를 규율하는 보험계약법은 기술법적 성질을 가진다.

• 위험을 효율적 분산과 위험 측정의 기술이 필요함. −고지의무, 통지의무로 보험의 기술적 한계를 극복한다.

3) 단체성(團體性)

보험계약 전체를 보면, 보험자를 중심으로 공통된 위험을 가진 보험계약자가 하나의 단체를 구성하고 있다. 즉, 보험은 위험단체를 전제로 하는 것이므로 보험계약법도 단체적 성격을 가진다.

4) 상대적 강행법규성(相對的 强行法規性, 강행규정성强行規定性)

상법에서 보험편(제4편)의 규정은 보험계약자 등에게 불리하게 변경하지 못하도록 하고 있다(제663조). 이는 "불이익변경금지의 원칙"이며, 보험계약자를 보호할 목적이다.
보험편의 규정은 계약의 교섭력이 약한 보험계약자 등에게는 강행법규성을 인정하여 보험계약법이 후견적 역할을 한다.

5) 사회성(社會性) 및 공공성(公共性)

공동의 위험에 처한 다수인이 공동으로 위험을 대비하는 제도이기 때문에 보험 사업은 사회성, 공공성이 강하다.

♣ 보험업법은 보험자의 자격제한, 계약법은 계약자 등의 불이익 변경금지의 원칙
♣ 보험약관은 정부당국의 엄격한 감독, 통제

6. 보험계약법의 법원(保險契約法의 法院)

제정법으로서의 상법 제4편, 보험특별법(보험업법, 의료보험법 등)이 있고, 관습법이 있다. 보험약관의 법원성에 대해서는 논란이 있다.
① 제정법: 상법 제4편, 보험업법, 기타
② 관습법
③ 보통보험약관

보험계약법의 법원으로서 제정법, 관습법, 기타 법령이 잇는 것은 다른 법력에서와 같다. 보험계약은 이른바 영업적 상행위로서 상사에 속한다(상법 46조 17호). 따라서 이에 관하여 상법의 규정을 적용하고 상법의 규정이 없는 사항에 관하여는 상관습법을 적용하고 그것도 없을 때에는 민법의 규정을 적용하게 된다(상법 1조). 물론 상법 이외에 상사특별법이 있으면 이것이 먼저 적용될 것이며, 보험계약의 부합계약성 성질상 보험거래에서 당연히 이용되는 약관은 당사자 사이의 법률관계를 결정한다.

성문법원[成文法源]: 헌법·법률·명령, 지방 자치 단체의 자주법, 조약 따위의 문장으로 표현되어 일정한 형식과 절차에 따라 공시된 법의 연원.
불문법원[不文法源]: 성문으로 규정되어 있지 않은 불문법의 연원. 관습법, 판례법, 조리 등이 있다.

(1) 총설

보험계약법의 존재 형식, 즉 법원[10]도 다른 법과 마찬가지로 제정법, 관습법 등이 있다. 그 밖에 그 법원성에 관하여 다툼이 있기는 하나 보험약관이 보험계약법의 법원과 관련하여 중점적으로 논의된다.

보험계약에 적용될 법규의 순서를 살펴보면, 보험계약에는 상법 규정이 우선 적용되고, 상법에 규정이 없으면 상관습법이 적용되며, 상관습법이 없으면 민법의 규정[11]이 적용된다(상법 제1조). 이 경우 상법 이외에 상사특별법이 존재하면 그 특별법이 상법보다 먼저 적용된다. 보험계약의 부합계약적 성질상 보험계약에서 많이 이용되는 보험약관은 상법 중 임의법규에 우선하여 적용된다. 특히 보험계약이 대부분 약관에 의하여 체결되는 대표적인 부합계약이란 점에서 보험약관의 중요성은 매우 크다고 할 것이다.

(2) 제정법

보험계약법의 법원으로서 가장 기본적인 제정법으로는, 상법 **제4편**의 「**보험**」에 관한 규정이 있다. 보험의 인수는 기본적 상행위에 속하므로(상법 제46조 제17호) 보험계약에는 상법의 상행위에 관한 규정이 적용된다.

보험계약에 관한 상사특별법으로는 **보험업법**과 자동차손해배상보장법, 화재로 인한 재해보

---

10) 법원(法源)이란 '법(法)의 연원(淵源)'의 줄임말로서, '법의 존재 형식'의 뜻으로 쓰이는 것이 보통이다.
11) 민법이 보험법의 법원이라는 의미는 아니다.

상과 보험가입에 관한 법률, 원자력 손해배상법, 무역보험법, 산업재해보상보험법, 국민건강보험법, 우체국예금·보험에 관한 법률 등이 있다. 이 중 보험업법은 보험계약과 관련된 규정(사법)과 보험 감독에 관한 규정(공법)으로 구성되어 있는데, 전자만이 보험계약법의 법원에 해당한다.

1) 상법 제4편(보험편)

보험계약법의 법원으로서 가장 기본적이며, 중심이 되는 것은 상법 제4편(보험편)이다.
보험계약은 기본적 상행위(상법 46조 17호)이므로 상행위에 관한 일반규정도 적용받게 된다.
보험계약법은 영리보험에 관한 법이나, 상호보험에 대해서도 준용된다(상법 제664조).

2) 보험업법

보험사업의 공공성, 사회성으로 말미암아 보험사업에 관한 규제를 목적으로 하는 것이고, 보험감독에 관한 기본법이다. 보험업법 가운데 보험감독에 관한 규정은 공법으로서 보험계약법의 법원이라고 할 수 없으나, 보험사업의 주체인 주식회사, 상호회사에 관한 규정(보험업법 23조 이하, 41조 이하), 보험계약의 이전(동법 117조 이하) 또는 보험모집(동법 144조 이하)에 관한 규정 등 보험계약과 관련된 규정을 포함하고 있다. 그리하여 보험업법은 공법과 사법의 성질과 함께 가지고 있는 상법의 특별법으로서 보험계약법의 법원이 된다고 하지 않을 수 없다.

3) 그 밖의 제정법

보험계약법의 법원으로서 특수한 보험계약에 대하여는 상법 이외에 특별법이 마련되어 있다. 즉, 보험업법은 부분적으로 법원이 되고 있다.

부분적 법원: 보험업법, 자동차손해배상보장법, 화재로 인한 재해보상 및 보험가입에 관한 법률, 수출보험법, 원자력손해배상법 등

즉, 자동차손해배상책임보험에 관한 자동차손해배상보장법, 수출보험에 대한 수출보험법, 원자력손해배상책임보험에 관한 원자력손해배상법, 국영보험인 체신보험에 관하여 체신예금보험에 관한 법률, 신체 손해배상 특약부 화재보험에 관한 화재로 인한 재해보상 및 보험가입에 관한 법률 등이 있다.

(3) 관습법

관습법과 같은 불문법은 우리나라에서 보험계약에 거의 인정되지 않고 있다. 판례법도 부정하는 견해이다.

보험에 관한 관습법이 있으면 이것도 보험계약법의 법원이 된다. 재보험관계에서 재보험자가 원보험자에게 재보험금을 지급하게 되면 지급한 재보험금의 한도에서 원보험자가 제3자에 대하여 가지는 권리를 대위 취득한다(상법 제682조). 대위권[12]의 행사에 있어서 원보험자와 재보험자 사이에 수탁 관계가 있어 재보험자는 이 대위권을 자신의 명의로 행사하지 않고 편의상 원보험자가 재보험자의 수탁자로서 이를 원보험자의 명의로 행사하여 회수한 금액을 재보험자에게 재보험금의 비율에 따라 교부하는 상관습이 있다.

7. 보험계약법(保險契約法)의 분류

(1) 보험계약법상 보험의 분류

상법 4편 '보험'편은 다시 제1장 통칙, 제2장 손해보험, 제3장 인보험, 이렇게 3개의 장으로 구성되어 있다.

제1장인 통칙은 보험의 종류에 관계없이 적용되고 각론에 해당하는 제2장과 제3장에는 다시 통칙과 구체적인 보험종류를 규정하고 있다. 그러므로 우리 상법(보험계약법)은 보험을 크게 손해보험과 인보험으로 나누어 각 종류별로 그 특성을 정하고 있다.

(2) 보험계약법상 손해보험의 분류

상법 제4편 제2장 손해보험에는 손해보험 종목을 화재보험, 운송보험, 해상보험, 책임보험, 자동차보험, 보증보험의 여섯 가지로 분류하고 있다.

(3) 보험계약법상 인보험의 분류

상법 제4편 제3장 인보험에는 인보험 종목을 **생명보험**과 **상해보험, 질병보험**으로 분류하고 있다.

(4) 보험업법상 분류와 비교

보험의 분류
① **보험계약법**: 손해보험, 인보험(생명보험, 상해보험, 질병보험)
② **보험업법**: 손해보험, 생명보험, 제3보험(상해보험, 간병보험, 질병보험)

---

12) 대위−권[代位權]: 제3자가 다른 사람의 법률적 지위를 대신하여 그가 지닌 권리를 얻거나 행사할 수 있는 권리. 채권자가 자기의 채권을 보전하기 위하여 행사하는 일 따위이다.

☆ 보험업법에서는 보험을 크게 손해보험, 생명보험, 제3보험으로 분류하고 있고 제3보험 속에 상해, 간병, 질병보험을 포함시키고 있다. 따라서 상해보험과 질병보험은 보험계약 법상으로는 인보험에 포함되고, 보험업법상으로는 제3보험에 포함되기 때문에 혼선을 초래하지 않도록 유의해야 한다.

8. 보험계약자보호를 위한 상대적 강행법

(1) 보험계약자 등의 불이익변경금지의 원칙

상법 제4편(보험)의 규정은 당사자 간의 특약에 의하여 보험계약자 또는 피보험자, 보험수익 자의 불이익으로 변경하지 못하는데 이를 보험계약자 등의 불이익변경금지의 원칙이라 한다.
- 이 원칙은 보험의 기술적, 단체적, 사회적인 요청과 보험에 대하여 잘 알지 못하는 보험 계약자 등의 이익보호를 위한 것이다. 그 중에서도 이 원칙의 가장 중요한 존재근거는 보험계약의 부합계약성에서 찾을 수 있을 것이다.

(2) 법적 성질

보험자에 비하여 경제적 약자의 위치에 있는 보험계약자 등을 보호하기 위하여 강제로 지 키도록 한 법 규정이므로 강행규정이다.
보험계약자 등에게 불이익이 되게 변경하는 것은 허용되지 않지만, 반대로 이익이 되게 변 경하는 것은 가능하므로 편면적 강행규정(또는 상대적 강행규정)이라 한다.

(3) 보험계약자에게 불이익하게 변경된 약관의 효력

보험계약자에게 불이익하게 보험계약법의 내용을 변경한 보험약관은 그 범위 내에서 무효 가 되며, 이러한 약관 규정은 계약의 내용이 되지 못한다. 그러나, 그 약관조항이 무효가 될 뿐 계약 자체가 무효가 되는 것은 아니다.

(4) 적용배제

상법 제663조는 시장통찰력을 가지고 있지 않고 보험자에 비하여 열등한 지위에 있는 생명 보험, 상해보험, 주택화재보험 등 가계보험에 적용되는 것으로 기업보험 즉 재보험, 해상보 험 등에는 적용되지 않는다. 그 이유는 기업보험의 보험계약자는 어느 정도 전문적인 지식 과 경험을 갖고 보험자와 대등한 위치에서 계약을 체결할 수 있으므로 계약자유의 원칙을 인정하는 것이 합리적이기 때문이다.

9. 불이익 변경 금지의 원칙

(1) 의의

상법 제663조에서는 "보험편의 규정은 당사자 간의 특약으로 보험계약자 또는 피보험자, 보험수익자의 불이익으로 변경하지 못한다"고 규정하고 있다(계약자 이익보호, 부합계약성).

이는 보험자에 비해 교섭력이 약한 당사자들을 보호하기 위함이다. 이를 위반한 계약 조항은 무효가 된다. 다만, 재보험 / 해상보험 기타 유사보험의 경우에는 적용되지 않는다.

- 이 원칙은 보험의 기술적, 단체적, 사회적인 요청과 보험에 대하여 잘 알지 못하는 보험계약자 등의 이익보호를 위한 것이다. 그 중에서도 이 원칙의 가장 중요한 존재 근거는 보험계약의 부합계약성에서 찾을 수 있을 것이다.
- 이 규정은 성질에 반하지 않는 범위에서 상호보험 / 공제 / 그 밖에 준하는 계약에도 준용한다.
- 어선 공제 사업의 경우에는 해상보험으로 보지 않고 불이익변경금지원칙이 적용된다.
- 기업보험(해상·항공·재보험)은 상법 제663조의 보험계약자 등의 불이익변경금지의 원칙이 적용되지 않는다.
- 보험계약자 등의 불이익변경금지를 위반한 약관은 효력이 없다.
- 당사자 간의 합의로 보험계약자 등의 불이익변경금지를 배제할 수 없다. 다만, 재보험 / 해상보험 기타 유사보험의 경우에는 적용되지 않는다.

(2) 취지

보험계약자는 보험계약의 내용이나 조건을 보험자와 구체적으로 협의할 수 없고, 보험자가 일방적으로 작성한 보통보험약관에 의하여 계약을 체결하는 경우가 일반적이다. 즉, 보험계약자는 보험계약의 내용을 구체적으로 이해하지 못한 채 보험계약을 체결하는 경우가 많고, 보험자는 스스로 작성한 보험약관의 내용에 보험계약자에게 불리한 내용을 편입시킬 가능성을 배제할 수 없기 때문에 보험계약자 등을 보호하기 위해 규정하고 있다.

(3) 위반의 효과

불이익 변경 금지의 원칙에 위반한 약관규정은 무효이다. 상법 보험편의 규정은 강행규정이므로 이를 위반하여 보험계약자, 피보험자 또는 보험수익자에게 불이익하게 변경한 약관의 조항은 효력이 없다. 약관조항이 무효가 된다고 하더라도 그 조항만 무효일 뿐 계약자체가 무효가 되는 것은 아니다.

[대법원 판례]

1. 대법원 판례에 따르면, 수산업협동조합 중앙회에서 실시하는 어선공제사업은 피공제자의 어선에 생긴 손해를 담보하는 점에서 해상보험과 유사하지만, 공제계약 당사자들의 미약한 계약교섭력을 고려하여 상법 제663조 단서의 입법취지에 비추어 그 어선공제에는 불이익변경금지원칙의 적용을 배제하지 아니한다(대법원, 1996. 12. 20., 선고, 96다23818, 판결).

2. 공인중개사협회의 공제사업에 관한 대법원 판례(대법원 2012. 8. 17., 선고, 2010다93035, 판결)
  - 이 공제는 보험업법에 의한 보험사업은 아닐지라도 그 성격이 보험과 유사하고 보험계약의 본질을 가지고 있으므로 상호보험과 유사한 성질을 갖고 있는 것으로 볼 수 있다.
  - "공인중개사협회가 보상하는 금액은 공제가입금액을 한도로 한다"라는 공제약관상의 규정은 공제사고 1건당 보상한도를 정한 것으로 해석함이 타당하다.
  - 중개업자가 공제계약을 갱신할 당시 장래 공제사고를 일으킬 의도를 가지고 있었다고 하더라도 그 당시에 공제사고의 발생 여부가 객관적으로 확정되었음을 이유로 갱신된 공제 계약이 무효가 된다고 볼 수 없다.
  - 협회를 기망하였다는 이유로 협회가 공제계약 체결의 의사표시를 취소하였다 하더라고, 거래당사자가 그와 같은 기망행위가 있었음을 알았거나 알 수 있었다는 등 특별한 사정이 있는 경우가 아니면 그 취소를 가지고 거래당사자에게 대항할 수 없다. 그리고 이러한 법리는 협회가 공제계약의 무효를 주장하는 경우에도 마찬가지로 적용된다.

10. 보험계약법 이론의 내용 정리

  - 질병보험은 그 성질에 반하지 않는 범위에서 생명 / 상해보험의 규정을 준수한다.
  - 중복보험의 경우, 보험자는 각자 보험금 한도 내에서 연대책임 / 보상책임은 보험금 비율로 나눈다. 계약자의 사기로 인한 체결은 그 계약은 취소가 아닌 무효로 되며 그 사실을 안 때까지의 보험료 청구 가능하다.
  - 단체보험은 보험계약자만 증권을 교부받는 것으로 충분하다. 단체보험에서 계약자가 피

보험자 외의 인을 수익자로 지정할 경우 피보험자의 서면동의를 받아야 함.

- 단체보험의 유효요건으로 정해지는 규약은 이런 종류 보험가입 시 대표가 일괄하여 계약을 체결 가능하다는 내용을 담고 있어야 하며 이러한 규약이 없을 경우 피보험자의 서면 동의가 반드시 필요함
- 계약당시 계약자 또는 피보험자가 고의 또는 중과실로 중요사항 고지 아니했을 경우 사실을 안날부터 1개월 / 계약 체결일부터 3개월 내에 계약을 해지 가능함. 해제가 아님
- 제3자에 대한 대위에 관하여, 보험자가 제3자 행위로 보험금 지급한 경우, 지급한 금액 한도 내에서 대위권을 가지며 이는 보험금 지급 시 자동으로 취득되며 민법상 지명채권 양도 절차 등은 필요 없다. 청구권 대위가 발생한 이후, 제3자가 피보험자에게 하는 변제는 효력이 없다.
- 보험계약자 불이익 변경 금지 원칙은 재보험 및 해상보험은 적용되지 않는다.
- 화재보험에서, 집합된 물건을 목적물로 한 때 피보험자의 가족 및 사용인의 물건도 같이 목적에 포함된다.
- 고지의무위반과 사고발생과의 인과관계의 증명 책임은 보험계약자에게 있다.
- 손해보험자는 보험목적의 성질/하자/자연소모로 인한 손해는 면책이다.
- 선박을 양도할 때 / 선급 변경 시 / 새로운 관리로 옮길시 계약이 종료된다. 국적변경은 해당되지 않는다.
- 자동차보험의 경우 피보험자가 차를 양도할 때 보험자의 승낙을 얻은 경우에 한해 계약도 승계가 된다. 보험자는 양수 사실 통지 받았을 때 지체 없이 낙부를 통지해야 한다.
- 책임보험에 관하여, 재판으로 채무가 확정된 경우 피보험자는 보험자에게 지체 없이 통지해야 하며 보험자는 채무확정 통지일 부터 10일 이내에 보험금을 지급해야 한다.
- 해상보험 증권 기재 내용
  ① 선박보험 : 선박명 / 국적 / 항해범위
  ② 적하보험 : 선박명 / 국적 / 선적항 / 양륙항 / 출하지 / 도착지 등
  ③ 보험가액 등
- 초과보험의 경우 보험료 감액은 장래에 대해서만 유효 / 보험가액은 계약 당시의 가액으로 정함
- 보험자는 위험 증가 시 안날로부터 1개월 내에 한해 해지 가능하며 / 통지 받았을 시 1개월 내에 보험료 증액 혹은 해지 가능함.
- 계약자는 타인의 위임 없이도 계약은 가능함. 다만 손해보험의 경우 위임 없을 때 보험자에게 이를 고지해야 하며 이 경우 보험자에게 대항하지 못함.

- 해상보험에 관하여, 보험자는 피보험자의 공동해손의 분담액을 보상할 책임이 있음. 보험가액 초과 시 초과액에 대한 것은 분담하지 않아도 된다.
  보험자는 항해 필요 서류 미비치에 대한 건 면책, 영국해상보험법상 화물이 선박과 함께 행불된 경우에는 현실 전손으로 추정한다.
- 운송보험은 일시운송을 중지하거나 운송의 노순 또는 방법을 변경한 경우에도 계약이 유효하다.
- 운송보험과 해상보험의 경우 보험가액불변경주의에 따른다.
- 계약 시 설명의무 위반 시 계약자는 계약일로부터 3개월 내에 계약 취소가 가능하다.
- 파산 선고 후 3개월 지나고 계약해지 않으면 효력을 잃는다.

제4절   자동차손해배상 보장법

1. 자동차보험의 가입

1) 자동차보유자는 자동차의 운행으로 다른 사람이 사망하거나 부상한 경우에 피해자에게 보상금을 지급하는 책임보험(대인배상Ⅰ)에 가입해야 한다(규제 「자동차손해배상 보장법」 제5조 제1항).
2) 자동차보유자는 책임보험(대인배상Ⅰ) 등에 가입하는 것 외에 자동차의 운행으로 다른 사람의 재물이 멸실되거나 훼손된 경우 사고 1건당 2천만원의 범위에서 피해자에게 발생한 손해액을 지급하는 보험(대물배상보험)에 가입해야 한다(규제 「자동차손해배상 보장법」 제5조 제2항 및 규제 「자동차손해배상 보장법 시행령」 제3조 제3항).

2. 의무가입의 면제

자동차보유자는 보유한 자동차(규제「자동차손해배상 보장법」 제5조 제3항에 따라 면허 등을 받은 사업에 사용하는 자동차는 제외)를 해외체류 등으로 6개월 이상 2년 이하의 범위에서 장기간 운행할 수 없는 경우로서 다음의 어느 하나에 해당하는 경우에는 그 자동차의 등록업무를 관할하는 특별시장·광역시장·도지사·특별자치도지사(자동차의 등록업무가 시장·군수·구청장에게 위임된 경우에는 시장·군수·구청장을 말함, 이하 '시·도지사'라 함)의 승인을 받아 그 운행중

지기간에 한정하여 자동차보험의 가입 의무를 면제받을 수 있다. 이 경우 자동차보유자는 해당 자동차등록증 및 자동차등록번호판을 시·도지사에게 보관해야 한다(「자동차손해배상 보장법」 제5조의2 제1항 및 「자동차손해배상 보장법 시행령」 제5조의2).

① 해외근무 또는 해외유학 등의 사유로 국외에 체류하게 되는 경우
② 질병이나 부상 등의 사유로 자동차 운전이 불가능하다고 의사가 인정하는 경우
③ 현역(상근예비역은 제외)으로 입영하거나 교도소 또는 구치소에 수감되는 경우

제5절 금융위원회의 설치 등에 관한 법률 및 소비자 기본법

• 분쟁조정신청

- 금융감독원은 보험회사와 이해관계인 사이에 발생하는 분쟁의 조정을 심의·의결하기 위해 금융분쟁조정위원회를 두고 있다(「금융위원회의 설치 등에 관한 법률」 제51조).
- 보험회사와 분쟁이 있는 이해관계인은 금융감독원의 원장에게 분쟁의 조정을 신청할 수 있다(「금융위원회의 설치 등에 관한 법률」 제53조 제1항).
- 소비자와 사업자 사이에 발생한 분쟁을 조정하기 위해 한국소비자원에 소비자분쟁조정위원회를 두고 있다(「소비자기본법」 제60조 제1항).

제6절 그 밖의 관련 법률

1. 보험 가입이 강제된 책임보험

피해자에게 발생한 손해의 보상을 위해 의무적으로 책임보험에 가입하도록 하고 있는 법률에는 「수상레저안전법」, 「항공안전법」, 「유선 및 도선 사업법」, 「고압가스 안전관리법」, 「액화석유가스의 안전관리 및 사업법」, 「도시가스사업법」, 「체육시설의 설치·이용에 관한 법률」 등이 있다.

2. 공제

피해자에게 발생한 손해의 보상을 위해 공제 및 공제사업을 규율해 놓은 법률에는 다음과 같은 법률이 있다.

건설산업분야: 「건설근로자의 고용개선 등에 관한 법률」, 「건설기술 진흥법」 등

전문직 분야: 「변호사법」, 「세무사법」, 「공인회계사법」 등

과학 · 기술 분야: 「과학기술인공제회법」, 「방사선 및 방사성동위원소 이용진흥법」, 「소프트웨어산업 진흥법」 등

공공 분야: 「경찰공제회법」, 「한국지방재정공제회법」, 「군인공제회법」 등

금융 분야: 「새마을금고법」, 「신용협동조합법」, 「중소기업협동조합법」

그 밖의 공제: 「가맹사업거래의 공정화에 관한 법률」, 「관광진흥법」, 「방문판매 등에 관한 법률」 등

제3장

보험계약 및 보험실무 기초지식

1. 보험계약의 관계자

1) 보험자(保險者, insurer)

보험사업의 주체로서 보험계약자로부터 보험료를 받고 보험을 인수(引受)하는 자.
underwriter라고도 한다(실무적으로 '보험회사'로 칭함).

보험자는 보험계약자와 보험계약을 체결하는 보험계약의 당사자로서 보험사고가 발생한 때에 보험금 지급의무를 지는 자이다. 보험 계약에 의하여 피보험자에게 보험금을 지급할 의무를 지니며, 동시에 피보험자에게 보험료를 받을 권리가 있는 사람이나 기관, 곧 보험 회사를 이른다. 즉, 위험단체를 관리하고 유지하는 주체가 보험자이다. 손해보험, 생명보험, 외국보험사 국내지점, 공제(특별법 규제함).

2) 보험계약자(保險契約者, insurant)

자기명의로 보험자와 보험계약을 체결하고 보험료의 지급의무를 지는 자.
실무적으로 '보험가입자'라 한다.

보험에 가입한 사람. 보험자인 보험 회사를 상대로 보험 계약을 맺고 보험자에게 보험료를 지불하는 사람을 이른다. 즉, 보험료의 지급의무를 지는 자이다.

보험사업자의 상대방으로서 자기의 명의로 보험계약을 체결하고 보험료를 납입할 의무를 지는 사람을 말하며, 보험계약자는 자연인이든 법인이든, 능력자이든 무능력자이든 상관없으며, 여러 사람이 공동으로 보험계약자가 되어도 관계없다.

3) 피보험자(被保險者, insured person)

① 손해보험: 피보험이익의 주체로서 보험사고가 발생한 경우에 그 손해보상을 받을 권리를 갖는 자.
　　손해배상청구권자(보험금청구권자)
② 인보험: 생명 또는 신체에 관하여 보험에 붙여진 자연인을 말한다.
　　생명보험 계약에 있어서 사람의 生과 死라는 보험사고 발생의 객체가 되는 사람과 손해보험계약에 있어서는 피보험이익의 주체, 즉 보험사고로 손해를 입은 사람을 말한다.

－ 피보험자는 손해보험과 인보험에 따라 그 의미를 달리한다.
－ 따라서 손해보험의 경우 피보험자는 보험금청구권을 가지나, 인보험의 경우 피보험자는 보험의 목적에 불과하여 보험계약에서 아무런 권리를 취득하지 못한다.

생명보험의 피보험자는 타인의 사망보험에 있어서는 보험계약 체결 당시에 그 타인의 서면에 의한 동의를 얻어야 하고(상법 제731조), 15세 미만자, 심신상실자 또는 심신박약자는 사망보험의 피보험자가 될 수 없다(제732조).
보험 계약에서 계약의 보상을 받을 권리를 갖는 자이며, 보험의 종류에 따라 의미가 다르거나 제약이 따르기도 한다. 가령 손해보험에서는 보험계약자와 피보험자가 같을 경우 자신을 위한 보험이 되고, 다를 경우 타인을 위한 보험이 된다. 인보험의 경우 피보험자는 숫자에 상관없이 자연인을 뜻하고, 생명보험에서는 분류에 따라 피보험자의 자격에 대한 연령이나 상태 제한이 있다. 상해보험계약의 경우 피보험자는 단순히 보험의 객체로서 연령은 상관하지 않는다.
15세 미만의 미성년자나 심신상실자 및 심신박약자의 사망보험계약은 무효로 하므로(제732조), 이들을 피보험자로 할 수 없다. 인보험에서의 피보험자는 고지의무를 지고 있다(제651조). 상해보험계약의 피보험자 역시 보험사고의 객체가 되는 사람으로, 상해보험계약에서 보험사고인 상해는 피보험자의 상해뿐만 아니라 사망까지도 포함하고 있지만 피보험자의 연령에는 제한이 없다(제732·739조). 그러므로 15세 미만의 미성년자, 심신상실자 또는 심신박약자도 상해보험의 피보험자가 될 수 있으나, 심신상실자를 상해보험계약의 피보험자로 하는 것은 문제가 있다. 다만 상해보험의 종류에 따라 피보험자의 자격에 제한이 따를 수 있다.

4) 보험수익자(保險受益者, insurance beneficiary)

① 인보험: 보험사고가 발생한 경우에 보험금을 지급받는 자.
   인보험에만 있는 보험계약의 요소로서 보험사고 발생 시 보험자에게 보험금청
   구권을 갖는 자.
② 손해보험: 보험금청구권을 갖는 자(피보험자).

인보험의 보험수익자는 손해보험의 피보험자에 해당한다.

보험수익자란 인보험 계약에 특유한 개념으로서 보험사고 발생 시에 보험금지급청구권을 갖
는 자를 말하며 인보험 계약에서 보험계약자와 보험수익자가 동일하면 '자기를 위한 인보험
계약'이 되고, 보험계약자와 보험수익자가 다른 경우에는 '타인을 위한 인보험계약'이 된다.

5) 보험계약 관계자 이외의 보조자

보험자의 보조자: 보험대리점, 보험중개사, 보험설계사, 보험의(保險醫)

① 보험대리점(保險代理店, an insurance agent)

보험자를 위하여 보험회사가 판매하는 보험상품에 관한 보험계약의 체결을 대리하거나 중
개하는 독립된 상인이다. 즉, 금융위원회 등록하고, 보험 회사로부터의 위임을 받아 그 업무
를 대리하거나 매개하는 점포나 사람이다.

보험대리상(保險代理商) 혹은 보험대리점은 보험회사를 대리하여 보험료를 수령할 권한이
부여되는 조직을 뜻한다. 보험대리상은 상행위법에서의 대리상과 마찬가지로 보험자에 종
속된 자가 아니라 그 자체로 독립하여 영업을 하는 상인이며, 체약대리권을 갖는지 여부에
따라 체약대리상과 중개대리상으로 나뉜다.

• 법인보험대리점(GA, General Agency)

보험회사와 계약을 맺고 보험 판매를 전문으로 하는 대리점을 말한다. 특정 회사의 보험이
아닌 대부분 생명·손해보험회사의 상품을 판매하기 때문에 보험 판매 백화점 또는 양판점
등이라 한다.

② 보험중개사(保險仲介士, insurance broker)

'보험업법'에서, 독립적으로 보험 계약의 체결을 중개하는 사람.

보험자의 사용인이나 대리인이 아니면서 보험자와 보험계약자 사이의 보험계약의 체결을

중개하는 독립된 상인이다.

보험 중개사는 보험사에 소속되어 있을 수도 있고 독립된 사무실을 차릴 수도 있는데, 모든 보험사의 상품을 고객에게 소개하고 고객을 대신해 여러 보험사와 가격 협상을 벌여 가장 값싸고 유리한 보험을 골라 고객과 계약을 체결한 뒤 해당 보험사로부터 수수료를 받는 전문직이다.

③ 보험설계사(保險設計士, life planner)

보험자에게 종속되어 보험자를 위하여 보험계약의 체결을 중개하는 자.

보험자에 전속되어 중개함. 타사 중개 못함. 교차판매 허용한 곳 손해보험사(생명보험사) 판매 가능.

보험업법에 의하면 "보험설계사라 함은 보험사업자를 위하여 보험계약의 체결을 중개하는 자(법인이 아닌 사단과 재단을 포함한다)로서 제145조의 규정에 의하여 등록된 자를 말한다"라고 규정하고 있다.

보험설계사의 업무는 크게 재무상담, 생활설계, 대출상담 등이 있다. 보험설계사는 보험계약 체결을 중개하는 구실을 할 뿐 보험사를 대리해 계약을 체결할 권한과 계약의 변경·해지·통고 등에 대한 권한을 갖고 있지 않다. 또 계약자가 과거 병력 등의 중요 사항을 알려준다고 해도 이를 받아줄 권한이 없다. 따라서 보험설계사에게 중요 사항을 말로만 알리면 아무런 효력이 없다. 그러나 소속 보험회사를 위해 보험모집을 할 수 있는 자의 위치에 있기 때문에 보험설계사가 모집 활동을 하면서 보험계약자에게 손해를 입힌 경우 보험회사가 손해배상을 해줄 책임이 있다.

④ 보험의(保險醫)

보험 회사의 위촉을 받아 생명 보험에 가입할 사람의 건강 상태를 진찰하는 의사이다.

보험의(保險醫)란 생명보험계약에 있어서 피보험자의 신체, 건강상태 그 밖의 위험측정상의 중요한 사항에 대해 조사하여 이를 보험자에게 제공해주는 의사를 뜻한다.

2. 보험계약을 구성하는 주요한 요소들

보험계약과 관련된 주요한 요소는 보험계약의 당사자, 보험금과 보험료, 보험의 목적, 보험사고, 보험기간, 보험금액(보험가입금액), 보험가액, 피보험이익 등이다.

(1) 보험금과 보험료

① 보험금(保險金, insurance money)

보험사고가 발생 시, 보험자가 피보험자 또는 보험수익자에게 지급하여야 할 금액이다.
보험사고가 발생했을 때, 보험 계약에 의거하여 보험 회사로부터 수익자에게 실제로 지급되
는 돈이다.

② 보험료(保險料, premiums)

보험계약에서 보험자가 보험금지급 책임을 지는 대가로서, 보험계약자가 위험보장을 받기
위하여 보험계약에 따라 보험자에게 지급하는 금액이다. 보험계약은 유상계약이다.

보험료는 2개 부분으로 구성되어 있으며, 하나는 장래의 보험금을 지급하기 위한 재원이 되
는 순보험료이고 또 하나는 보험회사가 보험계약을 유지·관리하는 데 필요한 경비로 쓰이
는 부가보험료가 있다. 이중에서 순보험료는 사망보험금 지급의 재원이 되는 위험보험료와
만기보험금 지급을 위한 저축보험료로 구성되는데 이는 예정사망률과 예정이율을 기초로
계산되며, 부가보험료는 신계약비, 유지비, 수금비로 구성되며 이는 예정사업 비율을 기초
로 계산된다.

보험계약은 유상계약(有償契約)으로 보험자가 보험을 인수하여 보험사고가 생기면 보험금을
지급할 책임을 지게 되므로 보험료는 그에 대한 대가로서 보험계약자가 지급하는 것이다.
보험료는 대수(大數)의 법칙에 따라 사고발생개연율에 의해 산출되는 순보험료(純保險料)와
보험계약의 체결비용, 인건비, 그 밖의 사업비로서 부가하는 부가보험료가 포함되는데, 이
를 영업보험료라고 한다.

보험료의 산정은 보험수리의 원칙에 따라 보험계리인(保險計理人)에 의해 행해지는데, 보험
은 대수의 법칙에 의해 보험단체 안에서의 보험사고 발생률에 따라 보험료 총액과 보험금
총액이 균형을 유지하도록 계산되는 것이다.

③ 보험료 관련 원칙: 보험료불가분의 원칙

• 보험료불가분의 원칙(保險料不可分의原則)

단위 기간의 중도에 보험의 계약이 소멸되어도 보험자는 그 단위 기간 전부에 대한 보험료
전액을 청구할 권리를 갖게 된다는 원칙이다.

보험료는 보험자가 보험사고에 대하여 부담하는 책임에 대한 보수이다. 보험료는 보험금액
을 기준으로 하여 위험률에 따라 결정된다. 이것은 보험계약기간을 단위로 하여 위험을 측

정하고 그에 따라 보험료가 결정되므로 그 기간의 위험과 보험료와는 불가분으로 연결된다. 따라서 기간 중에 계약이 해지되면 경과기간에 대한 보험료는 반환 청구할 수 없고 미경과분에 관하여서는 별도 약정이 없는 한 청구를 할 수 있다(제649조).

(2) 보험의 목적

보험사고의 대상이 되는 객체, 즉 보험의 목적이 있어야 한다.
- 보험의 목적은 보험사고발생의 객체가 되는 경제상의 재화 또는 사람의 생명, 신체를 말한다. 이는 보험계약의 목적인 피보험이익과 구별된다.
- 손해보험의 목적
  경제상의 재화(주택, 자동차, 선박 등)와 같은 구체적인 물건에 한하지 않고 채권과 같은 무체물 또는 피보험자의 책임도 포함된다.
- 인보험의 목적
  인보험의 목적은 사람의 생명 또는 신체인데, 개인 또는 단체도 보험의 목적이 될 수 있다. 그러나 사망보험의 경우 15세 미만인 자, 심신상실자, 심신박약자는 보험의 목적이 될 수 없으며 보험계약이 체결되더라도 무효가 된다.

(3) 보험사고(保險事故)

보험자의 보험금 급여의무를 구체화시키는 보험의 목적에 약정된 우연한 사고이다. 즉, 사람의 사망, 화재발생, 자동차 사고 등과 같이 보험회사의 보험금 지급책임을 현실화시키는 우연한 사고이다.

보험사고는 우연한 것이어야 한다. 이 우연성은 사고의 발생 자체가 불확정한 것임을 뜻한다. 이 불확정성은 당사자의 주관에 있어서 불확정하면 족하나 보통보험약관에 의하여 객관적으로 불확정하여야 한다고 규정하는 것이 보통이다.

보험사고는 일반적으로 보험계약의 종류에 따라 정해진다. 즉 화재보험에서는 화재, 해상보험에서는 항해에 관한 사고, 생명보험에서는 생존 또는 사망이 보험사고이다. 다만 당사자의 특약으로 보험사고의 범위를 확대하거나 축소할 수 있다.

보험계약자는 보험계약 체결 시 자신이 대비하고자 하는 위험에 관해 상세히 기술함으로써 보험자가 인수할 위험, 즉 모든 위험이 아닌 한정적이며 특정된 위험이 보험사고로 확정된다. 그리고 보험계약이 유효하게 존속하는 보험기간 중에 위험배제에 대항하지 않는 보험사고가 발생한 경우에 보험자의 책임이 발생한다. 그러나 보험계약자나 피보험자가 부수 의무를 위반한 경우 보험자의 책임은 소멸된다.

보험자의 보상의무를 구체화시키는 사고. 보험 제도가 사고의 발생에 대비한 보상을 전제로 운영되는 것이므로, 보험사고는 계약의 전제조건이다. 따라서 보험사고가 이미 발생했거나, 반대로 발생할 수 없는 것임을 인지하고 있었을 때에는 보험계약이 무효가 된다(상법 제644조 본문).

다만 소급보험에서는 당사자 사이에서 보험사고의 발생여부·시기·방법 등이 주관적으로 불확정적인 경우에는 이를 유효한 것으로 한다(동법 제644조 단서). 그러나 당사자 쌍방과 피보험자가 이를 알지 못한 때에는 그러하지 아니한다(645조 단서). 또한, 생명보험의 경우 보험사고의 발생여부는 확정되어 있고, 시기·방법 등이 불확실하다.

보험자와 보험계약자는 계약과정에서 보험사고의 범주를 한정하여 해당하는 경우에만 보험자가 보상할 수 있도록 하고 있다.

• 보험사고의 요건

① 보험사고는 우연한 것이어야 한다(불확정성(우연성) – 우연한 사고).
② 보험사고는 발생 가능한 것이어야 한다(발생가능성 – 발생 가능한 사고).
③ 범위(보험사고의 종류)가 구체적으로 한정되어야 한다.
   (한정성 – 일정한 목적에 대하여 일정한 기간 내에 일어나는 일정한 사고), (보험기간 내)
④ 보험사고 발생에는 대상이 있어야 한다. 이것이 '보험의 목적'이다.
   적법성 – 보험사고의 기초가 되는 사실은 적법한 것이어야 한다. 도박×, 밀수품 운송×
#. 보험사고의 입증책임: 보험계약자, 피보험자가 입증하여야 한다.
#. 보험금의 면책사유 또는 부지급 사유는 보험자가 입증하여야 한다.

(4) 보험기간(保險期間): 책임기간 또는 위험기간

보험자의 책임이 시작(개시)되어 종료될 때까지의 기간이다.

보험자는 보험계약에 의하여 어떤 일정한 기간 내에 발생한 보험사고에 대하여 보험금을 지불할 것을 약속하게 되는데, 그 일정기간이 보험기간이며, 위험기간 또는 책임기간이라고도 한다.

보험 계약에 따라 보험업자가 보험금을 지급할 책임을 지고 있는 기간이며, 보험자의 책임이 시작되어 끝날 때까지의 기간이라고 한다. 다른 약정이 없는 한 최초 보험료를 받은 때부터 개시한다.

보험기간은 보험사고발생에 대한 시간적 제한, 즉 보험자가 위험을 부담하는 기간을 의미한다. 보험사고는 모두 보험기간 내에 발생해야 한다.

(5) 보험금액(보험가입금액): 保險金額, insured amount

보험금액의 한도 내에서 실제 지급하게 되는 금액이 보험금이다.

손해보험(피보험자)의 경우 보험자가 피보험자에게 보상하기로 약정한 최대금액(최고보상한도액).

사망보험(정액보험)의 경우에는 보험금액과 보험금이 동일하다.

- 보험금액이란 보험자와 보험계약자간의 합의에 의하여 약정한 금액이며 **보험사고가 발생
  하였을 경우에 보험자가 지급할 금액의 최고한도**를 말한다.
  계약 체결 시 보험증권에 임의로 정해 놓은 금액이다.
- 이같이 보험금액을 정하는 이유는 계약체결 시에 보험자의 보상한도를 명확히 함으로써
  합리적이고 정확한 보험료율을 산출하기 위함이다.
- 보험금액은 보험가액의 범위 내에서 정해져야하며 보험가액을 초과하였을 경우에 그 초
  과한 금액에 대해서는 보험자가 보상하지 않는다.

보험금액은 보험사고가 발생하였을 때 보험자가 피보험자(손해보험) 또는 보험수익자(인보험)
에게 지급하여야 할 급여(給與)의 최고한도액을 말한다.

보험자가 부담하는 손해보험책임의 최고한도를 가리킨다.

정액보험에 있어서는 계약에 정한 금액이다. 보험료는 이 보험금액을 기준으로 계산된다.

이 보험금액은 손해보험과 정액보험에 따라 그 뜻에 차이가 있다.

손해보험계약에서 보험자는 보험사고로 생길 피보험자의 재산상의 손해를 보상할 책임을
지므로(상법 제665조), 손해보험계약에서 보험금액이란 보험자가 보험계약자와 합의하여 정
한 손해보상책임의 최고한도액을 의미하고, 현실적으로 보험사고가 발생하여 보험자가 지
급하는 손해보상액의 뜻으로 사용되기도 한다(동법 제682조 참조). 한편 생명보험과 같은 정
액보험에서는 보험사고가 생길 경우에 보험자는 약정한 금액을 지급할 책임을 지므로(동법
제730조) 보험자가 보험사고 발생 시에 지급하기로 약정한 금액이 보험금액이다.

(6) 보험가액(保險價額, insurance value)

- 보험가액이란 보험사고가 발생하였을 경우에 **보험목적에 발생할 수 있는 손해액의 최고한
  도액**을 말하며, 손해보험에만 존재하는 개념이다. 보험가액은 피보험이익의 금전적 평가액
  을 뜻한다. 손해보험에서 보험에 붙일 수 있는 재산의 평가액. 보험 금액은 이 한도 내에

서 정해진다.

– 보험가액은 피보험자가 입을 가능성이 있는 손해를 금전적으로 평가한 금액이다. 즉 법률상 보상의 최고한도액을 가리키며 보험금액은 보험계약상 보상의 최고한도액을 말한다. 보험가액은 일부보험, 전부보험, 초과보험의 판정을 내리는 데 기준이 된다.

– 보험가액의 경우 때와 장소에 따라 변동할 가능성이 있고, 책임보험이나 인보험 등은 평가자체가 불가능하기 때문에 보험금액을 기준으로 하여 보험자의 보상한도를 구체화하는 것이 바람직하다고 볼 수 있다.

(7) 보험계약기간과 보험료 기간

① 보험계약기간

보험계약이 유효하게 성립하여 유지되고 종료하기 전까지의 존속하는 기간.

보험 계약이 성립(청약과 승낙)되어 소멸할 때까지의 기간, 보험계약이 성립했더라도 초회 보험료를 납입하지 않았다면 보험회사의 보험기간에 해당되지 않는다.

② 보험료(保險料, premium) 기간

보험자가 위험을 측정하고 보험료를 산출하기 위한 표준이 되는 기간이다. 즉, 위험을 측정하여 보험료를 산출하는 기초가 되는 단위기간이다. 즉, 위험률 측정의 단위가 되는 기간. 보통 1년 단위로 보험료율을 정한다.

일정기간을 보험사고의 발생률을 통계적으로 측정하여 그 위험률에 따라 보험료를 산정하는 기간을 말하는데 통상 1년을 원칙으로 한다.

(8) 피보험이익

피보험이익(insurable interest)이란 보험청약자나 피보험자가 보험의 목적에 대하여 가지고 있는 적법한 경제적 이해관계를 뜻한다. 상법에서는 피보험이익을 보험계약의 목적으로 표현하고 금전적으로 산정할 수 있는 이익으로 표현하며, 주택, 자동차, 선박, 화물 등의 재산 또는 사람의 생명이나 신체 또는 손해를 발생시키는 대상 또는 객체를 의미하는 보험의 목적과는 다른 개념이다.

• 보험계약의 목적

보험의 목적에 대하여 보험사고의 발생유무에 의하여 피보험자가 가지는 경제적인 손익 또는 손익관계로서 이것을 보험계약의 목적이라고 한다.

피보험이익과 보험목적과의 관계

보험의 목적은 보험계약 대상인 재화나 신체, 생명을 말하며, 피보험이익은 그 목적에 대하여 가지고 있는 경제적 이해관계를 뜻하므로, 동일한 목적에 대해서 경제적인 이해관계가 다름에 따라 수 개의 피보험이익이 있을 수 있고, 피보험이익이 다르면 동일한 목적이라도 별개의 보험계약이 된다.

피보험이익의 요건은 ① 경제적 이익, ② 적법한 이익, ③ 확정적 이익 이다.

피보험이익의 기능은 ① 보험자의 책임범위를 정하는 기능, ② 손해보험을 개별화하는 기능, ③ 초과보험 및 도박보험 등을 판정하는 기능이다.

3. 보험계약의 기본요소

(1) 계약의 선언 및 담보합의

계약: 보험계약의 얼굴이라고 할 수 있는 것으로 계약의 주체와 객체를 밝힘으로써 하나의 보험계약을 성립시키는 역할로 보험증권

담보합의: 보험 계약의 핵심적인 것으로서 보험자와 보험계약자 사이에 합의된 기본적 사항을 천명하는 것(명시적 담보, 포괄적 담보)

(2) 피보험자 및 제3자에 관한 사항

피보험자의 범위

보험계약에서 발생된 손실에 대하여 보상을 받을 수 있는 위치에 있는 사람을 뜻한다.

피보험자가 되기 위해서는 원칙적으로 피보험이익을 갖고 있어야 한다.

- 기명피보험자: 모든 보험계약에서 적어도 한사람의 피보험자를 지정한다.
- 추가적 피보험자: 추가적으로 피보험자의 범위를 확대한 경우

제3자에 대한 보상

모든 종류의 보험계약은 계약의 직접 당사자가 아닌 사람들에게 손실을 보상해주기도 한다 (생명보험, 근재보험, 재산보험).

(3) 제외되는 보상에 관한 사항

① 보상에서 제외되는 손실원인
② 보상에서 제외되는 손실형태

③ 보상에서 제외되는 재산

(4) 보상금액을 제한하는 약관

- **공제약관[控除約款]**: 보험자가 보상해야 할 성질의 손해가 발생했더라도 그 규모가 작아 일정 한도 이하일 경우에는 보험자가 책임을 지지 않고 보험 가입자가 부담한다는 내용을 명시한 약관.
- **공동보험 약관**: 복수의 보험회사가 공동으로 보험계약을 인수하여 각사가 인수한 보험금액의 한도 내에서 각사의 지분에 따라 손해를 보상하는 특별약관.
- **기타약관**

(5) 보험계약의 공통적인 조건

사기, 손실의 통고, 손실의 증명, 손실의 확대방지, 해약, 양도

4. 보험계약의 기본조항

(1) 기재부문

기재부문은 주로 보험계약의 첫 부문에 나타나는데, 이 부문에는 부보대상이 되는 생명과 재산에 관한 정보가 포함된다.

그 내용으로 생명보험은 피보험자의 성명과 나이, 보험종류, 가입금액, 계약일 및 보험료 등이고 재산보험은 피보험자, 부보재산의 소재지, 보험기간, 공제액 등 기재부문의 정보는 부보대상의 파악, 보험요율의 산정, 위험선택여부 등을 결정하는 데 필요함.

(2) 보험가입 합의문

이는 계약 당사자 간의 합의사항 중 가장 핵심이 되는 부문으로, 보험자의 피보험자에 대한 약속과 약속 이행조건이 주된 내용 이며 기타 제공되는 서비스 등도 포함된다.

(3) 조건부문

피해 보상을 받기 위한 피보험자의 의무 또는 권리제한 등이 포함된다.

주된 내용은 손실 발생 후 손실이 확대되지 않도록 부보대상을 보호해야 하는 손실방지의무. 손실발생에 대한 증빙서류 제출의무 및 손실보상에 대한 소송발생 시 보험자에게 최대한

협조해야 하는 의무.

(4) 제외부문

1) 제외부문의 내용
보험계약은 비록 전종위험형태의 계약이라 할지라도 부보대상에서 제외되는 사항을 명시하게 된다.

① 제외손인(excluded perils): 일정한 손인을 부보대상에서 제외

(예: 생명보험에서 전쟁으로 인한 사망과 화재 보험에서 지진, 소요 및 폭동으로 인한 화재 손실 등은 부보대상에서 제외)

② 제외손실(excluded losses): 특정종류의 손실을 부보대상에서 제외

(예: 화재시 건물의 파괴와 같은 직접손실이외에 세입자 수입의 감소, 임대료 손실 등 간접손실은 보상에서 제외)

③ 제외재산(excluded property): 특정재산을 부보대상에서 제외 또는 제한

(예: 자동차보험에서 차안의 귀중품과 화재보험에서 손상된 건물 안의 유가증권, 부채증명 등은 부보대상에서 제외)

④ 제외지역(excluded locations): 부보대상지역을 일정한 범위로 한정하고 이 지역 밖에서 발생한 손실은 부보에서 제외

(예: 일정지역 내에서 운행 중 사고 시에만 보상)

2) 제외부문의 필요성
① 도덕적 위태의 방지 및 손실 규모와 귀속의 확정
② 특수한 위험을 부보대상에서 제외하여 동질성과 다수성을 확보함으로써 손실에 대한 예측이 가능해지고 보험료도 저렴하게 된다.
③ 중복보험의 방지
④ 부보대상이 되지 않는 위험을 명시하는 데 사용된다.

(예: 핵피해, 홍수, 지진 등에 의한 대재해 및 고의적인 사고는 제외)

(5) 기타부문

보험자와 피보험자의 관계, 보험자의 제3자에 대한 관계 및 책임에 관한 사항, 계약의 여러 조건 등을 수행하기 위한 직무수행절차 등이 포함.

제2절 보험계약의 가입 전 결정사항

1. 가입 목적

본인의 상황에 비추어 어떠한 보험이 필요한지를 결정하여 그 목적에 맞는 보험을 선택해야 한다. 즉 자신에게 닥칠 수 있는 위험에는 어떠한 것이 있는지, 그로 인한 손실은 무엇인지를 생각하여 가장 필요한 보험을 결정해야 한다(금융감독원, 금융생활안내서(보험편), 2007).

2. 지불 가능한 보험료 수준

보험료는 보험금액, 납입기간에 따라 달라진다. 보험금액이 많을수록, 납입기간이 짧을수록 보험료도 올라간다. 지나치게 높은 보험료는 현재의 생활에 지장을 주기 때문에 바람직하다고 할 수 없다. 그러므로 현재의 생활에 큰 지장을 주지 않는 범위 내에서 보험료를 내도록 해야 할 것이다. 특별한 기준은 없지만 보장성 보험에 지불하는 총금액은 가계소득의 10%를 넘지 않도록 하는 것이 좋다(금융감독원, 금융생활안내서(보험편), 2007).

3. 보험계약자, 피보험자, 보험수익자 결정

보험의 계약 시 피보험자, 보험수익자를 누구로 할 것인지 결정해야 한다. 위험이 발생하면 많은 손실이 발생하는 사람이 피보험자가 되는 것이 좋다. 사망보험을 예로 들면 가정의 소득을 책임지는 사람이 사망한 경우의 손실이 가장 크고 유가족의 생계에 미치는 영향도 가장 클 것이다(금융감독원, 금융생활안내서(보험편), 2007).

4. 보힘회사의 선딕

1) 보험회사의 의의

보험회사는 주식회사, 상호회사 및 외국보험회사로서 금융위원회로부터 보험업의 허가를 받은 회사를 말한다(규제 「보험업법」 제4조제6항).

2) 보험회사의 건전성 확인

보험은 장기간 이용하는 상품이기 때문에 보험회사의 건전성이 무엇보다 중요하다. 재무건전성이나, 보험사고 발생 시 보험금의 지급여력, 보험사고의 신속한 처리, 금융감독원에 접수된 민원발생평가 성적 등을 확인하여 건전한 보험회사를 선택해야 한다(금융감독원, 금융생활안내서(보험편), 2007).

제3절 보험계약(保險契約)의 특수조항

1. 공제 조항

손실발생시 피보험자로 하여금 손실의 일부를 부담하게 하는 조항으로 재산보험, 자동차 보험, 건강보험 등에 많이 사용되는데, 생명보험이나 제3자에 대한 배상책임에서는 공제 조항을 두지 않는 것이 일반적이다.

(1) 공제조항을 두는 목적

① 손실보상금액보다 손실처리비용이 많은 경우 보험비용만 발생시킬 뿐 경제적 실익이 줄어들게 된다.
② 보험료 감소의 결과를 가져 온다.
③ 피보험자가 자기부담을 줄이기 위해서 손실방지에 보다 더 주의를 기울이게 되므로 이는 곧 무관심, 부주의에 따른 정신적 위태를 줄이는 효과가 있다.

(2) 공제방법의 종류

① 정액공제
공제 금액을 정해 놓고 각 위험 당 공제액 이상의 손실액에 대해서만 보험자가 부담하는 방법이다.
② 종합공제
일정한 종합공제금액을 정해 놓고 일정기간 동안 발생한 손실의 합계액 중 공제금액 이상의 손실에 대해서만 보험자가 부담하는 것으로 재산보험과 건강보험에서 많이 사용한다.

③ 대기기간 방법

손실발생 즉시 보험금을 지급하는 것이 아니라 일정기간 동안의 대기기간을 두어 그 기간 동안 발생한 손실에 대해서 보험금을 지급하는 방법으로 이는 건강보험이나 소득보상보험에서 많이 사용되며, 시간을 다투어 보험가입을 하는 수출보험의 경우에 도덕적 위태를 방지하기 위해 사용한다.

④ 소멸성 공제 방법

공제한도보다 큰 손실에 대해 손실의 규모가 커질수록 공제액은 줄어들어 일정손실 이상에서는 공제액이 완전히 소멸되는 방법으로 조정공식 예를 들면,

$$P(보험자\ 부담) = 【L(공제한도보다\ 큰\ 손실)\ -\ D(공제한도)】 \times\ 1.04$$

⑤ 프랜차이즈 공제 방법

일정비율 또는 일정금액을 공제한도로 정해 놓고 공제한도 이하의 손실은 전액 피보험자가 부담하고 공제한도 이상의 손실에 대해서는 공제금액 없이 보험자가 전액 부담하는 방법으로 해상보험에서 많이 사용한다.

2. 공동보험 조항

- 피보험자로 하여금 최소한 일정금액 이상을 보험에 가입하도록 요구하는 것으로 이 조건에 위배할 경우 피보험자로 하여금 손실의 일부를 부담한다.
- 만약 피보험자가 가입한 보험계약금액이 요구 보험금액에 못 미치는 경우 피보험자가 다음공식에 의거 손실의 일부를 부담한다.

$$지급\ 보험금 = (보험가입금액/요구보험금액) \times 손실액$$

- 공동보험조항의 목적으로는 보험료 감소효과와 손실방지 효과 외에 요율의 형평성을 유지하는 데 주된 목적이 있다.
- 공동보험조항에서의 요구보험금액은 손실발생 시점에서의 부보대상의 시가를 기준으로 하기 때문에 인플레이션의 영향을 받으며 부보대상의 시가가 지나치게 변동적일 때도 많은 영향을 받는다. 이 경우를 대비하여 미리 요구보험금액을 확정하거나 부보 대상의 시가를 정기적으로 검토하는 방법을 사용한다.

3. 타보험 조항

- 동일한 손실에 대하여 여러 개의 보험계약이 중복적으로 적용되는 경우에 필요하다.
- 이는 피보험자가 동일한 손실에 대해 여러 개의 보험을 통한 수혜 가능성을 배제하여 보험계약의 기본원칙 중 하나인 손해보상의 원칙에 충실하기 위한 조항이다.

    균일부담조항: 각 보험자가 체결한 계약금액 범위 내에서 손실을 균일하게 부담한다.
    비례분할부담조항: 각 보험자가 체결한 계약금액에 비례해서 손실 부담한다.
    초과부담조항: 우선 1차 보험자가 부담하고 그것이 충분하지 못할 경우, 부족분을 2,3차 보험자가 부담한다.

4. 특약 및 추가조항

- 원래의 보험계약을 삭제 또는 수정하거나 새로운 조건을 추가함으로써 원래의 보험계약 부보조건 및 범위를 변형하는 조항이다.
- 법과 행정규제 범위 내에서 설치, 운영되어야 하며,
- 법과 행정규제에 의해 금지되지 않는 한 원래의 계약내용에 우선적으로 적용한다.

5. 피보험자에 대한 정의

보험계약에서는 부보대상이 되는 피보험자를 여러 가지로 정의한다.
- 특정의 1인을 명시하는 경우로 주로 생명보험과 건강보험에서 사용한다.
- 부보대상자의 성명과 인적사항을 보험증권에 구체적으로 명시하는 경우로 자동차보험에서 많이 사용한다.
- 부보대상자의 인적사항 대신 일반적인 자격조건을 명시하는 경우로 가옥소유주 보험이나 자동차보험에서 많이 사용한다.
    (예: 피보험자의 친척, 자동차보험에서 피보험자의 사용허가를 받은 자 등)

제4절 피보험이익(insurable interest)

1. 피보험이익(被保險利益)의 의의와 요건

(1) 피보험이익(insurable interest)의 의의

피보험이익(insurable interest)이란 보험청약자나 피보험자가 보험의 목적에 대하여 가지고 있는 적법한 경제적 이해관계를 뜻한다. 즉, 피보험이익은 보험의 목적에 대하여 보험사고와 관련하여 피보험자가 가지는 경제적 이해관계라고 할 수 있다.

상법에서는 피보험이익을 보험계약의 목적으로 표현하고 금전적으로 산정할 수 있는 이익으로 표현하며, 주택, 자동차, 선박, 화물 등의 재산 또는 사람의 생명이나 신체 또는 손해를 발생시키는 대상 또는 객체를 의미하는 보험의 목적과는 다른 개념이다.

피보험자가 보험의 목적에 관하여 일정한 사고의 발생으로 경제상의 손해를 입을 우려가 있는 경우 그 목적에 대하여 피보험자가 가지는 이해관계, 즉 사람이 사물에 대하여 가지는 이해관계를 의미한다.

피보험이익은 손해보험을 전제로 한 것이며 보험계약의 목적이라고도 한다. 이에 관하여 상법에서는 "보험계약은 금전으로 산정할 수 있는 이익에 한하여 보험계약의 목적으로 할 수 있다"고 규정하여, 금전적으로 평가할 수 있는 이익만을 손해보험계약의 목적으로 하고 있다.

• 피보험이익과 보험목적과의 관계

보험의 목적은 보험계약 대상인 재화나 신체, 생명을 말하며, 피보험이익은 그 목적에 대하여 가지고 있는 경제적 이해관계를 뜻하므로, 동일한 목적에 대해서 경제적인 이해관계가 다름에 따라 수 개의 피보험이익이 있을 수 있고, 피보험이익이 다르면 동일한 목적이라도 별개의 보험계약이 된다.

(2) 피보험이익(insurable interest)의 요건

1) 피보험이익은 경제적 이익이어야 한다(즉 금전적 가치, 평가 등 금전적으로 산정할 수 있는 이익).

피보험이익은 금전적으로 산정 될 수 있는 것으로 법률상관계, 사실상관계, 적극적, 소극적, 상실 이득, 현실적 입은 손해이든 상관없다. 그러나, 경제적 가치를 가지지 않는 감정이익, 기호이익은 피보험이익이 될 수 없다.

2) 피보험이익은 적법한 이익이어야 한다(불법적인 이익은 인정되지 않는다).

피보험이익은 법의 보호를 받을 수 있는 이익이어야 한다. 선량한 풍속이나 사회질서에 위반하는 경우는 계약자체가 무효가 된다고 민법 제103조에 명시하고 있으며, 도박, 탈세, 절도로 인하여 받을 이익과 불법한 것에 대한 이익은 피보험이익이 될 수 없다. 피보험이익의 적법성은 객관적인 표준에 의해 결정되며, 당사자 간의 선의, 악의, 피보험자의 인적상태나 신분관계에 영향을 받지 않는다.

3) 피보험이익은 확정 가능한 이익이어야 한다.

현재 또는 미래 이익의 발생이 확실하면 피보험이익으로 인정된다.

계약체결 시에 이익의 귀속 주체가 확정되지 않더라도 보험사고의 발생 시까지 확정할 수 있는 이익이면 피보험이익으로 인정된다.

- 피보험이익은 보험계약 체결 당시에 그 존재 및 소속이 확정되어 있거나 적어도 사고발생시까지는 확정할 수 있는 것이어야 한다. 확정할 수 있는 이익이라면 현재의 이익뿐만 아니라, 장래의 이익, 조건부이익 등도 피보험이익이 될 수 있다(포괄보험, 희망이익보험).

2. 피보험이익(被保險利益)의 성질과 기능

(1) 피보험이익의 성질

① 피보험이익은 누군가에게 귀속되는 이익이어야만 하는가, 혹은 귀속주체를 떠나서 존재하는 이익이라도 되는가 하는 것이다.

② 피보험이익의 존재, 범위 등이 그 귀속주체의 주관에 의해서 판단되어도 되는가, 혹은 그것이 객관적으로도 인정되어야 함을 요구하는가 하는 것이다.

(2) 피보험이익의 기능

1) 피보험자의 손해액 평가와 보험자의 책임범위 결정

피보험자의 손해는 피보험이익의 멸실 또는 감가를 뜻하며, 보험자는 보험금 산정을 위해 사고 당시의 피보험이익을 경제적으로 평가하여 보상책임 한도를 결정한다. 즉, 피보험이익의 경제적 평가인 보험가액은 피보험자가 받을 수 있는 법률상 최고 한도가 된다.

• 보험자의 책임범위를 정하는 기능이다.

(피보험이익 범위 안에서 확정할 수 있는 손실을 한도로 책임진다)

2) 도박의 방지와 도덕적 위험상황의 예방과 감소

도박과 보험은 사행성을 가진다는 점에서 유사하나, 보험의 경우 피보험이익을 가져, 원칙적으로 초과보험, 중복보험을 인정하지 않으므로 보험이 도박화되는 것을 방지할 수 있으며, 보험사고 발생 시 피보험자는 피보험이익의 평가액의 한도로 보상 받게 되므로 도덕적 위험상황을 예방, 감소할 수 있다. 즉, 제3자가 타산의 재산에 보험을 가입하고 고의로 손해를 일으켜도, 제3자는 타인의 재산에 대한 피보험이익이 없으므로 보험금을 받을 수 없다.

• 손해보험을 개별화하는 기능이다.

3) 일부보험의 보상액 결정 및 초과보험/중복보험의 폐단방지

피보험이익을 경제적으로 평가한 보험가액과 보험금액의 비교를 통해 초과보험, 중복보험 판단을 하며, 보험가액보다 보험금액이 적은 일부보험의 경우, 그 비율에 따라 보상액을 결정한다.

• 초과보험 및 도박보험 등을 판정하는 기능이다.

(3) 생명보험에서의 피보험이익

피보험이익은 보험의 목적에 대하여 보험사고와 관련하여 피보험자가 가지는 경제적 이해관계라고 할 수 있는데, 생명보험은 보험의 목적이 사람이며 또 보험사고는 사람의 생명, 신체에 관하여 생겨나는 것이므로, 손해보험과는 달리 피보험이익의 관념을 인정할 수 없다는 것이 일반적이다.

3. 피보험이익의 종류와 예

1) 소유자이익(소유권이익)

보험의 목적의 소유자가 그 재물에 대하여 가지는 이익을 말한다. 즉 적극적 재산이익 중 재물의 처분을 통해 얻어질 수 있는 교환가치를 내용으로 하는 이익을 지칭한다.

2) 담보이익

보험의 목적에 대하여 저당권, 질권, 유치권 등을 소유하는 자의 피보험이익을 말한다. 담보물의 멸실로 소멸되지 않는 채무에 수반되는 것으로 채무불이행이 발생하였을 때 담보물의 처분으로 우선변제 받는 이익이 상실되는 것을 의미한다.

3) 사용이익

보험의 목적인 재물을 자기의 계산 하에 사용함으로서 생기는 경제적 이익에 대한 피보험이익을 말한다. 소유이익은 재물의 교환가치를 내용으로 하고, 담보이익은 재물의 사용가치에 대한 보험이다.

4) 수익이익

보험의 목적인 물건을 소유하여 얻는 자체의 사용이익을 허가함(대여함)으로써 얻게 되는 이익을 말하며, 예를 들어 건물, 선박 등을 타인에게 대여함으로써 얻는 임대료나 용선료 등을 말한다.

5) 대상이익

어느 대상을 취득 목적으로 미리 비용이 지출되었을 경우 보험사고로 인해 그 대상 취득이 방해되는 데에 대해 지출된 피보험이익을 말한다. 희망이익을 위해 미리 지출된 운임이나 선비를 뜻한다.

6) 책임이익

어떤 사실의 발생으로 피보험자가 제3자에 대하여 손해를 입혔을 경우, 제3자에 대한 재산적 급부를 하게 되는 피보험이익을 말한다.

7) 비용이익

손해보험에서 원칙적으로 보험가액의 한도에서 보상하지만, 신가보험의 경우 재조달가액과 현재 시가와의 차액 부분을 피보험이익으로 하는 것을 말한다.

8) 희망이익

화물이 무사히 목적지에 도착하면 매각, 중개 등에 의하여 얻을 수 있는 기대되는 피보험이익을 뜻한다. 보통 송장가격의 10%에 상당하는 금액을 송장가격에 가산한 금액을 협정보험가액으로 한다.

제4편

보험계약 체결 및
보험 계약보전 업무(보험실무)

제1장
보험계약 체결의 개요 및 보험실무 절차

제1절 보험계약 체결의 개요

- 보험계약이란 당사자 일방이 보험료를 지급하고 상대방이 재산 또는 생명이나 신체에 불확정한 사고가 생길 경우 일정한 보험금액, 그 밖의 급여를 지급할 것을 약정하는 계약으로 인보험과 손해보험이 있다.
- 보험계약은 보험계약자의 청약에 대해 보험회사의 승낙으로 체결되고, 보험회사의 책임은 다른 약정이 없으면 최초보험료를 받은 때부터 시작된다. 보험계약자는 보험계약이 체결되면 보험료 납입, 보험사고 발생의 통지 등의 의무를 부담하고, 보험금 지급청구, 손해발생 시 보상청구 등의 권리를 가진다.
- 보험회사는 보험계약이 체결되면 약관 및 보험증권의 발급의무가 있다. 보험회사는 보험계약을 체결할 때 보험계약자에게 보험약관을 발급하고 그 약관의 중요한 내용을 설명해야 한다(「상법」 제638조의3 제1항).
  보험회사는 보험계약이 성립하면 바로 보험증권을 작성하여 보험계약자에게 발급해야 한다. 그러나 보험계약자가 보험료의 전부 또는 최초의 보험료를 지급하지 않은 경우에는 보험증권을 발급하지 않을 수 있다(「상법」 제640조 제1항 전단).
- 보험계약자 또는 피보험자는 보험사고가 발생하면 보험회사에 사고접수와 함께 보험금 지급신청을 한다. 보험회사는 보험금액의 지급에 약정기간이 없는 경우 보험사고 통지를 하면 즉시 보험금액을 정하고 보험금을 지급해야 한다.
- 보험계약자와 보험회사는 일정한 경우에 보험계약을 철회, 취소, 해지할 수 있다.

보험료 연체로 보험계약이 해지된 경우 보험계약자는 계약의 부활을 청구하고 미납된 보험료와 이자를 납입하면 보험계약을 유효하게 유지할 수 있다.

- 보험계약자는 보험회사와 분쟁이 발생한 경우 금융감독원에 민원을 제기하여 분쟁조정 신청을 할 수 있는데, 조정이 이루어지지 않은 경우 법원의 민사소송을 통해 권리를 구제 받을 수 있다.

보험의 계약은 보험계약자가 약정한 보험료를 지급하고 보험회사가 재산 또는 신체에 관해 사고가 발생할 경우 일정한 보험금액을 지급할 것을 약정하는 계약이다. 이러한 보험계약은 청약과 승낙에 의해 성립하는 불요식의 낙성계약이다. 청약과 승낙은 구두나 서명으로도 가능하고 전화로도 가능하다. 일반적으로 보험계약을 할 때 청약서를 작성하고 보험증권을 교부하지만 이것이 보험계약의 성립 요건은 아니다.

보험계약은 청약과 승낙에 의해 성립하지만 상법에서는 보험계약자를 보호하기 위해 보험자의 낙부통지의무와 승낙의제에 관한 규정을 두고 있다. 보험료를 지급하면 30일 이내에 낙부통지(거절이나 승낙의 통지)를 발송해야 하며 피보험자가 신체검사를 받아야 하는 경우에는 신체검사를 받은 날로부터 30일 이내에 보내야 한다.

낙부통지를 보내지 않고 30일이 경과하면 보험계약을 체결한 것으로 간주하게 된다. 그리고 청약을 승낙하기 전에 보험사고가 발생한 경우에는 청약을 거절할 사유가 없는 한 보험회사는 보험계약상의 책임을 지게 된다. 하지만 피보험자가 신체검사를 받아야 하는 경우에는 그렇지 않다. 그리고 피보험자를 보호하기 위해 15세 미만, 심신박약 및 심신상실자 등의 사망을 보험사고로 하는 보험계약을 하는 것은 무효가 된다.

제2절 보험계약 체결의 보험실무 절차

보험계약의 체결은 다음과 같은 절차에 따라 이루어진다.

1) 가입목적, 보험료 및 피보험자, 수익자 등을 결정한 뒤 상품을 결정한다!
2) 생명보험회사 및 손해보험회사를 선택한다.
3) 가입 경로를 선택한다! (보험모집인, 금융기관대리점, 통신매체 등)
4) 계약 전 알릴 의무 이행, 타인의 생명보험 가입 시 서면 동의에 유의한다!

5) 보험계약청약서

　　약관발급 및 중요한 내용 설명

　　보험상품 설명서(변액보험 운용 설명서)

　　보험증권 및 영수증(청약서 부본)과 같은 확인 서류를 체크한다!

6) 계약자 권리확인 및 의무이행을 한다!

7) 계약을 유지하다가 사고 발생 시 보험금을 청구하여 보험금을 지급받는다!

8) BUT! 보험사고 발생 시 보험금 청구를 하였을 때 분쟁이 발생하는 경우에는 다음과 같은 과정을 거치게 된다!

　　분쟁발생: ① 사고조사

　　　　　　　② 보험사기일 경우 – 계약해지 및 형사 처벌

　　분쟁조정절차: 보험감독원, 한국소비자원, 우체국 보험분쟁 조정위원회

　　민사소송: 조정 불성립 시 법원에 민사소송 제기

• 보험계약 체결의 보험실무 절차도

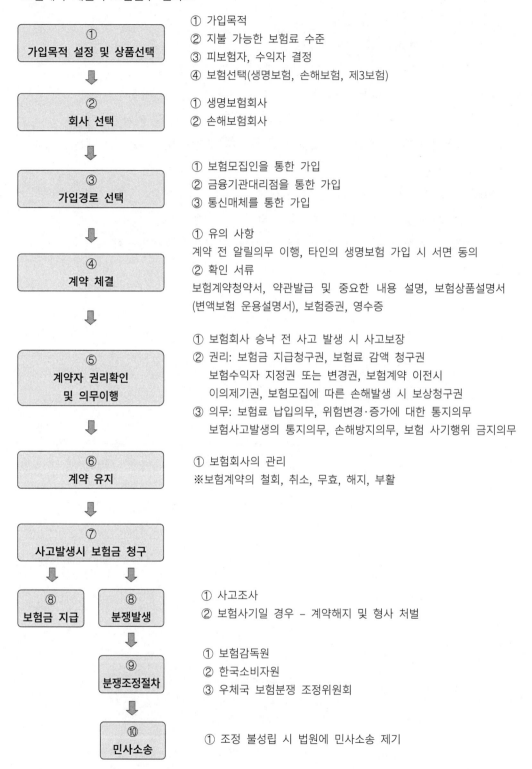

① 가입목적

② 지불 가능한 보험료 수준

③ 피보험자, 수익자 결정

④ 보험선택(생명보험, 손해보험, 제3보험)

① 생명보험회사

② 손해보험회사

① 보험모집인을 통한 가입

② 금융기관대리점을 통한 가입

③ 통신매체를 통한 가입

① 유의 사항

계약 전 알릴의무 이행, 타인의 생명보험 가입 시 서면 동의

② 확인 서류

보험계약청약서, 약관발급 및 중요한 내용 설명, 보험상품설명서

(변액보험 운용설명서), 보험증권, 영수증

① 보험회사 승낙 전 사고 발생 시 사고보장

② 권리: 보험금 지급청구권, 보험료 감액 청구권

　보험수익자 지정권 또는 변경권, 보험계약 이전시

　이의제기권, 보험모집에 따른 손해발생 시 보상청구권

③ 의무: 보험료 납입의무, 위험변경·증가에 대한 통지의무

　보험사고발생의 통지의무, 손해방지의무, 보험 사기행위 금지의무

① 보험회사의 관리

※보험계약의 철회, 취소, 무효, 해지, 부활

① 사고조사

② 보험사기일 경우 – 계약해지 및 형사 처벌

① 보험감독원

② 한국소비자원

③ 우체국 보험분쟁 조정위원회

① 조정 불성립 시 법원에 민사소송 제기

제2장
보험계약 체결 및 보험실무

제1절 보험계약의 성립

"보험계약"이란 당사자 일방이 약정한 보험료를 지급하고 재산 또는 생명이나 신체에 불확정한 사고가 발생할 경우에 상대방이 일정한 보험금이나 그 밖의 급여를 지급할 것을 약정하는 계약을 말한다(「상법」 제638조).

(상법 제638조 2)

① 보험자가 보험계약자로부터 보험계약의 청약과 함께 보험료 상당액의 전부 또는 일부의 지급을 받은 때에는 다른 약정이 없으면 30일 내에 그 상대방에 대하여 낙부의 통지를 발송하여야 한다. 그러나 인보험 계약의 피보험자가 신체검사를 받아야 하는 경우에는 그 기간은 신체검사를 받은 날부터 기산한다.

② 보험자가 제1항의 규정에 의한 기간 내에 낙부의 통지를 해태한 때에는 승낙한 것으로 본다.

③ 보험자가 보험계약자로부터 보험계약의 청약과 함께 보험료 상당액의 전부 또는 일부를 받은 경우에 그 청약을 승낙하기 전에 보험계약에서 정한 보험사고가 생긴 때에는 그 청약을 거절할 사유가 없는 한 보험자는 보험계약상의 책임을 진다. 그러나 인보험 계약의 피보험자가 신체검사를 받아야 하는 경우에 그 검사를 받지 아니한 때에는 그러하지 아니하다.

• 보험계약의 책임개시시기

보험회사의 책임은 당사자 간에 다른 약정이 없으면 최초보험료를 받은 때부터 시작된다 (「상법」 제656조).

1. 보험계약의 청약과 승낙(낙성계약)

보험계약은 낙성계약(諾成契約)이므로 보험계약자의 청약에 대하여 보험자가 승낙함으로써 성립한다. 즉, 보험계약자가 청약의 의사표시에 대하여 보험자의 승낙이라는 의사표시가 일치됨으로써 보험계약은 성립된다. 이 때문에 보험계약은 불요식·낙성계약이라고 한다.

승낙통지: 보험증권 발송(교부)

보험자의 책임 개시일: 최초의 보험료 납입일

1) 보험계약의 청약

• 보험계약의 청약이란 보험계약을 체결하고자 하는 자가 보험계약을 성립시키코자 하는 목적을 가진 일방적 의사표시를 말한다. 즉, 보험계약자가 보험자에 대하여 일정한 보험계약을 맺을 것을 목적으로 하는 일방적인 의사 표시이다.

보험계약자, 즉 청약자는 자기 이름으로 보험자와 보험계약을 체결하는 당사자이므로 민법상 행위능력(民法上 行爲能力)을 갖고 있어야 하며, 행위무능력자(行爲無能力者)인 미성년자(未成年者)·한정치산자(限定治産者)·금치산자(禁治産者)는 단독으로 계약의 청약을 할 수 없다. 즉 미성년자와 한정치산자는 법정대리인의 동의(同意)하에 계약자가 될 수 있으며, 금치산자는 법정대리인의 동의가 아닌 대리인(代理人)에 의하여 계약의 청약이 있어야 한다.

• 청약의 의사표시는 특별한 형식을 요하지 않으며, 구두든 서면이든 청약의 효력에는 차이가 없으나, 실거래에 있어서는 거의 대부분 보험자가 미리 정한 양식, 즉 청약서(請約書)의 작성을 통해 보험계약의 청약이 이루어진다.

현행 보험업계에서 통용되고 있는 청약서에는 제1회 보험료의 영수증이 포함되어 있으며 청약과 동시에 제1회 보험료의 납부가 이루어진다. 단 제1회 보험료를 신용카드로 납입한 후 승낙을 거절한 경우에는 매출을 취소하며 이자를 더하여 지급하지 않는다.

2) 보험계약의 승낙

특정한 보험계약의 청약에 대하여 보험자가 보험계약의 성립을 목적으로 하는 의사표시이다. 보험자가 청약을 승낙하면 보험계약이 성립되고 보험계약은 효력이 발생한다.

• 청약에 대한 승낙 및 거절

보험계약의 청약이 특별한 형식을 요하지 않은 것처럼, 청약에 대한 승낙도 특별한 형식이 없다. 즉 명시적이든 묵시적이든 승낙은 유효하다.

그러나 보험 실무에서는 보험계약자의 청약에 대하여 보험자는 어떠한 방식이든 위험을 선택하는 절차를 밟게 되며 청약이 있은 후 보험자는 계약자 또는 피보험자가 보험계약청약서에 의하여 회사에 고지(告知)한 사항이나 피보험자의 건강진단결과 등에 따라 위험발생 가능성이 적은 보험계약을 선택하고, 동질의 위험집단에 속하는 피보험자라고 판단되면 청약을 승낙하며, 피보험체가 위험발생의 개연성(蓋然性)이 크다고 판단되면 보험계약의 승낙을 거절할 수 있다.

2. 보험자의 낙부통지의무(諾否通知義務)와 승낙의제(承諾擬制)

1) 승낙통지의무(낙부통지의무)

보험자가 보험계약자로부터 보험계약의 청약과 함께 보험료의 전부 또는 일부를 지급받은 때에는 다른 약정이 없으면, 보험자는 30일 이내에 보험계약자에게 보험계약의 인수여부에 대하여 낙부통지를 하여야 한다(제53조). (보험자의 낙부통지 의무이다. 보험증권 교부)

보험계약은 계약자의 청약에 대하여 보험자의 승낙이 있을 때에 성립한다. 그러나 실제 거래의 현실은 대부분의 보험계약에 있어서 계약자가 보험모집인의 권유에 따라 보험계약청약서를 작성하고 청약과 동시에 보험료의 전부 또는 일부를 보험자에게 지급하게 되므로, 청약 후 보험자가 위험선택을 거쳐 보험계약을 승낙하기까지 상당한 기간 동안 계약자는 불안정한 지위에 있게 된다.

일반 계약의 경우에 있어서는 일반적으로 상시 거래 관계에 있는 상인 사이의 청약의 경우가 아니면 청약자의 상대방이 승낙여부에 대한 의사표시를 명백히 할 의무를 부담하고 있지 않으며, 상당기간 승낙의 통지가 없으면 청약은 효력을 가지지 않게 하고 있다.

그러나 보험계약에 있어서는 일반계약과는 달리 보험계약의 청약에 대하여 보험자는 이를 승낙할 것인가, 거절할 것인가의 의사를 신속하게 결정하여 통지할 의무를 상법과 약관상 규정하고 있다. 즉, 무진단계약(無診斷契約)의 경우는 청약일, 진단계약(診斷契約)의 경우는 진단일로부터 30일 이내에 승낙 또는 거절해야 하며 승낙한 때에는 보험증권을 교부하여야 하며, 30일 이내에 승낙 또는 거절의 통지가 없으면 승낙된 것으로 의제(擬制)한다.

2) 승낙 의제(承諾擬制)

상법은 보험자의 낙부통지의무를 게을리 한 때에는 보험계약자의 보험청약을 승낙한 것으로 보아 보험계약의 성립을 인정하고 있다.

보험자가 보험계약자로부터 보험계약의 청약과 함께 보험료의 전부 또는 일부를 지급받은 때에는 다른 약정이 없으면, 보험자는 30일 이내에 보험계약자에게 보험계약의 인수여부에 대하여 낙부통지를 한다.

보험자가 이 기간 내에 낙부의 통지를 게을리 한 때에는 승낙한 것으로 본다. 이처럼 승낙하지 않았지만 승낙을 한 것과 다를 바 없이 보는 것을 승낙의제라고 한다.

보험계약의 청약에 대하여 다른 조건 없이 승낙한 것으로 의제된다.

※의제: 어떤 것을 동일한 것으로 보고 동일한 효과를 부여하는 일.

• 낙부통지의 기산일:

① 원칙은 청약과 함께 보험료의 지급을 받은 때부터 기산한다.
② 인보험 계약은 피보험자가 신체검사를 받는 경우는 신체검사를 받는 날부터 기산한다.
　(건강진단 有)
③ 피보험자가 재검사(재 건강진단)할 경우는 재검사일로부터 기산한다.

3. 보험증권(保險證券)의 교부의무(交付義務)

의의: 보험자는 보험계약이 성립하게 되면 지체 없이 보험증권을 작성하여 보험계약자에게 교부하여야 한다(제640조). 이것은 "보험계약의 승낙"의 표시이다.

보험증권: 보험계약이 성립한 이후에 보험계약의 성립과 그 내용을 증명하기 위해 계약의 내용을 기재하고 보험자가 서명·날인하여 보험계약자에게 교부하는 증거증권이다(계약의 증표).

보험자는 보험계약이 성립시 지체 없이 보험계약자의 청약을 승낙하는 경우 보험증권을 교부하여야 한다.

보험증권이란 보험계약이 성립한 후 보험계약의 내용을 증명하기 위하여 보험자가 발행하는 것으로 보험계약 당사자 雙方의 권리를 위한 것이지 증권의 발행·교부가 계약의 성립요건은 아니며, 증권 상의 기명·날인 란에는 보험자만이 서명하는 것이므로 雙方의 의사 합치를 나타내는 계약서도 아니다.

다만 보험증권은 보험계약 당사자의 편의를 위한 증거증권 정도로 그 성격이 파악되고 있다. 즉 보험증권은 보험계약의 성립과 계약내용에 관하여 사실상의 추정력을 갖는 정도의 증거증권이다. 따라서 실제 보험계약의 내용이 보험증권의 기재 내용과 상이한 경우가 업무상의 착오 등으로 발생할 수 있는 바, 보험자가 진정한 계약내용을 주장하고자 하는 경우 이를 입증하면 보험증권의 기재내용을 부정할 수 있다.

상법 제640조 보험증권의 교부

① 보험자는 보험계약이 성립한 때에는 지체 없이 보험증권을 작성하여 보험계약사에게 교부하여야 한다.그러나 보험계약자가 보험료의 전부 또는 최초의 보험료를 지급하지 아니한 때에는 그러하지 아니하다.

② 기존의 보험계약을 연장하거나 변경한 경우에는 보험자는 그 보험증권에 그 사실을 기재함으로써 보험증권의 교부에 갈음할 수 있다.

[관련판례 대법원 92.10. 2, 92다32852]

보험계약은 당사자 사이의 의사합치에 의하여 성립되는 낙성계약이고, 보험계약을 체결할 때 작성 교부되는 보험증권은 하나의 증거증권에 불과한 것이어서 보험계약의 내용은 반드시 위의 증거증권에 의하여 결정되는 것이 아니라 보험계약 체결에 있어서의 당사자의 의사와 계약 체결의 전후 경위 등을 종합하여 그 내용을 인정할 수도 있다.

4. 책임개시 시기

보험회사의 책임은 당사자 간에 다른 약정이 없으면 보험계약자로부터 최초보험료를 받은 때부터 시작된다(「상법」 제656조).

제1회 보험료를 받은 날이 보장개시일이다[「보험업감독업무시행세칙」(금융감독원세칙 2019. 12. 20. 발령, 2020. 1. 1. 시행) 별표 15. 생명보험 표준약관 제23조제1항, 질병·상해보험 표준약관 제25조 제1항, 화재보험 표준약관 제25조 제1항 및 자동차보험 표준약관 제38조 제2

항 및 배상책임보험 제25조 제1항].

• 보험회사의 책임개시일: 제1회 보험료(P) 납입일
(① 청약, ② 제1회 P, ③ 건강진단, ④ 승낙)

5. 승낙 전 사고보상(승낙 전 보호제도)

보험회사의 책임개시일 이후, 보험회사의 승낙이 있기 전에 보험사고가 발생한 경우에 적용한다. 보험계약자가 청약과 함께 보험료의 전부 또는 일부를 납입한 경우에 보험자는 승낙의 의사 표시를 하기 전(前)이라고 하더라도 청약을 거절할 사유가 없는 한 보상책임을 부담한다.

• 승낙 전 보호제도의 적용요건

① 청약의 존재: 청약 有
② 최초의 보험료의 납입 有 : 전부 또는 제1회 P의 납입 有
③ 청약을 거절할 사유의 不존재: 보험자가 인수할 수 없는 또는 부적합한 위험을 목적으로 청약한 것. 고지 위반, 자필서명 위반, 과거 병력, 기타가 無
④ 인보험의 경우에 피보험자가 신체검사를 받을 것(진단 계약은 신체검사 有)

6. 승낙 전 발생한 보험사고에 대한 보험회사의 책임과 책임 면책

1) 보험회사가 보험계약자로부터 보험계약의 청약과 함께 보험료 상당액의 전부 또는 일부를 받은 경우 그 청약을 승낙하기 전에 보험계약에서 정한 사고가 생긴 경우 청약을 거절할 사유가 없다면 보험회사는 보험계약상의 책임을 져야 한다. 그러나 인보험 계약의 피보험자가 신체검사를 받아야 하는 경우 그 검사를 받지 않은 경우에는 그렇지 않다(「상법」 제638조의2제3항).

  ※ 청약을 거절할 사유란 보험계약의 청약이 이루어진 바로 그 종류의 보험에 관해 해당 보험회사가 마련하고 있는 객관적인 보험 인수기준에 의하면 인수할 수 없는 위험상태 또는 사정이 있는 것으로서 통상 피보험자가 보험약관에서 정한 적격 피보험체가 아닌 경우를 말하고, 이러한 청약을 거절할 사유의 존재에 대한 증명책임은 보험회사

에게 있다(대법원 2008. 11. 27. 선고 2008다40847 판결).

2) 「생명보험 표준약관」에 따르면 다음의 경우 보험회사는 책임을 지지 않는다.
(「보험업감독업무시행세칙」 별표 15. 생명보험 표준약관 제23조제3항 및 4항).
① 약관상 보험계약자의 계약 전 알릴 의무 위반에 해당되어 보험회사가 책임을 지지 않는 경우
② 보험계약자 또는 피보험자가 계약 전 알릴 의무에 따라 보험회사에 알린 내용 또는 건강진단 내용이 보험금 지급사유의 발생에 영향을 미쳤음을 회사가 증명한 경우
③ 진단계약에서 보험금 지급사유 발생 시 까지 진단을 받지 않은 경우
④ 보험계약자 또는 피보험자가 청약서에 직업 또는 직종별로 보험가입금액의 한도액이 명시되어 있음에도 그 한도액을 초과하여 청약을 하고 청약을 승낙하기 전에 보험금 지급사유가 발생한 경우 그 초과 청약액.

3) 「손해보험 표준약관」에 따르면 다음의 경우 보험회사는 책임을 지지 않는다.
(「보험업감독업무시행세칙」 별표 15. 화재보험 표준약관 제25조제3항 및 배상책임보험 표준약관 제25조 제3항).
① 보험계약자 또는 피보험자가 계약 전 알릴 의무에 따라 회사에 알린 내용이 보험금 지급사유의 발생에 영향을 미쳤음을 회사가 증명한 경우
② 보상하지 않는 손해, 사기에 의한 계약, 계약의 무효 또는 계약의 해지의 규정을 준용하여 회사가 보장을 하지 않을 수 있는 경우

사례) 계약 승낙 전 발생사고

(생명보험) 보험사의 계약 승낙 전 발생사고가 청약거절 사유에 해당한다고 본 사례

◎ 사실관계

신청인 A씨는 보험계약 청약 시 오토바이 운전을 하지 않는다고 청약서에 기재하였으나, 이후 B보험사에서 계약내용 확인을 위해 연락하자 A는 오토바이를 운전한다고 알렸고 일주일후 피신청인은 계약을 불승낙 처리하였다. 동 일주일중 발생한 오토바이 사고로 A는 두개골 골절, 급성 뇌경막 혈종 등이 발생하여, 개두술 및 혈종 제거수술을 받았다.

◎ 보험사 주장

보험계약 승낙 전 신청인의 오토바이 운전사실을 인지하고 해당 계약을 불승낙 처리하였으며, 승낙 전 사

고와 관련하여 오토바이 운전사실이 보험금 지급사유에 영향을 미쳤다고 보아야 하므로 약관상 보험금 지급책임이 없다고 주장한다.

◎ 신청인 주장

청약 시에는 오토바이 운전사실을 알리지 않았으나 이후 사실을 보험사에 고지하였고, 승낙거절되기 전에 사고가 발생하였으므로 보험사는 보험금을 지급하여야 한다고 주장한다.

◎ 분쟁조정위원회 결정

「상법」 제638조의2 제3항에 의하며 보험회사가 보험계약자로부터 보험계약의 청약과 함께 보험료 상당액의 전부 또는 일부를 받은 경우 그 청약승낙 전에 보험계약에서 정한 사고가 생긴 때에는 청약을 거절할 사유가 없는 한 보험회사는 보험계약상 책임을 진다고 규정하고 있다. 계약확인 보고서에 의하면 신청인의 오토바이 운전은 위험등급 1급에 해당되므로 A씨의 기존에 가입한 보험계약을 고려할 때 가입한도 초과로 불승낙하여야 한다고 기재되어 있으며, 통상 오토바이를 운전하는 피보험자의 계약은 승낙거절되거나 제한적으로 인수되므로, 보험사가 보험금 청구 전 계약확인 시 A씨의 오토바이 운전사실을 알고 사고발생 여부를 인지하지 못한 상태에서 해당 계약을 불승낙 처리한 것으로 보아 사고발생 여부에 관계없이 청약을 거절할 충분한 사유가 있으므로 보험사의 보험금 지급책임은 존재하지 않는다.

출처: 금융감독원, 금융생활안내서(보험편), 2007.

제2절   보험계약의 청약철회 청구제도

1. 청약철회(cooling off)의 개념 및 대상

보험계약자는 보험계약을 청약한 이후 일정기간 내에 청약을 철회할 수 있다. 이는 보험계약자가 청약한 이후 보험계약의 유지여부, 필요성 여부에 대한 신중한 판단을 할 수 있도록 기회를 주기 위함이다.

보험을 계약한 뒤 단순히 마음에 들지 않거나 변심에 의한 경우도 일정한 기간 내에는 위약금이나 손해 없이 그 계약을 철회할 수 있다. 이는 장기상품인 보험의 특성을 고려하여 그 가입 여부를 다시 한 번 신중히 재고할 기회를 부여하는 것이다.

청약철회가 가능한 보험종목은 생명보험 및 손해보험 중 가입기간 1년 이상 가계성 보험(개인의 일상생활과 관련된 보험)으로, 자동차보험·화재보험·배상책임보험 등은 제외된다.

2. 청약철회 방법

보험계약자는 보험증권을 받은 날로부터 15일 이내에 그 청약을 철회할 수 있다. 보험자는 특별한 사정이 없는 한 거부할 수 없다.

다만, 진단계약, 보험기간이 1년 미만인 계약 또는 전문보험계약자가 체결한 계약은 청약을 철회할 수 없으며, 청약을 한 날로부터 30일을 초과한 경우도 청약을 철회할 수 없다. 이 경우 보험증권을 받은 날에 대한 다툼이 발생한 경우 회사가 이를 증명하여야 한다.

3. 청약철회의 효과

보험회사는 청약의 철회를 접수한 경우 3일 이내에 기납입 보험료를 반환하며, 보험료 반환이 지체된 경우 일정한 이자(보험계약대출이율을 연단위 복리로 계산)를 더하여 지급한다.

보험계약자가 보험계약의 청약을 철회한 경우에는 청약의 효과는 발생하지 않는다.

보험계약의 청약철회 당시에 이미 보험금의 지급사유가 발생한 경우에는 청약철회의 효력은 발생하지 않는다. 그러나, 보험계약자가 보험금의 지급사유가 발생하였음을 알면서 해당 보험계약의 청약을 철회한 경우에는 그러하지 않는다(보험업법 제102조의 5). 보험자는 보험계약자의 청약 철회를 접수한 날로부터 3일 이내에 이미 납입한 보험료를 반환하여야 한다. 보험료의 반환이 지체되는 경우에 일정의 지급지연 이자를 더하여 반환하여야 한다.

제3절 보험약관의 교부·명시 및 설명의무

1. 의의

보험자는 보험계약을 체결할 때에 보험계약자에게 보험약관을 교부하고 그 약관의 중요한 내용을 설명하여야 한다(제638조의 3).

보험자는 상법 제638조의3(보험계약의 교부·명시의무) 및 「약관의 규제에 관한 법률」 제3조(약관의 명시·설명의무)에 따라 보험계약자에게 약관의 중요한 내용에 대하여 교부·명시·설명의무를 부담하는데, 이러한 보험자의 의무를 인정하는 이유는 보험자가 일방적으로 작성한 청약서에 의하여 청약을 함으로써 보험계약자가 알지 못하는 가운데 약관에 정하여진 중요한 사항이 계약 내용으로 되어 보험계약자가 예측하지 못한 불이익을 받을 수가 있다. 이를 방지하기 위하여 보험약관의 교부·명시의무를 부과하고 있다.

> 취지: 보험계약은 보험자가 일방적으로 작성한 보험약관에 의하여 체결되는 부합계약성의 성질이 있다. 이러한 부합계약의 경우에 상대방(보험계약자)은 보험자가 정한 계약의 내용을 제대로 이해하지 못하여 약관상의 권리와 의무를 행사하지 못하는 경우가 발생할 수 있다. 이를 방지하기 위하여 보험약관을 작성한 보험자에게 보험약관의 설명의무를 부여하고 계약자가 이를 확인하도록 한다.

상법 제638조의 3(보험약관의 교부·명시의무)

① 보험자는 보험계약을 체결할 때에 보험계약자에게 보험약관을 교부하고 그 약관의 중요한 내용을 알려주어야 한다.
② 보험자가 제1항의 규정에 위반한 때에는 보험계약자는 보험계약이 성립한 날부터 3월 내에 그 계약을 취소할 수 있다.

2. 약관교부 및 중요내용 설명의무

보험약관은 보험자가 일방적으로 작성하여 금융감독위원회의 인가를 받은 보험계약조항으로서, 보험자는 보험계약을 체결할 경우 보험계약자에게 보험약관을 전달해 주고, 중요내용에 대하여 설명해 주어야 한다.

다만 전자거래기본법 제2조 제6호에 이해 컴퓨터를 이용하여 보험거래를 할 수 있도록 설정된 가상의 영업장(사이버몰)을 이용하여 계약을 체결한 때에는 청약서 부본을 주지 않을 수 있다.

약관의 중요내용이 무엇인지에 관하여 일반적으로 보험료와 그 납입방법, 보험금 보험기간, 보험자의 책임개시시기, 보험사고 내용, 보험계약의 해지사유, 보험자의 면책사유 등을 중요내용으로 보고 있다.

보험약관의 교부 및 중요내용의 설명의무는 약관의 규정뿐만 아니라, 상법상으로도 규정되어 있으며, 약관규제법상으로도 "사업자가 약관의 명시·설명의무를 위반하여 계약을 체결한 때에는 그 약관을 계약의 중요내용으로 주장할 수 없다"고 규정하고 있다.

3. 약관의 교부의무

보험자는 보험계약을 체결할 때에 보험계약자에게 보험약관을 교부하여야 한다(제638조의 3).
교부 시점: "계약을 체결할 때"로 규정함. 보험자가 승낙한 때로 해석될 수 있다.

4. 약관의 설명의무

보험자에게 약관의 중요한 사항을 설명하도록 하는 것은 보험계약자가 약관의 내용을 알지
못하는 가운데 선의의 피해가 발생하지 않도록 하기 위함이다.

① 설명의무의 이행자: 보험자. 보험계약이 보험설계사, 보험대리상, 보험중개사를 통해서 보
   험모집 시에 그들이 보험자의 설명의무를 대신한다(보험업법 제83조).
② 설명의무의 상대방: 보험자는 보험계약자에게 보험약관의 중요한 사항을 설명하여야 한다.
③ 설명의 이행시기: '보험계약을 체결할 때'로 규정하고 있다.
④ 설명의 대상: 약관규제법이나 상법에서 사업자가 설명하여야 할 대상은 "중요한 사항"으
   로 규정하고 있다.

• 중요한 사항

"중요한 사항"이란? 고객의 이해관계에 중대한 영향을 미치는 사항으로서 사회통념상 그 사
항의 지(知), 부지(不知)가 계약체결의 여부에 영향을 줄 수 있는 사항을 말한다.

• 판례에 의한 중요한 사항이란?

보험료와 그 지급방법, 보험금액, 보험기간, 보험사고의 내용, 보험자의 면책사유, 보험계약
의 해지사유 보험청약서 상 기재사항의 변동사항 등은 보험자가 설명해야 할 중요한 사항
이다.

• 보험약관의 설명의무 면제사항(중요한 사항 아니다)

① 고객이 충분히 예상할 수 있는 사항
② 이미 널리 알려진 조항
③ 법령에 의하여 정하여진 사항

5. 교부, 설명의무 불이행의 효과(상법상 효과)

약관교부 및 중요내용 설명의무에 위반한 경우, 즉, 보험자가 보험계약을 체결할 때에 보험 계약자에게 보험약관을 교부하지 아니하거나 그 약관의 중요한 내용을 설명하지 아니한 경 우에 보험계약자는 보험계약이 성립한 날로부터 3개월 이내에 계약을 취소할 수 있고, 이 경 우에는 보험계약자가 그 계약을 취소한 때에는 그 계약은 무효가 되고, 보험자는 이미 지급 받은 보험료를 반환하여야 한다. 또한, 이미 납입한 보험료에 기간에 대한 이자를 부가하여 반환하도록 규정하고 있다.

6. 정보제공의무

보험계약은 위험의 전가와 인수를 목적으로 계약을 체결한다.

보험자와 보험계약자는 자기의 정보를 상대방에게 제공할 의무가 있다.

보험계약자: 보험계약 체결당시에 고지의무(제651조),

보험기간 중에 위험의 변경, 증가 시에 통지의무(제652조),

보험사고 발생 시에 지체 없이 보험자에게 알려야 할 의무(제657조)

보험자: 보험계약 체결할 시에 보험계약자에게 보험약관을 교부하고 중요한 사항을 설명할 의무.

보험계약자의 특성에 적합한 상품 권유하고 관련 자료를 제공한다(보험업법 제95조 3).

제4절 청약서 부본전달 및 청약서 자필서명(중요한 사항)

1. 청약서 부본전달

보험계약 청약 시 모집관련인은 당연히 **청약서 부본을 계약자에게 교부하여야** 하고 **청약서 원 본은 회사에 접수하여야** 한다. 그러나 잘못된 보험모집관행 등으로 이를 준수하지 않은 부실 모집 건이 많이 발생함으로써 이를 근본적으로 치유하기 위하여 99.2.1시행 표준약관에서는 보험자의 청약서부본 전달의무를 약관의 규정으로 삽입하여 청약서부본 전달이 되지 않은 경우 3개월 이내 보험계약을 취소할 수 있게 규정하고 있다.

2. 청약서 자필서명

한편 계약자는 계약체결 시 보험가입의 청약의사를 명백히 한다는 측면에서 청약서 기재를 한 후 서명을 하게 되어 있는 바, 부실모집의 경우는 청약서 부본을 전달하지 않을 뿐 아니라, 자필서명도 임의로 하는 경우가 발생하고 이러한 이유로 분쟁이 발생하는 경우도 있어 이를 제도적으로 막기 위하여 자필서명이 되어 있지 않은 경우에는 약관 미교부와 동일하게 청약 시로부터 3개월 이내 계약을 취소할 있도록 약관은 정하고 있다.

3. 보험품질보증제도

① 자필서명 ② 청약서부본 전달 ③ 보험약관 전달 ④ 상품설명 및 상품설명서 전달이 그 내용이다.

계약자가 보험가입 시 보험약관과 청약서 부본을 전달받지 못하였거나 청약서에 자필서명 또는 날인(도장을 찍음)을 하지 않았을 경우, 약관의 중요한 내용을 설명 받지 못하였을 때에는 계약이 성립한 날로부터 3개월 이내에 회사에 보험계약의 취소를 요구할 수 있다. 다만 전자거래 기본법에 의해 컴퓨터를 이용하여 가상의 영업장(사이버몰)을 이용하여 계약을 체결한 때에는 청약서 부본을 배부하지 않을 수 있다.

제5절　고지의무(告知義務, 계약 전 알릴 의무)

1. 고지의무(告知義務)의 의의

보험계약지외 피보힘자가 보힘계약 딩시에 보험자에 내하여 중요한 사실을 알려야 할 의무이다.

고의 또는 중대한 과실로 인하여 불고지 또는 부실의 고지를 하지 아니할 의무를 지게 되는데 이를 고지의무라 한다. 생명보험표준약관에 "계약 전 알릴 의무"로 표현한다.

1) 법적 성질

① 보험계약의 효력발생에 필요한 전제조건이다.

② 즉, 보험자의 해지권 행사로 인한 불이익을 면하기 위하여 부담하는 간접의무 또는 자기
   의무에 해당한다(통설).
③ 이 의무는 보험계약의 효과에 의하여 발생하는 것이 아니라 법률의 규정에 의해 발생하
   는 특수한 법정의무로 보아야 한다.

2) 법적 근거

사행설, 선의설, 담보의무설, 합의설, 묵시계약설, 위험측정설 등이 대립되고 있는데 위험측
정설이 다수설이다.

보험자는 보험단체내의 위험을 분산시키고, 보험료를 산출하는 데 있어서 위험측정을 정확
하게 할 필요가 있기 때문에 보험계약자의 협력을 구할 필요가 있어 인정된다고 보고 있다.

2. "계약 전 알릴 의무"란?

계약자 또는 피보험자는 청약할 때(진단계약의 경우에는 건강진단 할 때를 말한다) 청약서에서 질문
한 사항에 대하여 알고 있는 사실을 반드시 사실대로 알려야(이하 '계약 전 알릴 의무'라 하며, 상법상 '고
지의무'와 같다) 한다. 그렇지 않은 경우 보험금의 지급이 거절되거나 계약이 해지될 수 있다.
즉, 보험계약자 또는 피보험자는 보험계약을 청약하고자 할 때, 보험계약에 수반된 제반위험정도
를 판단하는데 필요한 중요한 사항을 회사에 알려야 할 의무를 부담하는데 이를 고지의무(告知義
務) 또는 계약 전 알릴 의무라고 한다.
보험 계약을 맺을 때에 보험 계약자나 피보험자가 보험자에게 중요한 사실을 반드시 알려
야만 하며 거짓말을 해서는 안 된다는 의무이다.

- 보험계약자나 피보험자가 보험계약 체결 당시에 사고 발생률을 측정하기 위하여 필요
  한 중요사항에 관하여 고지해야 할 의무 또는 부실 고지를 해서는 안 될 의무를 말한
  다(상법 제651조).

고지의무는 보험계약자나 피보험자가 보험계약 체결 당시에 보험자에 대해 중요한 사항을
알리고 허위의 사실을 알리지 않아야 할 의무를 말한다. 보험계약자가 고의나 중대한 과실로
중요한 사항에 관해서 알리지 않거나 허위로 알린 경우에 보험자는 고지의무위반 사실을 안 날로
부터 1개월, 계약 성립한 날로부터 3년 이내에 계약을 해지할 수 있다.

고지의무위반으로 계약을 해지하면 보험사고가 발생해도 보험자는 보험금을 지급할 필요가 없고, 이미 지급했으면 반환을 청구할 수 있다. 하지만 고지의무위반 사실이 보험사고 발생에 영향을 미치지 않았음이 증명되면 보험자는 보험금지급의무를 지게 된다.

고지의무의 대상이 되는 것은 보험회사가 사고 발생의 위험을 측정하여 보험의 인수 및 보험료를 산정하는 데 영향을 미칠 수 있는 사항을 말한다. 화재보험 같은 경우에는 사용목적, 사용 장소 등 물리적 상태 등이며, 생명보험의 경우에는 과거의 중요한 병증이나 피보험자의 직업, 환경에 관한 사실을 말한다. 고지의 방법은 제한이 없으므로 서면이나 구두나 상관없지만 일반적으로는 질문표에 기재하여 고지의무를 이행한 것으로 추정한다.

3. 고지의무(告知義務)의 개요 및 내용

(1) 고지의무(告知義務)의 개요

1) 의의 및 법적 성질

보험계약 당시에 보험계약자 또는 피보험자는 계약에 관한 중요한 사실을 고지하여야 할 의무를 진다. 고지의무는 보험계약서의 선의계약성 또는 사행계약성에 따른 보험계약의 전제조건으로서의 간접의무이다.

2) 고지 당사자(고지의무자와 상대방)

보험계약자와 피보험자가 고지의무자이며, 보험자와 고지수령권한을 가진 자가 그 상대방이다.

고지 의무자: 보험계약자와 피보험자, 대리인에 의해 보험 체결할 시에 대리인도 포함.

고지 수령권자: 보험자, 보험자의 대리인 포함.

3) 고지의 시기 및 방법 :

보험계약 성립 시까지 하여야 하며, 그 방법에는 서면이든 구두에 의하든 제한이 없다.

① 고지의 시기

　　보험계약 당시에 고지해야 한다(상법 제651조). 계약당시란 보험 청약시가 아니라 계약의 성립시이다. 보험계약자는 보험청약시에 고지하지 못하였더라도 보험계약 성립 시, 즉 보험자가 승낙하기 전까지 고지하게 되면 고지의무를 이행한 것으로 된다.

② 방법: 법률상 제한이 없다. 구두, 서면, 인터넷, 전화 등 보험자에게 그 뜻을 전달하면 된다.

　　보험청약서를 이용한 질문표 사용(가장 일반적임. 고지여부에 대한 입증이 명확함)

4) 중요한 사항

고지할 중요한 사항은 보험자가 그 사실을 알고 있었으면 계약을 체결하지 않았거나 또는 동일한 조건으로 계약을 체결하지 않았을 것이라고 객관적으로 생각되는 사정을 말한다.

5) 고지의무위반

보험계약자 또는 피보험자가 중요한 사항을 고의 또는 중대한 과실로 고지하지 않았거나 부실고지를 한 경우에는 보험자는 그 사실을 안 날로부터 1월 내, 계약 성립일로부터 3년 내에 한하여 보험계약을 해지할 수 있다.

6) 고지의무위반 시 해지

보험자는 고지의무를 위반한 사실과 보험사고의 발생 사이의 인과관계를 불문하고 상법 제651조에 의하여 고지의무위반을 이유로 계약을 해지할 수 있다. 보험자가 다른 보험계약의 존재 여부에 관한 고지의무 위반을 이유로 보험계약을 해지하려면 보험계약자 또는 피보험자가 다른 보험계약의 존재를 알고 있는 외에 그것이 고지를 요하는 중요한 사항에 해당한다는 사실을 알고도, 또는 중대한 과실로 알지 못하여 고지의무를 다하지 아니한 사실을 입증하여야 하며 주장, 입증책임은 보험계약자 측에 있다.

(2) 고지의무(告知義務)의 내용

고지의무를 부담하는 자는 보험계약자와 피보험자이다. 피보험자라는 개념은 손해보험과 인보험에 따라 차이가 있으나, 여기에서의 피보험자는 손해보험계약의 피보험자도 포함된다고 해석된다. 고지의 상대방은 보험자와 보험자를 위하여 고지수령권(告知受領權)을 가지고 있는 대리인이다.

고지의 방법에는 법률상 특별한 제한이 없으며 서면으로 하든 구두로 하든 또 명시적이든 묵시적이든 상관없다. 고지의무의 대상이 되는 사실은 '중요한 사항'이며, 여기에서 '중요한 사항'이란 보험자가 위험을 측정하여 보험의 인수 여부 및 보험료를 판단하는 데 영향을 미치는 사실인바 '보험자가 그 사실을 알았다면 계약을 체결하지 않았을 것이라고 객관적으로 판단되는 사정'이다. 이러한 중요한 사실은 손해보험에서는 보험목적물 자체의 구조·용도·장소·거주자의 직무 등이고, 생명보험에서는 피보험자의 존속친의 유전적 질병의 유무, 그 건강, 사망연령, 사인, 본인의 결핵·뇌일혈(腦溢血)·위암·늑막염(肋膜炎)·신장염(腎臟炎), 배우자의 폐결핵, 피보험자 형제의 폐결핵·사망·수치부(羞恥部)의 질병 등이다. 중요한 사항에 관한 불고지(不告知) 또는 부실고지(객관적 요건)가 고지의무자의 고의 또는 중대한 과실(주관적 요건)에 의한 때에는 고지의무위반이 되므로 보험자는 원칙적으로 계약을 해지할 수 있다. 이러한 중요한 사항은 일반적으로 보험계약청약서에 기재된 '질문란'에 쓰여 있고 그 외에 보험자가 서면으로 질문한 사항도 포함된다(상법 제651조의2). 보험업자의 해지권(解止權)은 보험자가 그 사실을 안 날로부터 1월 이내 또는 계약을 체결한 때로부터 3년 이내에 행사하여야 한다(상법 제651조).

보험 계약을 맺을 때에 보험 계약자나 피보험자가 보험자에게 중요한 사실을 반드시 알려야만 하며 거짓말을 해서는 안 된다는 의무이다.

고지의무에 위반하였다고 하더라도, 그 고지의무 위반 사항과 보험사고 간에 인과관계가 없다면 보험사는 보험금을 지급해야 한다.

물론 반대로 고지의무 위반 사항과 보험사고 발생 사이에 인과관계가 인정되는 경우에는 보험사는 보험계약을 해지할 수 있을 뿐 아니라, 보험금 지급 역시 거절할 수 있다. 즉, 보험사고가 발생한 후라도, 고지의무 위반과 보험사고 발생 사이에 인과관계가 인정되고, 보험사가 고지의무 위반을 이유로 계약을 해지하였다면, 보험사는 보험금 지급 책임을 면한다(상법 제655조).

다만, 이 때 보험사의 해지권은 제척기간을 준수하지 않으면 효력이 없다. 상법 651조에 따라 고지의무 위반으로 인한 보험사의 해지권 행사는, 안 날로부터 1월, 보험계약 체결일로부터 3년으로 제한되기 때문이다.

4. 고지 사항과 질문표

고지의무의 대상이 되는 사항은 중요한 사항이다.

① 중요한 사항이란 보험자가 위험을 측정하여 보험의 인수 여부 및 보험료 산정의 표준이 되는 사항으로 보험자가 그 사실을 알았다면 계약을 체결하지 않거나 적어도 동일조건으로는 계약을 체결하지 않을 것이라고 객관적으로 인정되는 사실이다(부담보 계약인수, 보험금 삭감 등).

② 서면의 질문표

보험자는 보험계약 인수 시에 필요한 정보를 서면으로 질문할 수 있고, 서면으로 질문한 사항은 중요한 사항으로 추정하고 있다.

5. 고지의무(告知義務)의 위반

고지의무위반이 되는 경우는 첫째, 피보험자의 고의, 중과실이 있어야 한다. 즉, 피보험자가 알고 있는 사항이어야 한다. 둘째, 고지하지 않거나 사실과 다르게 또는 축소해서 고지한 경우 두 요건이 모두 충족되어야 보험회사는 고지의무위반을 이유로 계약을 해지하거나 보험금을 부지급 하거나 할 수 있다.

(1) 고지의무위반의 요건

1) 보험계약자 측의 요건

주관적 요건: 보험계약자 또는 피보험자의 고의 또는 중대한 과실로 인한 것이어야 한다.
　　　　(제651조).
　　　　중대한 과실 – 부주의하여 불고지, 부실고지를 한 것.
객관적 요건: 중요한 사실에 대한 불고지 또는 부실고지가 있어야 한다(제651조).
　　　　불고지 – 질문사항에 대해 공란. 부실고지 – 사실과 다르게 허위진술.

2) 보험자의 주관적 요건

보험계약 당시에 보험자의 악의 또는 중대한 과실이 없어야 한다.
보험계약자가 고지의무를 위반하여도 보험자가 계약 당시에 그 사실을 알았거나 중대한 과실로 인하여 알지 못한 때에는 보험자는 계약을 해지하지 못한다(제651조 단서).

① 객관적 요건(客觀的 要件)
보험회사가 계약 전 알릴 의무 위반에 따른 보험계약의 해지를 하기 위해서는 보험계약상의 중요한 사항에 대해 계약자 및 피보험자가 불고지 또는 부실고지를 하였다는 것이 객관적 요건이다.

② 주관적 요건(主觀的 要件)
고의 또는 중과실로 불고지, 부실고지를 하였다는 주관적 요건이 충족되어야 한다.
　※ 불고지란 중요한 사항인 줄 알면서 이를 알리지 않는 것을 말하며, 질문표의 기재사항인 중요한 사항에 대해 묵비한 것을 말한다. 상법상 보험회사가 질문표에서 서면으로 질문한 사항은 '중요한 사항'으로 추정되기 때문이다.
　※ 부실고지란 질문표의 기재사항에 사실과 다른 기재를 한 경우에 인정된다.
　※ 고의란 어떤 사실이 존재함을 알고 있고, 그것이 중요하다는 점을 인식하고, 그 사실이 고지의무의 대상이 된다는 것도 인식하면서 이를 알리지 않는 것을 말한다.
　※ 중대한 과실은 고지하여야 할 사실은 알고 있었으나 현저한 부주의로 인하여 그 사실의 중요성을 잘못 판단하거나 고지의무 대상이 되는 중요한 사실이라는 것을 알지 못하는 것을 말한다.

(2) 고지의무위반의 효과

가. 해지권의 발생과 행사

1) 해지권 발생: 보험계약자 등에게 고지의무위반이 있으면 보험자는 계약을 해지할 수 있다.

2) 해지권 행사: 계약 성립 시부터 가능함. 고지의무 위반사실을 안 날로부터 1개월 내에, 계약을 체결한 날로부터 3년 이내에 한하여 계약을 해지할 수 있다(제651조).

3) 해지의 효과: 보험자가 보험계약을 해지한 경우에 보험계약은 해지의 통지가 도달한 날로부터 장래에 향하여 효력을 상실한다.

4) 해지권 제한: 보험계약자가 고지의무를 위반했더라도 다음과 같은 경우에는 보험자의 해지권이 제한된다.

① 제척기간의 경과: 보험자가 고지의무 위반사실을 안 날로부터 1개월, 계약을 체결한 날로부터 3년이 경과한 때에는 보험자의 해지권이 제한된다(제651조).

② 보험자가 안 때: 보험자가 계약 당시에 보험계약자의 고지의무 위반사실을 알았거나, 중대한 과실로 알지 못한 때에는 해지권이 제한된다(제651조 단서).

③ 설명의무 위반과 충돌: 보험자는 보험계약 체결 당시에 보험계약자에게 약관의 주요한 내용 설명의무가 있다. 보험계약자가 설명받지 아니한 사항에 대하여 보험계약자가 고지의무를 위반하였다고 하더라도 보험자는 이를 이유로 계약을 해지할 수 없다.

④ 인과관계: 보험계약자 등이 고지의무 위반사실이 있다고 하더라도 고지의무 위반사실이 보험사고 발생에 영향을 미치지 아니하였음을 증명한 때에는 보험자가 해지권을 행사하더라도 보험금의 지급책임은 그대로 발생한다(제655조 단서).

나. 보험금 지급책임의 면제

1) 보험사고 후 계약해지: 보험사고 후, 보험금 청구를 위한 접수 시 보험자는 조사 및 확인(심사)한다.

상법에서는 보험사고가 발생한 후, 고지의무, 통지의무, 위험유지의무 위반으로 보험계약을 해지한 경우에도 보험자는 보험금액을 지급할 책임이 없고, 이미 지급한 보험금액의 반환을 청구할 수 있도록 하고 있다(제655조).

2) 인과관계: 보험계약자 등의 의무불이행 사실이 보험사고 발생에 영향을 미친 경우에 한한다. 즉, 보험계약자 등의 고지의무 위반사실이 보험사고의 발생에 영향을 미치지 아니하였음을 증명한 경우에 보험자는 보험금 지급책임을 면할 수 없다(제655조 단서).

- 보험회사는 계약자, 피보험자, 또는 이들의 대리인이 고의 또는 중대한 과실로 계약 전 알릴 의무위반 시에는 보험사고(손해)의 발생 여부(보험사고)와 관계없이 계약을 해지할 수 있다고 규정하고 있다.
- 고지의무 위반사항과 사고 사이에 인과관계가 있는 경우에 보험자는 계약을 해지하고 보험금의 지급을 거절할 수 있다.
- 고지의무 위반사항이 보험사고 발생에 영향을 미치지 아니한 때에는 보험자는 계약의 해지 여부와 관계없이 보험금 지급책임이 발생한다.
- 고지의무 위반으로 계약이 해지되는 경우에 보험자는 보험금지급 책임이 없고 이미 지급한 보험금의 반환을 청구할 수 있다.

• 제651조(고지의무위반으로 인한 계약해지)

보험계약 당시에 보험계약자 또는 피보험자가 고의 또는 중대한 과실로 인하여 중요한 사항을 고지하지 아니하거나 부실의 고지를 한 때에는 보험자는 그 사실을 안 날로부터 1월 내에, 계약을 체결한 날로부터 3년 내에 한하여 계약을 해지할 수 있다. 그러나 보험자가 계약 당시에 그 사실을 알았거나 중대한 과실로 인하여 알지 못한 때에는 그러하지 아니하다.

(3) 고지의무위반의 입증책임

고지의무위반의 요건에 대한 입증 책임은 이를 이유로 계약을 해지하려는 보험자 측에 있다.
보험계약 시 고지사항이 있었고, 그것이 중요한 사항이었다는 점과 보험계약자나 피보험자 등의 고의 또는 과실이 있었다는 것을 보험자가 입증하여야 한다.

• '중요한 사항'의 의미

'중요한 사항'이란 보험자가 보험사고의 발생과 그로 인한 책임 부담의 개연율을 측정하여 보험계약의 체결 여부 또는 보험료나 특별한 면책조항의 부가와 같은 보험계약의 내용을 결정하기 위한 표준이 되는 사항으로서 객관적으로 보험자가 그 사실을 안다면 그 계약을 체결하지 아니하든가 또는 적어도 동일한 조건으로는 계약을 체결하지 아니하리라고 생각되는 사항을 말하고, 어떠한 사실이 이에 해당하는가는 보험의 종류에 따라 달라질 수밖에 없는 사실 인정의 문제로서 보험의 기술에 비추어 객관적으로 관찰하여 판단되어야 하는 것이다.

• 서면질의 사항의 중요한 사항으로 추정

보험자가 서면으로 질문한 사항은 보험계약에 있어서 중요한 사항에 해당하는 것으로 추정되고(상법 제651조의2), 여기의 서면에는 보험청약서도 포함될 수 있으므로, 보험청약서에 일정한 사항에 관하여 답변을 구하는 취지가 포함되어 있다면 그 사항은 상법 제651조에서 말하는 '중요한 사항'으로 추정된다.

6. 알릴 의무 불이행에 대한 보험계약자의 면책 사유

(1) 「생명보험 및 질병 · 상해보험 표준약관」에 기재되어 있는 보험계약자의 면책 사유

다음의 경우에는 보험계약자 또는 피보험자가 알릴 의무를 위반하더라도 보험회사는 계약을 해지하거나 보장을 제한할 수 없다.
[「보험업감독업무시행세칙」(금융감독원세칙 2019. 12. 20. 발령, 2020. 1. 1. 시행)
별표 15. 생명보험 표준약관 제14조제1항 및 질병 · 상해보험 표준약관 제16조제2항].

① 보험회사가 계약 당시에 그 사실을 알았거나 과실로 인하여 알지 못한 경우
② 보험회사가 그 사실을 안 날부터 1개월 이상이 지났거나 보장개시일 부터 보험금 지급 사유가 발생하지 않고 2년(진단 계약의 경우 질병은 1년)이 지난 경우
③ 계약체결일부터 3년이 지났을 때
④ 보험회사가 이 계약의 청약 시 피보험자(보험대상자)의 건강상태를 판단할 수 있는 기초 자료(건강진단서 사본 등)에 의하여 승낙한 경우에 건강진단서 사본 등에 명기되어 있는 사항으로 보험금 지급사유가 발생하였을 때(보험계약자 또는 피보험자(보험대상자)가 회사에 제출한 기초자료의 내용 중 중요사항을 고의로 사실과 다르게 작성한 경우 제외)
⑤ 보험설계사 등이 보험계약자 또는 피보험자(보험대상자)에게 고지할 기회를 부여하지 않 거나 계약자 또는 피보험자(보험대상자)에 대해 사실대로 고지하는 것을 방해한 경우, 계 약자 또는 피보험자(보험대상자)에 대해 사실대로 고지하지 않게 하였거나 부실한 고지를 권유했을 때

(2) 「화재보험 및 배상책임보험 표준약관」에 기재되어 있는 보험계약자의 면책사유

다음의 경우에는 보험계약자 또는 피보험자가 알릴 의무를 위반하더라도 보험회사는 계약

을 해지할 수 없다(「보험업감독업무시행세칙」 별표 15. 화재보험 표준약관 제30조 제4항 및 배상책임보험 표준약관 제30조 제4항).

① 보험회사가 계약 당시에 그 사실을 알았거나 중대한 과실로 알지 못한 경우
② 보험회사가 그 사실을 안 날부터 1개월 이상 지났거나 또는 제1회 보험료 등을 받은 때부터 보험금 지급사유가 발생하지 않고 2년이 지났을 때
③ 계약을 체결한 날부터 3년이 지났을 때
④ 보험을 모집한 사람이 계약자 또는 피보험자에게 알릴 기회를 주지 않았거나 계약자 또는 피보험자가 사실대로 알리는 것을 방해한 경우(다만, 보험설계사 등의 행위가 없었다 하더라도 계약자 또는 피보험자가 사실대로 알리지 않았다고 인정되는 경우에는 계약 해지 가능)
⑤ 계약자 또는 피보험자에게 사실대로 알리지 않게 하였거나 부실한 사항을 알릴 것을 권유한 경우(다만, 보험설계사 등의 행위가 없었다 하더라도 계약자 또는 피보험자가 부실한 사항을 알렸다고 인정되는 경우에는 계약 해지 가능)

(3) 「자동차보험 표준약관」에 기재되어 있는 보험계약자의 면책사유

다음의 경우에는 보험계약자 또는 피보험자가 알릴 의무를 위반하더라도 보험회사는 계약을 해지할 수 없다(「보험업감독업무시행세칙」 별표 15. 자동차보험 표준약관 제53조 제1항 제1호).
① 보험회사가 계약 당시에 그 사실을 알았거나 과실로 알지 못한 경우
② 보험계약자가 보험금을 지급할 사고가 발생하기 전 보험청약서의 기재사항에 대해 서면으로 변경 신청을 하여 보험회사가 이를 승인한 경우
③ 보험회사가 계약을 맺은 날로부터 보험계약을 해지하지 않고 6개월이 지난 경우
④ 보험을 모집한 자(이하 "보험설계사 등"이라 함)가 보험계약자 또는 피보험자에게 계약 전 알릴 의무를 이행할 기회를 부여하지 아니하였거나 보험계약자 또는 피보험자가 사실대로 알리는 것을 방해한 경우, 또는 보험계약자 또는 피보험자에 대해 사실대로 알리지 않게 하였거나 부실하게 알리도록 권유했을 경우. 다만, 보험설계사 등의 행위가 없었다 하더라도 보험계약자 또는 피보험자가 사실대로 알리지 않거나 부실하게 알린 것으로 인정되는 경우에는 그러하지 않는다.
⑤ 보험계약자가 알려야 할 사항이 보험회사가 위험을 측정하는 데 관련이 없거나 적용할 보험료에 차액이 생기지 않는 경우

7. 위반사실의 통지 및 의무 위반 시 보험금 지급

(1) 위반사실의 통지

보험회사는 계약을 해지하거나 보장을 제한할 경우에는, 알릴 의무가 중요한 사항에 해당되는 이유, 알릴 의무 위반사실 및 계약의 처리결과를 "반대 증거가 있는 경우 이의를 제기할 수 있습니다"라는 문구와 함께 서면으로 알려야 한다(「보험업감독업무시행세칙」 별표 15. 생명보험 표준약관 제14조제2항 및 질병·상해보험 표준약관 제16조제4항 전단).

(2) 의무 위반과 보험금 지급

① 계약을 해지할 경우 보험회사는 해지환급금을 보험계약자에게 지급한다(「보험업감독업무시행세칙」 별표 15. 생명보험 표준약관 제14조제3항 및 질병·상해보험 표준약관 제16조 제3항).

② 알릴 의무의 위반 사실이 보험금 지급사유 발생에 영향을 미쳤음을 보험회사가 증명하지 못한다면 보험회사는 계약의 해지 또는 보장을 제한하기 이전까지 발생한 보험금을 보험계약자 또는 피보험자에게 지급해야 한다(「보험업감독업무시행세칙」 별표 15. 생명보험 표준약관 제14조 제4항 및 자동차보험 표준약관 제53조 제2항 단서).

③ 손해가 알릴 의무의 위반 사실이 보험금 지급 사유 발생에 영향을 미치지 않았음을 계약자·피보험자(보험대상자) 또는 보험수익자(보험금 받는 사람)가 증명한 경우 보험회사는 보험금을 보험계약자 또는 피보험자에게 지급해야 한다(「보험업감독업무시행세칙」 별표 15. 질병·상해보험 표준약관 제16조 제6항).

(사례) 계약 전 알릴 의무 위반의 경우

※ (생명보험) 부활청약 시 계약 전 알릴 의무 위반한 경우 보험금 지급 여부

◎ 사실관계

A씨는 B보험사와 암보험계약을 체결·유지하던 중 B형 간염 및 간기능 이상으로 75일간 투약치료 및 5차례 통원치료를 받게 되었다. 이후 A씨는 보험료를 납입하지 않아 동 보험계약이 해지되자 그 계약을 부활시켰다. 부활 청약 시 A씨는 B형 간염 및 간기능 이상으로 인한 치료사실을 B보험사에 알리지 않았다. 이 듬해 A씨는 간경화로 입원하게 되어 B보험사에 관련 보험금을 청구하였다.

◎ 보험사 주장

계약 부활 전 간염으로 인한 장기 투약치료 사실을 알리지 않았으므로 계약 전 알릴 의무 위반을 이유로 계약을 해지하며, 간염과 간경화간에 인과관계가 있으므로 관련 보험금을 지급할 수 없다고 주장한다.

◎ 신청인 주장

병원에서 치료받은 것은 보험료 미납으로 인해 계약이 해지되기 이전에 발생하였던 일인데 이를 부활시 알리지 않았다고 계약을 해지하고 보험금을 지급하지 않는 것은 부당하다고 주장한다.

◎ 분쟁조정위원회 결정

약관 제20조에 의하면 부활되는 계약의 계약 전 알릴 의무는 동 약관 제15조의 보험계약자 또는 피보험자는 청약 시 청약서에서 질문한 사항에 알고 있는 사실을 반드시 사실대로 알려야 한다는 규정을 준용하도록 되어 있다. 또한 부활청약서에는 청약일을 기준으로 과거 5년간의 피보험자의 병력을 알리도록 정하고 있다. 계약 실효전의 치료 사실은 알리지 않아도 된다는 규정이 없으며, 이는 부활청약 시 발생할 수 있는 역선택의 위험을 방지할 취지로 보인다. 따라서 보험계약 실효 전이라도 과거 5년 내에 발생한 치료 여부를 묻는 청약서 질문에 사실과 다르게 기재하고 자필 서명한 신청인은 고의·중과실이 있으므로 계약 전 알릴의무 위반에 따른 계약해지는 타당하다고 판단했다.

약관상 계약 전 알릴의무 위반사실이 보험금 지급사유 발생에 영향을 미친 경우 보험금을 지급하지 않으며, 의료경험 원칙상 B형 간염은 간경화를 일으키는 주요 요인이므로 보험금을 지급하지 않는 것은 타당하다고 결론을 내렸다.

출처: 금융감독원, 금융생활안내서(보험편), 2007.

제3장
보험계약관계자별 의무와 보험실무

제1절 보험계약성립 후 보험계약관계자별 의무

1. 보험계약의 효과(보험자의 의무)

보험계약자의 청약과 보험자의 승낙이 있으면 보험계약이 성립하고 일단 보험계약이 성립되면, 그 효과로서 보험기간 중에 보험계약 당사자는 일정한 권리와 의무를 부담하게 되는데 손해보험과 인보험에 따라 조금씩 다르다.

1) 손해보험의 경우

보험약관의 교부 및 명시의무, 보험증권 교부의무, 보험금지급의무, 보험료 반환의무

2) 인보험의 경우

보험약관의 교부/명시의무, 보험증권 교부의무, 보험금지급의무, 보험료반환의무, 이익배당의무에 추기적으로 보험료직립금반환의무, 보험세악사 대부의부(약관대출)를 진다.

2. 보험계약의 효과(보험계약자 · 피보험자 · 보험수익자의 의무)

보험료지급의무, 위험변경 · 증가의 통지의무, 위험변경 · 증가의 금지의무(위험유지의무), 보험사고발생의 통지의무, 기타 통지의무가 있다.

제2절 보험계약성립 후 보험자의 의무

1. 보험약관의 교부/설명/명시의무

보험자는 보험계약을 체결할 때에 보험계약자에게 보험약관을 교부하고 그 약관의 중요한 내용을 알려주어야 한다(상법 제638조의 3 제1항). 이것이 보험자의 약관교부 및 명시의무이다. 보험계약은 보험자와 보험계약자의 개별적인 의사의 합치로 이루어지거나, 위험단체를 전제로 하는 보험제도의 성질상 보험자는 수많은 보험계약자를 상대로 동일한 내용의 계약을 되풀이하여 맺어야 하는 것이므로 그 계약조항은 보통보험약관에 정해지고 있다. 그리하여 보험계약자가 약관의 내용을 알고 보험계약을 맺는 것이 바람직하므로 이에 따라 상법은 보험자에게 약관의 교부와 명시의무를 부여한 것이다.

보통보험약관은 보험자가 일방적으로 작성하여 금융감독위원회에 제출하는 정형적인 보험계약조항으로 부동문자로 인쇄하여 두고 있으며, 보험료와 그 지급방법, 보험금액, 보험기간, 보험사고의 내용, 해지사유, 면책사유 등을 들 수 있다.

- 보험약관의 교부 및 명시의무자는 보험자이나 설계사, 보험대리점, 보험중개사를 통해서 모집이 이루어지면 대리할 수 있다. 그러나 보험대리점만이 보험계약체결권을 가지고 있다.

• 보험약관의 교부/설명/명시의무 위반

보험자가 보험계약을 맺을 때에 보험약관의 교부/명시의무를 위반한 때에는 보험계약자는 보험계약이 성립한 날로부터 3개월 내에 그 계약을 취소할 수 있으며, 그 계약은 무효화되고, 보험계약자가 지급한 보험료는 돌려주어야 한다.

2. 보험증권 교부의무

의의: 보험자는 보험계약이 성립하게 되면 지체 없이 보험증권을 작성하여 보험계약자에게 교부하여야 한다(제640조). 이것은 "보험계약의 승낙" 표시이다.

보험증권: 보험계약이 성립한 이후에 보험계약의 성립과 그 내용을 증명하기 위해 계약의 내용을 기재하고 보험자가 서명·날인하여 보험계약자에게 교부하는 증거증권이다 (계약의 증표).

보험자는 보험계약이 성립하고 보험료의 전부 또는 최초의 보험료를 지급받은 때는 지체없이 보험증권을 작성하여 보험계약자에게 교부하도록 하고, 기존의 보험계약을 연장하거나 변경한 경우에는 보험자는 이미 발행한 보험증권에 그 사실을 기재함으로써 보험증권의 교부에 갈음할 수 있도록 하고 있다.

• 보험증권의 기재사항

보험의 목적, 보험사고의 성질, 보험금액, 보험료와 그 지급방법, 보험기간을 정한 때에는 그 시기와 종기, 무효와 실권의 사유, 보험계약자의 주소와 성명 또는 상호, 보험계약의 연월일, 보험증권의 작성자와 그 작성 연월일, 피보험자의 주소, 성명 또는 상호 등을 기재하여야 한다(제666조).

3. 보험금 지급의무

의의: 보험계약은 유상·쌍무계약으로서 보험계약자의 보험료 지급의 대가로 보험기간 내에 보험사고로 인하여 피보험자에게 손해가 발생한 경우 피보험자 또는 보험수익자에게 보험금을 지급할 의무를 진다(제638조).

1) 보험금 지급책임의 발생요건

① 유효한 보험계약이 존재 — 계약 무효, 계약 취소 無, 보험 실효건 無
② 보험기간 중 보험사고의 발생 – 보험기간 중에 발생한 것.
   계약체결 당시에 보험사고가 이미 발생한 것을 당사자 쌍방과 피보험자가 알지 못하였거나, 보험기간 안에 발생하였으나 손해가 보험기간 후에 발생하여도 보험자는 보상책임을 진다.
③ 보험계약자의 보험료 지급 – 보험계약자로부터 최초의 보험료를 지급 받은 때부터 개시된다(제656조).
④ 면책사유의 부존재 – 상법, 약관에서 정하는 면책사유가 부존재하여야 한다.
   보험자의 책임이 제한될 수 있는 보험계약자·피보험자가 고지의무, 통지의무 등 위반이 없어야 한다.

2) 보험금 지급

① **보험금 청구권자**: 손해보험 – 피보험자, 인보험 – 보험수익자, 피보험자·보험수익자 사망시 – 상속인

② 지급시기와 방법: 약정有 약정기간 내, 약정無 보험사고 발생통지부터 10일 이내 지급한다(제658조).

3) 보험금 청구권의 소멸시효:

① 시효기간: 보험금 청구권은 3년간 행사하지 않으면 소멸시효가 완성된다(제662조).
　　　　　　보험자의 보험료 청구권은 2년이다.
② 기산점: 소멸시효의 기산점은 권리를 행사할 수 있을 때부터 진행한다(민법 제166조).
　　　　　보험금 청구권은 특별한 사정이 없는 한 보험사고가 발생한 때부터 진행한다.

보험계약은 유상/쌍무계약으로서 보험자는 보험계약자의 보험료 지급의 대가로 보험사고로 인하여 피보험자에게 손해가 발생한 경우 피보험자 또는 보험수익자에게 보험금을 지급할 의무를 진다.

• 보험금 지급책임의 발생요건

가. 보험기간 중 보험사고의 발생: 보험사고는 보험기간 안에 발생한 것이어야 하며, 계약 체결 당시 보험사고가 이미 발생한 것을 당사자 쌍방이 모를 경우나, 보험기간 안에 사고가 발생하고 보험기간 후에도 손해가 계속해서 있을 경우에도 보험자가 책임을 진다.

나. 보험계약자의 보험료지급: 보험자의 위험부담책임은 당사자의 약정이 없는 한 보험계약자로부터 최초의 보험료를 지급받은 때부터 개시, 보험사고가 보험료를 지급받기 전에 생긴 것이면 보험금 지급책임을 지지 않는다(소급보험의 경우는 그 시기를 정한 때부터).

• 보험금의 지급

보험사고 발생 시 보험금을 청구할 수 있는 자는 손해보험에서는 피보험자이고, 인보험에서는 보험수익자이다. 보험금지급은 당사자 간의 약정이 없는 경우 보험사고 발생통지를 받은 후 지체 없이 지급할 보험금액을 정하고, 그 정해진 날로부터 10일 이내에 피보험자 또는 보험수익자에게 보험금을 지급해야 한다.

• 소멸시효

보험계약자의 보험금 청구권은 3년간, 보험료 또는 적립금의 반환 청구권은 3년간이며, 보험자의 보험료청구권은 2년이다. (통상 보험사고 발생할 때이나 실무적으로 보험사고발생 통보일 + 10일 경과 후 기산함)

4. 보험료 반환의무

보험자는 보험계약이 취소/무효/해지 된 경우에 보험계약자에게 일정 보험료를 반환하여야 하는 것을 의미한다.

가. 보험계약이 취소된 경우

보험계약이 취소가 되는 경우는 보험약관의 교부/설명/명시 의무를 위반 시에 취소할 수 있다. 보험자는 보험계약을 체결할 때에 보험약관을 교부하고 그 약관의 중요한 내용을 설명하여야 한다. 이를 위반한 경우 보험계약자는 보험계약이 성립한 날로부터 3개월 이내에 계약을 취소할 수 있다. 보험자는 이미 지급받은 보험료(이미 납입한 P)를 반환한다.

나. 보험계약이 무효인 경우

보험계약의 전부 또는 일부가 무효인 경우는 보험수익자나 보험계약자 또는 피보험자가 선의이며, 중대한 과실이 없는 때는 보험자는 보험료의 전부 또는 일부를 반환해야 한다. 보험계약자의 악의가 있는 경우는 반환하지 않는다.

다. 보험사고발생 전에 보험계약해지의 경우

보험자는 보험계약자가 보험사고의 발생 전에 보험계약의 전부 또는 일부를 해지한 경우에 다른 약정이 없으면 미경과보험료를 반환하여야 할 의무가 있고, 보험계약자는 반환청구 할 수 있다(제649조 ③).
미경과 보험료란 계약이 해지될 때 보험료기간 이후의 기간을 의미한다.
생명보험: 보험계약 해지 시에 미경과보험료, 보험료적립금을 반환한다(736조).
　　　　　　보험계약자가 위험변경증가 통지의무를 위반하여 계약이 해지된 경우에 미경과 보험료 반환한다.

■ 상법 제648조, 제638조의3, 제649조, 제736조, 제662조

보험자는 보험계약이 무효 또는 해지된 경우에 일정한 보험료를 반환할 의무를 진다. ① 보험계약의 전부 또는 일부가 무효인 경우에 보험계약자와 피보험자 또는 보험계약자와 보험수익자가 선의이며 중대한 과실이 없는 때에는 보험자는 보험료의 전부 또는 일부를 보험계약자에게 반환할 의무를 진다(상법 제648조). 보험자가 보험약관의 교부·설명의무에 위반하여 보험계약자가 보험계약을 취소하여 그 보험계약이 무효로 된 경우에도(상법 제638조의

3) 보험자는 보험계약자에게 지급받은 보험료를 반환해야 한다고 보는 것이 타당하고, 일반적으로 약관에도 반환의무를 규정하는 것이 보통이다.

② 보험계약자는 보험사고가 발생하기 전에는 언제든지 보험계약의 전부 또는 일부를 해지할 수 있는데, 다른 약정이 없으면 보험자는 미경과보험료를 반환해야 할 의무가 있다(상법 제649조).

미경과보험료란 보험계약이 해지될 때의 보험료기간 이후의 해당 기간의 보험료를 말한다. 그러나 타인을 위한 보험계약에서는 그 타인의 동의를 얻거나 보험증권을 소지하고 있어야 보험계약을 해지할 수 있다. 또한 생명보험의 경우에는 일정한 사유에 의해 보험계약이 해지되거나 보험금지급책임이 면제된 때에는 보험자는 보험수익자를 위해 적립한 보험료적립금을 보험계약자에게 반환해야 할 의무를 부담한다(상법 제736조).

③ 이런 보험자의 보험료 또는 적립금의 반환의무도 3년의 소멸시효기간의 경과로 소멸한다(상법 제662조).

라. 소멸시효

보험자의 보험료적립금의 반환의무는 보험계약자가 청구권을 3년간 행사하지 않으면 소멸한다(제662조).

5. 이익배당의무

의의: 보험자가 약관상 이익의 일부를 보험계약자에게 배당할 것을 정한 경우 이익 배당을 할 의무를 부담한다. (有배당 상품)

보험자가 약관에서 그 이익의 일부를 보험계약자에게 배당할 것을 정한 경우 그 조항에 따라 이익배당 의무를 부담한다. 보험자는 그 지급을 위하여 준비금을 적립하여야 한다(예정이율＋1%).

※ 고(高)예정이율 사례: 삼성 퍼펙트교통상해보험(예정이율 7.5%), 꿈나무사랑보험(예정이율 8.5%)

6. 보험료적립금반환의무

생명보험의 경우에는 일정한 사유에 의해 보험계약이 해지되거나 보험금지급책임이 면제된 때에는 보험자는 보험수익자를 위해 적립한 보험료적립금을 보험계약자에게 반환해야 할 의무를 부담한다(상법 제736조).

보험자의 보험료 또는 적립금의 반환의무는 3년의 소멸시효기간의 경과로 소멸한다(상법 제 662조).

7. 보험계약자 대부의무(보험약관대출)

① 계약자는 이 계약의 해지환급금 범위 내에서 회사가 정한 방법에 따라 대출(이하 '보험계약대출'이라 한다)을 받을 수 있다. 그러나, 순수보장성보험 등 보험상품의 종류에 따라 보험계약대출이 제한될 수도 있다.

② 계약자는 제1항에 따른 보험계약대출금과 그 이자를 언제든지 상환할 수 있으며 상환하지 않은 때에는 회사는 보험금, 해지환급금 등의 지급사유가 발생한 날에 지급금에서 보험계약대출의 원금과 이자를 차감할 수 있다.

③제2항의 규정에도 불구하고 회사는 제28조(보험료 납입이 연체되는 경우 납입최고(독촉)와 계약의 해지)에 따라 계약이 해지되는 때에는 즉시 해지환급금에서 보험계약대출의 원금과 이자를 차감한다.

④ 회사는 보험수익자에게 보험계약대출 사실을 통지할 수 있다.

⑤ 보험약관에서는 보험계약대출이라는 용어를 사용하는데 보험약관대출이라고 한다.

8. 보험자의 면책사유

의의: 보험계약에서 정한 보험사고가 보험기간 중에 발생하였다고 하더라도 일정한 경우에는 보험자가 보험금의 지급이 면제되는 경우가 면책사유이다.

1) 책임면제사유와 담보배제사유

책임면제사유: 보험사고의 결과에 대해 보험사고의 원인과 결부시켜 보험자의 책임을 면제하는 것.

담보배제사유: 보험계약에서 담보하는 보험사고의 담보위험의 범주에 아예 처음부터 제외하는 것.

2) 법정 면책사유

① 보험계약자 등의 고의, 중과실로 인한 보험사고

의의: 상법 제659조에서는 보험사고가 보험계약자 또는 피보험자, 보험수익자의 고의 또

는 중대한 과실로 인하여 생긴 때에는 보험자는 보험금액을 지급할 책임이 없다고 규정하고 있다.

☆ 보험가입 후 2년 후 자살(생명보험)

생명보험 표준약관에서는 피보험자가 "보장개시일(책임개시일)로부터 2년이 지난 후에 자살한 경우"에 보험자의 보험금 지급책임을 인정하고 있다.

② 전쟁위험 등으로 인한 면책

보험사고가 전쟁, 기타의 변란으로 인하여 생긴 때에는 당사자 간에 다른 약정이 없으면 보험자는 보험금액을 지급할 책임이 없다(제660조).

③ 손해보험 면책사유

손해보험 일반면책사유: 일반손해보험의 목적물인 보험 목적의 성질, 하자 또는 자연소모로 인한 손해를 면책사항으로 규정하고 있다(제678조)

운송보험 면책사유: 운송보험에서 보험사고가 송하인 또는 수하인의 고의 또는 중대한 과실로 인하여 발생한 경우에 보험자는 면책이다(제692조)

해상보험 면책사유: 해상보험의 특수성에 면책범위가 넓다. 기타 생략함.

④ 약관상 면책사유: 각종 보험약관에서 법률상 면책사유 외에 보험종목에 따라 인수하기 어려운 위험에 대하여 보험자의 면책사유를 규정한 것을 면책약관이라 한다(상법 제663조).

⑤ 면책사유의 입증책임: 보험자

원인이 밝혀지지 않은 보험사고의 경우 보험자가 면책사유에 대한 입증을 하지 못하는 한 보험자는 보험자는 보험금 지급책임을 부담한다.

제3절 보험계약성립 후 보험계약자 · 피보험자 · 보험수익자의 의무

1. 보험료지급의무

보험계약이 성립되면 보험계약자는 보험자에게 보험료를 지급할 의무를 진다(상법 제638조).

보험자는 보험 사고가 생긴 경우에 피보험자 또는 보험 수익자에게 보험금을 지급할 의무가 있다.

보험료는 보험금에 대한 대가관계에 있는 것으로 보험료의 납입은 보험자의 책임발생의 전제가 되는 것이다(상법 제656조 참조). 따라서 보험료 지급의무는 보험계약자의 가장 중요한 의무라고 할 수 있다.

1) 보험료의 성격

보험계약은 유상계약(有償契約)으로서 보험계약이 성립하면, 보험계약자는 보험자에게 보험료를 지급할 의무를 진다. 보험료는 보험자가 보험계약상의 책임을 지는 대가로서 보험계약자가 지급하는 것으로서 보험자가 지급할 보험금과 대가관계를 이루고 있다
보험료의 지급은 보험자의 책임의 전제가 되어 보험계약이 성립하였다고 하더라도 제1회 보험료의 지급이 없는 경우 다른 약정이 없으면 보험자는 보험계약상의 책임을 지지 않는다.

2) 보험료의 지급의무자

보험료지급의무는 보험계약의 당사자인 보험계약자가 지는 것이고, 타인을 위한 보험계약의 피보험자 또는 보험수익자는 보험계약자가 파산선고를 받거나 보험료의 지급을 지체한 때에 그 권리를 포기하지 아니하는 한 제2차적으로 그 의무를 지게 된다.

3) 보험료의 지급시기

보험자의 책임은 최초의 보험료를 지급받은 때로부터 개시되므로 보험계약자는 보험계약이 성립한 후 지체없이 보험료의 전부 또는 제1회 보험료를 지급하여야 한다. 여기서 보험료의 전부라 함은 일시지급의 경우이고, 제1회 보험료는 분할지급의 경우를 가리킨다. 그리고 보험료를 나누어 지급하기로 한 분할지급의 경우 제2회 이후의 계속보험료는 약정한 지급기일에 지급하여야 한다.

4) 보험료의 지급방법

보험료의 지급방법에 대하여는 계약청약 시 정하는 것이 보통이다. 즉 보험기간 전체에 대한 보험료를 한 번에 내느냐 분할하여 내는가에 따라 일시지급, 분할지급의 구별이 있는바, 실무상 일시납·연납·6월납·3월납·월납의 형태로 나누어져 있다.
보험료의 지급은 반드시 현금으로 하여야 하는 것은 아니고 신용카드, 어음이나 수표를 이용하여 지급할 수 있다.
어음과 수표는 금전지급결제를 위하여 사용하는 유가증권이며 그 자체가 현금은 아니므로 보험계약자가 보험료의 지급 자체로서 어음·수표를 교부하였다는 의사가 명백하지 않는 한 보험료채무와 어음(수표)채무가 병존하게 된다. 따라서 어음의 교부가 보험료의 지급자체는

아니고 어음의 지급기일까지 보험료의 지급을 유예하여 어음의 지급이 있을 때에 보험료를 지급한 것으로 한다는 조건부지급이라 할 수 있고, 수표는 금전지급증권이므로 그것의 지급이 거절되는 것을 해제조건으로 하는 대물변제로 보는 것이 옳을 것이다.

5) 보험료의 지급장소

상법은 보험료의 지급장소에 관하여 특별한 규정을 두고 있지 아니하므로 민법의 일반원칙에 따라 보험료의 지급은 원칙적으로 채권자인 보험자의 영업지점에 하여야 한다. 즉 보험료채무는 추심채무(推尋債務)가 아니라 지참채무(持參債務)이다. 그러나 실거래에서는 보험모집인이 직접 보험계약자를 방문하여 보험료를 받도록 하는 경우가 많은바, 이 경우에는 특약에 의하여 보험료채무는 추심채무로 된다고 해석해야 한다.

2. 보험료의 반환청구

• 보험계약의 전부 또는 일부가 무효인 경우

보험계약자, 피보험자, 보험수익자가 선의이며 중대한 과실이 없을 때, 보험자에 대하여 보험료의 전부 또는 일부의 반환을 청구할 수 있다(제648조).

• 보험사고 발생 전에 계약을 임의 해지한 경우

보험사고 발생 전에는 보험계약자는 언제든지 계약의 전부 또는 일부를 해지할 수 있으며, 이 경우 당사자 간에 다른 약정이 없으면 보험계약자는 미경과보험료의 반환을 청구할 수 있다(제649조).

3. 보험료 지급지체의 효과

1) 최초보험료의 지급지체

① **보험자의 보상책임 면제**: 최초의 보험료를 받지 아니한 때에는 보험사고가 발생하여도 책임을 지지 않는다(제656조). * 보험자의 책임 개시일: 제1회(최초) 보험료 납부일
② **보험계약의 해제**: 보험계약자는 계약체결 후 지체없이 보험료의 전부 또는 제1회 보험료를 지급하여야 하는데, 이를 지급하지 아니한 경우에 계약체결 후 2개월이 경과하면 그 계약은 해제된 것으로 본다(제650조).

③ 보험증권 교부의무의 면제: 보험자는 보험계약이 성립한 때에는 지체 없이 보험증권을 작성하여 보험계약자에게 교부하여야 하는데, 보험계약자가 최초의 보험료를 지급하지 아니한 때에는 그러하지 아니하다(제640조).

2) 계속보험료의 지급지체(연체)

계속보험료가 약정한 시기에 지급되지 아니한 때에는 보험자는 상당한 기간을 정하여 보험계약자에게 최고하고 그 기간 내에 지급되지 아니한 때에는 그 계약을 해지할 수 있다(제650조 ②). * 실무에서 보험계약이 효력상실(실효)된 것이다.

특정한 타인을 위한 보험계약의 경우 보험계약자가 보험료의 지급을 지체한 때에는 보험자는 그 타인에게도 상당한 기간을 정하여 보험료의 지급을 최고한 후가 아니면 그 계약을 해제 또는 해지하지 못한다(제650조 ③).

3) 보험료 납입최고와 계약해지

① 보험료 납입최고: 보험계약자가 계속보험료를 약정한 시기에 납입하지 아니한 경우에 보험자는 상당한 기간을 정하여 보험료 납입의무자에게 최고하고 그 기간 내에 보험료를 지급하지 아니한 때에는 그 계약을 해지할 수 있다(보험료 납입 최고기간: 14일 이상).

② 계약해지: 계속보험료의 지체로 보험자가 납입최고를 하였음에도 불구하고 보험료의 지급을 지체하는 경우 보험자는 계약을 해지할 수 있다.

4) 보험료의 부지급으로 인한 계약의 효력상실(실효)

① 최초보험료 부지급으로 인한 계약 해제의 의제(실효약관 조항의 효력)
   보험계약자는 계약 체결한 후 지체 없이 보험료 전부 또는 제1회 보험료를 지급하여야 한다. 이를 지급하지 않을 때 계약 성립 후 2개월이 경과하면 그 계약은 해제된 것으로 본다('해제의제').

② 계속보험료 미지급으로 인한 계약의 해지(책임면제약관 조항의 효력)
   계속보험료가 약정한 시기에 지급되지 아니한 때에는 보험자는 상당한 기간을 정하여 보험계약자에게 최고(催告)하고, 그 기간 내에 지급되지 아니한 때에는 그 계약을 해지할 수 있다.

■ 실효약관 및 책임면제약관 조항의 효력

① 실효약관 조항의 효력: 상법 제650조 제②항에서 규정하고 있는 최고의 절차를 거치지 아

니한 채 약관에 보험료 지급일부터 상당한 유예기간을 정하고, 그 기간 안에 보험료 지급이 없는 때에는 보험계약이 자동실효 된다는 보통보험약관의 조항을 "실효약관"이라고 한다.

② 책임면제약관 조항의 효력: 계속보험료가 연체되는 경우에 보험계약은 그대로 존속시키되 보험료의 미지급 기간 동안 보험자의 보험금 지급책임을 면하도록 규정한 약관조항을 "책임면제"이라고 한다.

5) 보험료 청구권의 소멸시효

보험자의 보험료청구권은 2년간 행사하지 아니하면 시효가 완성되어 보험료청구권은 소멸한다(제662조).

보험자는 최초보험료는 보험계약이 성립한 날로부터 2년, 계속보험료는 그 지급(납입)기일로부터 2년 안에 청구권을 행사하여야 한다.

2. 위험변경 · 증가의 통지의무

의의: 보험계약자 또는 피보험자가 보험기간 중 위험이 현저하게 변경, 증가된 그 사실을 안 때에는 지체 없이 보험자에게 통지해야 하는 의무이다(상법 제652조 제1항).

보험자: 위험의 크기 산정한 후 위험의 인수여부, 보험요율 산정한다.

※ 통지의무의 대상으로 규정된 사고발생의 위험이 현저하게 변경 또는 증가된 사실이라 함은 그 변경 또는 증가된 위험이 보험계약의 체결 당시에 존재하고 있었다면 보험회사가 보험계약을 체결하지 않았거나 적어도 그 보험료로는 보험을 인수하지 않았을 것으로 인정되는 사실을 말한다(대법원 2004. 6. 11. 선고 2003다18494 판결).

1) 통지의무의 발생요건

① 위험의 현저한 변경 및 증가: 사고발생의 위험이 현저히 변경, 증가 등 매우 높다.

"현저하게"란 보험자가 그 사실을 알았다면 보험계약을 체결하지 않거나 적어도 동일한 조건으로 보험을 인수하지 않았을 것으로 인정되는 사실을 말하며, 이는 객관적으로 판단되어야 한다. 위험의 변경, 증가는 일정기간 지속가능성이 있는 경우에 한정 하고, 일시적인 것은 대상이 아니다.

② 보험기간 중의 변경 및 증가: 위험의 변경, 증가는 보험기간 중에 발생하여야 한다(보험계약 체결 전에 존재하던 위험에 대하여는 고지의무의 대상이다. 보험 인수여부, 보험료 재산정).

③ 위험의 변경 및 증가 사실의 인식: 보험계약자 또는 피보험자가 위험이 변경, 증가되었다
   는 사실을 인식하여야 한다. 이러한 인식이 없으면 통지의무는 없다.
④ 귀책사유의 부존재: 위험의 변경, 증가는 보험계약자 또는 피보험자의 행위로 발생한 것
   이 아니어야 한다. 즉, 자연적으로 위험이 현저하게 변경, 증가되었거나 보험계약자 또
   는 피보험자와 관계없는 제3자에 의하여 야기된 것이어야 한다.

2) 통지의무의 내용

통지의무자: 보험계약자, 피보험자
수령권자: 보험자, 대리인
통지시기: 위험을 현저하게 변경, 증가의 사실을 안 때 지체 없이 통지해야 함.

3) 통지 효과

① 의무 이행의 효과: 해지 전 보험사고－해지, 보험금 지급책임 없음. 보험금 이미 지급－보
   험금 반환청구
   보험자는 1월 이내에 보험료의 증액을 청구하거나 계약을 해지할 수 있다(제652조).
② 의무 불이행의 효과: 보험계약자 등이 통지의무를 해태한 경우에 보험자는 그 사실을 안
   날로부터 1월 내에 계약을 해지할 수 있다(재652조 ①).

※ 피보험자가 직업이나 직종을 변경하는 경우에 그 사실을 통지하도록 하면서 그 통지
   의무를 게을리한 경우 직업 또는 직종이 변경되기 전에 적용된 보험요율의 직업 또는
   직종이 변경된 후에 적용해야 할 보험요율에 대한 비율에 따라 보험금을 삭감하여 지
   급하는 것은 정당하다(대법원 2003. 6. 10. 선고 2002다63312 판결).

(사례) 직업변경과 통지의무

※ 직업이 변경됨에 따라 위험도 변경된 경우 보험회사에 통지해야 하는지의 여부

◎ (질문)

저는 사무직원으로 근무하면서 상해보험을 가입하였습니다. 경기불황으로 다니던 직장을 그만두고 당분간
택시운전기사로 일하게 되었습니다. 영업용 택시를 운전하던 중 교통사고를 당하여 병원에서 한 달간 입원
치료를 받은 후 보험회사에 입원치료비 등의 보험금을 청구하였으나 보험회사는 보험금을 전액 지급하지
않고 삭감하여 지급한다고 합니다. 보험회사의 처리가 정당한 것입니까?

4) 위험변경 · 증가의 통지에 따른 보험회사의 결정

보험회사는 위험변경증가의 통지를 받은 때에는 1개월 내에 보험료의 증액을 청구하거나 계약을 해지할 수 있다(「상법」 제652조 제2항).

   ※ 보험회사는 보험계약자, 피보험자 또는 보험수익자의 고의 또는 중대한 과실로 사고발생의 위험이 현저하게 변경 또는 증가된 경우 그 사실을 안 날부터 1개월 내에 보험료의 증액을 청구하거나 계약을 해지할 수 있다(「상법」 제653조).

보험기간 중에 보험계약자 또는 피보험자가 사고발생의 위험이 현저하게 변경 또는 증가된 사실을 안 때에는 지체 없이 보험자에게 통지해야 한다(상법 제652조 제1항). 이때 「위험」이란 보험사고의 발생가능성을 의미하고, 「현저한 변경 또는 증가」란 보험계약의 체결 당시에 그러한 사실이 존재하였다면 보험자가 계약을 체결하지 않았거나 또는 적어도 동일한 조건으로는 그 계약을 체결하지 않았을 것으로 생각되는 정도의 위험의 변경 또는 증가를 말한다. 보험계약자 또는 피보험자가 그 위험의 변경 · 증가의 사실을 알면서 지체 없이 보험자에게 통지하지 아니한 때에는 보험자는 그 사실을 안 날로부터 1월 내에 한하여 보험계약을 해지할 수 있다(동법 제652조). 보험자가 보험계약을 해지하면 보험금을 지급할 책임이 없고, 이미 지급한 보험금은 반환청구를 할 수 있다. 그러나 위험의 현저한 변경 또는 증가된 사실이 보험사고발생과 인과관계 없음이 증명된 경우엔 보험자는 보험금 지급의무를 부담한다(동법 제655조). 이러한 인과관계가 부존재 한다는 입증책임은 보험계약자 측이 부담한다

(대법 95다25268). 보험사고발생의 위험이 현저하게 변경 또는 증가한 경우로서 보험계약자 등이 지체 없이 통지하여 보험자가 이를 안 경우에는, 보험자는 그 통지를 받은 후 1개월 내에 보험료의 증액을 청구하거나 또는 계약의 해지를 할 수 있다(동법 제652조).

사고발생의 위험이 현저하게 변경 또는 증가된 사실이라는 것은 그 변경 또는 증가된 위험 이 보험계약의 체결 당시에는 존재하고 있었다면 보험자가 보험계약을 체결하지 않았거나 적어도 그 보험료로는 보험을 인수하지 않았을 것으로 인정되는 정도의 사정변경을 말한다. 보험자 입장에서는 발생 가능한 위험을 토대로 보험계약을 체결하거나 보험료를 측정하므 로 위험이 변경 증가된 사항을 제대로 알 필요가 있다. 이 의무는 간접의무로 통지하지 않 을 경우에 보험 계약이 해지될 수 있다.

통지의 시기에 있어서는 지체 없이 통지하여야 한다. '지체 없이'의 의미는 보험계약자나 피 보험자의 책임 있는 사유로 늦춰지지 않는 것을 말하며, 정당하거나 합리적인 이유로 인한 지체는 허용된다.

위험변경증가 통지의무를 지는 경우는 위험변경증가가 현저한 상태에 있을 때여야 한다. 통상적으로 보험자가 증가한 위험을 알았다면 보험계약을 체결하지 않았거나, 보험료를 더 많이 받았다고 인정될 수 있는 정도의 위험이어야 한다.

통지의무를 해태하는 경우 보험자는 보험사고의 발생 후에도 위험변경 내지 증가의 사실을 안 날로부터 또는 통지를 받은 날로부터 1개월 내에 계약을 해지할 수 있고, 이 경우 보험 자는 보험금을 지급할 책임이 없거나 이미 지급한 보험금의 반환을 청구할 수 있다. 따라서 이 경우 보험계약자 또는 피보험자는 보험금을 지급받지 못하는 상태에서 보험료만 계속 납부한 셈이 된다.

3. 위험변경 · 증가의 금지의무(위험유지의무)

의의: 보험기간 중에 보험계약자, 피보험자 또는 보험수익자는 보험자가 인수한 위험을 임의로 변경, 증가시키지 않고 그대로 유지시켜야 될 의무이다. "위험의 현저한 변경, 증가의 금지 의무"이다.

효과: 보험계약자 등의 고의 또는 중대한 과실로 사고발생의 위험이 현저하게 변경, 증가된 때에는 보험자는 그 사실을 안 날로부터 1월내에 보험료의 증액을 청구하거나 계약을 해지 할 수 있다(제653조).

보험계약자, 피보험자 또는 보험수익자는 보험사고발생의 위험을 현저하게 변경 또는 증가시키지 아니할 의무가 있다. 이것은 보험계약이 선의계약으로서의 성격을 갖기 때문에 보험계약 당사자인 보험계약자, 피보험자 또는 보험수익자는 보험의 목적을 관리할 의무가 있다는 점에서 인정되는 의무이다.

1) 의의 및 법적 성질

보험기간 중에 보험계약자, 피보험자 또는 보험수익자의 고의 또는 중과실로 인하여 사고발생의 위험이 현저하게 변경 또는 증가된 때에는 보험자는 그 사실을 안 날로부터 1월 내에 보험료의 증액을 청구하거나 계약을 해지할 수 있다.

이는 보험계약자 등에 보험기간 동안 위험을 계약체결 시의 상태로 유지하여야 할 의무를 부과한 것이라고 할 수 있다. 이 의무의 법적 성질은 고지의무와 같은 간접의무 또는 자기의무이다.

2) 입법취지

이것은 위험 변경·증가의 통지의무가 객관적 위험증가의 경우에 해당되는 데 반하여, 주관적 위험변경·증가의 경우에 해당되는 의무이다. 위험유지의무는 보험계약 체결당시의 위험을 전제로 하여 보험을 인수한 보험자를 보호하고, 나아가 보험단체 전체의 이익을 꾀하기 위한 것이다.

3) 의무위반의 효과

보험계약자 등이 이 의무를 위반한 때에는 보험자는 그 사실을 안 날부터 1월 내에 보험료의 증액을 청구하거나 계약을 해지할 수 있다. 보험금액을 지급한 후에 그 사실을 안 때에도 계약을 해지하고, 이미 지급한 보험금의 반환을 청구할 수 있다. 그러나 위험의 현저한 변경 또는 증가와 보험사고의 발생 사이에 인과관계가 없음을 보험계약자 등이 증명한 때에는 그러하지 아니한다.

4. 보험사고 발생의 통지의무

- 보험계약자, 피보험자 또는 보험수익자는 보험사고의 발생을 안 때에 지체 없이 보험자에게 통지할 의무이다(상법 제657조 ①).
- 통지 의무자: 보험계약자, 피보험자(손해보험) 또는 보험수익자(인보험)
- 의무위반 효과: 보험계약자, 피보험자 또는 보험수익자가 통지의무를 해태함으로 인하여

손해가 증가된 때에 보험자는 그 증가된 손해를 보상할 책임이 없다(제652조 ①).

1) 의의

보험계약자 또는 피보험자는 보험사고가 발생하면 지체없이 보험자에 사고사실을 통지하여야 할 의무가 있다. 이는 보험사고가 발생한 경우 보험자는 사고의 발생사실을 알 수 있는 입장이 아니기 때문이다.

보험사고 발생 사실을 안 보험계약자 등에게 사고발생 통지의무를 부과하여 보험자가 신속하게 사고사항과 원인조사, 손해내용 및 보상책임의 유무 등을 조사하기 위한 것이다.

2) 법적 성질(法的 性質)

이 의무의 법적 성질에 대하여는 보험금청구를 위한 전제조건인 동시에 보험자에 대한 진정한 의무라는 견해(眞正義務說)도 있으나, 통지의무자의 통지가 없더라도 보험자가 어떤 경위로든 보험사고의 발생을 이미 알고 있는 때에는 통지를 하지 않고도 보험금청구를 할 수 있으므로 이 의무를 보험금청구를 위한 전제조건이라고 볼 수 없다. 간접의무(間接義務)라고 보는 것이 타당하다.

3) 사고발생 통지의무의 내용

보험계약자 또는 피보험자는 보험사고가 발생한 사실을 안 때 지체 없이 통지하여야 한다. 통지의 방법으로는 서면을 규정하고 있으나 구두 또는 전화에 의한 통지도 유효하다.

보험사고발생의 통지의무자는 손해보험의 경우에는 보험계약자 또는 피보험자이며, 인보험의 경우에는 보험계약자 또는 보험수익자이다.

통지의 방법에는 상법상 아무런 제한이 없으므로 서면이나 구두로 하건 기타의 방법으로 하건 상관없다.

통지의무자는 보험사고의 발생사실을 안 때로부터 지체 없이 통지하여야 한다. 통지가 지체 없이 발송되었다면 보험자에게 도달하였는지 여부에 대한 위험을 통지의무자에게 부담시킬 수는 없다고 본다.

4) 통지사항

보험자가 손해의 조사 및 보상책임 여부 판단에 있어 필수한 사항이다.
① 사고가 발생한 때, 곳, 상황 및 손해의 정도
② 피해자 및 가해자의 성명, 주소, 전화번호

③ 사고에 대한 증인이 있을 때에는 그의 성명, 주소, 전화번호

④ 손해배상의 청구를 받은 때에는 그 내용

5) 의무위반의 효과

사고발생 통지의무를 위반한 경우 그로 인하여 늘어난 손해액이나 회복할 수 있었을 금액을 보험금에서 공제하거나 지급하지 아니한다.

이 경우 통지의무위반으로 인하여 손해가 증가되었다는 사실은 보험자가 입증하여야 한다.

① 증가된 손해에 대한 보험자의 책임제한(責任制限)

보험계약자 또는 피보험자나 보험수익자가 보험사고발생의 통지의무를 해태함으로 인하여 손해가 증가된 때에는 보험자는 그 증가된 손해를 보상할 책임이 없다(상법 제657조 제2항). 통지의무자가 보험사고발생의 통지를 하지 않은 경우에도 보험자의 보상책임이 전부 면제되는 것은 아니다. 그러나 통지의무자가 그의 귀책사유로 보험사고발생의 통지를 게을리 하고 또한 적극적인 증거인멸 등의 조치를 취한 경우에는 보험자는 보험금지급책임 전부를 면할 수 있다고 본다.

보험자는 보험사고발생 통지를 받은 후 지체 없이 지급할 보험금을 정하고 그 정한 날로부터 10일 내에 보험금을 지급하여야 하므로, 보험사고발생 통지를 받을 때까지는 보험자의 보험금지급책임이 이행지체에 빠지지 않는다.

② 입증책임(立證責任)

보험사고발생의 통지의무위반의 경우, 증가된 손해액과 통지의 해태(또는 불통지) 사이의 인과관계, 그리고 증가한 손해의 정도에 관한 입증책임은 보험자에게 있다.

• 보험금의 청구

보험계약자 또는 피보험자나 보험수익자는 보험사고의 발생을 안 때에 지체 없이 보험자에게 그 통지를 발송하여야 한다. 보험계약자 등의 보험사고 발생통지의 법적성격은 고지의무처럼 보험계약자 등에게 그 이행을 강제할 수는 없으나 보험금청구를 위한 전제조건으로 계약자 등의 의무사항이라고 보아야 한다.

"지체 없이"의 의미는 통지의무자의 귀책사유로 지연시키지 않는 것을 뜻하고 그 통지의 방법은 상법상 특별히 정하고 있지 않다. 보험사고가 발생하면 즉시 회사에 알리도록 규정한 것은 보험사고가 발생하면 사망조사 등 신속히 회사가 처리하여야 할 일이 있기 때문이다.

5. 손해보험의 손해방지의무

1) 손해보험의 경우 보험계약자와 피보험자는 손해의 방지와 경감을 위해 노력해야 한다 (「상법」 제680조 제1항 전단).

2) 손해방지의무 이행으로 인한 비용의 처리

손해방지의무를 이행하는 데 필요 또는 유익했던 비용과 보상액이 보험금액을 초과하더라도 보험회사는 이를 부담해야 한다(「상법」 제680조제1항 후단).

※ 사고발생 시 피보험자의 법률상 책임 여부가 판명되지 않은 상태에서 피보험자가 손해확대방지를 위해 긴급한 행위를 했다면 이로 인해 발생한 필요·유익한 비용도 보험회사가 부담하는 것으로 해석함이 타당하다(대법원 1993. 1. 12. 선고 91다42777 판결).

6. 보험사기 행위 금지의무

보험계약자, 피보험자, 보험금을 취득할 자, 그 밖에 보험계약에 관해 이해관계가 있는 자는 보험사기 행위를 해서는 안 된다(규제「보험업법」 제102조의2).

7. 기타 통지의무

1) 손해보험의 특수한 통지의무

① 중복보험에서 통지의무
② 보험목적의 양도 통지의무
③ 자동차의 양도 통지의무
④ 책임보험에서의 통지의무: 피보험자가 제3자로부터 손해배상 받거나, 변재, 승인, 화해, 재판으로 채무가 확정된 때.
⑤ 기타 통지의무

2) 생명보험의 보험수익자 지정, 변경의 통지의무

보험계약자가 보험수익자 지정, 변경시 보험자에게 통지. 위반시 보험자에게 저항하지 못한다(제734조).

제4절 보험계약자 · 피보험자 · 보험수익자의 권리

1. 보험금 지급청구권

보험계약자는 피보험자의 사망, 생존, 사망과 생존에 관한 보험사고가 발생하거나 보험사고로 인해 피보험자의 재산상에 손해가 생긴 경우 보험금을 청구할 권리가 있다(「상법」 제665조 및 제730조).

2. 보험료 감액청구권

① 보험계약 체결 시 당사자에게 특별한 위험이 있을 것을 예상하여 보험료 금액을 정했으나 보험기간 중 그 위험이 소멸한 경우 보험계약자는 보험료의 감액을 청구할 수 있다(「상법」 제647조).

② 손해보험에서 보험기간 중 보험계약 목적물의 가액이 현저하게 감소한 경우 보험계약자는 보험료의 감액을 청구할 수 있다. 그러나 보험료의 감액은 장래에 대해서만 그 효력이 있다(「상법」 제669조 제3항).

3. 보험료 반환청구권

보험계약의 전부 또는 일부가 무효인 경우 보험계약자, 피보험자 및 보험수익자가 선의이며 중대한 과실이 없는 경우 보험회사에 보험료의 전부 또는 일부의 반환을 청구할 수 있다(「상법」 제648조).

4. 보험계약 해지권

① 보험사고가 발생하기 전 보험계약자는 언제든지 계약의 전부 또는 일부를 해지할 수 있다. 그러나 타인을 위한 보험의 경우 그 타인의 동의를 얻지 않거나 보험증권을 소지하지 않으면 해지를 할 수 없다(「상법」 제649조 제1항).

② 보험사고의 발생으로 보험회사가 보험금액을 지급한 경우에도 보험금액이 감액되지 않는 보험일 경우 보험계약자는 사고발생 후라도 계약을 해지할 수 있다(「상법」 제649조 제2항).

5. 생명보험의 보험수익자 지정권 또는 변경권

① 보험계약자는 보험수익자를 지정 또는 변경할 권리가 있다(「상법」 제733조 제1항).

② 보험계약자가 보험수익자를 지정하지 않고 사망한 경우 피보험자는 보험수익자로 하고, 보험계약자가 보험수익자를 변경하지 않고 사망한 경우 보험수익자의 권리는 확정된다 (「상법」 제733조 제2항 전단).

③ 보험계약자가 사망한 후 그 승계인이 보험수익자를 지정 또는 변경할 수 있다는 약정을 한 경우 그 승계인은 보험수익자를 지정 또는 변경할 수 있다(「상법」 제733조 제2항 후단).

④ 보험수익자가 보험존속 중 사망한 경우 보험계약자는 다시 보험수익자를 지정할 수 있다(「상법」 제733조 제3항 전단).

⑤ 보험수익자가 사망한 후 보험계약자가 보험수익자를 다시 지정하지 않고 사망한 경우 보험수익자의 상속인을 보험수익자로 한다(「상법」 제733조 제3항 후단).

⑥ 보험수익자나 보험계약자가 사망한 후 보험계약자나 그 승계인이 보험수익자를 지정 또는 변경하기 전에 보험사고가 생긴 경우 피보험자 또는 보험수익자의 상속인을 보험수익자로 한다(「상법」 제733조 제4항).

※ 보험계약자는 자유롭게 특정 또는 불특정의 타인을 보험수익자로 지정할 수 있다. 보험수익자는 그 지정행위 시점에 반드시 특정되어야 하는 것은 아니고 보험사고 발생 시에 특정될 수 있으면 충분하므로, 보험계약자는 이름 등을 통해 특정인을 보험수익자로 지정할 수 있음은 물론 배우자 또는 상속인과 같이 보험금을 수익할 자의 지위나 자격 등을 통해 불특정인을 보험수익자로 지정할 수 있다(대법원 2006. 11. 9. 선고 2005다55817 판결).

6. 보험계약 이전 시 이의 제기

① 이전될 보험계약의 보험계약자로서 이의가 있는 사람은 일정한 기간 동안 이의를 제출할 수 있는데, 그 기간은 1개월 이상으로 해야 한다(규제 「보험업법」 제141조 제2항).

② 이의를 제출한 보험계약자가 이전될 보험계약자 총수의 10분의 1을 넘거나 그 보험금액이 이전될 보험금총액의 10분의 1을 넘는 경우 보험계약의 이전은 하지 못한다(규제 「보험업법」 제141조 제3항).

7. 보험모집에 따른 손해발생 시 보상받을 권리

① 보험회사는 그 임직원·보험설계사 또는 보험대리점(보험대리점 소속 보험설계사 포함)이 모집을 함에 있어서 보험계약자에게 손해가 발생한 경우 배상할 책임을 진다(「보험업법」제102조제1항 본문).

② 다만 보험회사가 보험설계사 또는 보험대리점에 모집을 위탁함에 있어서 상당한 주의를 기울였고, 또한 모집 시 보험계약자에게 손해가 발생하지 않도록 노력한 경우에는 책임을 부담하지 않을 수 있다(「보험업법」제102조제1항 단서).

(사례) 보험회사의 손해배상책임

보험설계사의 부당행위와 보험회사의 책임

◎ (질문)

보험설계사로부터 연간 수익률표에 따라 매년 확정금리 7%를 보장한다는 설명을 듣고 일시납 연금보험에 가입한 후 1년 뒤 이자를 수령하려 했는데, 이 보험상품은 이자가 지급되는 상품도 아니고 해약할 경우 납입원금의 80% 정도 밖에 찾을 수 없다고 합니다. 납입원금과 약정이자의 지급을 요구하였으나 보험회사에서는 책임이 없다고 주장합니다.

◎ (답변)

1. 보험설계사의 허위·과장 설명으로 보험계약을 체결하였다는 사실이 분명히 인정된다면 보험회사가 손해액 상당을 배상해야 할 책임이 있습니다.

2. 「보험업법」은 보험설계사의 부당한 모집행위로 보험계약자에게 손해가 발생한 경우 보험회사에 무과실책임에 가까운 손해배상책임을 지움으로써 선량한 보험계약자를 보호하고 있습니다.

3. 그러나 보험상품은 일반적으로 다른 금융상품보다 수익률이 낮기 때문에 고수익을 보장한다 하더라도 가입 전에 상품내용을 면밀히 살펴보고, 필요할 경우 보험회사에 추가로 확인한 다음 보험계약을 체결해야 하며, 수익률 등은 보험설계사와의 약정 시 반드시 보험회사 명의의 증빙자료를 확인받아 두는 것이 필요합니다.

출처: 한국소비자원, 사례안내, 자주 묻는 질문.

제5절 보험자의 보험계약관리 내용의 제공

1. 보험계약관리내용

① 보험회사는 사업연도 만료일 기준으로 1년 이상 유지된 계약에 대해 보험계약관리내용을 연 1회 이상 보험계약자에게 제공해야 한다[「보험업감독규정」(금융위원회고시 제2020-9호, 2020. 3. 18. 발령·시행) 제7-45조 제2항 제4호 본문].

② 변액보험(퇴직연금실적배당보험 포함)계약의 경우에는 변액보험(퇴직연금실적배당보험 포함)계약자에게 분기별 1회 이상 보험계약관리내용을 제공해야 하며, 인터넷 홈페이지를 통하여 보험계약자가 수시로 계약의 변동내역을 확인할 수 있도록 해야 한다(「보험업감독규정」 제7-45조 제2항 제4호 단서).

2. 보험계약관리내용의 기재사항

① 보험회사에서 제공하는 보험계약관리내용에는 다음의 내용이 기재되어 있어야 한다. [「보험업감독업무시행세칙」(금융감독원세칙 2019.4.26. 발령, 2019.5.1. 시행) 제5-11조 제1항 제5호].
- 보험계약자와 피보험자의 성명, 연령 및 성별
- 보험회사의 상호, 본점 또는 점포의 주소와 전화번호
- 보험계약의 내용에 관한 사항
- 보험료 납입에 관한 사항
- 계약자 배당에 관한 사항
- 보험계약자의 대출금액 및 대출이율에 관한 사항
- 금리연동형보험의 경우 직전연도에 적용한 적용이율의 변동현황
- 직업·직무변경 등 통지의무에 관한 사항
- 저축성보험(금리확정형보험 제외)의 사업비, 위험보장을 위해 부가된 금액의 총액, 특별계정에 투입되거나 적용이율로 부리되는 금액의 총액 및 납입보험료 대비 수익률

② 변액보험(퇴직연금실적배당보험 포함)계약의 보험계약관리내용에는 위 기재내용 외에 다음의 사항이 포함되어야 한다(「보험업감독업무시행세칙」 제5-11조 제2항).
- 보험금액 변동에 관한 사항

- 납입구좌, 구좌당 기준가격 및 해지 시 해지환급금
- 가입한 특별계정의 종류 및 특별계정별 계약자 적립금 내역
- 특별계정 운용에 대한 보수 및 수수료
- 직전 사업연도 말 기준 변액보험(퇴직연금실적배당보험 포함)의 특별계정 결산사항 등

제6절 보험자의 인터넷 홈페이지의 게시를 통한 정보제공

• 보험계약 내용의 공시

보험회사는 다음의 사항을 보험회사의 인터넷 홈페이지에서 보험계약자 등이 쉽게 확인할 수 있도록 공시해야 한다(「보험업감독규정」 제7-45조 제1항 본문).
① 판매상품별 상품요약서, 상품설명서, 사업방법서, 보험약관(변경 전 보험약관 및 판매중지 후 2년이 경과되지 않은 보험약관 포함)
② 금리연동형 보험의 적용이율(최저보증이율 포함) 및 산출방법(공시이율 적용상품은 공시기준 이율 산출방법, 공시기준이율, 조정율 포함) 등
③ 계약자배당금 산출기준, 계약자 배당율, 계약자 배당준비금 부리이율
④ 그 밖에 감독원장이 보험계약자 등의 보호를 위해 필요하다고 인정하는 사항

※ 변액보험계약 및 퇴직연금실적배당보험계약의 경우(「보험업감독규정」 제5-6조 제1항 제3호)에는 다음의 사항을 기재해야 한다(「보험업감독규정」 제7-45조 제1항 제3호).
- 매월 말 현재의 특별계정별 자산·부채 및 자산구성내역
- 매일의 특별계정별 자산의 기준가격 및 수익률
- 특별계정 운용에 대한 보수 및 수수료(귀속주체별로 구분)
- 변액보험(퇴직연금실적배당보험 포함) 운용설명서
- 매월말 현재의 특별계정별 자산에 대한 특수 관계에 있는 자에 해당하는 자산운용회사에 위탁한 금액 및 비율
- 변액보험계약의 경우 특수 관계에 있는 자에 해당하는 자산운용사와 그 밖의 자산운용회사별로 위탁비중, 수익률, 특별계정운용 위탁과 관련하여 자산운용사에 지급하는 투자일임보수

※ 연금저축생명보험 계약, 연금저축손해보험 계약 및 자산연계형보험 계약의 경우(「보험업
감독규정」 제5−6조 제1항 제1호 및 제6호)에는 다음의 사항을 기재해야 한다(「보험업감독규정」
제7−45조 제1항 제4호).

 − 매월 말 현재의 특별계정별 자산·부채 및 자산구성내역
 − 금리연동형보험의 직전 3년간 공시이율(최저보증이율 포함) 및 직전 3년간 이자율차 배
   당률

제4장
보험계약 체결 시 확인서류

제1절 보험계약 청약서

1. 청약서

1) 청약서는 계약의 청약의사를 기재하는 문서를 말한다(법제처·한국법제연구원, 법령용어해설).
2) 보험회사는 보험계약자 또는 피보험자(보험대상자)가 보험계약 청약서에 기재하여 보험회사에 알린 사항과 관계, 보험설계사의 보고서 등을 판단하여 보험의 승낙 여부를 결정한다[「보험업감독업무시행세칙」(금융감독원세칙 2019. 12. 20. 발령, 2020. 1. 1. 시행) 별표 14.생명보험 표준사업방법서 제5조 제1항 및 손해보험 표준사업방법서 제9조 제1항].

2. 청약서의 필수 기재사항

청약서에는 보험모집을 한 당사자의 소속, 성명, 연락처와 다음의 사항이 기재되어야 한다
[「보험업감독규정」(금융위원회고시 제2020-9호, 2020. 3. 18. 발령·시행) 제7-45조 제5항 및
「보험업감독업무시행세칙」별표 14. 생명보험 표준사업방법서 제11조 제1항 제2호].
① 제1회 보험료 영수증
② 청약철회 청구안내 및 청약철회 신청서
③ 계약 전 알릴의무 사항
④ 표준약관의 주요내용
⑤ 위험직종분류표 및 위험직종별 보험가입한도

3. 자필서명

1) 청약서에는 보험계약자 또는 피보험자(보험대상자)가 자필서명을 해야 한다. 다만, 단체가 규약에 따라 구성원의 전부 또는 일부를 피보험자(보험대상자)로 하는 계약을 체결하는 경우에는 피보험자의 자필서명이 없어도 된다(「보험업감독업무시행세칙」 별표 14. 생명보험 표준사업방법서 제5조제2항 전단).

2) 단체보험의 보험수익자를 피보험자 또는 그 상속인이 아닌 사람으로 지정할 경우에는 단체의 규약에서 명시적으로 정한 경우가 아니면 피보험자의 자필서명이 있어야 한다(「보험업감독업무시행세칙」 별표 14. 생명보험 표준사업방법서 제5조 제2항 후단).

제2절   보험약관의 발급 및 중요한 내용의 설명

1. 약관의 의의 및 효력

"약관"이란 그 명칭이나 형태 또는 범위를 불문하고 계약의 일방당사자가 다수의 상대방과 계약을 체결하기 위해 일정한 형식으로 미리 마련한 계약의 내용이 되는 것을 말한다(법제처·한국법제연구원, 법령용어사례집).

> ※ 당사자 사이에서 보험약관을 기초로 하여 보험계약이 체결된 때에는 특별한 사정이 없는 한 그 보험약관은 계약내용에 포함시키기로 합의된 것으로서 계약당사자에 대하여 구속력을 가진다(대법원 1996. 10. 11 선고 96다19307 판결).

2. 약관의 발급 및 중요한 내용의 설명

보험회사는 보험계약을 체결할 때 보험계약자에게 보험약관을 발급하고 그 약관의 중요한 내용을 설명해야 한다(「상법」 제638조의3 제1항).

3. 보험약관의 필수 기재사항

약관을 작성함에 있어 다음의 사항을 기재해야 한다(「보험업감독규정」 제7-59조).

① 보험회사가 보험금을 지급해야 할 사유

② 보험계약의 무효사유

③ 보험회사의 면책사유

④ 보험회사 의무의 범위 및 그 의무이행의 시기

⑤ 보험계약자 또는 피보험자가 그 의무를 이행하지 아니한 경우에 받는 손실

⑥ 보험계약의 전부 또는 일부의 해지 원인과 해지한 경우 당사자의 권리와 의무

⑦ 보험계약자, 피보험자 또는 보험금액을 취득할 자가 이익 또는 잉여금의 배당을 받을 권리가 있는 경우에는 그 범위

⑧ 적용이율 또는 자산운용 실적에 따라 보험금 등이 변동되는 경우 그 이율 및 실적의 계산 및 공시방법 등

⑨ 예금자보호 등 보험계약자 권익보호에 관한 사항

4. 약관의 기재를 통한 권리 변경

보험계약자와 보험회사는 당사자 간의 특약으로 보험계약자 또는 피보험자나 보험수익자에 불이익하게 법률을 변경하여 적용하지 못한다. 그러나 재보험 및 해상보험, 그 밖의 이와 유사한 보험의 경우에는 그렇지 않다(「상법」 제663조).

5. 위반의 효과

1) 보험회사가 약관의 발급 및 중요한 내용의 설명의무를 위반한 경우 보험계약자는 보험계약이 성립된 날부터 3개월 이내에 그 계약을 취소할 수 있다(「상법」 제638조의3 제2항).

  ※ 보험계약의 체결 시 보험회사는 보험계약자에게 보험상품의 내용, 보험료율의 체계, 보험청약서 상 기재 내용의 변동 및 보험회사의 면책사유 등 보험계약의 중요한 내용을 구체적이고 상세하게 명시하고 설명해야 한다. 만약 이러한 보험약관의 명시·설명의무를 위반한 경우에는 그 약관의 내용을 보험계약의 내용으로 주장할 수 없다(대법원 1999. 3. 9. 선고 98다43342 판결).

※ 명시·설명의무가 인정되는 것은 어디까지나 보험계약자가 알지 못하는 가운데 약관의 중요한 사항이 계약내용으로 되어 보험계약자가 예측하지 못한 불이익을 받게 되는 것을 피하고자 하는데 그 근거가 있으므로, 약관에 정해진 사항이라고 하더라도 거래상 일반적이고 공통된 것이어서 보험계약자가 별도의 설명 없이도 충분히 예상할 수 있었던 사항이거나 이미 법령에 의하여 정해진 것을 되풀이하거나 부연하는 정도에 불과한 사항이라면, 그러한 사항까지 보험회사에게 명시·설명의무가 있다고는 할 수 없다(대법원 2004. 4. 27. 선고 2003다7302 판결).

2) 다음의 경우 보험계약자 또는 피보험자가 계약이 성립한 날부터 3개월 내에 계약을 취소할 수 있다(「보험업감독업무시행세칙」 별표 15. 생명보험 표준약관 제18조 제2항, 질병·상해보험 표준약관 제20조 제2항, 화재보험 표준약관 제20조 제2항, 자동차보험 표준약관 제39조 제4항 본문 및 배상책임보험 제20조 제2항).
① 약관 및 계약자 보관용 청약서를 청약할 때 계약자에게 전달하지 않은 경우
② 약관의 중요한 내용을 설명하지 않은 경우
③ 청약서에 자필서명을 받지 않은 경우

3) 위의 사유로 취소하는 경우 보험회사는 보험계약자 또는 피보험자에게 이미 납입한 보험료와 보험료를 받은 기간에 보험계약 대출 이율을 연 단위 복리로 계산한 금액을 더하여 지급해야 한다(「보험업감독업무시행세칙」 별표 15. 생명보험 표준약관 제18조 제4항, 질병·상해보험 표준약관 제20조 제4항, 화재보험 표준약관 제20조 제3항, 자동차보험 표준약관 제39조 제5항 및 배상책임보험 제20조 제3항).

제3절 보험 안내자료 등

1. 제공받아야 할 보험안내자료

보험회사 또는 모집종사자는 보험계약자에게 보험모집 단계별로 보험약관 및 보험안내자료 등을 제공해야 한다(「보험업감독규정」 제7-45조 제2항).

2. 보험 상품설명서의 기재사항

보험 상품설명서에는 보험모집을 한 당사자의 소속, 성명, 연락처 등이 기재되어 있어야 한다(「보험업감독규정」 제7-45조 제5항).

3. 변액보험 운용설명서

1) 변액보험 운용설명서의 발급

보험계약자가 청약한 보험이 변액보험일 경우 보험회사는 보험계약 체결 권유단계에서 보험계약자에게 변액보험 운용설명서를 제공하고 중요한 내용을 설명해야 한다(「보험업감독규정」 제7-45조 제2항 제1호 다목).

2) 변액보험 운용설명서의 기재사항

변액보험 운용설명서에는 다음의 사항이 기재되어야 한다(「보험업감독업무시행세칙」 제5-11조 제1항 제4호).

① 변액보험(퇴직연금실적배당보험 포함) 가입 시 유의사항
② 변액보험(퇴직연금실적배당보험 포함)의 개요 및 상품구조
③ 변액보험(퇴직연금실적배당보험 포함) 특별계정별 자산의 운용 및 평가
④ 변액보험(퇴직연금실적배당보험 포함) 특별계정 운용에 대한 보수 및 수수료
⑤ 최근 3년간의 변액보험(퇴직연금실적배당보험 포함) 특별계정운용실적

제4절 보험증권

---

1. 보험증권의 발급

1) 보험회사는 보험계약이 성립한 경우 즉시 보험증권을 작성하여 보험계약자에게 발급해야 한다. 그러나 보험계약자가 보험료의 전부 또는 최초의 보험료를 지급하지 않은 경우에는 그렇지 않을 수 있다(「상법」 제640조 제1항 전단).

※ 보험회사는 보험계약이 성립하면 보험계약자가 보험료를 납부하지 않는 등의 특별한 사정이 없는 한 즉시 그 계약의 성립과 내용을 증명하는 보험증권을 작성하여 보험계약자에게 발급해야 할 의무가 있으므로, 그 보험증권이 보험계약자의 의사에 반해 보험계약자에게 담보를 제공한 제3자에게 발급되었다면 이러한 의무가 이행되었다고 볼 수 없다(대법원 1999. 2. 9. 선고 98다49104 판결).

※ 일반적으로 보험계약은 당사자 사이의 의사 합치에 의해 성립되는 낙성계약으로서 별도의 서면을 요하지 않으므로 보험계약을 체결할 때 작성·교부되는 보험증권은 하나의 증거증권에 불과한 것이어서 보험계약의 성립 여부라든가 보험계약의 내용 등은 그 증거증권만이 아니라 계약 체결의 전후 경위 등을 종합하여 인정할 수 있다(대법원 2004. 4. 27. 선고 2003다7302 판결).

2) 기존의 보험계약을 연장하거나 변경한 경우 보험회사는 그 보험증권에 그러한 사실을 기재함으로써 보험증권의 교부에 갈음할 수 있다(「상법」 제640조 제2항).

2. 보험증권의 내용에 관한 이의제기

보험계약자 또는 피보험자는 보험증권을 발급받은 날부터 1개월 이상의 기간을 정하여 증권내용의 정부(正否)에 관한 이의를 보험회사에 제기할 수 있음을 약정할 수 있다(「상법」 제641조).

3. 보험증권의 기재사항

보험증권에는 보험모집을 한 당사자의 소속, 성명, 연락처와 다음의 사항이 기재되어야 한다(「보험업감독규정」 제7-45조 제5항 및 「보험업감독업무시행세칙」 별표 14. 생명보험 표준사업방법서 제11조 제1항 제1호).
① 증권번호, 보험종목의 명칭
② 보험기간, 보험계약일, 계약만기일, 보험납입주기, 보험료 납입기간
③ 피보험자, 보험계약자 및 보험수익자의 성명 및 생년월일
④ 보험료, 보장내용

제5절 영수증의 발급

• 영수증의 발행자 확인 등

1) 보험 계약 시 보험계약자가 모집인에게 보험료를 준 경우 영수증은 소속보험회사 또는 모집을 위탁한 보험회사 명의로 발급된 것을 받아야 한다(「보험업감독규정」 제4-31조 제3항 본문).

2) 보험료 영수증의 효력

화재보험계약의 보험료로 약속어음과 그 어음금에 대한 한 달분의 이자를 지급하기로 합의가 된 상태에서 보험회사가 약속어음을 교부받지 않고 그 어음금에 대한 이자를 대납하고 보험료 영수증을 발행하였다면 위 어음을 받지 못하였더라도 보험책임기간이 개시되었다고 볼 수 있다(대법원 2005. 11. 10. 선고 2005다38249 판결).

제5장
보험계약의 부활/순연 부활제도 및 보험실무

제1절 보험계약의 부활

1. 보험계약부활의 의의 및 개요

1) 보험계약부활의 의의

계속보험료가 지급되지 아니하여 보험계약이 해지되고 해지환급금이 지급되지 아니한 경우 보험계약자는 일정한 기간 내에 보험계약의 부활을 청구할 수 있는데, 이를 보험계약의 **부활청약**이라고 하고, 보험자가 승낙하게 되면 종전의 보험계약은 부활하게 된다. 이를 보험계약의 부활이라고 한다(제650조의 2).

계속보험료 지급을 지체함으로 인해 보험계약이 해지 또는 실효되고 해지환급금이 지급되지 않은 경우에 보험계약자는 일정한 기간 내에 연체보험료에 약정이자(평균공시이율 + 1%)를 붙여 보험자에게 지급하면서 해지 또는 실효 되었던 보험계약의 부활을 청구(청약)할 수 있다. 즉, 보험계약의 부활이란 계속보험료의 지급해태로 인하여 보험계약이 해지되었으나 아직 해지환급금이 지급되지 아니한 경우에 보험계약자는 일정한 기간 내에 연체보험료에 약정이자(평균공시이율 + 1%)를 붙여 보험자에게 지급하고 그 계약의 부활을 청구하는 것을 말한다. 경제적인 어려움으로 인하여 보험료를 납입하지 못해 보험계약이 실효되었으나 보험회사가 정한 절차에 따라 보험계약을 부활시킬 수 있는 권리이다.

보험계약의 부활에는 보험료 연체로 해지된 계약의 부활, 압류 등으로 해지된 계약의 부활, 보험모집자의 부당한 권유로 해지된 계약의 부활 등이 있으며, 각각의 부활조건 및 부활청약기간이 상이하므로 유의해야 한다.

2) 보험계약부활제도의 취지

보험계약자로서는 보험계약이 해지되어 해지환급금을 받는 경우 자신이 지금까지 납입한 보험료 총액과 비교하여 금액 면에서 손해가 되며, 또한 동일한 보장을 내용으로 하는 보험계약을 새롭게 체결하는 경우 연령증가 등으로 인해 인상된 보험료를 지급해야 하는 부담도 발생한다.

한편, 보험자로서도 기존의 고객을 타 회사에 뺏기게 될 가능성이 높다. 이러한 상황을 고려하여 해지 또는 실효된 종래의 보험계약을 회복시켜 양 당사자 모두에게 이익을 주는 제도이다. 보험계약 부활제도는 손해보험 보다는 장기적 성격의 인보험에서 주로 이용된다.

3) 보험계약부활의 개요

보험료 미납으로 보험계약이 해지된 경우 보험계약자는 보험계약의 부활을 보험회사에 청구할 수 있다.

보험계약의 부활에는 요건이 있는데 첫 번째로 계속보험료 미납으로 인한 계약 해지이다. 2회 보험료의 납입연체에 따라 계약이 해지된 경우에 한하여 보험계약 부활의 요건이 된다. 여기서 2회 보험료란 최초 청약 시 납입한 보험료를 제1회 보험료라고 하면 제1회 보험료 이후의 보험료를 2회 보험료라고 한다. 쉽게 풀어 설명하면 두 번째 보험료 미납으로 해지된 경우를 말한다. 따라서 제1회 보험료 미납으로 해제된 계약 또는 약관의 교부·명시의무 위반으로 인하여 취소된 보험계약은 부활대상이 아니다.

두 번째 요건으로 해지환급금을 받지 않아야 한다. 여기서 중요한 것은 보험계약대출 등으로 해지환급금이 없거나 소액이라서 해지환급금을 받지 않은 경우에도 해지환급금을 보험회사로부터 받지 않았다면 보험계약의 부활이 가능하다.

두 요건이 충족된 경우 보험계약자는 보험계약의 해지된 날로부터 3년 이내에 보험회사가 정한 절차에 따라 보험계약의 부활을 청구할 수 있다. 여기서 3년 이내인 것은 상법에 보험료 적립금 반환청구권의 소멸시효가 3년으로 규정되어 있기 때문이다.

보험계약자가 보험계약의 부활을 청약한 경우 보험자는 이을 승낙한 때에는 연체된 보험료에 이 계약의 평균공시이율+1% 범위 내에서 각 상품별 회사가 정하는 이율로 계산한 금액을 더하여 납입하여야 한다.

보험료 미납으로 인하여 보험료를 납입하고 부활한 보험계약은 종전 보험계약과 동일한 효력이 발생한다.

그러나 보험계약 해지 중 발생한 보험사고는 보상하지 않으나 연체보험료를 납입한 경우는 승낙 전 사고의 경우 거절할 사유가 없는 경우 보험자는 보상한다.

보험료 미납으로 인하여 계약해지의 부활은 보험계약자가 납입한 보험료적립금을 활용할 수 있도록 하고, 보험료 추가부담을 덜어줄 수 있도록 한 것이다.

마지막으로 보험계약의 부활은 종전부활로 인하여 단순히 보험계약을 유지하는 문제가 아니라 부활함으로써 보험해지 기간 동안의 사항을 최초 보험계약 청약 시에 보험회사 서면으로 질문한 중대한 사항을 사실대로 보험회사에 알려야 한다. 이는 '계약 전 알릴 의무', '계약 전 알릴의무 위반', '사기에 의한 계약' 등을 준용한다는 뜻을 유념해야 한다.

2. 보험계약부활의 내용

1) 보험료 연체로 해지된 계약의 부활

① 보험료가 미납된 경우 보험회사는 일정 기간(14일 이상, 보험기간이 1년 미만인 경우는 7일) 이상의 납입최고 기간을 정하여 보험계약자에게 보험계약이 해지됨을 알려야 하며, 동 납입 최고 기간 중 발생한 사고에 대해서는 보장을 받을 수 있다. 그러나, 납입최고기간이 경과한 후 부활 시까지 발생한 보험사고에 대해서는 보장하지 않는다.

② 보험료 연체로 해지된 보험계약은 보험계약이 해지된 날로부터 3년 이내에 부활을 청약해야 하며, 이때, 연체된 보험료와 이자를 납입하게 되면 기존계약과 동일한 조건으로 보험료를 납입하면서 보장을 받을 수 있다.

   ※ 보험은 다른 금융상품과는 달리 미래에 발생할 수 있는 사고를 장기간 보장하는 상품이다. 보험계약자의 경제적 어려움 때문에 일시적으로 보험료납입을 연체하였으나 해지환급금을 받지 않은 경우, 향후 경제적 상황이 개선되어 연체된 보험료를 납입하고 동일한 조건으로 보험계약을 유지하기 위한 제도이다.

만약, 이러한 부활제도가 없다면 보험계약자 입장에서는 새로운 보험계약에 가입해야 하는 번거로움이 있을 뿐만 아니라, 피보험자의 연령이 증가하여 보험료가 상승하거나 기존에 가입한 보험상품의 판매가 중단되어, 보험계약자가 해지전과 동일한 조건의 계약에 가입하지 못하는 등의 피해가 발생할 수 있으므로, 약관에서는 이러한 보험계약자 피해를 방지하기 위해 보험계약 부활 제도를 운용하고 있다.

2) 압류 등으로 해지된 계약의 특별부활

① 보험계약자 등의 채무불이행으로 보험계약이 해지된 경우 보험수익자는 동 해지사실을 알 수 없으므로, 보험회사는 해지일로부터 7일 이내에 보험수익자에게 해당 보험계약의 해지사실을 통지해야 한다.

보험료 연체로 인한 해지와 달리 동 기간 동안 발생한 보험사고에 대해서는 보장하지 않는다. 또한, 해지 사실을 통지한 후 부활 시까지 발생한 보험사고에 대해서도 보장하지 않는다.

② 해지통지를 받은 보험수익자는 보험계약자의 동의를 얻어 압류 등을 유발한 채무를 대신 지급하고, 15일 이내에 부활을 청약하면 기존계약과 동일한 조건으로 계약을 유지할 수 있다.

한편, 보험계약 해지 후 15일이 초과할 경우 보험계약이 완전히 소멸되므로, 부활청약은 반드시 15일 이내 신청해야 한다.

※ 보험계약자가 보험계약을 유지하던 중 채무 불이행으로 인한 압류, 담보권실행 등으로 해당 보험계약(* 소액 보장성보험 제외)이 해지될 수 있으며, 이 경우 보험계약의 실질적 보험금 수령자인 보험수익자는 보험금을 받을 수 없는 등 선의의 피해를 입을 수 있어, 약관에서는 보험수익자가 보험계약자의 지위를 이어받아 보험계약을 유지할 수 있도록 특별부활 제도를 운영하고 있다.

3) 보험모집자 등 부당한 권유로 해지된 계약의 부활

보험계약자는 보험계약이 부당하게 소멸된 경우, 보험계약이 해지된 날로부터 6개월 이내에 소멸된 보험계약의 부활을 청약할 수 있다.

• 부당하게 소멸된 경우: 기존계약이 해지된 날로부터 1개월 이내에 신계약을 가입하게 하거나, 기존계약이 해지된 날로부터 6개월 이내에 신계약을 가입하게 하면서 보험기간 및 예정이율 등 중요한 사항을 비교하여 알리지 않은 경우 등이 해당된다.

※ 보험계약자가 보험계약을 유지하던 중 보험모집자가 기존계약을 해지하고 새로운 계약을 가입하도록 권유할 수 있는데, 이러한 경우 기존계약과 새로운 계약의 보장범위가 달라지거나, 보험료가 인상되는 등의 불이익이 생길 수 있다. 이에 따라, 보험모집자의 부당한 권유로 해지된 계약의 보험계약자를 보호하기 위해, 보험업법에서는 보험계약의 부활 제도를 두고 있다.

3. 보험계약 부활의 요건

① 기존계약이 계속보험료의 부지급으로 계약이 해지된 경우이어야 한다(계속보험료의 부지급으로 인한 계약해지).
② 보험계약자에게 해지환급금이 지급되지 않아야 한다(해지환급금의 미지급).
③ 보험계약자가 부활청구 기간, 즉 해지일로부터 3년 이내에 부활청약을 하여야 한다.
④ 연체보험료와 이에 대한 약정이자를 더하여 보험자에게 지급되어야 한다.
⑤ 보험자가 부활청약을 심사하여 승낙하여야 한다(보험계약자의 청약과 보험자의 승낙).

4. 계약부활의 효과

보험계약자가 연체보험료와 약정이자를 지급하고 부활청약을 하는 경우에 법률관계는 최초의 보험계약청약과 같은 효과가 발생한다.

• 보험회사의 보상책임:

보험계약이 실효 중인 때에 보험사고가 발생하더라도 보험자의 책임은 발생하지 아니한다. 다만, 보험계약이 실효되기 전 납입유예기간 중의 사고에 대해서는 보험자가 보상책임을 진다. 또한, 암보험과 같이 보험계약 성립한 후 일정기간이 경과한 후에 보험자의 책임개시가 이루어지는 계약은 부활 청약일을 기준으로 재산정하여 책임개시가 이루어진다(3개월).

5. 보험계약 부활 청약 시 주의사항

1) 보험계약 부활은 가급적 빨리 신청한다.

보험료 납입연체 등의 사유로 인한 계약해지 이후 부활 전까지 기간 동안은 보험사고가 발생하더라도 보장을 받을 수 없으므로, 보험계약자는 부활을 원할 경우 가급적 조기에 부활을 청약할 필요가 있다.

2) 보험계약 부활 청약 시에도 계약 전 알릴사항을 사실대로 알려야 한다.

보험료 납입연체로 인해 해지된 계약의 부활에도 계약 전 알릴의무는 신규계약과 동일하게 적용되므로, 보험계약자는 부활 청약 시에 암, 고혈압 등 현재 및 과거의 질병상태, 장애상태 등 청약서에서 질문하고 있는 계약 전 알릴사항을 사실 그대로 알려야 한다.

> ※ 금융감독원은 부활청약 시 계약 전 알릴의무 대상기간을 종전계약 성립일로부터 부활
> 청약일까지로 단축하였음('12.4.1. 시행)

3) 보험모집인 등의 권유로 보험계약을 전환할 때, 기존계약과 신계약간의 보장범위 등 꼼꼼히
   비교하고 결정하라.

새로운 계약으로 갈아타는 경우 보장범위, 보험료 등이 보험계약자에게 불리하게 변경될 수
있으므로, 보험모집인 등의 권유로 보험계약을 갈아탈 경우에는 보장내용이나 보험료 수준
등을 꼼꼼히 살펴 비교할 필요가 있다.

• 관련 규정

상법 제662조(소멸시효) 보험금청구권은 3년간, 보험료 또는 적립금의 반환청구권은 3년간,
보험료청구권은 2년간 행사하지 아니하면 시효의 완성으로 소멸한다.

[전문개정 2014. 3. 11.]
상법 제650조의2(보험계약의 부활) 제650조 제2항에 따라 보험계약이 해지되고 해지환급금이
지급되지 아니한 경우에 보험계약자는 일정한 기간 내에 연체보험료에 약정이자를 붙여 보
험자에게 지급하고 그 계약의 부활을 청구할 수 있다. 제638조의2의 규정은 이 경우에 준용
한다.

[본조신설 1991. 12. 31.]
표준약관 손해보험 제29조(보험료의 납입연체로 인한 해지계약의 부활(효력회복)) ① 제28조(보험료
납입이 연체되는 경우 납입최고(독촉)와 계약의 해지)에 따라 계약이 해지되었으나 해지환급금을
받지 않은 경우(보험계약대출 등에 따라 해지환급금이 차감되었으나 받지 않은 경우 또는 해지환급금
이 없는 경우를 포함한다) 계약자는 해지된 날부터 3년 이내에 회사가 정한 절차에 따라 계약의 부
활(효력회복)을 청약할 수 있다. 회사가 부활(효력회복)을 승낙한 때에 계약자는 부활(효력회복)
을 청약한 날까지의 연체된 보험료에 평균공시이율 + 1% 범위 내에서 각 상품별로 회사가
정하는 이율로 계산한 금액을 더하여 납입하여야 한다. 다만 금리연동형보험은 각 상품별
사업방법서에서 별도로 정한 이율로 계산한다.
② 제1항에 따라 해지계약을 부활(효력회복)하는 경우에는 제14조(계약 전 알릴의무), 제16조

(알릴 의무 위반의 효과), 제17조(사기에 의한 계약), 제18조(보험계약의 성립) 및 제25조(제1회 보험료 및 회사의 보장개시)를 준용한다.

제2절 보험계약의 순연 부활제도

1. 의의

계속보험료의 미납으로 보험계약이 해지된 경우에 보험계약자가 효력이 상실된 계약을 연체보험료를 납입하지 않고 실효기간만큼 보험기간을 순연하여 계약을 부활하는 것을 말한다.

2. 취지

계속보험료의 납입지체로 실효된 계약을 부활시키기 위해 보험계약자는 그동안 지체된 연체보험료와 약정이자를 모두 납입해야 하는데, 이러한 보험계약자 측의 경제적 어려움을 덜어주기 위한 목적을 가진다. 보험자에게도 기존의 자사 고객을 타사에 뺏기지 않고 계약을 유지시키는 이점이 있다.

3. 계약순연 부활이 허용되지 않는 경우

과거에 계약순연 부활을 이미 한 계약, 이미 보험금의 지급사유가 발생한 계약, 계약일의 순연에 따른 가입연령의 변경으로 가입연령 범위를 초과하는 계약과 같이 순연된 계약일 시점에서 순연 후 계약의 가입이 불가능한 계약 등에는 계약순환 부활제도가 허용되지 않는다.

4. 고지의무 등

계약순연부활을 하는 경우에도 보험계약자 측의 고지의무 등은 동일하게 적용된다.

제6장
타인(他人)을 위한 보험계약과 보험실무

제1절 타인을 위한 보험계약의 의의 및 법적 성질·학설

1. 타인을 위한 보험계약의 의의

보험계약자가 특정 또는 불특정의 타인을 위하여 자기명의로 체결한 보험계약을 말한다(제639조). 타인은 보험계약상의 이익을 받을 자로서 손해보험은 피보험자, 인보험은 보험수익자를 말한다. 즉, 타인을 위한 보험계약은 보험료를 지불하는 보험계약자와 보험금 청구권자가 서로 다른 계약을 말한다(손해보험 – 피보험자, 인보험 – 보험수익자).

* 자기를 위한 보험계약: 보험계약자가 피보험자 또는 보험수익자와 동일한 계약

타인을 위한 보험이란 타인을 위하여 보험계약을 체결하는 것, 즉 손해보험에 있어서는 보험계약자와 피보험자가 다른 경우이고 인보험(人保險)에 있어서는 보험계약자와 보험수익자가 다른 경우이다. 이것은 보험계약자가 자기 명의로 계약을 체결하므로 대리(代理)는 아니고 민법상의 제3자를 위한 계약(민 539조)과 그 성질이 같다. 그러나 민법상의 이 계약은 그 제3자가 계약의 이익을 받을 의사를 표시하여야 제3자는 권리를 취득하나 타인을 위한 보험계약에 있어서는 보험계약자가 위임을 받거나 받지 아니하거나 상관없이 계약체결을 할 수 있고 그 타인(제3자)은 당연히 계약의 이익을 받는 점에 차이가 있다(639조 1항). 보험계약자는 보험금액지급청구권은 갖지 아니한다.

타인을 위한 보험계약을 체결하는 경우에 그 타인의 위임을 필요로 하지 않는다. 다만, 손해보험계약의 경우 그 타인의 위임이 없는 때에는 보험계약자는 보험자에게 그 사실을 고

지하여야 한다. 타인을 위한 보험계약을 체결한다는 명백한 의사가 없는 경우에는 자기를 위한 보험계약을 체결한 것으로 추정한다.

2. 법적 성질 및 학설·판례

타인을 위한 보험계약에 대한 보험계약자가 타인을 대리하여 계약을 체결하였다는 대리설, 상법에서 특수하게 인정되는 제3자를 위한 특수계약설, 민법상의 제3자를 위한 계약의 일종이라는 의견 등의 학설이 제시되고 있다. 판례는 특수한 성질을 가진 제3자를 위한 계약의 일종으로 해석하고 있다.

1) 상법상의 특수한 보험계약설

피보험자 또는 보험수익자가 수익의 의사표시를 하지 않더라도 당연히 보험계약상의 권리를 취득하는 점에서 이는 민법상 제3자를 위한 계약으로 볼 수 없고 상법상의 특수한 보험계약이라고 보는 견해이다.

2) 민법상 제3자를 위한 계약설

타인을 위한 보험계약은 민법상 제3자를 위한 계약의 일종이나, 다만 민법상의 제3자를 위한 계약에서는 제3자가 수익의 의사표시를 함으로써 비로소 그 제3자의 권리가 발생하는데 반하여, 타인을 위한 보험계약에서는 제3자가 수익의 의사표시를 하지 않더라도 당연히 보험상의 권리를 취득하는 점에서 차이가 있을 뿐이라고 한다.

3) 대리설

타인을 위한 보험계약은 보험계약자가 보험금지급 청구권자를 대리하여 체결하는 계약이라고 보는 견해이다.

제2절 타인을 위한 보험계약의 성립요건

1. 타인을 위한다는 의사표시(제639조 ①)

보험계약 당사자 사이에 특정 또는 불특정 타인을 위한 보험계약이라는 의사표시가 있어야 한다.

2. 타인의 위임

보험계약자는 위임을 받거나, 위임을 받지 아니하고 특정 또는 불특정 타인을 위하여 보험계약을 체결할 수 있다(제639조 ①단서).

손해보험계약의 경우에 타인의 위임이 없으면 보험계약자는 이를 보험자에게 고지하여야 한다(제639조 단서). 만일 그 고지가 없는 때에는 타인이 그 보험계약이 체결된 사실을 알지 못하였다는 이유로 보험자에게 대항하지 못한다(제639조 ①단서).

제3절 타인을 위한 보험계약의 효과

타인을 위한 보험계약에서 보험의 효과는 손해보험에서는 피보험자, 인보험에서는 보험수익자에게 귀속된다. 즉 피보험자, 보험수익자는 보험계약 체결여부, 위임여부와 관계없이 보험금청구권을 갖는다.

1. 보험계약자의 지위

권리: 보험금 청구권이 없다. 보험계약자는 보험계약의 당사자로서 계약해지권이 있다.
　　　보험증권교부청구권(제640조), 보험료감액청구권(제647조), 보험료반환청구권(제648조),
　　　인보험의 경우 보험수익자 지정, 변경권(제733조, 제734조)을 갖는다.

의무: 보험계약자는 제1차적인 보험료지급의무가 있다.
　　　또한, 고지의무(제651조), 위험변경증가 통지의무(제652조), 위험유지의무(제653조), 보험

사고 발생의 통지의무(제657조)를 지며, 손해보험에서는 손해방지 경감의무(제680조)도
진다.

2. 피보험자, 보험수익자 지위

권리: 계약의 이익을 받으므로, 보험사고가 발생하면 보험자에 대하여 보험금 또는 그 밖의
급여청구권을 갖는다(제639조 ①).

의무: 계약의 당사자가 아니므로 보험료의 지급의무가 없으나, 보험계약자가 보험료지급을
지체하거나, 파산선고를 받은 경우에 피보험자 또는 보험수익자가 계약상의 권리를
포기하지 않는 한 보험료지급의무가 있다(제639조 ③단서).

그러므로, 타인을 위한 보험에서 보험계약자가 보험료지급을 지체하여 계약을 해지하
고자 하는 경우에 보험자는 그 타인에게도 상당한 기간을 정하여 보험료의 지급을 최
고하여야 한다. 이러한 절차를 거치지 아니한 채 행한 계약의 해지는 효력이 없다(제
650조)

또한, 고지의무(제651조), 위험변경증가 통지의무(제652조), 위험유지의무(제653조), 보험
사고 발생의 통지의무(제657조)를 지며, 손해보험에서는 손해방지 경감의무(제680조)도
진다.

제4절   타인을 위한 보험계약의 해지

보험계약자는 보험사고가 발생하기 전에 언제든지 계약의 전부 또는 일부를 해지할 수 있
다(제649조①). 타인을 위한 보험을 민법상 제3자를 위한 계약으로 보면, 보험계약자는 임의
로 해지권을 행사할 수 없다. 반면 상법상 특수한 계약으로 보면, 보험계약자의 임의 해지
권이 인정된다.

이 때문에 상법에서는 타인의 동의를 얻거나 보험증권을 소지한 경우에만 그 계약을 해지
할 수 있도록 하고 있다(제649조 ① 단서).

제5절 타인을 위한 보험의 계약 시 유의사항

1. 타인을 위한 생명보험 가입 시 유의사항

타인의 사망을 보험사고로 하는 보험계약에는 보험계약 체결 시 그 타인의 서면에 의한 동의를 받아야 한다(「상법」 제731조 제1항).

1) 타인의 사망을 보험사고로 하는 보험계약에 있어 동의는 서면에 의해 이루어져야 하지만, 타인이 반드시 보험청약서에 자필 서명을 하는 것만을 의미하지는 않고 피보험자인 타인이 참석한 자리에서 보험계약을 체결하면서 명시적으로 권한을 수여받아 보험청약서에 타인의 서명을 대행하는 것과 같은 경우도 유효하게 이루어진 것으로 본다(대법원 2006. 12. 21. 선고 2006다69141 판결).

2) 타인의 사망을 보험사고로 하는 보험계약의 체결에 있어서 보험설계사는 보험계약자에게 피보험자의 서면동의 등의 요건에 관하여 구체적이고 상세하게 설명하여 보험계약자가 그 요건을 구비할 수 있는 기회를 주어 유효한 보험계약이 성립하도록 조치할 주의의무가 있다(대법원 2008. 8. 21. 선고 2007다76696 판결).

2. 타인을 위한 손해보험 가입 시 유의사항

보험계약자는 위임을 받거나 위임을 받지 않고 특정 또는 불특정의 타인을 위해 보험계약을 체결할 수 있다. 그러나 손해보험계약에서 그 타인의 위임이 없는 경우 보험계약자는 이를 보험회사에 고지해야 하고, 그 고지가 없는 경우 타인이 그 보험계약이 체결된 사실을 알지 못했다는 사유로 보험회사에 대항하지 못한다(「상법」 제639조 제1항).

(사례) 타인의 서면동의 없는 보험계약의 효력

◎ (질문)
부인이 남편을 피보험자로 하고 피보험자의 상해 및 질병을 보장하는 보험계약을 체결하여 유지하던 중 1년 후 남편이 보험계약 사실을 알고 보험계약의 취소를 요구할 때 보험회사가 보험료를 반환해야 할 책임이 있나요?

◎ (답변)

1) 부인이 남편의 생명을 보험사고로 하는 보험계약을 타인의 생명 보험계약이라고 합니다. 이는 「상법」 제731조에 의거 계약 당시부터 타인의 서면동의를 보험계약의 효력발생요건으로 하고 있어 타인의 서면동의가 없다면 절대적 무효사유가 됩니다.

2) 타인의 생명 보험이 아닌 질병이나 상해만 보장하고 보험수익자를 남편으로 하는 경우, 이를 타인을 위한 보험이라고 합니다. 즉 「상법」 제639조에 의거 타인의 위임(타인을 보험수익자로 한다는 내용에 대한 동의대리권의 위임으로 해석) 없이 보험계약을 체결할 수 있습니다. 이는 보험수익자인 남편에게 의무는 지우지 않고 권리만 제공하는 것으로 남편에게 불이익을 제공하지 않기 때문입니다.

3) 따라서 피보험자(손해보험에서의 타인) 또는 보험수익자(생명보험에서의 타인)가 보험계약 체결사실을 몰랐음을 이유로 보험계약자, 피보험자 및 보험수익자가 보험계약을 취소할 수 없어 보험회사가 보험료 반환요구를 거절한다고 해서 부당하다고 보기 어렵습니다.

출처: 한국소비자원, 사례안내, 자주 묻는 질문.

제7장
보험계약의 변동(變動) 및 보험실무

제1절 보험계약의 무효와 취소(종료)

---

1. 보험계약의 무효사유

보험계약자 또는 피보험자가 보험계약 체결 당시 이미 보험사고가 발생하였거나 발생할 수 없는 것임을 알고 한 보험계약의 경우 이 계약은 무효가 된다(「상법」 제644조 전단). 그러나, 당사자 쌍방과 피보험자가 이런 사실을 알지 못하고 보험계약을 체결한 경우에는 무효로 하지 못한다(「상법」 제644조 후단).

1) 법정 무효사유

보험계약이 성립한 때부터 당연히 법률상의 효력이 발생하지 않는 것을 말한다.
보험계약이 법정 무효사유에 해당하게 되면, 보험계약 전체가 무효가 된다.

① 보험사고의 객관적 확정의 효과
보험계약 당시에 보험사고가 이미 발생하였거나 또는 발생할 수 없는 것인 때에는 그 계약은 무효로 한다(제644조).

② 보험계약자의 사기에 의한 초과, 중복보험
초과보험, 중복보험에 있어서 보험계약이 보험계약자의 사기로 인하여 체결된 경우 그 보험계약은 초과부분뿐만 아니라 계약의 전부를 무효로 하고 있다(제699조 ④, 제672조 ③).

③ 타인의 생명보험의 경우

타인의 사망을 보험사고로 하는 보험계약에서 보험계약 체결 시에 그 타인의 서면에 의한 동의를 얻지 못한 계약은 무효이다(제731조).

15세 미만자, 심신 상실자, 심신박약자의 사망보험의 계약도 무효로 하고 있다(제732조).

- (예외) 심신박약자의 사망을 담보로 하는 계약이라고 하더라도 심신박약자가 보험계약을 체결하거나 단체보험의 피보험자 될 때에 의사능력이 있는 경우에는 그 계약은 유효하다(제732조 단서).

  또한, 15세 미만자, 심신상실자 또는 심신박약자의 사망을 담보로 하는 보험계약이 아닌 상해 또는 질병을 담보로 하는 계약은 유효하다.

2) 해석상 무효사유

법령에서 무효임을 명시하고 있지 않으나 법령의 제정취지, 법의 성격, 해석 및 적용방식에 의하여 보험계약 규정의 효력을 제한하는 경우이다. 해석상 다툼의 원인이 되는 약관조항이나 문구에 한정하여 무효로 하고 다른 계약조항은 유효하게 적용한다.

* 보험계약자 등 불이익변경금지의 원칙에 반하는 계약(제663조), 보험계약자에게 유리한 계약은 유효함

* 약관규제법 상의 설명의무 위반사항(약관규제법 제3조 ③,④), 중요한 내용 이해하도록 설명해야 함.

2. 보험계약의 취소사유

일정한 사유가 있는 경우에 당사자의 의사표시에 의하여 계약의 효력이 처음부터 없었던 것으로 소멸시키는 법률행위이다.

1) 보험계약이 취소된 경우

보험자는 보험계약을 체결할 때에 보험계약자에게 보험약관 교부, 그 약관의 주요한 내용을 설명의무가 있는데(638조 ③), 보험자가 이를 위반한 경우 보험계약자는 보험계약이 성립한 날로부터 3개월 이내에 그 계약을 취소할 수 있다(제638조 ②). 계약 취소되면 보험자는 보험계약자에게 보험료 전부 반환함.

2) 사기에 의한 고지의무 위반

보험계약을 체결함에 있어 중요한 사항에 관하여 보험계약자의 고지의무 위반이 사기에 해당하는 경우에 보험자는 상법의 규정에 의하여 계약을 해지할 수 있는 동시에 민법에 따라 그 계약을 취소할 수 있다(통설 및 대법원 판례 1991.12.27. 선고 91다1165 판결). 이 경우 보험계약자는 보험자가 사기의 사실을 안 때까지의 보험료를 지급하여야 하며, 보험자는 이를 반환할 필요가 없다(제669조 ④ 유추해석).

제2절   보험계약의 변경

1. 담보범위의 변경

보험기간 중에 당사자의 합의에 따라 담보위험의 범위를 확대하거나 축소할 수 있다. 즉, 보험계약자의 청구에 의하여 담보위험, 보험가입금액, 보상한도, 피보험자의 범위, 보험기간 등의 변경청구에 대하여 보험자가 승낙함으로써 보험계약의 변경이 가능하다(보험료의 증액 또는 감액 可).

2. 위험의 변경

1) 특별위험의 소멸

(제647조), 특별한 위험이 소멸할 시 계약자는 보험료 감액을 청구할 수 있다.

2) 위험의 변경, 증가

보험기간 중에 보험계약자, 피보험자가 위험이 현저하게 변경, 증가 시에 보험자에게 통지하여야 하고, 보험자는 통지를 받은 날로부터 1월 내에 보험료의 증액 청구 또는 계약을 해지할 수 있다(제652조). 또, 보험기간 중에 보험계약자, 피보험자 또는 보험수익자의 고의 또는 중대한 과실로 인하여 사고발생의 위험이 현저하게 변경, 증가된 때에는 보험자는 그 사실을 안 날로부터 1월 내에 보험료의 증액 청구 또는 계약을 해지할 수 있다. 보험자는 통지를 받은 날로부터 1월 내에 보험료의 증액 청구 또는 계약을 해지할 수 있다(제652조).

3) 보험목적의 양도로 인한 위험의 변경, 증가(양도로 인한 계약이 질적으로 변화함.)

피보험자가 변경이 되어 위험이 현저하게 변경, 증가 되었을 때에 보험계약은 실효되는 것이 아니라 보험료의 증액을 청구하거나 계약을 해지할 수 있다(제679조).

4) 해상보험에서의 위험의 변경, 증가

① 항해의 변경: 발항 또는 출항이 아닌 다른 항에서 출항한 때에 보험자는 책임지지 않는다(제701조).
② 항로의 이탈: 정당한 사유 없이 항로를 이탈한 경우 보험자는 그때부터 책임지지 않는다(제701조 ②).
③ 발항 또는 항해의 지연: 정당한 사유 없이 발항 또는 항해를 지연한 때에 보험자는 지체한 이후의 사고에 대하여 책임을 지지 않는다(제702조).
④ 선박의 변경: 보험계약자, 피보험자의 책임 있는 사유로 선박을 변경할 때 보험자는 변경 후의 사고에 대해서는 책임을 지지 않는다(제703조).
⑤ 선박의 양도 및 선급, 관리변경: 보험자의 동의 없이 선박을 양도, 선급을 변경, 선박을 새로운 관리로 옮긴 때에는 보험계약은 종료한다. 그러나 보험자의 도의가 있을 때에는 그러하지 아니하다(제703조 ②).

제3절 보험계약의 소멸 및 해지

① 보험사고의 발생 ② 보험기간의 만료 ③ 보험계약의 실효 ④ 보험계약의 해지가 되면 보험계약은 소멸한다.

1. 보험사고의 발생

보험사고의 발생으로 보험금액이 지급되면 보험계약의 대상이 없어지므로 계약 그 자체는 종료한다.

① 다만, 손해보험계약에서 보험사고로 일부손해(분손)가 발생하여 보험금액의 일부만을 지급한 경우에는 그 나머지 보험금액의 한도 내에서 보험기간 동안 보험계약관계의 존속을 인정한다.

② 책임보험계약에서는 보험기간 중에 일어나는 사고발생건수를 제한하는 것이 아니므로 보험사고로 인하여 보험금액이 지급되더라도 보험기간 동안 보험계약 관계는 그대로 유지된다.

2. 보험기간의 만료

보험자의 책임기간은 자유로이 정할 수 있으나 이 기간이 만료되면, 보험계약은 당연히 소멸한다.

3. 보험계약의 실효

① 보험자의 파산: 보험자가 파산선고를 받은 경우 보험계약자는 계약을 해지할 수 있으며 (제654조 ①), 해지하지 아니한 보험계약이라도 파산선고 후 3월을 경과하면 그 효력을 잃는다(제654조 ②).

② 보험 목적의 양도: 피보험자가 보험의 목적을 양도한 때에는 양수인에게 보험계약상의 권리와 의무를 승계한 것으로 추정한다(제679조). 그러나 양수인이 보험목적을 양도는 받지만 보험계약상의 권리와 의무를 승계하지 않는다는 명확한 의사가 있는 경우에 보험계약은 승계되지 않고 효력이 상실된다.

③ 보험료 부지급으로 인한 계약해제: 보험계약자는 보험계약체결 후 지체 없이 보험료의 전부 또는 제1회 보험료를 지급하여야 하는데, 보험계약자가 아무런 약정 없이 계약 성립한 후 2월이 지나도록 보험료를 지급하지 아니한 때에는 보험계약은 해제된 것으로 본다(제650조 ①). 보험자의 의사표시와 관계없이 계약의 효력은 상실된다.

4. 보험계약의 해지

1) 보험자에 의한 계약해지

- 보험료가 연체되면 보험회사는 상당한 기간을 정하여 보험계약자에게 최고하고, 그 기간에도

보험료를 내지 않으면 계약을 해지할 수 있다(「상법」 제650조 제2항).

- 보험계약 당시 보험계약자 또는 피보험자가 고의 또는 중대한 과실로 중요한 사항을 고지하지 않거나 부실하게 고지한 경우 보험회사는 그 사실을 안 날부터 1개월 내에, 계약을 체결한 날부터 3년 내에 계약을 해지할 수 있다(「상법」 제651조 본문).

① 상법상 계약해지: 상법에 보험계약자 등이 다음 의무위반이 있는 경우에 보험자의 해지권을 인정한다.

- 보험계약자가 계속보험료를 약정한 시기에 지급되지 아니한 때(제650조 ②).
- 보험계약자 등이 고지의무를 위반한 때(제651조).
- 보험계약자 등이 위험변경, 증가의 통지의무를 위반한 때(제652조).
- 보험계약자 등이 위험유지의무를 위반한 때(제653조).
- 선박미확정 적하예정보험에서 통지의무를 위반한 때(제704조).

② 약관규정에 의한 해지: 약관에서 정한 해지요건에 해당하는 경우에 보험자는 계약을 해지할 수 있다.

2) 보험계약자에 의한 계약해지

① 보험사고발생 전의 임의해지: 보험사고가 발생하기 전에 보험계약자는 언제든지 계약의 전부 또는 일부를 해지할 수 있다(「상법」 제649조 제1항 전단).

- 타인을 위한 보험계약의 경우에 보험자는 그 타인의 동의를 얻지 아니하거나 보험증권을 소지하지 아니하면 그 계약을 해지하지 못한다(제649조 ①).
- 생명보험표준약관의 연금보험에서는 연금지급이 개시된 이후에는 보험계약자의 임의해지를 제한하고 있다.

② 보험사고발생 후의 임의해지: 보험사고의 발생으로 보험자가 보험금액을 지급한 때에도 보험금액이 감액되지 아니하는 보험의 경우에 보험계약자는 그 사고발생 후에도 보험계약을 해지할 수 있다(제649조 ②).

③ 보험자의 파산: 보험자가 파산의 선고를 받은 때에는 보험계약자는 계약을 해지할 수 있다(제654조 ①). 보험계약자의 해지권은 파산선고 후 3월 이내에 행사할 수 있다.

3) 제3자에 의한 계약해지

보험계약자의 미경과보험료 반환청구권 또는 해지환급금청구권에 대해 추심명령을 받은 채권자는 자기의 명의로 계약을 해지할 수 있다.

4) 보험계약의 종료

① 보험계약의 종료: 선박을 보험에 붙인 경우(제703조 ②)
  – 선박을 양도할 때, 선박의 선급을 변경한 때, 선박을 새로운 관리로 옮긴 때 보험계약
    은 종료한다.
② 상태의 종료: 특정한 상태. 즉 전쟁, 여행, 항해, 운송 등의 위험을 전제로 한 보험에서는
  그 상태의 종료로 인하여 보험계약도 종료된다.

제4절   보험자의 책임 및 책임 면책사유

1. 생명보험회사의 책임

보험회사는 피보험자의 사망, 생존, 사망과 생존에 관한 보험사고가 발생할 경우 보험금을
지급해야 한다(「상법」 제730조).

2. 손해보험회사의 책임

– 보험회사는 화재의 소방 또는 손해의 감소에 필요한 조치로 생긴 손해를 보상할 책임이
  있다(「상법」 제684조).
– 보험회사는 피보험자가 자동차를 소유·사용 또는 관리하는 동안에 발생한 사고로 인해
  생긴 손해를 보상할 책임이 있다(「상법」 제726조의2).
– 보험회사는 피보험자가 보험기간 중의 사고로 제3자에게 배상할 책임을 진 경우 이를
  보상할 책임이 있다(「상법」 제719조).
– 보험회사는 피보험자가 제3자의 청구를 방어하기 위해 지출한 재판상 또는 재판외의 필
  요비용을 보상할 책임이 있다(「상법」 제720조 제1항 전단).

3. 보험회사의 책임면책 사유

– 보험사고가 보험계약자 또는 피보험자나 보험수익자의 고의 또는 중대한 과실로 일어난

경우 보험회사는 보험금액을 지급하지 않아도 된다(「상법」 제659조).
- 보험사고가 전쟁, 그 밖의 변란으로 생긴 경우 당사자 간에 다른 약정이 없으면 보험회사는 보험금액을 지급하지 않아도 된다(「상법」 제660조).

4. 불이익변경금지

보험계약자와 보험회사는 당사자 간의 특약으로 보험계약자 또는 피보험자나 보험수익자에게 불이익하게 법률을 변경하여 적용하지 못한다. 그러나 재보험 및 해상보험, 그 밖에 이와 유사한 보험의 경우에는 그렇지 않다(「상법」 제663조).

제8장
보험금 지급 및 보험실무

제1절 보험금 지급 개관

1. 보험금 지급사유

1) 보험사고로 인한 보험금 지급

보험회사는 보험사고가 발생하여 피보험자의 생명이나 신체에 손해가 발생하거나 재산상에 손해가 발생한 경우 보험금을 지급한다(「상법」 제665조 및 제727조).

2) 일정 시점에 살아있는 경우의 보험금 지급

• 중도보험금 및 만기보험금

생명보험에서 보험기간 중 특정시점에 살아있을 경우 중도보험금을 지급하고 보험기간이 끝날 때까지 살아 있을 경우에는 만기보험금을 지급한다[「보험업감독업무시행세칙」(금융감독원세칙 2019. 12. 20. 발령, 2020. 1. 1. 시행) 별표 15. 생명보험 표준약관 제3조제1호 및 제2호].

3) 보험계약의 해지 시 보험금 지급

• 해약환급금

보험계약의 효력상실, 해약 등으로 보험금을 지급하지 않게 되었을 경우 그 계약의 보험료 및 책임준비금 산출방법서에서 정하는 바에 따라 보험계약자에게 해약환급금을 지급한다(금융감독원, 생명보험용어해설).

2. 보험회사의 책임면책

1) 보험회사의 책임면책 사유

① 보험사고가 보험계약자 또는 피보험자나 보험수익자의 고의 또는 중대한 과실로 일어난 경우 보험회사는 보험금액을 지급하지 않아도 된다(「상법」 제659조).

② 보험사고가 전쟁, 그 밖의 변란으로 생긴 경우 당사자 간에 다른 약정이 없으면 보험회사는 보험금액을 지급하지 않아도 된다(「상법」 제660조).

2) 소멸시효

보험금청구권은 3년간, 보험료 또는 적립금의 반환청구권은 3년간, 보험료청구권은 2년간 행사하지 않으면 시효의 완성으로 소멸한다(「상법」제662조).

> ※ 보험금청구권은 보험사고가 발생하기 전에는 추상적인 권리에 지나지 않고 보험사고가 발생하면 구체적인 권리가 되어 그때부터 권리를 행사할 수 있으므로, 보험금청구권의 소멸시효는 특별한 다른 사정이 없는 한 보험사고가 발생한 때부터 진행하는 것이 원칙이다. 그러나 객관적으로 보험사고가 발생한 사실을 확인할 수 없는 사정이 있는 경우에는 보험금청구권자가 보험사고의 발생을 알았거나 알 수 있었던 때부터 보험금청구권의 소멸시효가 진행된다(대법원 2008. 11. 13. 선고 2007다19624 판결).

3. 보험금의 지급시기

1) 보험금 지급시기

① 보험회사는 보험금액의 지급에 약정기간이 있는 경우에는 그 기간 내에 피보험자 또는 보험수익자에게 보험금을 지급해야 한다(「상법」 제658조 전단).

② 보험회사는 보험금액의 지급에 약정기간이 없는 경우 보험계약자 또는 피보험자나 보험수익자가 보험사고 통지를 하면 즉시 보험금액을 정하고 그 정해진 날부터 10일 내에 피보험자 또는 보험수익자에게 보험금을 지급해야 한다(「상법」 제657조제1항 및 제658조 후단).

> ♣ 책임보험의 경우 보험회사는 특별한 기간의 약정이 없으면 채무가 확정되었다는 통지를 받은 날부터 10일 내에 보험금액을 지급해야 한다(「상법」 제723조 제2항).

2) 보험종류별 보험금 지급시기

보험금의 지급 시기는 보험의 종류에 따라 다음과 같이 나눌 수 있다.

① 생명보험: 3영업일 이내 지급(단 지급사유의 조사나 확인이 필요한 경우에는 10영업일 이내 지급) (「보험업감독업무시행세칙」 별표 15. 생명보험 표준약관 제8조 제1항).

② 질병·상해보험: 3영업일 이내 지급(「보험업감독업무시행세칙」 별표 15. 질병·상해보험 제8조 제1항)

③ 배상책임보험: 7일 이내에 지급(「보험업감독업무시행세칙」 별표 15. 배상책임보험 표준약관 제7조 제1항)

④ 화재보험: 7일 이내에 지급(「보험업감독업무시행세칙」 별표 15. 화재보험 표준약관 제7조 제1항)

⑤ 자동차보험: 7일 이내에 지급(「보험업감독업무시행세칙」 별표 15. 자동차보험 표준약관 제26조 제1항)

3) 중도보험금과 만기보험금의 지급시기

중도보험금과 만기보험금은 지급시기가 도래하기 7일 전 그 사유와 회사가 지급해야 할 금액을 보험계약자 또는 보험수익자에게 알려야 한다(「보험업감독업무시행세칙」 별표 15. 생명보험 표준약관 제8조 제2항).

4) 보험금 지급의 특례

• 가지급 제도

① 보험회사가 보험금 지급사유의 조사 및 확인을 위해 지급기일 이내에 보험금을 지급하지 못할 것으로 예상되는 경우에는 그 구체적인 사유, 지급예정일 및 보험금 가지급 제도에 대해 피보험자(보험대상자) 또는 보험수익자(보험금을 받는 자)에게 즉시 통지해야 한다(「보험업감독업무시행세칙」 별표 15. 생명보험 표준약관 제8조제3항 본문).

② 다만, 지급예정일은 다음의 경우를 제외하고는 보험금 청구 서류를 접수한 날로부터 30영업일 이내에서 정한다(「보험업감독업무시행세칙」 별표 15. 생명보험 표준약관 제8조 제3항 단서).

– 소송제기

– 분쟁조정신청

– 수사기관의 조사

– 해외에서 발생한 보험사고에 대한 조사

- 회사의 조사요청에 대한 동의 거부 등 계약자, 피보험자 또는 보험수익자의 책임있는 사유로 보험금 지급사유의 조사와 확인이 지연되는 경우
- 보험금 지급사유에 대해 제3자의 의견에 따르기로 한 경우

③ 위에 따라 장해지급률의 판정 및 지급할 보험금의 결정과 관련하여 확정된 장해지급률에 따른 보험금을 초과한 부분에 대한 분쟁으로 보험금 지급이 늦어지는 경우에는 보험수익자의 청구에 따라 이미 확정된 보험금을 먼저 가지급할 수 있다(「보험업감독업무시행세칙」 별표 15. 생명보험 표준약관 제8조 제4항).

제2절   보험사고로 인한 보험금 지급청구

1. 보험사고에 따른 보험금 청구절차

(1) 보험사고의 의의

1) 정의

① "보험사고"란 보험계약에서 보험회사의 보험금 지급책임을 구체화하는 불확정한 사고를 의미한다(대법원, 2006. 4. 28. 선고 2004다16976 판결).

② 보험사고가 구체적으로 무엇인지는 당사자 사이의 약정으로 계약내용에 편입된 보험약관과 보험약관이 인용하고 있는 보험증권 및 주계약의 구체적인 내용 등을 종합하여 결정해야 한다.

2) 보험사고의 내용

① 약정된 위험의 실현

- 보험사고는 약정된 위험의 실현이므로 보험금 지급사유에 대한 정의는 약관에 기재되는 것이 일반적이다(금융감독원, 금융생활안내서(보험편), 2007).

- 보험사고가 발생하면 보험계약관계는 추상적인 위험보장관계에서 구체적인 보험금 지급관계로 바뀌게 되고, 보험수익자의 추상적 보험청구권은 구체적인 권리로 확정된다.

② 보험사고의 범위

보험에서 담보하는 사고는 보험증권에 기재되어 있으며, 담보종목별 보상내용에 관한 자세한 사항은 보험가입 시 전달받은 약관에서 찾아볼 수 있다.

(2) 보험사고에 따른 보험금 청구절차도

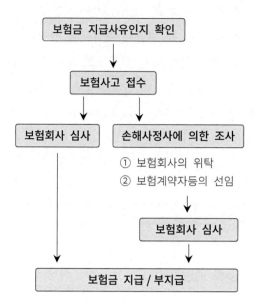

※ 보험사고를 접수한 후 보험회사에서 직접 심사할 것인지, 손해사정사에게 위탁을 하여 조사하도록 할 것인지는 해당 보험회사의 재량사항이나, 사고접수 서류, 보험금액, 보험가입시기, 보험계약유지기간 등을 종합하여 볼 때 자세한 조사가 필요하다고 판단되는 경우 보험회사는 손해사정사 또는 손해사정법인에 위탁하여 조사하도록 하고 있다.

(3) 보험사고 접수

1) 인보험 사고 접수 시 제출서류

보험수익자(보험금을 받는 사람) 또는 계약자는 다음의 서류를 제출하고 보험금을 청구해야 한다. [「보험업감독업무시행세칙」(금융감독원세칙 2019. 12. 20. 발령, 2020. 1. 1. 시행) 별표 15. 생명보험 표준약관 제7조 제1항].

① 청구서(각 보험회사의 양식)

② 사고증명서(사망진단서, 장해진단서, 입원치료확인서 등)

　사고증명서는 국내의 병원이나 의원 또는 이와 동등하다고 인정되는 국외의 의료관련법에서 정한 의료기관에서 발급한 것이어야 한다(「보험업감독업무시행세칙」 별표 15. 생명보험 표준약관 제7조 제2항).

③ 신분증(주민등록증 또는 운전면허증 등 사진이 부착된 정부기관발행 신분증, 본인이 아닌 경우에는 본인의 인감증명서 포함)

④ 그 밖에 보험수익자가 보험금 등의 수령에 필요하여 제출하는 서류

2) 손해보험사고 접수 시 구비서류

① 질병·상해보험의 표준약관상 보험사고 접수 시 제출서류는 인보험 사고 접수 시 제출서류와 동일하다(「보험업감독업무시행세칙」 별표 15. 질병·상해보험 표준약관 제7조 제1항).

② 손해보험 중 화재보험 보험사고 접수 시 제출서류(「보험업감독업무시행세칙」 별표 15. 화재보험 표준약관 제6조 제1항)
  - 청구서(각 보험회사의 양식)
  - 신분증(주민등록증 또는 운전면허증 등 사진이 부착된 정부기관발행 신분증, 본인이 아닌 경우에는 본인의 인감증명서 포함)
  - 회사가 요구하는 그 밖의 서류

③ 자동차보험 대인, 대물배상 보험사고 접수 시 제출서류(「보험업감독업무시행세칙」 별표 15. 자동차보험 표준약관 제27조).
  - 청구서(각 보험회사의 양식)
  - 손해액을 증명하는 서류(진단서 등)
  - 손해배상의 이행사실을 증명하는 서류
  - 그 밖에 보험회사가 꼭 필요하여 요청하는 서류 또는 증거(수리개시 전 자동차점검·정비견적서, 사진 등. 이 경우 수리 개시 전 자동차점검·정비견적서의 발급 등에 관한 사항은 보험회사에 구두 또는 서면으로 위임할 수 있으며, 보험회사는 수리 개시 전 자동차점검·정비견적서를 발급한 자동차정비업자에게 이에 대한 검토의견서를 수리 개시 전에 회신하게 된다)

④ 자동차보험 자기차량손해배상 보험사고 접수 시 제출서류(「보험업감독업무시행세칙」 별표 15. 자동차보험 표준약관 제27조)
  - 청구서(각 보험회사의 양식)
  - 손해액을 증명하는 서류(진단서 등)
  - 사고발생의 때와 장소 및 사고사실이 신고 된 관할 경찰서
  - 도난 및 전손사고 시 폐차증명서 또는 말소사실 증명서
  - 그 밖에 보험회사가 꼭 필요하여 요청하는 서류 또는 증거(수리개시 전 자동차점검·정비

견적서, 사진 등. 이 경우 수리 개시 전 자동차점검·정비견적서의 발급 등에 관한 사항은 보험회사에 구두 또는 서면으로 위임할 수 있으며, 보험회사는 수리 개시 전 자동차점검·정비견적서를 발급한 자동차정비업자에게 이에 대한 검토의견서를 수리 개시 전에 회신)

⑤ 자동차보험 자기신체사고배상 보험사고 접수 시 제출서류(「보험업감독업무시행세칙」 별표 15. 자동차보험 표준약관 제27조)

- 청구서(각 보험회사의 양식)
- 손해액을 증명하는 서류(진단서 등)
- 그 밖에 보험회사가 꼭 필요하여 요청하는 서류 또는 증거(수리개시 전 자동차점검·정비견적서, 사진 등. 이 경우 수리 개시 전 자동차점검·정비견적서의 발급 등에 관한 사항은 보험회사에 구두 또는 서면으로 위임할 수 있으며, 보험회사는 수리 개시 전 자동차점검·정비견적서를 발급한 자동차정비업자에게 이에 대한 검토의견서를 수리 개시 전에 회신)

⑥ 자동차보험 무보험 자동차에 의한 상해배상 보험사고 접수 시 제출서류(「보험업감독업무시행세칙」 별표 15. 자동차보험 표준약관 제27조)

- 청구서(각 보험회사의 양식)
- 손해액을 증명하는 서류(진단서 등)
- 사고발생의 때와 장소 및 사고사실이 신고 된 관할 경찰서
- 배상의무자의 주소, 성명 또는 명칭, 차량번호
- 배상의무자의 손해를 보상할 대인배상Ⅱ 또는 공제계약의 유무 및 내용
- 피보험자가 입은 손해를 보상할 대인배상Ⅱ 또는 공제계약, 배상의무자 또는 제3자로부터 이미 지급받은 손해배상금이 있을 때에는 그 금액
- 그 밖에 보험회사가 꼭 필요하여 요청하는 서류 또는 증거(수리개시 전 자동차점검·정비견적서, 사진 등. 이 경우 수리 개시 전 자동차점검·정비견적서의 발급 등에 관한 사항은 보험회사에 구두 또는 서면으로 위임할 수 있으며, 보험회사는 수리 개시 전 자동차점검·정비견적서를 발급한 자동차정비업자에게 이에 대한 검토의견서를 수리 개시 전에 회신)

⑦ 배상책임보험 보험사고 접수 시 제출서류[「보험업감독업무시행세칙」 별표 15. 배상책임보험 표준약관 제6조 제1항]

- 청구서(각 보험회사의 양식)
- 신분증(주민등록증 또는 운전면허증 등 사진이 부착된 정부기관발행 신분증, 본인이 아닌 경우에는 본인의 인감증명서 포함)
- 손해배상금 및 그 밖의 비용을 지급하였음을 증명하는 서류
- 회사가 요구하는 그 밖의 서류

– 보험의 종류에 따라 보험사고 접수 시 추가로 필요한 서류가 있는 경우가 있다. 이에
관한 자세한 사항은 보험가입 시 전달받은 약관이나 보험증권에 구체적으로 기재되어
있다.

2. 보험사고의 조사 및 손해의 사정

(1) 보험회사에 의한 보험사고 조사

1) 생명보험 및 질병·상해보험

① 보험사고 접수를 받은 보험회사는 알릴 의무 위반의 효과 및 보험금 지급사유의 조사나
확인이 필요한 경우 의료기관 또는 국민건강보험공단, 경찰서 등 관공서에 서면에 의한
조사요청을 할 수 있는데 보험계약자, 피보험자 및 보험수익자(이하 "보험계약자 등"이라
함)는 이에 대해 동의를 해야 한다[「보험업감독업무시행세칙」(금융감독원세칙 2019. 12. 20.
발령, 2020. 1. 1. 시행) 별표 15. 생명보험 표준약관 제8조제1항, 제6항 본문 및 질병·상해
보험 표준약관 제8조제6항 본문].

② 보험계약자 등이 정당한 사유 없이 이에 동의하지 않을 경우 사실 확인이 끝날 때까지
보험회사는 보험금 지급지연에 따른 이자를 지급하지 않을 수 있다(「보험업감독업무시행세
칙」 별표 15. 생명보험 표준약관 제8조제6항 단서 및 질병·상해보험 표준약관 제8조 제6항 단서).

2) 화재보험

① 보험회사는 보험사고가 생긴 건물 또는 그 구내와 거기에 들어있는 피보험자의 소유물
을 조사할 수 있다(「보험업감독업무시행세칙」 별표 15. 화재보험 표준약관 제5조 제4항).

② 보험회사는 보험계약자 또는 피보험자가 보험금 청구에 관한 서류에 고의로 사실과 다
른 것을 기재하였거나 그 서류 또는 증거를 위조 또는 변조한 경우에 그 사실을 안 날부
터 1개월 이내에 계약을 해지할 수 있다(「보험업감독업무시행세칙」 별표 15. 화재보험 표준약
관 제31조 제1항 제2호).

3) 자동차보험

① 보험사고 접수를 받은 보험회사는 사고를 증명하는 서류 등 꼭 필요하다고 인정하는 자
료를 요구할 수 있고, 요구를 받은 보험계약자 등은 즉시 이를 제출해야 하며, 보험회사
가 사고에 관해 조사하는 데 협력해야 한다(「보험업감독업무시행세칙」 별표 15. 자동차보험
표준약관 제46조 제1항 제6호).

② 보험계약자 등이 정당한 이유 없이 보험회사의 손해조사에 협조하지 않는 경우 그로 인

해 늘어난 손해액이나 회복할 수 있었을 금액은 손해보상액에서 공제되거나 지급되지 않게 된다(「보험업감독업무시행세칙」 별표 15. 자동차보험 표준약관 제46조 제2항).

4) 배상책임보험

보험회사는 보험계약자 또는 피보험자가 보험금 청구에 관한 서류에 고의로 사실과 다른 것을 기재 하였거나 그 서류 또는 증거를 위조 또는 변조한 경우에 그 사실을 안 날부터 1개월 이내에 계약을 해지 할 수 있다(「보험업감독업무시행세칙」 별표 15. 배상책임보험 표준약관 제31조 제1항 제2호).

(2) 손해사정사에 의한 보험사고 조사 및 손해사정

1) 손해사정사

"손해사정사"란 보험사고로 발생한 손해에 대해 그 손해액의 결정과 보험금의 지급을 담당하는 사람을 말한다(법제처·한국법제연구원, 법령용어사례집).

2) 보험회사의 손해사정업무의 지정·위탁

• 손해사정업무의 위탁

보험사고의 접수를 받은 보험회사는 해당 손해사정업무를 담당하거나 보험금을 심사할 손해사정사 또는 손해사정업자를 지정하고(「보험업감독규정」 제9−18조제1항에 따라 손해사정서를 작성하지 않는 경우는 제외), 보험계약자 등에게 이 사실을 통보해야 한다[「보험업감독규정」(금융위원회고시 제2020−9호, 2020. 3. 18. 발령·시행) 제9−20조제3항].

3) 보험계약자 등의 손해사정사 선임

① 보험계약자 등은 회사에만 그 보험금의 사정을 맡기지 않고 스스로 손해사정사 또는 손해사정법인을 따로 선임할 수 있다(「보험업법」 제185조 단서).

② 보험계약자 등은 다음의 경우 손해사정사를 선임할 수 있다(「보험업감독규정」 제9−16조제2항).
   − 보험회사의 손해사정이 착수하기 이전 보험계약자 등이 보험회사에 손해사정사의 선임의사를 통보하여 동의를 얻은 경우
   − 정당한 사유 없이 보험회사가 보험사고 통보를 받은 날(제3보험 상품의 경우 접수가 완료된 날)부터 7일이 지나도록 손해사정에 착수하지 않은 경우
   − 보험회사가 고용 또는 선임한 손해사정사가 사정한 결과에 보험계약자 등이 승복하지 않은 경우
   − 보험계약자 등이 보험회사와는 별도로 손해사정사를 선임하고자 하는 경우

4) 손해사정업무 절차

① 손해사정서의 접수: 보험회사는 손해사정사가 제출하는 손해사정서의 접수를 거절하지 못한다(「보험업감독규정」 제9-21조 제1항 전단).

다음에 해당되는 경우를 제외하고 보험회사는 손해사정서가 제출되지 않은 상태에서 보험계약자 등에게 보험금을 지급해서는 안 된다(「보험업감독규정」 제9-21조 제1항 후단 및 제9-18조 제1항 단서).

– 소송이 제기된 경우
– 보험계약자 등이 제출한 서류 심사만으로 지급심사가 완료되어 서류접수 완료일로부터 제3영업일 이내에 보험금이 지급되는 경우

② 손해사정서의 심사: 보험회사는 손해사정사가 제출한 손해사정서를 접수한 경우 즉시 보험금을 심사·지급해야 한다(「보험업감독규정」 제9-21조 제2항 본문).

다만, 다음에 해당되어 보험금지급이 지연될 경우에는 손해사정서 접수일부터 10일 내에 그 사유를 보험계약자 등에게 통보해야 한다(「보험업감독규정」 제9-21조 제2항 단서).

– 손해사정서의 내용이 사실과 다르거나 자체적으로 조사·확인한 내용과 다른 것으로 판명된 경우
– 손해사정서의 내용이 관련법규, 약관에 위반된 경우
– 보험계약자 등이 손해사정서의 내용에 이의를 제기한 경우
– 민원 또는 소송이 제기되거나 수사기관에서 수사가 진행 중인 경우

③ 보험회사의 손해사정서 보정요청: 보험회사는 손해사정사가 제출한 손해사정서가 자체적으로 조사·확인한 내용과 다르거나 관련 법규, 약관에 위반된다고 판단되어 정정·보완(이하 "보정"이라 함)이 필요한 경우 손해사정서의 접수일부터 10일 내에 구체적인 사유와 근거를 명시하여 손해사정사 또는 보험계약자 등에게 서면으로 요청해야 한다(「보험업감독규정」 제9-21조 제3항 및 제2항 제1호·제2호).

④ 보정서 또는 의견서 제출: 손해사정사 또는 보험계약자 등은 보험회사로부터 보정을 요청받은 경우 즉시 손해사정서를 보정하거나 이미 제출한 손해사정서의 정당성에 대한 의견과 근거를 작성하여 보험회사에 서면으로 제출해야 한다(「보험업감독규정」 제9-21조 제4항).

⑤ 보험회사의 보정서 또는 의견서 심사: 보험회사는 보정서 또는 의견서를 접수하면 즉시 보험금을 심사·지급해야 하며, 다음의 경우를 제외하고는 다시 보정을 요청할 수 없다(「보험업감독규정」 제9-21조 제5항 및 제2항 제1호·제2호).

- 보정서 또는 의견서의 내용이 부당하다는 객관적이고 명백한 반증이 있는 경우
- 손해사정서의 내용이 사실과 다르거나 자체적으로 조사·확인한 내용과 다른 것으로 판명된 경우(기존의 보정요청에 대해 보정이 완료된 경우 제외)
- 손해사정서의 내용이 관련 법규, 약관에 위반된 경우(기존의 보정요청에 대해 보정이 완료된 경우 제외)

⑥ **보험금의 지급**: 보험회사는 「보험업감독규정」 제9-18조 제1항 단서에 해당하는 경우를 제외하고 일정한 절차에 따라 확정된 손해사정서에 따른 보험금을 지급해야 한다(「보험업감독규정」 제9-21조 제6항 본문).

다만, 다음의 경우에는 손해사정서에 따른 보험금을 정정하여 지급할 수 있다(「보험업감독규정」 제9-21조 제6항 단서).
- 민원 또는 소송이 제기되어 보험회사가 지급해야 하는 보험금이 손해사정서와 다르게 결정된 경우
- 보험금청구권자가 손해사정서 내용의 부당함에 대한 근거 및 자료를 서면으로 제출하고 보험회사가 이를 수용하여 보험회사가 지급해야 하는 보험금이 손해사정서와 다르게 된 경우
- 보험회사가 결정한 보험금을 보험금청구권자가 수용한 경우

(3) 손해사정사의 의무

1) 손해사정서의 발급 및 중요사항의 고지

① 보험회사로부터 손해사정업무를 위탁받은 손해사정사 또는 손해사정업자는 손해사정업무를 수행한 후 손해사정서를 작성한 경우에 지체 없이 서면, 문자메시지, 전자우편, 팩스 또는 그 밖에 이와 유사한 방법으로 보험회사, 보험계약자, 피보험자 및 보험금청구권자에게 손해사정서를 내어 주고, 그 중요한 내용을 알려주어야 한다(규제 「보험업법」 제189조 제1항 및 규제 「보험업법 시행령」 제99조 제1항).

② 보험계약자 등이 선임한 손해사정사 또는 손해사정법인은 손해사정업무를 행한 후 즉시 손해사정서를 보험회사 및 보험계약자에 발급하고, 그 중요한 내용을 알려야 한다(규제 「보험업법」 제189조 제2항).

2) 손해사정사의 금지행위

손해사정사 또는 손해사정업자는 손해사정 업무를 수행할 때 보험계약자, 그 밖의 이해관계자들의 이익을 부당하게 침해해서는 안 되며, 다음에 해당하는 행위를 해서는 안 된다(규제

「보험업법」제189조 제3항, 규제 「보험업법 시행령」제99조 제3항 및 「보험업법 시행규칙」제57조).

- 고의로 진실을 숨기거나 거짓으로 손해사정을 하는 행위
- 업무상 알게 된 보험계약자 등의 개인정보를 누설하는 행위
- 타인으로 하여금 자기의 명의로 손해사정업무를 하게 하는 행위
- 정당한 사유 없이 손해사정업무를 지연하거나 충분한 조사를 하지 않고 손해액 또는 보험금을 산정하는 행위
- 보험회사 및 보험계약자 등에게 이미 제출받은 서류와 중복되는 서류 또는 손해사정과 관련이 없는 서류 또는 정보를 요청함으로써 손해사정을 지연하는 행위
- 등록된 업무영역 외의 손해사정을 하는 행위
- 본인 또는 다음에 해당하는 이해관계를 가진 자의 보험사고에 대해 손해사정을 하거나 이해관계를 가진 자가 모집한 보험계약에 관한 보험사고에 대해 손해사정을 하는 행위
    - ✓ 본인의 배우자 및 본인과 생계를 같이하는 친족
    - ✓ 본인을 고용하고 있는 개인 또는 본인이 상근임원으로 있는 법인 또는 단체
    - ✓ 본인이 고용하고 있는 개인 또는 본인이 대표자로 있는 법인 또는 단체
    - ✓ 본인과 생계를 같이하는 2촌 이내의 친족, 본인의 배우자 또는 배우자의 2촌 이내의 친족이 상근임원으로 있는 법인 또는 단체
    - ✓ 손해사정법인의 경우 법인의 임직원을 고용하고 있는 개인 또는 법인
    - ✓ 손해사정법인의 경우 법인에 대한 출자금액이 전체 출자금액의 100분의 30을 초과하는 자
- 보험금 지급을 요건으로 합의서를 작성하거나 합의를 요구하는 행위

제3절 보험종류에 따른 보험금지급 사유 및 면책사유 예시

1. 생명보험

(1) 보험회사의 책임 및 책임 면책사유

1) 보험회사의 책임

보험회사는 피보험자의 사망, 생존, 사망과 생존에 관한 보험사고가 발생할 경우 보험금을 지급해야 한다(「상법」 제730조).

2) 보험회사의 책임면책

보험사고가 보험계약자 또는 피보험자나 보험수익자의 고의 또는 중대한 과실로 일어난 경우 보험회사는 보험금액을 지급하지 않아도 된다(「상법」 제659조).

(2) 생명보험 표준약관에 기재되어 있는 보험금 지급사유

1) 사망보험금

① 보험기간 중 사망한 경우에는 사망보험금을 지급한다[「보험업감독업무시행세칙」(금융감독원세칙 2019. 12. 20. 발령, 2020. 1. 1. 시행) 별표 15. 생명보험 표준약관 제3조 제3호].

② 다음의 경우에는 사망한 것으로 인정한다(「보험업감독업무시행세칙」 별표 15. 생명보험 표준약관 제4조 제1항).
  - **실종선고를 받은 경우**: 법원에서 인정한 실종기간이 끝나는 때에 사망한 것으로 본다.
  - 관공서에서 수해, 화재나 그 밖의 재난을 조사하고 사망한 것으로 통보하는 경우: 가족관계등록부에 기재된 사망연월일을 기준으로 한다.

2) 장해보험금

보험 기간 중 진단 확정된 질병 또는 재해로 장해분류표에서 정한 각 장해지급률에 해당하는 장해상태가 된 경우에는 장해보험금을 지급한다(「보험업감독업무시행세칙」 별표 15. 생명보험 표준약관 제3조 제4호).

  - 장해보험금 지급사유에서 장해지급률이 재해일 또는 진단확정일로부터 180일 내에 확정되지 않는 경우 재해일 또는 진단확정일로부터 180일이 되는 날의 의사 진단에 기초하여 고정될 것으로 인정되는 상태를 장해지급률로 결정한다. 다만, 장해분류표에 장해판정시기를 별도로 정한 경우에는 그에 따른다(「보험업감독업무시행세칙」 별표 15. 생명보험 표준약관 제4조 제2항).

- 장해지급률이 결정되었으나 그 이후 보장받을 수 있는 기간(계약의 효력이 없어진 경우 보험기간이 10년 이상인 계약은 재해일 또는 진단 확정일 부터 2년 이내로 하고, 보험기간이 10년 미만인 계약은 재해일 또는 진단 확정일 부터 1년 이내)에 장해상태가 더 악화된 때에는 그 악화된 장해상태를 기준으로 장해지급률을 결정한다(「보험업감독업무시행세칙」 별표 15. 생명보험 표준약관 제4조 제3항).

3) 입원보험금

보험기간 중 질병이 진단 확정되거나 입원, 통원, 요양, 수술 또는 수발이 필요한 상태가 된 경우에는 입원보험금을 지급한다(「보험업감독업무시행세칙」 별표 15. 생명보험 표준약관 제3조 제5호).

(3) 생명보험 표준약관에 기재되어 있는 보험회사의 책임면책 사유

1) 피보험자가 고의로 자신을 해친 경우(「보험업감독업무시행세칙」 별표 15. 생명보험 표준약관 제5조 제1호 본문)

피보험자가 고의로 자신을 해친 경우의 예외(보험금 수령이 가능한 경우)

① 피보험자가 심신상실 등으로 자유로운 의사결정을 할 수 없는 상태에서 자신을 해친 경우, 특히 그 결과 사망에 이르게 된 경우에는 재해사망보험금을 지급한다(약관에서 정한 재해사망보험금이 없는 경우에는 재해 이외의 원인으로 인한 사망보험금을 지급한다)(「보험업감독업무시행세칙」 별표 15. 생명보험 표준약관 제5조 제1호 단서).

※ 사망을 보험사고로 하는 보험계약에서 자살을 보험회사의 면책사유로 규정하고 있는 경우, 그 자살은 자기의 생명을 끊는다는 것을 의식하고 그것을 목적으로 의도적으로 자기의 생명을 절단하여 사망의 결과를 발생케 한 행위를 의미한다. 피보험자가 정신질환 등으로 자유로운 의사결정을 할 수 없는 상태에서 사망의 결과를 발생케 한 경우까지 포함하는 것은 아닐 뿐만 아니라, 사망의 결과를 발생케 한 직접적인 원인행위가 외래의 요인에 의한 것이라면 그 보험사고는 피보험자의 고의에 의하지 않은 우발적인 사고로서 재해에 해당한다(대법원 2008. 8. 21. 선고 2007다76696 판결).

② 계약의 보장개시일부터 2년이 지난 후에 자살한 경우에는 재해이외의 원인에 해당하는 사망보험금을 지급한다(「보험업감독업무시행세칙」 별표 15. 생명보험 표준약관 제5조 제1호 단서).

3) 보험수익자가 고의로 피보험자를 해친 경우(「보험업감독업무시행세칙」 별표 15. 생명보험 표준약관 제5조 제2호 본문)

피보험자를 해친 보험수익자가 보험금의 일부 보험수익자인 경우에는 다른 보험수익자에 대한 보험금은 지급해야 한다.

4) 보험계약자가 고의로 피보험자를 해친 경우(「보험업감독업무시행세칙」 별표 15. 생명보험 표준약관 제5조제3호)

5) 계약해지와 해지환급금

보험회사는 계약자, 피보험자 또는 보험수익자가 고의로 보험금 지급사유를 발생시킨 경우에는 그 사실을 안 날부터 1개월 이내에 계약을 해지할 수 있으며, 계약이 해지된 경우에 지급하는 해지환급금은 "보험료 및 책임준비금 산출방법서"에 따라 계산한다(「보험업감독업무시행세칙」 별표 15. 생명보험 표준약관 제30조 제1항 제1호 및 제32조 제1항).

2. 화재보험

(1) 보험회사의 책임 및 책임 면책사유

1) 보험회사의 책임

화재보험은 화재로 인한 손해를 보상하는 보험이다(「상법」 제683조).

2)보험회사의 책임 면책사유

① 보험사고가 보험계약자 또는 피보험자나 보험수익자의 고의 또는 중대한 과실로 일어난 경우 보험회사는 보험금액을 지급하지 않아도 된다(「상법」 제659조).

② 보험사고가 전쟁, 그 밖의 변란으로 생긴 경우 당사자 간에 다른 약정이 없으면 보험회사는 보험금액을 지급하지 않아도 된다(「상법」 제660조).

③ 보험목적의 성질, 하자 또는 자연소모로 인한 손해는 보험회사가 보상 책임을 지지 않는다(「상법」 제678조).

(2) 화재보험 표준약관에 기재되어 있는 보험금 지급사유

• 보험금 지급사유

1) 보험회사는 화재로 발생한 다음의 손해를 보상한다[「보험업감독업무시행세칙」(금융감독원 세칙 2019. 12. 20. 발령, 2020. 1. 1. 시행) 별표 15. 화재보험 표준약관 제3조 제1항].

　　- 사고에 따른 직접손해

- 사고에 따른 소방손해(화재진압과정에서 발생한 손해)
- 사고에 따른 피난 손해(피난지에서 5일 동안 보험의 목적에 생긴 사고에 따른 직접손해 및 소방손해도 보상)

2) 보험회사는 화재로 발생한 손해뿐만 아니라 이 때문에 지출한 비용도 보상한다(「보험업감독업무시행세칙」 별표 15. 화재보험 표준약관 제3조 제2항).
- 잔존물 제거비용: 사고현장에서의 잔존물의 해체비용, 청소비용(사고현장 및 인근지역의 토양, 대기 및 수질 오염물질 제거비용과 차에 실은 후 폐기물 처리비용은 미포함) 및 차에 싣는 비용

※ "잔존물 제거비용"이란 단순히 사고현장에서의 정리비용이나 상차비용(차에 싣는 비용)만을 의미하지 않고 이 외에 운반, 처리비용 등 보험사고인 화재로 인해 발생한 잔존물을 실제로 제거하는데 소요되는 일체의 비용을 의미한다(대법원 2001. 6. 26. 선고 99다27972 판결).

- 손해방지비용: 손해의 방지 또는 경감을 위하여 지출한 필요 또는 유익한 비용
- 대위권 보전비용: 제3자로부터 손해의 배상을 받을 수 있는 경우 그 권리를 지키거나 행사하기 위하여 지출한 필요 또는 유익한 비용
- 잔존물 보전비용: 잔존물을 보전하기 위하여 지출한 필요 또는 유익한 비용(다만, 회사가 잔존물을 취득하는 경우에 한함)
- 그 밖의 협력비용: 회사의 요구에 따르기 위하여 지출한 필요 또는 유익한 비용(다만, 사고현장 및 인근 지역의 토양, 대기 및 수질 오염물질 제거 비용과 차에 실은 후 폐기물 처리비용은 제외)

(3) 화재보험 표준약관에 기재되어 있는 보험회사의 책임면책 사유

• 책임면책 사유
보험회사는 다음에 해당하는 손해는 보상하지 않아도 된다(「보험업감독업무시행세칙」 별표 15. 화재보험 표준약관 제4조).
① 보험계약자, 피보험자(법인인 경우 그 이사 또는 법인의 업무를 집행하는 그 밖의 기관) 또는 이들의 법정대리인의 고의 또는 중대한 과실

※ 화재보험에서 화재가 발생한 경우 일단 우연성의 요건을 갖춘 것으로 추정되고, 다만 화재가 보험계약자나 피보험자의 고의 또는 중과실에 의하여 발생했다는 사실을 보험회사가 증명하는 경우에는 위와 같은 추정이 번복되는 것으로 보아야 한다(대법원 2009. 12. 10. 선고 2009다56603, 56610 판결).

※ 약관의 보험계약자나 피보험자의 고의 또는 중대한 과실로 발생한 손해는 보상하지 않는다는 규정은 보험회사가 보험금 지급책임을 면하기 위해서 위 면책사유에 해당하는 사실을 입증할 책임이 있다는 것을 의미한다. 입증의 정도는 법관의 심증에 확신이 드는 정도면 되는데, 일반인의 일상생활에 있어 진실하다고 믿고 의심치 않는 정도의 개연성이 있으면 족하고, 막연한 의심이나 추측을 하는 정도로는 부족하다(대법원 2009. 3. 26. 선고 2008다72578, 72585 판결).

※ 피보험자에게 보험금을 받도록 하기 위해 피보험자와 세대를 같이 하는 친족 또는 고용인이 고의로 사고를 일으킨 손해에 대해서는 보험회사가 보상하지 않는다는 규정은 피보험자와 밀접한 생활관계를 가진 친족이나 고용인이 피보험자를 위해 보험사고를 일으킨 경우 피보험자가 이를 교사 또는 공모하거나 감독상 과실이 큰 경우가 허다하므로 일단 그 보험사고 발생에 피보험자의 고의 또는 중대한 과실이 있음을 추정한다는 의미이고, 고용인은 그들의 행위가 피보험자의 고의 또는 중대한 과실로 인한 것으로 추정케 할 만큼 피보험자와 밀접한 생활관계를 가진 자에 국한된다(대법원 1984. 1. 17. 선고 83다카1940 판결).

② 화재가 발생했을 때 생긴 도난 또는 분실로 생긴 손해
③ 보험의 목적의 발효, 자연발열, 자연발화로 생긴 손해
④ 화재가 원인이 아닌 수도관, 수관 또는 수압기 등의 파열로 생긴 손해
⑤ 발전기, 여자기(정류기 포함), 변류기, 변압기, 전압조정기, 축전기, 개폐기, 차단기, 피뢰기, 배전반 및 그 밖의 전기기기 또는 장치의 전기적 사고로 생긴 손해
⑥ 원인의 직접, 간접을 묻지 않고 지진, 분화 또는 전쟁, 혁명, 내란, 사변, 폭동, 소요, 노동쟁의, 그 밖의 이들과 유사한 사태로 생긴 화재 및 연소 또는 그 밖의 손해
⑦ 핵연료물질(사용연료 포함) 또는 핵연료 물질에 의하여 오염된 물질(원자핵 분열 생성물 포함)의 방사성, 폭발성, 그 밖의 유해한 특성 또는 이들의 특성에 의한 사고로 인한 손해
⑧ 위 핵연료 물질에 의한 사고 이외의 방사선을 쬐는 것 또는 방사능 오염으로 인한 손해
⑨ 국가 및 지방자치단체의 명령에 따른 재산의 소각 및 이와 유사한 손해

※ 화재보험계약상 피보험자 등이 손해의 조사를 방해 또는 회피한 경우 해당 손해에 관한 보
험금청구권을 상실한다는 내용의 약관조항의 규정 취지

이 사건 화재보험계약의 약관 제19조 제2항은 '보험계약자, 피보험자 또는 이들의 대
리인이 상당한 이유 없이 손해의 조사를 방해 또는 회피한 때에는 그 해당 손해에 관
한 보험금청구권을 상실한다'고 규정하고 있는바, 이와 같은 약관조항을 둔 취지는 보
험계약상의 보험회사가 보험계약상의 보상액의 확정 등을 위하여 보험사고로 인한 손
해의 정도 등을 알 필요가 있으나, 이에 관한 자료들은 보험계약자 또는 피보험자(아
래에서는 '피보험자'라고 한다)의 지배·관리영역 안에 있는 것이 대부분이어서 피보험자
로 하여금 이에 관한 정확한 정보를 제공하도록 할 필요성이 크므로, 피보험자가 상당
한 이유 없이 보험회사의 손해의 조사를 방해하거나 회피하는 등 보험계약관계에서
요구되는 신의성실의 원칙에 반하는 행동을 함으로써 보험회사로 하여금 그 보험사고
로 인한 손해의 정도 등을 확인할 수 없도록 한 경우에 그에 대한 제재로서 해당 손해
에 관한 보험금청구권을 상실하도록 하려는 데 있다(대법원 2007. 10. 11. 선고 2007다
34043 판결).

3. 자동차보험

(1) 보험회사의 책임 및 책임 면책사유

1) 보험회사의 책임

보험회사는 피보험자가 자동차를 소유·사용 또는 관리하는 동안에 발생한 사고로 인해 생
긴 손해를 보상할 책임이 있다(「상법」 제726조의2).

2) 보험회사의 책임 면책사유

① 보험사고가 보험계약자 또는 피보험자나 보험수익자의 고의 또는 중대한 과실로 일어난
경우 보험회사는 보험금액을 지급하지 않아도 된다(「상법」 제659조).
② 보험사고가 전쟁, 그 밖의 변란으로 생긴 경우 당사자 간에 다른 약정이 없으면 보험회
사는 보험금액을 지급하지 않아도 된다(「상법」 제660조).

(2) 자동차보험 표준약관에 기재되어 있는 보험금 지급사유

1) 자동차사고로 인한 타인의 피해를 보상하는 담보(배상책임담보)

① 대인배상 I : 보험회사는 피보험자가 피보험자동차의 운행으로 인해 다른 사람을 죽거나

다치게 하여 발생한 손해배생책임에 따른 손해를 보상한다[「보험업감독업무시행세칙」 (금융감독원세칙 2019. 12. 20. 발령, 2020. 1. 1. 시행) 별표 15. 자동차보험 표준약관 제3조].

② **대인배상 II**: 보험회사는 피보험자가 피자동차를 소유·사용·관리하는 동안에 생긴 피보험자동차의 산고로 인해 다른 사람을 죽게 하거나 다치게 하여 법률 손해배상책임을 짐으로써 입은 손해(대인배상 I 에서 보상하는 손해를 초과하는 손해에 한함)를 보상한다(「보험업감독업무시행세칙」 별표 15. 자동차보험 표준약관 제6조 제1항).

③ **대물배상**: 보험회사는 피보험자가 피보험자동차를 소유·사용·관리하는 동안에 생긴 피보험자동차의 사고로 인해 다른 사람의 재물을 없애거나 훼손하여 법률상 손해배상책임을 짐으로써 입은 손해를 보상한다(「보험업감독업무시행세칙」 별표 15. 자동차보험 표준약관 제6조 제2항).

2) 자동차사고로 인한 피보험자의 피해를 보상하는 담보의 경우

① **자기신체사고**: 보험회사는 피보험자가 피보험자동차를 소유·사용 또는 관리하는 동안 생긴 자동차의 사고로 죽거나 다친 경우 이로 인한 손해를 보상한다(「보험업감독업무시행세칙」 별표 15. 자동차보험 표준약관 제12조 제1항).

※ 자동차를 그 용법에 따라 사용한다는 것은 자동차가 반드시 주행상태에 있지 않더라도 주행의 전후단계인 주·정차 상태에서 문을 여닫는 등 각종 부수적인 장치를 사용하는 것도 포함한다. 따라서 피보험자인 운전자가 차량을 정차한 후 시동과 전조등이 켜진 상태에서 운전석 문을 열고 내리던 중 무언가에 걸려 균형을 잃고 빙판길 노면에 넘어지면서 머리를 강하게 부딪쳐 상해를 입은 사안은 자기신체사고에 해당한다 (대법원, 2009. 2. 26. 선고 2008다59834, 59841 판결).

※ 자기신체사고는 피보험자가 피보험자동차를 그 용법에 따라 소유, 사용, 관리하던 중 그 자동차에 피보험자가 상해를 입은 경우를 의미하는데, 이때 자동차를 그 용법에 따라 사용한다는 것은 자동차의 용도에 따라 그 구조상 설비되어 있는 각종의 장치를 각각의 장치목적에 따라 사용하는 것을 말한다. 한편 그 용법에 따른 사용 중 일시적으로 본래의 용법 이외의 용도로 사용한 경우에도 전체적으로 위 용법에 따른 사용이 사고발생의 원인이 된 것으로 평가될 수 있다면 자기신체사고에 해당한다고 보아야 한다(대법원, 2009. 2. 26. 선고 2008다86454 판결).

② 무보험자동차에 의한 상해

♣ 보험회사는 피보험자가 무보험자동차로 인해 생긴 사고로 죽거나 다친 경우, 이로 인한 손해에 대해 배상의무자가 있는 경우 약관에서 정한 바에 따라 보상한다(「보험업감독업무시행세칙」 별표 15. 자동차보험 표준약관 제17조).

※ "배상의무자"란 무보험 자동차의 사고로 피보험자를 죽게 하거나 다치게 함으로써 피보험자에게 법률상 손해배상책임을 지는 사람을 말한다(「보험업감독업무시행세칙」 별표 15. 자동차보험 표준약관 제17조).

※ "무보험 자동차"란 피보험자동차가 아니면서 피보험자를 죽게 하거나 다치게 한 다음에 해당하는 자동차로서 자동차, 건설기계, 「군수품관리법」에 따른 차량, 원동기장치자전거 및 농업기계를 말하며, 피보험자가 소유한 자동차는 제외된다(「보험업감독업무시행세칙」 별표 15. 자동차보험 표준약관 제1조제5호).

✓ 자동차보험 대인배상Ⅱ나 공제계약이 없는 자동차

✓ 자동차보험 대인배상Ⅱ나 공제계약에서 보상하지 않는 경우에 해당하는 자동차

✓ 이 약관에서 보상될 수 있는 금액보다 보상한도가 낮은 자동차보험의 대인배상Ⅱ나 공제계약이 적용되는 자동차. 다만, 피보험자를 죽게 하거나 다치게 한 자동차가 2대 이상이고 각각의 자동차에 적용되는 자동차보험의 대인배상Ⅱ 또는 공제계약에서 보상되는 금액의 합계액이 약관에서 보상될 수 있는 금액보다 낮은 경우에 한해 그 각각의 자동차

✓ 피보험자를 죽게 하거나 다치게 한 자동차가 명확히 밝혀지지 않은 경우 그 자동차

③ 자기차량손해: 보험회사는 피보험자가 피보험자동차를 소유·사용·관리하는 동안 발생한 사고로 피보험자동차에 직접적으로 생긴 손해를 보험증권에 기재된 보험가입금액을 한도로 보상한다(「보험업감독업무시행세칙」 별표 15. 자동차보험 표준약관 제21조 본문).

다만, 보험가입금액이 보험가액보다 많은 경우에는 보험가액을 한도로 보상한다. 그러나, 통상 붙어 있거나 장치되어 있는 것이 아닌 것은 보험증권에 기재된 것에 한한다(「보험업감독업무시행세칙」 별표 15. 자동차보험 표준약관 제21조 단서).

※ 자기차량손해에서 보장하는 사고에 관한 구체적인 사항은 개별 보험회사의 약관에서 규정한다(「보험업감독업무시행세칙」 별표 15. 자동차보험 표준약관 제21조).

(3) 자동차보험 표준약관에 기재되어 있는 보험회사의 책임면책 사유

• 책임면책 사유

1) 자동차보험 표준약관에는 담보종목(대인배상 I, 대인배상 II, 대물배상, 자기신체사고, 무보험 자동차에 의한 상해, 자기차량손해)에 따라 보험회사의 면책사유를 규정하고 있다(「보험업감독업무시행세칙」 별표 15. 자동차보험 표준약관 제5조, 제8조, 제14조, 제19조 및 제23조).

2) 음주운전 또는 무면허운전 관련 사고부담금

피보험자 본인이 음주운전이나 무면허운전을 하는 동안에 생긴 사고 또는 기명피보험자의 명시적·묵시적 승인 하에서 피보험자동차의 운전자가 음주운전 또는 무면허운전을 하는 동안에 생긴 사고로 인해 보험회사가 대인배상 I, 대인배상 II 또는 대물배상에서 보험금을 지급하는 경우, 피보험자는 다음에서 정하는 사고부담금을 보험회사에 납입해야 한다(「보험업감독업무시행세칙」 별표 15. 자동차보험 표준약관 제11조 제1항).

① 음주운전 사고부담금: 1 사고당 대인배상 I·II는 300만원, 대물배상은 100만원
② 무면허운전 사고부담금: 1 사고당 대인배상 I는 300만원, 대물배상은 100만원

4. 책임보험

(1) 보험회사의 책임 및 책임 면책사유

1) 배상책임보험의 의의

"책임보험"이란 피보험자가 보험기간 중의 사고로 제3자에게 배상할 책임을 진 경우 보험회사가 피보험자의 책임이행으로 발생할 손해를 보상할 것을 목적으로 하는 손해보험계약을 말한다(법제처·한국법제연구원, 법령용어사례집).

배상책임보험 표준약관은 책임보험을 대상으로 한 보험계약을 규율하기 위해 작성된 약관이다.

2) 보험회사의 책임

보험회사는 피보험자가 보험기간 중의 사고로 제3자에게 배상할 책임을 진 경우 이를 보상할 책임이 있다(「상법」 제719조).

3) 보험회사의 책임 면책사유

① 보험사고가 보험계약자 또는 피보험자나 보험수익자의 고의 또는 중대한 과실로 일어난

경우 보험회사는 보험금액을 지급하지 않아도 된다(「상법」 제659조).

② 보험사고가 전쟁, 그 밖의 변란으로 생긴 경우 당사자 간에 다른 약정이 없으면 보험회사는 보험금액을 지급하지 않아도 된다(「상법」 제660조).

4) 보험회사의 책임 경감사유

① 피보험자가 제3자로부터 배상청구를 받았을 때에는 지체 없이 보험자에게 그 통지를 발송하여야 한다(「상법」 제722조 제1항).

② 피보험자가 통지를 게을리 하여 손해가 증가된 경우 보험자는 그 증가된 손해를 보상할 책임이 없다(「상법」 제722조 제2항 본문).

③ 다만, 피보험자가 보험사고 발생 통지를 한 경우에는 그렇지 않다(「상법」 제722조 제2항 단서).

(2) 배상책임보험 표준약관에 기재되어 있는 보험금 지급사유

• 보험사고로 인한 제3자에 대한 배상책임

1) 보험회사는 피보험자가 보험증권상의 보장 지역 내에서 보험기간 중 발생한 보험사고로 제3자에게 법률적인 배상책임을 부담하여 입은 손해를 보상한다[「보험업감독업무시행세칙」 (금융감독원세칙 2019. 12. 20. 발령, 2020. 1. 1. 시행) 별표 15. 배상책임보험 표준약관 제3조].

2) 보험회사가 보상하는 손해는 다음과 같다(「보험업감독업무시행세칙」 별표 15. 배상책임보험 표준약관 제3조).

① 피보험자가 피해자에게 지급한 법률상 손해배상금

② 피보험자가 지출한 다음의 비용

  - 피보험자가 손해의 방지 또는 경감을 위해 지출한 필요비 또는 유익비(有益費)13)
  - 피보험자가 제3자로부터 손해배상을 받을 수 있는 경우 그 권리를 지키거나 행사하기 위한 필요 조치에 지출한 필요비 또는 유익비(有益費)
  - 피보험자가 지급한 소송비용, 변호사비용, 중재, 화해 또는 조정에 관한 비용
  - 증권의 보상한도액 내의 금액에 대한 공탁보증보험료(다만, 보증제공 책임 제외)
  - 피보험자가 피해자에게 손해배상책임을 지는 사고에 대해 보험회사가 피보험자를 대신하여 보험금 지급요청을 한 피해자에게 지급책임을 지게 되는 경우, 보험회사가 필요한 증거의 제출, 증언 또는 증인출석을 요청하여 이에 협조하기 위해 지급한 비용

---

13) 필요비는 아니지만, 물건을 개량하여 그 물건의 가치를 증가시키는 데 도움이 되는 비용(민법상)

(3) 배상책임보험 표준약관에 기재되어 있는 보험회사의 책임면책 사유

• 책임면책 사유

보험회사는 다음에 해당하는 사유로 인한 손해는 보상하지 않는다(「보험업감독업무시행세칙」 별표 15. 배상책임보험 표준약관 제4조).

① 보험계약자, 피보험자 또는 이들의 법정대리인의 고의로 생긴 손해에 대한 배상책임

② 전쟁, 혁명, 내란, 사변, 테러, 폭동, 소요, 노동쟁의, 그 밖에 이와 유사한 사태로 생긴 손해에 대한 배상책임

③ 지진, 분화, 홍수, 해일 또는 이와 비슷한 천재지변으로 생긴 손해에 대한 배상책임

④ 피보험자가 소유, 사용 또는 관리하는 재물이 손해를 입은 경우 그 재물에 정당한 권리를 가진 사람에게 부담하는 손해에 대한 배상책임

⑤ 피보험자와 타인 간에 손해배상에 관한 약정이 있는 경우, 그 약정에 의해 가중된 배상책임

⑥ 핵연료 물질(사용이 끝난 연료 포함) 또는 핵연료 물질에 의하여 오염된 물질(원자핵분열 생성물 포함)의 방사성, 폭발성 또는 그 밖의 유해한 특성 또는 이 특성에 의한 사고로 생긴 손해에 대한 배상책임

⑦ 위 핵연료 물질에 의한 사고 이외의 방사선을 쬐는 것 또는 방사능 오염으로 인한 손해

⑧ 티끌, 먼지, 석면, 분진 또는 소음으로 생긴 손해에 대한 배상책임

⑨ 전자파, 전자장(EMF)으로 생긴 손해에 대한 배상책임

⑩ 벌과금 및 징벌적 손해에 대한 배상책임

5. 실손의료보험

(1) 보험회사의 책임 및 책임 면책사유

1) 실손의료보험의 의의

실손 의료보험은 사람의 질병 또는 상해로 인한 손해(의료비)를 보험회사가 보상하는 보험을 말한다[「보험업감독업무시행세칙」(금융감독원세칙 2019. 12. 20. 발령, 2020. 1. 1. 시행) 별표 15. 실손의료보험 표준약관 정의].

2) 보험회사의 책임 면책사유

① 보험사고가 보험계약자 또는 피보험자나 보험수익자의 고의 또는 중대한 과실로 일어난

경우 보험회사는 보험금액을 지급하지 않아도 된다(「상법」 제659조).

② 보험사고가 전쟁, 그 밖의 변란으로 생긴 경우 당사자 간에 다른 약정이 없으면 보험회사는 보험금액을 지급하지 않아도 된다(「상법」 제660조).

(2) 실손의료보험 표준약관에 기재되어 있는 보험금 지급사유

• 실손의료보험의 담보종목

실손의료보험은 상해입원형, 상해통원형, 질병입원형 및 질병통원형의 총 4개 이내의 담보종목으로 구성되어 있다(「보험업감독업무시행세칙」 별표 15. 실손의료보험 표준약관 제1조).

담보종목		보상하는 내용
상해	입원	피보험자(보험대상자)가 상해로 인하여 병원에 입원하여 치료를 받은 경우에 보상
	통원	피보험자(보험대상자)가 상해로 인하여 병원에 통원하여 치료를 받거나 처방조제를 받은 경우에 보상
질병	입원	피보험자(보험대상자)가 질병으로 인하여 병원에 입원하여 치료를 받은 경우에 보상
	통원	피보험자(보험대상자)가 질병으로 병원에 통원하여 치료를 받거나 처방 조제를 받은 경우에 보상

(3) 실손의료보험 표준약관에 기재되어 있는 보험회사의 책임면책 사유

• 책임면책 사유

실손의료보험 표준약관에는 담보종목(상해, 질병)에 따라 보험회사의 면책사유를 규정하고 있다(「보험업감독업무시행세칙」 별표 15. 실손의료보험 표준약관 제4조).

제4절 보험계약기간 만료 등에 의한 보험금 지급 청구

1. 중도보험금과 만기보험금

1) 중도보험금

보험기간 중의 특정시점에 살아있을 경우 지급하는 보험금을 말한다[「보험업감독업무시행세칙」(금융감독원세칙 2019. 12. 20. 발령, 2020. 1. 1. 시행) 별표 15. 생명보험 표준약관 제3조제

1호].

2) 만기보험금

보험기간이 끝날 때까지 살아 있을 경우 지급하는 보험금을 말한다(「보험업감독업무시행세칙」
별표 15. 생명보험 표준약관 제3조 제2호).

3) 지급시기 도래 사실을 알릴 의무

중도보험금과 만기보험금은 지급시기가 되면 지급시기 7일 이전에 그 사유와 회사가 지급
해야 할 금액을 계약자 또는 보험수익자에게 알려야 하며 보험금 지급일까지의 기간에 대
한 이자를 '보험금 지급 시의 적립이율 계산'과 같이 계산하여 지급한다(「보험업감독업무시행
세칙」 별표 15. 생명보험 표준약관 제8조 제2항).

> ※ 중도보험금, 만기보험금의 보험금 지급일까지의 기간에 대한 이자의 계산은 「보험업
> 감독업무 시행 세칙」 별표 15. 생명보험 표준약관 <부표 4-1> "보험금 지급시의
> 적립이율 계산"에서 확인할 수 있다.

2. 보험회사의 해산 후 보험금 지급

1) 해산 후 보험금을 지급하는 경우

① 보험회사는 주주총회 등의 결의, 보험업 허가의 취소, 해산을 명하는 재판 결정 등을 이
   유로 해산한 경우 보험금을 지급할 사유가 해산한 날부터 3개월 내에 발생한 경우에는
   보험금을 지급해야 한다(「보험업법」 제158조 제1항).
② 주주총회 등의 결의, 보험업 허가 취소, 해산을 명하는 재판 결정 등을 이유로 해산한 날
   부터 3개월 후에는 피보험자를 위해 적립한 금액 또는 아직 경과하지 않은 기간에 대한
   보험료를 보험계약자 또는 피보험자에게 환급해야 한다(「보험업법」 제158조 제2항).

2) 「예금자보호법」에 따른 보호

① 「예금자보호법」은 금융회사가 파산 등의 사유로 예금 등을 지급할 수 없는 상황에 대처
   하기 위해 예금보험제도 등을 효율적으로 운영함으로써 예금자 등을 보호하고 금융제도
   의 안정성을 유지하는데 이바지함을 목적으로 제정되었다(「예금자보호법」 제1조).
② 보험회사는 예금보험의 적용대상기관으로 영업인가·허가의 취소, 해산결의 또는 파산선

고 등의 사고가 발생한 경우 보험계약자는 「예금자보호법」에 따른 보호를 받게 된다(「예금자보호법」 제2조).

③ 보험회사의 해산 후 보험계약자는 예금보험공사에 보험금을 지급하도록 청구하여 보험금을 받을 수 있다(「예금자보호법」 제31조 제1항).

④ 예금보험공사는 보험금 지급기간·방법 등을 서울특별시에서 발행되는 일간신문과 주된 사무소가 소재한 지역에서 발행되는 일간신문 각 1개 이상에 1회 이상 공고해야 한다(「예금자보호법 시행령」 제17조 제2항 본문).

⑤ 다만, 상호저축은행의 예금자 등에 대해 보험금 또는 가지급금을 지급하는 경우에는 그 주된 사무소가 소재한 지역에서 발행되는 일간신문 1개를 포함하여 2개 이상의 일간신문에 각 1회 이상 공고해야 한다(「예금자보호법 시행령」 제17조 제2항 단서).

⑥ 보장한도는 1인당 최고 5,000만원이나, 다음에 해당하는 경우에는 그 정한 바에 따라 보험금 지급한도가 적용된다(규제 「예금자보호법 시행령」 제18조 제6항).

  – 확정기여형퇴직연금제도 등의 경우: 가입자별로 보험금 지급한도를 적용하되, 확정기여형퇴직연금제도 등에 따른 예금 등 채권과 그 밖의 예금 등 채권에 대해서는 각각 보험금. 지급한도 적용

  – 개인종합자산관리계좌의 경우: 계좌보유자별로 보험금 지급한도를 적용하되, 개인종합자산관리계좌의 예금 등 채권과 그 밖의 예금 등 채권(확정기여형퇴직연금제도 등에 따른 예금 등 채권 제외)을 합산하여 보험금 지급한도 적용

보험회사의 파산 시 가입자 보호

보험회사 파산 시 불입한 보험료의 반환 여부

◎ (질문)

보험회사가 파산하는 경우 제가 불입한 보험료는 어떻게 되는 것인지 알고 싶습니다.

◎ (답변)

1. 「예금자보호법」에 따라 보장됩니다.

2. 보험회사의 계약을 타 보험회사에서 인수하는 경우에는 유효한 보험계약으로 타보험회사가 계약 인수하여 안전하게 유지할 수 있습니다.

3. 다만, 보험회사가 파산한 경우 「예금자보호법」에 따른 지급 보장은 1개 금융기관당 피보험자 1인 기준으로 5000만원입니다. 원리금에 대한 보장이므로 해약환급금 기준으로 계산하여 피보험자 1인당 기준으로 보장합니다.

출처 : 한국소비자원, 사례안내, 자주 묻는 질문.

제5절 보험사기

1. 보험사기의 의의

• 의의

① 보험사기는 법률상의 용어가 아니라 보험과 관련된 사기라는 의미로 사용되는 용어이며, 보험금을 편취하기 위하여 고의적으로 행하는 위법행위를 의미한다[금융감독원, 불법 금융거래의 유형 및 특성(보험편)].

② 보험사기가 「형법」 제347조 사기죄를 구성하기 위해서는 보험회사를 기망하여 자기 또는 제3자가 보험금을 편취 또는 재산상 불법한 이익을 취득하였음이 입증되어야 한다.

③ 보험계약자, 피보험자, 보험금을 취득할 자, 그 밖에 보험계약에 관하여 이해관계가 있는 자는 보험사기 행위를 해서는 안 된다(규제「보험업법」 제102조의2).

④ 보험회사의 임직원, 보험설계사, 보험대리점, 보험중개사, 손해사정사, 그 밖에 보험 관계 업무에 종사하는 자는 다음에 해당하는 행위를 해서는 안 된다(규제「보험업법」 제102조의3).
  – 보험계약자, 피보험자, 보험금을 취득할 사람, 그 밖에 보험계약에 관해 이해가 있는 자로 하여금 고의로 보험사고를 발생시키거나 발생하지 않은 보험사고를 발생한 것처럼 조작하여 보험금을 수령하도록 하는 행위
  – 보험계약자, 피보험자, 보험금을 취득할 사람, 그 밖에 보험계약에 관해 이해가 있는 자로 하여금 이미 발생한 보험사고의 원인, 시기 또는 내용 등을 조작하거나 피해의 정도를 과장하여 보험금을 수령하도록 하는 행위

※ 甲이 자신이나 그 처인 乙을 보험계약자로, 乙을 피보험자로 하는 다수의 보험계약을 체결하였다가 乙이 교통사고로 사망하자 보험금의 지급을 청구한 사안에서, 甲이 乙을 살해하도록 교사했던 전력, 석연치 않은 보험사고 경위, 경제형편에 비해 지나치게 과다한 보험료 등 제반 사정에 비추어 볼 때, 위 다수의 보험계약은 보험금을 부정 취득할 목적으로 체결한 것으로 추인되므로 「민법」 제103조에 정한 선량한 풍속, 그 밖의 사회질서에 반하여 무효라고 한 사례(대법원 2009. 5. 28. 선고 2009다 12115 판결).

※ 사기로 인하여 체결된 중복보험계약이란 보험계약자가 보험가액을 넘어 위법하게 재산적 이익을 얻을 목적으로 중복보험계약을 체결한 경우를 말한다(대법원 2000. 1. 28. 선고 99다 50712 판결).

2. 보험사기의 조사

• 보험사기의 조사

출처: 금융감독원, 불법 금융거래의 유형 및 특성(보험편), 2003.

1) 금융위원회는 다음의 경우 보험회사, 보험계약자, 피보험자, 보험수익자, 그 밖의 보험계약에 이해관계가 있는 자를 조사할 수 있다(규제「보험업법」 제162조 제1항).
① 「보험업법」 및 「보험업법」에 따른 명령 또는 조치에 위반된 사실이 있는 경우
② 공익 또는 건전한 보험거래질서의 확립을 위하여 필요하다고 인정되는 경우
2) 금융위원회는 조사를 위해 필요하다고 인정하면 관계자에게 다음의 사항을 요구할 수 있다(규제「보험업법」 제162조제2항).
① 조사사항에 대한 사실과 상황에 대한 진술서의 제출
② 조사에 필요한 장부·서류, 그 밖의 물건의 제출

3. 보험사기에 대한 제재

1) 형사처벌

① 사람을 기망하여 재물의 교부를 받거나 재산상의 이익을 취득한 자는 10년 이하의 징역 또는 2천만원 이하의 벌금에 처해진다(「형법」 제347조제1항).
② 사람을 기망하여 제3자로 하여금 재물의 교부를 받게 하거나 재산상의 이익을 취득하게 한 경우에도 10년 이하의 징역 또는 2천만원 이하의 벌금에 처해진다(「형법」 제347조 제2항).
③ 상습으로 사기죄를 범한 자는 10년 이하의 징역형의 2분의 1까지 가중할 수 있다(「형법」 제351조)

2) 보험회사의 책임면책과 무효·해지

① 보험계약자 또는 피보험자나 보험수익자의 고의에 의한 보험 사기임이 밝혀지면 보험회
   사는 보험금을 지급할 책임이 없다(「상법」 제659조).
   ※ 피보험자를 살해하여 보험금을 편취할 목적으로 체결한 생명보험계약은 사회질서에
     위배되는 행위로서 무효이고, 따라서 피보험자를 살해하여 보험금을 편취할 목적으로
     피보험자의 공동상속인 중 1인이 상속인을 보험수익자로 하여 생명보험계약을 체결한
     후 피보험자를 살해한 경우, 다른 공동상속인은 자신이 고의로 보험사고를 일으키지
     않았다고 하더라도 보험자(보험회사)에 대하여 보험금을 청구할 수 없다(대법원 2000. 2.
     11. 선고 99다49064 판결).
② 사기로 체결된 초과보험계약과 중복보험계약의 무효
   손해보험에서 초과보험(보험금액이 보험가액을 현저하게 초과하는 보험)계약이 보험계약자의
   사기로 체결된 경우 그 계약은 무효가 된다(「상법」 제669조 제4항).
   – 손해보험에서 중복보험(동일한 보험목적을 가지고 사고에 대비하기 위해 여러 개의 보험계약
     을 동시에 또는 차례대로 체결하는 보험)계약이 보험계약자의 사기로 체결되었다면 그 계
     약은 무효가 된다(「상법」 제672조 제3항).
   – 보험계약자가 고의로 피보험자를 해치거나, 고의로 방화를 행하는 등 보험사기를 행
     한 경우 보험회사는 보험금을 지급하지 않을 뿐만 아니라 보험계약을 해지할 수 있다
     [「보험업감독업무시행세칙」(금융감독원세칙 2019. 12. 20. 발령, 2020. 1. 1. 시행) 별표 15.
     생명보험 표준약관 제5조 제3호 및 화재보험 표준약관 제30조 제2항].
③ 보험계약자가 고의로 피보험자를 해치거나, 고의로 방화를 행하는 등 보험사기를 행한
   경우 보험회사는 보험금을 지급하지 않을 뿐만 아니라 보험계약을 해지할 수 있다[「보
   험업감독업무시행세칙」(금융감독원세칙 2019. 12. 20. 발령, 2020. 1. 1. 시행) 별표 15. 생명보
   험 표준약관 제5조 제3호 및 화재보험 표준약관 제30조 제2항].

1. 분쟁조정을 통한 해결

(1) 금융위원회를 통한 분쟁조정

1) 분쟁조정 담당기관

• 금융감독원

분쟁조정 권한

- 금융감독원은 금융기관(보험회사 포함)과 이해관계인 사이에 발생하는 분쟁의 조정을 심의, 의결하기 위해 금융분쟁조정위원회를 두고 있다(「금융위원회의 설치 등에 관한 법률」 제51조).
- 보험회사와 분쟁이 있는 이해관계인은 금융감독원의 원장에게 분쟁의 조정을 신청할 수 있다(「금융위원회의 설치 등에 관한 법률」 제53조 제1항).

2) 분쟁조정 처리절차

① 민원제기

- 보험회사와 분쟁이 발생한 경우 금융감독원의 금융민원센터에 민원 제기를 한다.
- 민원제기는 인터넷, 우편, FAX를 이용하여 접수할 수도 있고, 직접 방문하여 민원 상담 후 상담요원의 안내를 받아 제기할 수도 있다.
- 민원제기를 할 때에는 다음의 내용이 기재된 신청서를 제출해야 한다.
  신청인의 성명, 주민등록번호, 주소, 연락처, 상대 보험회사명, 6하 원칙에 따라 구체적으로 기술한 신청요지

② 민원접수 후 통보

민원이 접수되면 접수완료 후 핸드폰 문자통보를 해주며, 담당자가 지정되면 다시 문자통보를 해 준다.

③ 접수된 민원에 대한 조사

금융감독원의 원장은 보험사업자에 대해 업무 수행 상 필요하다고 인정하는 때에는 그 기관에 대해 업무 또는 재산에 관한 보고, 자료의 제출, 관계자의 출석 및 진술을 요구할 수 있다(규제「금융위원회의 설치 등에 관한 법률」 제40조 제1항).

④ 합의권고

- 금융감독원의 원장은 분쟁조정의 신청을 받은 경우 그 내용을 알리고 합의를 권고할

수 있다(「금융위원회의 설치 등에 관한 법률」 제53조 제2항 본문).
- 금융감독원의 원장은 분쟁조정의 신청을 받은 날부터 30일 내에 합의가 이루어지지 않으면 지체 없이 이를 조정위원회에 회부한다(「금융위원회의 설치 등에 관한 법률」 제53조 제3항).

⑤ 분쟁조정위원회의 심의
- 조정위원회는 조정의 회부를 받은 경우 60일 내에 이를 심의하여 조정안을 작성해야 한다(「금융위 원회의 설치 등에 관한 법률」 제53조 제4항).
- 조정위원회는 당사자 또는 이해관계인의 의견을 들을 필요가 있다고 인정되면 이들에게 회의에 출석하여 의견을 진술할 것을 요청할 수 있다(「금융위원회의 설치 등에 관한 법률 시행령」 제20조 제1항).
- 의견을 듣고자 하는 경우 긴급을 요하지 않는 한 시기 및 장소를 정하여 의견청취 3일 전까지 당사자 또는 이해관계인에게 알려야 한다(「금융위원회의 설치 등에 관한 법률 시행령」 제20조 제2항).
- 당사자 또는 이해관계인은 조정위원회의 허가를 받아 조정위원회에 출석해 의견을 진술할 수 있다(「금융위원회의 설치 등에 관한 법률 시행령」 제20조 제3항).

⑥ 심의 후 조정결정통지 및 수락권고
- 금융감독원의 원장은 조정안을 신청인과 관계당사자에게 제시하고 수락을 권고할 수 있다(「금융위원회의 설치 등에 관한 법률」 제53조제5항).
- 수락을 권고할 때 당사자가 수락한 조정안은 재판상의 화해와 동일한 효력을 갖는다는 사실을 통보해야 한다(「금융위원회의 설치 등에 관한 법률」 제55조).
- 당사자가 조정안을 받은 날부터 20일 내에 조정안을 수락하지 않는 경우 조정안을 수락하지 않는 것으로 본다는 사실도 함께 통보해야 한다(「금융위원회의 설치 등에 관한 법률 시행령」 제21조 제2항).

⑦ 조정안의 수락 또는 불(不)수락
- 금융감독원의 원장은 당사자가 조정안을 수락하면 조정서를 작성하여 발급해야 한다(「금융위원회의 설치 등에 관한 법률 시행령」 제21조 제3항).
- 분쟁조정위원회의 조정안을 불수락하는 금융기관은 조정안을 수락하지 않는 사유를 기재한 서면을 금융감독원의 원장에게 제출해야 한다(「금융위원회의 설치 등에 관한 법률 시행령」 제21조 제4항).

⑧ 소 제기 시의 통지
- 당사자는 분쟁조정 신청 후 해당 사건에 소를 제기한 경우 바로 이 사실을 금융감독원

의 원장에게 알려야 한다(「금융위원회의 설치 등에 관한 법률 시행령」 제22조).

- 금융감독원장은 조정신청사건의 처리절차의 진행 중 한쪽 당사자가 소송을 제기한 경우 그 조정의 처리를 중지하고 그 사실을 양쪽 당사자 모두에게 통보해야 한다(「금융위원회의 설치 등에 관한 법률」 제56조).

(2) 한국소비자원 등을 통한 분쟁조정

1) 한국소비자원의 분쟁조정 담당기관

• 소비자분쟁조정위원회

분쟁조정 권한

소비자와 사업자 사이에 발생한 분쟁을 조정하기 위해 한국소비자원에 소비자분쟁조정위원회를 두고 있다(「소비자기본법」 제60조 제1항).

2) 한국소비자원의 분쟁조정 절차

① 민원제기

② 합의권고

한국소비자원의 원장은 피해구제신청의 당사자에 대해 피해보상에 관한 합의를 권고할 수 있다(「소비자기본법」 제57조).

③ 소비자분쟁조정위원회의 조정 신청

- 한국소비자원의 원장은 피해구제의 신청을 받은 날부터 30일 내에 합의가 이루어지지 않으면 바로 이를 소비자분쟁조정위원회에 분쟁조정을 신청해야 한다(「소비자기본법」 제58조 본문).

- 다만, 피해의 원인규명 등에 상당한 시일이 요구되는 피해구제신청사건으로서 다음에 해당하는 사건은 60일 내의 범위에서 처리기간을 연장할 수 있다(「소비자기본법」 제58조 단서 및 「소비자기본법 시행령」 제44조).

  의료 관련사건, 보험 관련사건, 농업 및 어업 관련사건, 그 밖에 피해의 원인규명에 시현·검사 또는 조사가 필요한 사건

④ 소비자분쟁조정위원회의 조정 기간

- 소비자분쟁조정위원회는 분쟁조정의 신청을 받은 날부터 30일 내에 그 분쟁조정을 마쳐야 한다(「소비자기본법」 제66조 제1항).

- 소비자분쟁조정위원회는 부득이한 사정으로 30일 내에 그 분쟁조정을 마칠 수 없는 경우 기간을 연장할 수 있다(「소비자기본법」 제66조 제2항 전단).

  이 경우 그 사유와 기한을 명시하여 당사자 및 그 대리인에게 알려야 한다(「소비자기본

법」제66조 제2항 후단).

⑤ 분쟁조정의 효력

- 소비자분쟁조정위원회의 위원장은 분쟁조정을 마친 경우 즉시 당사자에게 그 분쟁조
  정의 내용을 알려야 한다(「소비자기본법」제67조 제1항).
- 통지를 받은 당사자는 그 통지를 받은 날부터 15일 내에 분쟁조정의 내용에 대한 수
  락 여부를 조정위원회에 통보해야 한다(「소비자기본법」제67조 제2항 전단).
- 당사자가 15일 내에 의사표시를 하지 않는 경우에는 수락한 것으로 본다(「소비자기본법」
  제67조 제2항 후단).
- 당사자가 분쟁조정의 내용을 수락하거나 수락한 것으로 보는 경우 그 분쟁조정의 내
  용은 재판상 화해와 동일한 효력을 갖는다(「소비자기본법」제67조 제4항).

2. 소송을 통한 해결

(1) 소송에 의한 권리구제

1) 법원의 민사소송

① 민사소송절차

금융감독원이나 한국소비자원 등을 통한 조정절차에서 해결이 되지 않은 경우 법원의 민사
소송을 통하여 권리를 구제받을 수 있다.

② 화해권고결정

법원은 판결 선고 전까지 언제라도 별도의 조정기일 회부 없이 변론준비절차 또는 변론절
차에서 바로 화해권고결정을 할 수 있다(「민사소송법」제225조 제1항).

③ 민사조정절차

- 민사조정은 법관이나 법원에 설치된 조정위원회가 분쟁 당사자의 주장을 듣고 관련
  자료 등 여러 사항을 검토해서 당사자의 자주적·자율적 분쟁 해결 노력을 존중하면
  서 적정·공정·신속하고 효율적으로 해결할 수 있다(「민사조정법」제1조).
- 민사조정은 분쟁 당사자 일방이 법원에 조정을 신청하거나 해당 소송사건을 심리하
  고 있는 판사가 직권으로 조정에 회부하면 민사조정이 시작된다(「민사조정법」제2조 및
  제6조).
- 당사자 사이에 합의가 이루어져 조정조서가 작성되면 조정이 성립된다(「민사조정법」제
  28조).
- 다음의 사건에 관해서 법원은 직권으로 조정에 갈음하는 결정을 한다(「민사조정법」제

30조 및 제32조).

* 합의가 이루어지지 않은 경우,

* 사자 사이의 합의 내용이 적절하지 않다고 인정한 경우

* 피신청인이 조정기일에 출석하지 않은 경우

제5편

생명보험이란 무엇인가? Ⅰ : 總論

제1장
생명보험제도의 개요

제1절   생명보험의 개념

1. 생명보험의 의의

생명보험은 동질의 위험에 처한 많은 사람들이 합리적인 금액을 모아 공동기금(보험료)을 형성하고, 우연한 사고를 당한 구성원에게 보험금 등의 급여를 지급함으로써 경제생활의 불안을 없애거나 경감하고자 하는 상부상조의 정신을 바탕으로 하는 경제제도이다.

생명보험사는 계약자에게 보험료를 받아 공동으로 준비한 재산인 공동기금을 형성한 후, 사망, 상해 등의 우연한 보험사고로 발생한 경제적 손실을 약정한 보험금을 지급하는 경제제도이며, 공평한 위험부담의 정신과 상부상조의 정신을 바탕으로 사망 등 불의의 사고로 인한 경제적 손실을 보장하기 위한 경제제도이다.

- 넓은 의미: 자연인을 대상으로 사고나 재해로 입은 경제적 손실을 보상하여 준다.
- 좁은 의미: 피보험인(자연인)이 사망하였을 때 소정의 금액을 보상해주는 보험이다.
- 생명보험은 크게 사망, 생존, 혼합, 타인의 생명보험으로 나눌 수 있다.
- 상부상조 정신이 근간이다: 독일학자 마네스 "1인은 만인을 위하여, 만인은 1인을 위하여"
- 생명보험의 기능: 보상 기능과 저축 기능, 투자적 기능이 있다.
- 생명보험의 보험사고: 피보험자의 사망, 생존 또는 사망과 생존이다.

(1) 생명보험의 기능

① 저축성 기능: 피보험자 만기까지 생존 시 만기환급금, 사망 시 사망보험금
② 투자적 기능: 보험업법에서 정한 방법의 자산운용으로 얻은 이익으로 보험료, 보험금에
　　　　　　　　반영함.
③ 보장적 기능: 우연한 사고로 인한 보험수익자의 경제적 수요를 충족시키고자 하는 보장
　　　　　　　　적 기능.

(2) 생명보험의 역할

− 손실발생 이전과 손실발생 이후의 미래의 불확실성을 제거 또는 감소시킨다.
− 비용 손실 가능성을 줄인다.
− 근심과 두려움 제거한다.

2. 생명보험계약의 의의

(1) 생명보험 계약

생명보험계약은 보험자(보험회사)가 보험계약자로부터 보험료를 받고 피보험자의 생사에 관하여
우연한 사고가 생길 경우에 계약에서 정한 바에 따라 보험금액 또는 기타 일정한 급여를 지급할
것을 약정하는 계약을 말한다. 이러한 생명보험계약은 사람의 생사(生死)를 보험사고로 하고
보험사고가 발생할 경우 손해의 유무나 다소를 불문하고 일정한 금액을 지급하는 정액보험
이란 점에서 보험사고 발생 시 그 손해를 실손 보상하는 손해보험계약과는 다르다.

− 생명보험계약의 보험자는 피보험자의 사망, 생존, 사망과 생존에 관한 보험사고가 발생
　할 경우에 약정한 보험금을 지급할 책임이 있다(상법 제730조). [개정 2014.3.11] [[시행
　일 2015.3.12.]] 즉, 보험계약자 또는 제3자(피보험자)는 생사(보험사고)에 관하여 일정한
　금액(보험료)을 지급할 것을 약정하고 보험자는 피보험자의 생명에 관한 보험사고가 생
　길 경우에 약정한 보험금액을 지급할 것을 약정하는 인보험 계약이다(상법 제730조).
− 생명보험계약은 사람(피보험자)의 생존과 사망을 보험사고로 하고, 보험사고가 발생 시에
　일정한 보험금을 지급하는 정액보험이다.
− 상해를 보험사고하는 상해보험과 보험사고 발생 시 그 손해를 실손 보상하는 손해보험
　계약과는 다른 점이다.

- 보험자(보험회사)와 보험계약자 간의 계약이다.
- 보험계약자는 일정한 금액(보험료) 지급을 약정한다.
- 보험자는 피보험자의 생명에 관한 보험사고가 생길 경우 약정한 보험금액을 지급을 약정한다(인보험 계약).

(2) 생명보험계약의 장점과 단점

① 장점
- 사망에 대한 보장 면에서 손해보험과 달리 무조건 지급한다.
- 보장을 크게 설정 가능하다(예: 암 보험 1억 보장, 사망담보 3000만 원~50억 원 보장).

② 단점
- 질병에 대한 보장의 기간이 대체로 짧은 편이다.
- 손해보험에 비해 보장의 범위가 좁게 설정된다.

(3) 생명보험 계약의 특성

① 쌍무(雙務)계약성: 보험자는 보험사고의 발생을 일정한 조건 또는 기한으로 하여 보험금 지급 의무를 부담하고 보험계약자는 보험료 납입의무를 부담하므로 이 두 채무가 서로 대립관계에 있어 쌍무계약의 성질을 갖는다.

② 낙성(諾成)계약성: 보험계약은 보험계약자의 청약이 있고 이를 보험자가 승낙하면 계약이 성립되므로 낙성계약의 특징이 있다.

③ 부합(附合)계약성: 부합계약이란 그 내용이 당사자 일방에 의해 획일적으로 정해지고 다른 일방이 이를 포괄적으로 승인함으로써 성립되는 계약을 말한다. 보험계약은 그 성질상 다수의 보험계약자를 대상으로 동일한 내용의 계약이 반복되므로 개개의 계약과 같이 그 내용을 일일이 정하는 것은 거의 불가능하다. 그러므로 보험계약은 보험회사가 미리 마련한 정형화된 약관에 따라 계약을 체결하고 있어 부합계약의 성질을 갖는다.

④ 사행(射倖)계약성: 보험계약은 보험자의 보험금지급 책임이 장래의 우연한 사고(보험사고)의 발생에 달려 있다는 점에서 사행계약의 일종이다. 그러나 보험계약은 개별적으로는 사행계약성을 가지고 있지만 보험단체 전체의 입장에서 볼 때에는 대수의 법칙에 의하여 산정된 보험료와 보험금이 균형을 이루도록 되어 있기 때문에 사행성은 희박하다고 할 수 있다.

⑤ 선의(善意)계약성: 보험계약은 사행계약의 일면을 가지고 있어 보통의 계약과는 달리 보험계약의 체결과 이행에 계약관계자의 선의성과 신의성실이 요구된다. 특히 보험계약은

우연한 사고의 발생을 전제로 하는 점에서 선의성이 더욱 강조되며 이에 따라 보험계약자에게 고지의무 등 특수한 의무를 부과하고 있다.

제2절 생명보험의 역사, 우리나라 생보역사

1. 고대

- 집단생활을 하면서 장례비용을 공동으로 부담하는 제도가 있으며,
- 천재지변, 도난, 재해 손해가 발생 시 공동부담 도와주는 제도가 있다.

고대에는 집단생활을 하면서 장례비용을 공동으로 부담하는 제도가 있었으며 또 구성원 가운데 천재지변 등으로 불행을 당한 사람이 생기거나 여행 중에 도난이나 재해로 인해 손해가 발생할 경우 이를 공동부담으로 도와주는 제도가 있었다.

2. 중세

- 길드 조직을 중심의 상호부조제도가 있으며,
- 항해 선박, 적재화물 손해, 공동 부담 공제제도가 있었다.

중세에는 길드(Guild) 조직을 중심으로 한 상호부조(相互扶助)제도와 함께 항해도중 일어난 선박이나 적재화물의 손해를 공동으로 부담하는 일종의 공제제도가 있었는데 이로부터 보험제도가 발생하게 되었다.

3. 근대

- 17세기 톤틴 연금에 의한 사망표 보험수리 연구 본격화
  → 과학적 기초 근거한 생명보험 발생.
- 18세기 산업혁명 계기로 최초의 근대적 생명보험회사 영국 설립.
- 근대적 생명보험은 17세기 이탈리아의 톤티(Tonti)가 고안한 톤틴연금에 의해 사망표와 보험수리의 연구가 본격화되면서 시작되었는데 이로부터 오늘날과 같은 과학적 기초에 근거한 생명보험이 발생하게 되었으며, 그 후 18세기에는 산업혁명을 계기로 최초의 근

대적 생명보험회사인 에퀴터블(Equitable) 생명이 영국에서 설립되었다.

4. 우리나라 생보역사

우리나라의 경우에는 전통적으로 생명보험과 유사한 형태로서 신라시대의 창(倉), 고려시대의 보(寶), 조선시대의 계(契)라는 일종의 상호부조제도가 있었으며 근대적 생명보험은 1876년 일본과의 강화조약 체결이후 일본인에 의해 도입되었다. 그 후 1921년에는 한상룡 등의 실업가들에 의해 우리나라 최초의 생명보험회사인 조선생명보험주식회사가 설립되었다.

- 전통적 신라시대의 창, 고려시대의 보, 조선시대의 계 → 일종의 상호부조제도
- 근대적 1876년 일본과 강화조약 체결 이후 일본인에 의해 도입
- 1921년 최초의 생명보험회사인 조선생명보험주식회사 설립
- 일제 강점기 우리나라 보험업계: 일본의 생명보험회사 독점
- 광복 이후 1950년 한국전쟁과 4.19혁명 생명보험업 침체상태
- 1960년대 생명보험회사가 국민저축기관 지정: 단체보험 크게 성장
- 1970년대는 경제성장에 힘입어 생명보험 산업 발전
- 1980년대 가계소득 증가로 고도성장 지속
- 국민의 복지향상과 자본시장의 육성에 크게 기여
- 1990년대 보험시장의 개방, 금융자율화, 본격적인 경쟁체제로 전환
- 과거 규모위주의 성장과정에서 나타난 사업비 증가,
- 방카전문 보험회사 출범, 생명보험사업의 판매 채널 다양화
- 과다한 실효해약 등 경영부실이 드러나기 시작 → IMF 금융위기
- 1998년 4개 생명보험회사 허가 취소
- 다수 생명보험회사의 구조조정으로 계약을 다른 회사로 이전하거나 합병
- 2003년에는 보험업법 개정을 통해 방카슈랑스 제도 도입

제2장
생명보험제도의 기초지식

제1절 생명보험의 기본정신

1. 상부상조의 정신: 기본정신의 근간

- 각종 사고에 대비 서로 적은 금액을 예치하여 공동준비재산 마련한다,
- 피해를 입은 사람에게 미리 정해진 금액을 지급하여 서로 돕는 제도이다.

생명보험은 상부상조의 정신을 기본바탕으로 이루어졌다. 즉, 많은 사람들이 모여 언제 일어날지 모르는 각종 사고에 대비해 서로 적은 금액을 예치하여 공동준비재산을 마련해두고 그 구성원 가운데 예기치 못한 불행을 당한 사람에게 미리 정해진 금액을 지급함으로써 서로 돕는 제도를 만든 것이다. 이러한 상부상조(相扶相助)의 정신을 과학적이고 합리적인 방법으로 제도화한 것이 생명보험이며 이의 기초가 되는 것이 바로 대수의 법칙과 수지상등의 원칙이다.

2. 공평한 위험부담 정신

- 길드 조직 중심 상호부조제도.
- 공동 부담 공제제도.

중세에는 길드(Guild) 조직을 중심으로 한 상호부조(相互扶助)제도와 함께 항해도중 일어난 선박이나 적재화물의 손해를 공동으로 부담하는 일종의 공제제도가 있었는데 이로부터 보험제도가 발생하게 되었다.

제2절 생명보험의 기본원리

1. 대수의 법칙

주사위를 한번 던졌을 때 어떤 눈이 나올 것인지를 정확히 예측하기는 어렵다. 그러나 던지는 횟수를 많이 하다보면 각 눈이 나오는 횟수가 점차 비슷해지게 되는데, 각각의 눈이 나오는 횟수는 전체 던진 횟수의 1/6에 가깝게 된다. 실제로 주사위를 10,000번 던져보면 대체로 다음과 같은 결과가 나온다.

이와 같이 어떠한 사건의 발생비율은 1회나 2회의 관찰로는 측정이 어렵지만 관찰의 횟수를 늘려가면 일정한 발생확률이 나오고 이 확률은 대개 비슷하게 진행되는데 이를 대수(大數)의 법칙이라 한다.

개인의 경우에도 우연한 사고의 발생 가능성 및 발생 시기 등은 불확실하지만 다수의 사람들을 대상으로 관찰해 보면 대수의 법칙에 따라 그 발생확률을 구할 수 있게 된다.

사람의 사망 역시 이러한 방법을 통해 어떤 연령대의 사람들이 1년간 몇 명 정도 사망할 것인가를 산출할 수 있는데 이를 사망률이라 한다.

2. 사망률과 생명표

(1) 생명표

대수의 법칙에 따라 사람의 연령별 생사 잔존상태를 나타낸 표이다.
- 국민생명표: 전체 국민 또는 특정 지역의 인구를 대상으로 한다.
- 경험생명표: 생명보험회사, 공제조합 등의 가입자에 대한 실제 사망 경험치를 근거로 작성한다.

(2) 사망률과 생명표

생명보험은 사람의 사망률에 관한 대수의 법칙을 그 기초로 하고 있는데 이 법칙에 따라 사람의 연령별 생사잔존상태(생존자수, 사망자수, 생존률, 사망률, 평균여명)를 나타낸 表를 생명표(生命表) 또는 사망표(死亡表)라 한다. 생명표는 분류방법에 따라 다르나 대개 국민생명표와 경험생명표로 분류되는데, 국민생명표는 전체 국민 또는 특정지역의 인구를 대상으로 해서 그 인구통계에 의한 사망상황을 나타낸 것이고 경험생명표는 생명보험회사나 공제조합 등의 가입자에 대한 실제 사망 경험치를 근거로 작성되는 것이다. 또한 사람의 사망률은 일반적으로 의학기술의 발달이나 생활수준의 향상에 따라 감소하기 때문에 사망상황을 측정하는 방법이나 연도에 따라 생명표를 분류하기도 한다. 우리나라의 생명보험회사는 1976년부터 국민생명표를 보정한 조정국민생명표를 사용하다가 1986년부터는 실제 보험가입자들의 사망통계를 기초로 작성된 경험생명표를 사용했으며, 2019년 4월부터는 제9회 경험생명표를 표준위험률로 사용하고 있다. 한편, 1997년 4월부터 예정위험률이 자유화됨에 따라 회사별로 경험사망률의 적용이 자유화되었다.

3. 수지상등의 원칙(收支相等의 原則, Principle of Equivalence)

보험 사업을 경영할 때, 위험 집단이 각각 납입하는 보험료의 총액이 그 위험 집단에 지급하는 보험금의 총액과 같게 되도록 균형을 꾀하는 원칙이다.

생명보험계약의 순보험료는 수지상등의 원칙에 의하여 계산된다. 수지상등의 원칙이란 보험료 계산 원리 중의 하나로 보험회사가 얻게 되는 장래의 전(全)보험기간의 수입인 보험료 총액의 현가와 보험회사의 지출, 즉, 보험사고 발생으로 보험회사가 지급해야 하는 보험금 및 보험회사 사업비 총액의 현가가 같게 되도록 한다는 원칙이다. 여기에서 수지가 같아진다는 것은 다수의 동일연령의 피보험자가 같은 보험종류를 동시에 계약했을 때 보험기간 만료 시에 수입과 지출이 균형이 잡혀지도록 순보험료를 계산하는 것을 의미한다. 즉, 보험회사의 수입과 지출이 같아지도록 보험료를 결정하게 되는 원칙이다.

제3절   보험료의 계산 원리 및 보험료 계산

1. 보험료의 계산 원리(산출 원칙)

(1) 수지상등(收支相等)의 원칙(Principle of Equivalence)

생명보험이란 많은 사람들이 모여서 서로 적은 분담금액을 내고 예기치 못한 불행을 당한 사람에게 도움을 주는 상부상조제도이기 때문에 보험가입자 개개인으로 본다면 납입한 보험료와 지급받은 보험금에 차이가 날 수 있다. 그러나 전체적으로 보면 보험가입자가 납입하는 보험료 총액과 보험회사가 지급하는 보험금 및 경비의 총액은 동일한 금액이 되도록 보험료를 결정하게 되는데 이를 수지상등(收支相等)의 원칙이라 한다.
- 장래 수입(보험료) = 장래 지출(보험금 + 사업비)
- 장래 수입되어질 순보험료의 현가의 총액이 장래 지출해야 할 보험금 현가의 총액과 동일하게 되는 것이다.

보험회사의 지출	
가입자 연령	: 20세,
가입자 수	: 1,000명
사망보험금	: 1,000만원
20세 남자의 연간 사망자수	: 1,000명당 1명
1년간 사망보험금 지급액	: 1,000만원×1명 = 1,000만원
보험회사의 수입	
1년간의 지급보험금 1,000만원을 가입자 전원이 동일하게 분담 따라서 1,000만원÷1,000명 = 10,000원	

(2) 대수의 법칙

수지상등의 원칙이란 다수의 동일연령의 피보험자가 같은 보험종류를 동시에 계약했을 때 보험기간 만료 시에 수입과 지출이 균형이 잡혀지도록 순보험료를 계산하는 것을 의미하며, 피보험자가 많이 있는 것을 가정하고 있으므로 확률론에서 말하는 대수의 법칙이 성립되는 것을 의미한다.

2. 보험료의 계산

보험회사는 예정위험률(예정사망률 등), 예정이율, 예정사업비율의 세 가지 예정률을 기초로 보험료를 계산한다. 동일한 보장이라도 보험료 계산 시에 적용하는 예정기초율에 따라 납입 보험료가 달라지므로 회사별로 예정기초율을 확인한 후 가입하면 보험료 부담을 줄일 수 있다.

• 보험류 계산의 3요소(기초요소)

1) 예정위험율(예정사망률): 위험(사망)보험료 산출

한 개인이 사망하거나 질병에 걸리는 등의 일정한 보험사고가 발생할 확률을 대수의 법칙에 의해 예측한 것이 예정위험률이다. 이중 특히 한 개인이 특정시점에 사망할 확률을 미리 예측하여 보험료 계산에 적용하는 사망률을 예정사망률이라 한다.

- 과거 일정기간 동안 일어난 보험사고 발생 통계를 기초로 해서 앞으로 일어날 사고율을 예측한 것이다.
- 일반적으로 예정위험률이 높으면 보험료는 올라가고, 낮으면 보험료는 내려간다.

2) 예정이율: 저축보험료 산출

보험회사는 장래의 보험금 지급에 대비하기 위해 계약자가 납입한 보험료를 적립해 두는데 보험료 납입과 보험금 지급 사이에는 시간적 차이가 발생하게 된다. 이 기간 동안 보험회사는 적립된 금액을 운용(運用)할 수 있으므로 운용에 따라 기대되는 수익을 미리 예상하여 일정한 비율로 보험료를 할인해 주고 있다. 이러한 할인율을 예정이율이라고 한다.

- 보험료를 납입하는 시점과 보험금 지급 사이에는 시차가 발생하므로 이 기간 동안 기대되는 수익을 미리 예상하여 일정한 비율로 보험료를 할인해 주는데, 이 할인율을 의미한다.
- 예정이율이 높아지면 보험료가 싸지고 예정이율이 낮아지면 보험료가 비싸진다.

3) 예정사업비율: 부가보험료 산출

생명보험회사가 보험계약을 유지, 관리해 나가기 위해서는 여러 가지 비용이 든다. 따라서 보험사업의 운영에 필요한 경비를 미리 예상하고 계산하여 보험료에 포함시키고 있는데, 보험료 중 이러한 경비의 구성 비율을 예정사업비율이라고 한다.

- 보험회사가 보험계약을 유지, 관리하면서 여러 가지 비용이 소요되는데 이러한 운영경비를 미리 예상하여 보험료에 포함시키는데 이러한 경비의 구성 비율을 의미한다.
- 생명보험회사에서는 예정사업비율을 신계약비, 유지비, 그리고 수금비의 세 가지로 세분하고 그 각각에 대해서 일정률을 설정한다.
- 예정사업비율이 낮으면 보험료는 싸지게 되고 예정사업비율이 높으면 보험료는 비싸지게 된다.

Ⅰ 예정기초율과 보험료의 관계

구 분	보험료와의 관계
예정위험률	예정위험률이 낮아지면 보험료도 낮아지고, 예정위험률이 높아지면 보험료도 높아진다.
예정이율	예정이율이 낮아지면 보험료는 높아지게 되고, 예정이율이 높아지면 보험료는 낮아지게 된다.
예정사업비율	예정사업비율이 낮아지면 보험료는 낮아지게 되고 예정사업비율이 높아지면 보험료는 높아지게 된다.

출처: 생명보험이란 무엇인가, 생명보험협회, 2015

제4절 영업보험료의 구성(보험료의 결정요소)

영업보험료는 순보험료와 부가보험료로 구성된다.

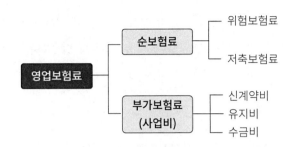

1. 순보험료

순보험료는 장래 보험금 지급의 재원이 되는 보험료로써 **위험보험료**와 **저축보험료**로 구성되며, **예정위험률(예정사망률)**과 **예정이율**의 두 가지 요소에 의해 계산된다.

위험보험료: 사망보험금·장해급여금 등의 지급 재원이 되는 보험료

         (사망보험금 / 입원 / 수술 / 장해 급여금 등의 지급재원이 되는 보험료)

저축보험료: 만기보험금·중도급부금 등 지급의 재원이 되는 보험료

2. 부가보험료

부가보험료는 생명보험회사가 보험계약을 체결, 유지, 관리하기 위한 **경비(신계약비, 유지비, 수금비)**에 해당되는 보험료로서 **예정사업비율**을 기초로 하여 계산된다.

신계약비: 모집수당, 증권발행 등의 신계약 체결에 필요한 제경비

      즉, 신계약 체결에 필요한 제경비(설계사 수당/진단비/인쇄비/전산비/판촉비 등)

유지비: 계약유지 및 자산운용 등에 필요한 제경비

      즉, 회사 및 계약 유지 등에 필요한 제경비(인건비/임차비 등)

수금비: 보험료 수금에 필요한 제경비

      즉, 보험료 수금에 필요한 제 경비(자동이체 수수료 등)

제5절 생명보험회사의 수익구조

1. 사차익(위험률차익)

실제사망률이 예정사망률보다 낮은 경우에는 보험회사에 남게 되는 이익이다. 즉, 실제위험률이 보험료 산출의 기초가 된 예정위험률보다 낮은 경우에 발생하는 이익을 말한다.

2. 이차익(이자율차익)

예정이율에서 예측하였던 운용수익보다 실제이율에 의한 운용수익이 많을 경우에 발생하는 이익이다. 즉, 자산운용에 의한 실제수익률이 예정이율보다도 높은 경우에 생기는 이익을 이자율차익이라 말하며, 반대의 경우를 이자율차손으로 말할 수 있다.

3. 비차익(사업비차익)

생명보험 경영에서, 보험료 수입 가운데 경비 충당 부분이 실제로 지출한 경비보다 많을 경우에 발생하는 이익이다. 즉, 실제의 사업비가 예정사업비보다 적은 경우에 생기는 이익이다. 반대의 경우는 손실이 발생하며, 이를 사업비차손이라 한다.

식으로 표현하면 사업비차익(손) = 부가보험료의 총액 − 실제사업비의 총액이다.

유배당보험과 무배당보험

• 유배당(有配當) 보험
위험률차익, 이자율차익, 사업비차익에 의해서 발생한 배당금을 보험계약자에게 환급하는 보험이다.

• 무배당(無配當) 보험
배당금이 없는 보험이며, 보험료가 유배당상품보다 싸다.

제6절 생명보험회사의 책임준비금

1. 책임준비금(責任準備金, Liability Reserve)의 의의

책임준비금은 '보험계약자준비금'이라고도 하는데, 이것은 생명보험회사가 보험계약에 대한 장래의 보험금지급의 책임을 완전히 완수할 수 있도록 적립하는 준비금의 금액이다.

이 책임준비금은 대단히 중요한 것으로서 보험사업의 건전한 운영을 위하여 보험업법 및 동 시행규칙에서 책임준비금의 적립에 관하여 규정하고 있다.

지금 보험업계는 2021년 도입되는 국제회계기준(IFRS17)이라는 회계기준변경에 따라 자기자본을 확충하기 위해 고군분투하고 있다. 새 회계기준에 의하면 보험 상품의 판매로 예상되는 만기보험금 지급의 재원 및 사망보험금 지급의 재원 해약환급금, 기타 등 미래 손실을 즉시 인식해야 함에 따라 책임준비금을 충분히 더 쌓아야 한다.

책임준비금이란 보험사가 예상치 못한 손실(해약환급금, 보험금 지급, 기타)이 발생할 경우 이를 보전해 지급할 수 있는 능력이다. 보험회사의 재무건전성을 나타내는 측정지표인 RBC비율(risk based capital.지급여력비율)이 중요해졌다.

만약 RBC비율이 200%라면 파산위험을 2번 넘길 능력이 있다는 이야기이고, 100% 이하라면 파산가능성이 높아 보험료를 떼일 염려가 있는 것이다.

2. 책임준비금의 개요

순보험료 중 만기보험금 지급의 재원이 되는 생존보험의 보험료에 해당하는 부문(저축보험료 부문)은 만기까지 지급의 필요가 없기 때문에 그때까지 적립해서 이자를 불려 나가지 않으면 안 된다. 또한, 사망보험금의 재원이 되는 부문(위험보험료 부문)도 평준화되고 있기 때문에 보험기간의 전반에서 잉여부문은 후반에서의 부족을 보충하기 위해서 적립해 나가지 않으면 안 된다. 이와 같이 생명보험회사에 납입되는 보험료 중 순보험료 부분에 대해서는 그 연도에 사망보험금 지급에 쓰이고 난 후, 나머지는 장래의 사망 및 만기보험금 지급을 위해서 적립해야 할 금액으로 이 금액의 누적금액을 책임준비금이라 한다.

보험회사가 계약자에 대한 보험금을 지급하기 위해 보험료의 일정액을 적립시키는 금액이다. 책임준비금은 그 성격상 은행의 지급준비금과 비슷하지만, 지급준비금은 은행이 자율적으로 사용할 수 없는 반면, 책임준비금은 보험사가 사내유보나 자산운용준칙에 따라 마음대로 사용할 수 있다.

그러나 책임준비금은 보험회사의 손익에 직접적인 영향을 주기 때문에 매 결산기마다 계약 종류별로 책임준비금을 산출하도록 법률로 정하고 있다. 적립방법으로는 순보험료식과 해약환급금식(질메르식)이 있는데, 계약자의 안전 확보를 위해 매년 일정액을 적립토록 하는 순보험료식이 원칙이다.

그러나 현실적으로 계약 첫해에는 보험증권 제작비, 수당, 검진수수료 등이 많이 지출되므로 계약초기에 사업비를 앞당겨 쓰고 부족해진 금액은 계약 만기 시까지 점차 채우도록 하는 해약환급금식이 혼용되고 있다. 해약환급금식은 순보험료보다 적립금액이 적지만 중도 해약자에게 돌아가는 환급금은 차근차근 쌓아놓는 방식이다.

3. 책임준비금의 형태

생명보험에서의 책임준비금은 두 가지 형태로 나누어 생각할 수 있다.

① 보유계약에 있어 실효, 부활이나 미지급보험금(지급비금) 등을 감안하지 않은 이상적이고 이론적인 금액을 보험연도 기준으로 적립하는 준비금(보험연도 책임준비금)으로 보험료적립금과 미경과보험료를 말한다.

② 보험사업연도말 현재 결산을 위하여 현실적이고 실제적인 금액을 사업연도 기준으로 적립하는 준비금(사업연도 책임준비금)으로 보험료적립금, 미경과보험료, 지급비금 등을 말한다.

4. 지급여력비율 의의 및 활용도

보험회사가 가입자에게 보험금을 제때에 지급할 수 있는지를 나타낸 것으로 보험회사의 경영상태를 판단할 수 있는 지표로, 보험회사는 100% 이상의 지급여력비율을 유지하여야 한다.

• 보험업법시행령 제65조(재무건전성 기준)

보험사는 만기 시 계약자에게 지급해야할 금액이나 계약자의 보험금 지급 요청에 대비해 회사 내부에 금액을 준비해야 한다.

이러한 금액을 [책임준비금]이라고 하는데, 이에 대해 회사가 실제로 지급할 수 있는 금액이 얼마나 되는가를 나타낸 것이 [지급여력비율]이다.

제7절 생명보험 상품

1. 생명보험상품의 특징

1) 무형의 상품

일반제조업의 경우는 TV, 자동차, 컴퓨터 등과 같이 유형의 상품을 제조, 판매하기 때문에 구매자가 그 상품의 가치를 직접 느낄 수 있다. 그러나 생명보험 상품은 형태가 보이지 않는 무형의 상품이기 때문에 구매에 따른 효과를 곧바로 느끼기가 어렵다. 따라서 생명보험에 대한 보험가입자의 이해가 필요하며 보험에 대한 인지도가 생명보험 가입에 영향을 미치게 된다.

2) 미래지향적 상품

생명보험 상품은 불확실한 미래에 대한 보장을 주기능으로 하는 미래지향적 상품이다. 즉, 구입 즉시 효용을 느끼는 제조업체 상품에 비해 생명보험 상품은 사망, 상해, 만기, 노후 등 장래 보험사고 발생시점에서 효용을 인식하게 된다.

3) 장기성 상품

일반상품의 경우는 물품의 인도와 대금의 납입이 동시에 이루어져 상품 구입 즉시 계약이 소멸되는 반면 생명보험 상품은 짧게는 수년, 길게는 종신동안 계약의 효력이 지속되는 특징을 갖고 있다.

4) 비자발성 상품

생명보험상품은 기본적으로 장래의 위험에 대비하기 위한 상품이기 때문에 가입자 스스로의 필요에 의한 자발적 가입보다는 대부분 보험설계사의 권유와 설득에 의해 판매가 이루어진다. 그러나, 최근에는 보험의 필요성을 인식하여 자발적인 가입이 점차 늘고 있다.

2. 생명보험 상품의 구성 및 종류

(1) 상품개발

생명보험 상품은 인간의 생명과 신체를 보험의 목적으로 하기 때문에 과학적이고 합리적인 방법 즉, 대수의 법칙, 수지상등의 원칙 등을 기초로 하여 개발, 판매되고 있다. 보험회사에서 새로운 보험상품을 개발하여 판매하고자 할 때에는 사업방법서, 보험약관, 보험료 및 책임준비금 산출방법서 등의 기초서류를 작성하여 생명보험상품관리규정에 정해진 바에 따라 금융감독원의 인가를 받도록 하고 있다.

(2) 주계약과 특약: 생명보험 상품은 일반적으로 주계약과 특약으로 이루어진다.

주계약: 보험계약에 있어서 기본이 되는 중심적인 보장내용 부분을 주계약 또는 주보험이라고 한다.

특 약: 특약은 특별보험약관의 준말로서 주계약에 계약자가 필요로 하는 보장을 추가하거나 보험가입자의 편의를 도모하기 위한 방법을 추가하는 것을 말한다.

(3) 상품의 분류

생명보험 상품은 변화되는 고객의 욕구를 충족시키기 위해 매우 다양하게 개발되어 판매되고 있는데, 생명보험 상품의 기본적인 분류는 생존보험, 사망보험, 생사혼합보험의 세 가지 형태이다.

• 생명보험 상품형태

1) 생존보험(生存保險)

피보험자가 보험기간 만기일까지 생존했을 때에만 보험금이 지급되는 보험이다. 즉, 사망보험에서 사망이라는 것을 조건으로 하여 보험금을 지급하는 것과는 정반대로 어느 일정시점에 있어서 피보험자가 생존하고 있는 것을 조건으로 보험금을 지급하게 되며, 피보험자가 보험기간 중 사망했을 때에는 보험금이 지급되지 않고 납입한 보험료도 환급되지 않는 것이 원칙이다. 그러나 현재 우리나라에서 판매되고 있는 생존보험은 대부분 피보험자가 보험기간 중 사망하더라도 사망보험금을 지급받을 수 있도록 각종 사망보장이 부가되어 판매되고 있다.

2) 사망보험(死亡保險)

사망보험은 생존보험과는 반대로 피보험자가 보험기간 중에 사망했을 때 보험금이 지급되는 보험이다. 따라서 보험기간 만료일까지 생존했을 때에는 보험금이 지급되지 아니함은 물론 납입한 보험료도 환급되지 않는다.

이 보험은 보험기간을 미리 정해 놓고 피보험자가 보험기간 내에 사망하였을 때 보험금을 지급하는 **정기보험(定期保險)**과 일정한 기간을 정하지 않고 피보험자가 어느 때 사망하더라도 보험금을 지급하는 **종신보험(終身保險)**으로 나누어진다. 이러한 사망보험은 만기보험금이 없기 때문에 저렴한 보험료로 사망 시 고액의 보장을 받을 수 있는 장점을 지니고 있다.

3) 생사혼합보험(生死混合保險, 양로보험)

생사혼합보험은 피보험자가 일정기간 내에 사망했을 때에 사망보험금을 지급하는 정기보험과 만기까지 생존했을 때에 만기보험금을 지급하는 생존보험을 합친 것이다. 즉, 생존보험과 사망보험의 장단점을 서로 보완한 것으로서 사망보험금의 보장기능과 생존보험의 저축기능을 동시에 겸비한 생명보험이라 할 수 있다. 종신보험과 연금보험이 양로보험의 대표적이다.

제8절   보험약관(保險約款, insurance clauses)

보험업자가 보험 계약 내용에 관하여 정한 여러 가지 조항이며, 같은 종류의 보험에 공통으로 쓰이는 보통 약관과, 그 계약에 한해서 적용되는 특별 약관이 있다(第3編. 보험계약 이론과 보험실무 기초지식, 第2章.보험계약과 관련한 보험실무 법규, 第1節. 보험약관(p.107) 참조).

• 보험약관의 목차

1. 보험계약의 성립과 유지: 제1조~제8조
보험계약의 성립, 청약의 철회, 약관교부 및 설명의무 등, 계약의 무효, 계약내용의 변경 등 계약자의 임의해지 및 피보험자(보험대상자)의 서면동의 철회권, 계약의 소멸, 보험나이

2. 보험료의 납입(계약자의 주된 의무): 제9조~제13조
제1회 보험료 및 회사의 보장 개시일, 제2회 이후 보험료의 납입, 보험료의 자동대출납입

보험료 납입 연체 시 납입 최고(독촉)와 계약의 해지, 보험료의 납입 연체로 인한 해지, 계약의 부활(효력회복)

3. 보험금의 지급(회사의 주된 의무): 제14조~제20조

강제집행 등으로 인한 해지계약의 특별부활(효력회복), 보험금의 종류 및 지급사유, 해지환급금, 배당금의 지급, 소멸시효

4. 보험계약 시 계약 전 알릴의무 등: 제21조~제24조

계약 전 알릴 의무, 계약 전 알릴의무 위반의 효과, 중대사유로 인한 해지, 사기에 의한 계약

5. 보험금의 지급 등의 절차: 제25조~제32조

6. 분쟁조정 등: 제34조~41조

7. 재해분류표

8. 장애분류표

제3장
생명보험제도의 지식

제1절 생명보험의 모집제도

1. 보험모집제도

보험업의 정의에 따른 모집이란 보험계약의 체결을 중개 또는 대리하는 것이다. 즉, 보험회사에 의하여 생산된 보험 상품을 판매하는 활동을 한다.

2. 보험모집종사자

- 보험상품의 생산자인 보험회사와 소비자인 보험계약자를 중개 또는 대리하는 개인이나 조직을 통틀어 말하는 것이다.
- 보험모집종사자: 보험설계사, 보험대리점, 보험중개사, 보험회사의 임원, 보험대리점, 또는 보험중개사의 임원, 또는 사용인으로서 보험업법에 의하여 모집에 종사할 자로 신고된 자

3. 보험모집조직이 유형

- 보험모집조직은 보험상품의 생산자인 보험회사와 최종소비자인 보험계약자를 연결하는 개인이나 조직을 의미한다.
- 보험모집조직의 역할

    ✓ 대부분 상품을 만들기보다는 판매하는 업무가 주인 유통기능을 담당한다.
    ✓ 특정 모집조직의 경우 보험 소비자의 위험관리에서 상품설계와 보험료의 산출 및 클
      레임 서비스까지 담당한다.

(1) 직급

보험모직을 '직접취급'한다는 뜻으로 직접적으로 보험모집업무를 담당하는 구성원 또는 이들이 소속된 기업내부의 조직 의미한다. 즉, 보험회사의 정규직원이 직접 보험모집을 하는 것이다.

(2) 보험설계사

- 보험사업자를 위하여 보험계약의 체결을 중개하는 자를 말한다. 금융감독위원회에 등록해야 한다.
- 일사전속주의

(3) 보험대리점

보험사업자를 위하여 보험계약의 체결을 대리하는 자로서 보험회사와 보험대리업무에 관한 위임계약을 체결하고, 등록요건을 갖추어 금융감독위원회에 등록해야 한다.

(4) 보험중개사

보험중개사는 독립적으로 보험계약의 체결을 중개하는 자로서 일정한 요건을 갖추어 금융감독위원회에 등록한 자이다.

(5) 비대면판매

기업이 판매활동에 종사하는 자를 개입시키지 않고 신문, 잡지, 우편, 전화, TV, 케이블 등의 매체 중에서 1가지 이상의 매체를 이용하여 직접 판매한다.

(6) 금융기관 보험대리점

은행, 증권회사, 상호저축은행 등의 금융기관이 보험회사의 대리점 또는 보험중개사로 등록하고 보험상품을 판매하는 제도를 말한다.

제2절   보험안내서(보험회사에서 고객에게 보내는 보험안내서)

본서에 수록된 보험안내서의 내용은 보험회사에서 실제로(실무적으로) 사용하고 있는 주요한 내용들이다.

1. 생명보험의 구성 및 특징

생명보험은 질병, 재해, 사망 등 각종 우연한 사고에 대비하여 경제적 손실을 보전할 목적으로 공동의 위험담보를 필요로 하는 사람들이 부담금(보험료)을 납부하고 우연한 사고 발생 시 약정된 금액(보험금)을 지급받는 경제적 준비수단입니다.

• 생명보험 계약은 계약자, 피보험자, 수익자, 보험자로 구성됩니다.
  - 계약자는 계약을 청약하고 보험료 납입의무를 지는 자입니다.
  - 피보험자는 보험사고 발생의 대상이 되는 자입니다.
  - 수익자는 보험사고 발생 시 보험금 청구권을 가진 자입니다.
  - 보험자는 보험금 지급의무를 지는 보험회사를 말합니다.

• 생명보험은 타금융권과 비교하여 다음과 같은 특징이 있습니다.
  - 생명보험 상품은 형태가 보이지 않는 무형의 상품이기 때문에 타상품과의 비교검증을 쉽게 할 수 없습니다. 따라서 보험가입자의 이해가 필요하며 보험에 대한 지식이 생명보험 가입에 영향을 미칩니다.
  - 구입즉시 해당 재화의 사용에 의한 만족감을 느낄 수 있는 제조업체 상품과는 달리 생명보험 상품은 불확실한 미래에 대한 보장을 주기능으로 합니다.
  - 생명보험 상품은 상품의 구입과 동시에 효용이 발생하지 않고 추후에 사망, 상해, 만기 생존 등 보험금 지급사유가 발생했을 때 효용을 인식할 수 있습니다.
  - 생명보험 상품은 제1회 보험료 납입시점(단, 암 관련 보장은 제외)부터 계약의 효력이 발생되어 짧게는 수년, 길게는 종신동안 계약의 효력이 지속되며 동일상품 판매를 중지한다 하더라도 기존 가입자의 계약은 소멸되지 않고 보험기간 만료 시까지 효력이 계속됩니다.

2. 생명보험 상품의 종류

생명보험은 계약자의 필요에 맞춰 다양한 상품을 개발하여 판매하고 있습니다.

이 안내서에는 생명보험 상품종류에 대하여 개괄적으로 필요한 보장에 의한 분류를 중심으로 소개하고 있습니다. 따라서 보다 자세한 내용을 알고자 하는 경우 우리 회사 고객상담실을 통하거나 모집종사자에게 직접 문의하여 확인하는 방법이 있습니다. 또한 유관기관이나 우리 회사 인터넷사이트의 공시자료실을 이용하시면 자세한 상품내용을 확인할 수 있습니다.

• 생명보험의 종류

1) 보장성보험

재해 및 질병 등 각종 위험보장에 적합한 상품으로 사망보험금 은 물론, 입원비와 수술비 등 다양한 보험금이 지급됩니다.

2) 연금보험

노후생활에 필요한 자금이 연금으로 지급되는 상품이며, 연금지급개시 전에 보험사고시 사망보험금, 장해연금 등 다양한 보장도 받게 됩니다.

3) 생사혼합보험

단기간 내에 목돈마련을 위한 상품으로 고수익은 물론, 위험보장도 받게 됩니다.

4) 교육보험

예기치 못한 부모의 경제적 능력상실 등에 대비하여 장래의 자녀교육에 필요한 학자금 마련을 위한 상품으로 위험보장도 받게 됩니다.

3. 생명보험상품 선택 시 고려하여야 할 사항

1) 보험을 필요로 하는 목적에 맞추어 가입

생명보험은 고객의 욕구를 충족시켜 줄 수 있는 다양한 유형의 상품을 개발, 판매하고 있습니다. 보험가입 사유가 위험에 대한 보장, 재산증식, 학자금 보장, 노후의 생활자금을 보장할 목적인지 등을 명확히 검토해 보아야 합니다. 그리하여 귀하의 경제적 능력과 가입목적을 종합적으로 고려하여 합리적인 선택을 하시기 바랍니다.

2) 보험을 얼마만큼 가입하여야 하는가?

귀하가 가입하고자 하는 생명보험에 대한 보험금액의 수준을 결정하기 위해서는 귀하가 지금 사망한다고 가정할 경우 가족을 어떻게 부양할 수 있을 것인지 그리고 실제 가족들에게 소요될 필요경비가 어느 정도인가를 먼저 판단해 보셔야 합니다. 따라서 귀하가 가입하고자 하는 보험금액은 귀하의 사망으로 인한 가족의 생계비를 보상할 수 있는 필요경비 수준에 근접해야 할 것입니다.

위의 필요경비를 계산함에 있어서는 귀하가 부양하여야 하는 가족의 생활비, 가족생계비 교육비, 결혼자금 등 인생에서 필요한 필수자금 등이 고려되어야 합니다. 결론적으로 귀하의 향후 필요경비와 현재 경제여력, 현재까지의 저축이나 보험가입 상황 등을 종합적으로 고려하여 부족한 부분에 대해 추가로 보험을 가입하는 방법을 선택하시기 바랍니다.

3) 저렴하게 가입할 수 있도록 다음 사항을 확인

① 동일한 보장이라도 보험료 계산 시 적용하는 예정기초율에 따라 납입보험료가 달라지므로 회사별로 예정기초율을 확인한 후 가입하면 보험료 부담을 줄일 수 있습니다.

• 예정기초율의 종류
- **예정위험률**: 한 개인이 사망하거나 질병에 걸리는 등의 일정한 보험사고가 발생할 확률을 예측한 것을 말합니다.
- **예정이율**: 보험료를 납입하는 시점과 보험금 지급사이에는 시차가 발생하므로 이 기간 동안 기대되는 수익을 미리 예상하여 일정한 비율로 보험료를 할인해 주는데, 이 할인율을 말합니다.
- **예정사업비율**: 보험회사가 보험계약을 유지, 관리하면서 여러 가지 비용이 소요되는데 이러한 운영경비를 미리 예상하고 보험료에 포함시키고 있습니다. 이러한 경비의 구성 비율을 말합니다.

② 배당상품에 비해 보험료가 저렴한 무배당상품을 가입하시는 것도 고려해 보시기 바랍니다. 무배당상품은 계약자에게 배당금을 지급하지 않는 대신 미리 보험료를 할인하여 산출하기 때문에 배당상품에 비해 보험료가 저렴한 것이 특징입니다.
③ 보험료 납입 시 금융기관의 자동이체를 이용하는 경우 회사가 정한 할인율에 의해 보험료 할인혜택을 받을 수 있습니다.

4. 보험가격을 비교하는 것도 좋은 방법

- 어떤 종류의 보험상품이 귀하에게 가장 적합한가를 먼저 결정한 후 각 회사에서 판매하고 있는 같은 종류의 보험을 상호 비교하여 가장 저렴한 보험료로 최대의 급부를 보장해 주는 상품을 선택하셔야 합니다. 보험상품은 장기간에 걸쳐서 지속적으로 이루어지는 거래이므로 단순히 가격을 비교하는 것보다는 종합적으로 판단할 필요가 있습니다.
- 보험료와 급부금의 변동여부를 확인하여야 합니다. 보험료가 보험료 납입기간 내 일정한지 또는 체증하는지, 보험금이 지급기간 내 연동되는지를 확인하시면 보험가격을 정확하게 비교할 수 있습니다.
- 해약환급금이 보험기간 내 어떻게 변동되는지, 초기해약환급이 많은지 등을 확인해 보는 것도 좋은 방법입니다.
- 예금자보호법등에 의해 지급보장 되는 급부금의 범위를 확인하셔야 합니다.
- 보다 자세한 자료가 필요한 경우 당사로 내방하시면 보험료산출기초를 열람할 수 있습니다.

[보험료비교표를 통한 보험가격의 비교방법]

아래의 내용을 자세히 읽어 보시고 귀하께서 가입하신 상품의 약관 앞부분에 수록되어 있는 "상품요약서"상 보험료비교표를 참조함으로써, 귀하의 보험료가 적정한지를 확인해 보십시오.

• 보험료는 다음과 같이 산출됩니다.

보험료는 예정위험율, 예정사업비율, 예정이율의 3가지 산출 기초율에 의해 산출되며 산출 기초율의 설명은 앞 페이지에 설명되어 있습니다. 예정위험율과 예정사업비율이 높아지면 보험료는 비싸지고, 예정이율이 높아지면 보험료는 싸집니다. 귀하께서 납입하는 보험료는 영업보험료이며 영업보험료는 순보험료와 부가보험료로 나누어집니다.
부가보험료는 보통 사업비를 말합니다.
보험료는 이러한 산출 기초율에 근거하여 피보험자의 연령, 성별, 보험가입금액, 보험기간(보장기간을 말한다), 보험료납입기간, 보험료납입방법에 따라 보험료가 차이가 납니다. 보험가입금액이 많을수록, 피보험자의 가입연령이 높을수록 보험료는 많아집니다. 보험가입금액과 피보험자의 연령이 동일한 경우, 월납을 기준으로 할 경우 보험기간이 길수록, 보험료납입기간이 짧을수록 월납보험료가 많아집니다.

• 상품요약서상 보험료비교표는 다음과 같이 작성됩니다.

보험료 비교표상 예시는 개인형과 월납을 원칙으로 하여 주보험가입금액, 보험료납입기간, 보험기간은 회사가 표준적으로 정한 후 대표연령별(20세, 30세, 40세, 50세, 60세)로 예시하고 있으므로 귀하의 가입조건과 정확히 일치하지 않을 수도 있습니다.

보험료 비교표는 상품을 구성하는 각 보장담보별로 구분하여 담보별 보험료를 표시하는 방식으로 예시하고 있습니다. 주보험과 특약, 보장부분과 저축부분으로 구분하여 각 보장담보의 영업보험료를 예시하고 있습니다.

사업비는 영업보험료에 포함되어 있으므로 별도 예시되지 않습니다.

금리연동형상품인 경우에는 부가보험료를 저축부분에 통합하여 예시하고 있으므로 만기 시 환급금과 차이가 날 수 있습니다.

• 상품요약서상 보험료비교표를 통하여 보험료를 비교할 수 있습니다.

동일상품 내에 상품종류가 1종, 2종으로 되어 있는 경우 귀하가 가입하신 상품종류의 보험료비교표를 확인하셔야 하며 성별 구분도 확인하셔야 합니다.

귀하가 가입하신 조건과 회사에서 보험료비교표를 작성하기 위해 예시한 조건을 비교하여 다음과 같이 각 조건들을 비교하여 귀하의 보험료의 적정성을 확인해 보시면 됩니다.

- 특약을 가입하지 않은 경우 보험료비교표에서 가입하지 않은 특약에 대한 보험료를 제외하십시오. 특약은 저렴하며 만기에 소멸되는 것이 특징입니다.
- 귀하의 주보험가입금액이 회사가 예시한 조건상 주보험가입금액보다 많은 경우 보험료가 많아집니다. 따라서 가입금액이 예시조건상 가입금액의 2배인 경우 다른 조건이 동일하면 보험료도 2배 정도 많아지는 것으로 판단하십시오.
- 보험연령은 귀하가 태어난 날로부터 가입시점까지의 기간으로 계산하며, 1년 이하의 산출일 수가 6개월 이상인 경우 연령이 한 살 높아집니다. 보험연령이 높아질수록 보험료는 많아집니다. 보험 연령이 45세라고 가정할 때 다른 조건이 동일한 경우 40세와 50세의 보험료비교표의 중간정도의 보험료로 판단하시면 됩니다.
- 보험기간이 길어질수록 보험료는 많아집니다. 따라서 회사가 보다 장기간 보장하게 될 경우 계약자는 더 많은 보험료를 부담하여야 합니다.
- 보험료납입기간이 짧을수록 월납보험료는 많아집니다. 동일한 보험료를 보다 짧은 기간 내에 납입하여야하기 때문입니다.

일시납, 연납, 분기납 등의 방법인 경우 보험료비교표를 통한 비교는 혼란을 초래할 수 있으므로 해당 회사 상담실 등을 통해 직접 문의하셔야 합니다.

금리연동형의 경우 저축부분이 보통 만기 시 환급되는 것으로 보셔도 되며, 다만 보험료비교표상 저축부분에 대한 보험료에는 사업비부분도 포함되어 있다는 것을 알고 계셔야 합니다. 특약이 많은 경우 특약에 대한 영업보험료 합계액이 총 영업보험료 대비 10% 이하인 것은 통합하여 예시하므로 귀하가 가입하신 특약이 별도 표시되어 있지 않은 경우 회사로 직접 문의해 보십시오.

5. 보험가입 시 유의해야 할 사항

보험계약을 청약할 때는 상품요약서에 명시된 보장내용과 약관상 계약자의 권리와 의무를 확인하여야 하며, 특히 다음의 사항에 유의하셔야 합니다.

<u>청약서는 계약자가 직접 작성하고 자필서명하셔야 합니다.</u>

보험계약 청약시 피보험자의 건강상태에 대한 작성내용(현재병증, 과거병력, 직업종류)에 대해 청약서에 계약자 본인이 직접 작성하시고 서명 란에도 계약자 본인 및 피보험자가 자필로 서명하셔야 합니다.

특히 피보험자가 다른 경우에는 반드시 피보험자의 서명도 필요합니다. 자필서명을 하지 않은 경우 계약이 무효로 처리될 수도 있습니다.

<u>계약전 알릴 의무를 준수하여야만 불이익을 보지 않습니다.</u>

생명보험 계약체결 시 계약자나 피보험자가 청약서상에 기술하는 계약 전 알릴 의무사항은 보험회사가 계약의 해지권을 행사할 수 있는 「중요한 사항」과 그렇지 않은 「일반적 사항」으로 구분하고 있습니다. 여기에서 「중요한 사항」이라 함은 회사가 그 사실을 알았더라면 보험계약의 청약을 거절하거나 보험가입금액 한도 제한, 일부 담보 제외보험료 할증과 같이 조건부로 인수하는 등 계약인수에 영향을 미치는 사항을 말하며 그 예로는 현재 및 과거병력, 신체장애 여부, 직업 및 운전 여부, 위험한 취미를 들 수 있습니다. 또한 「일반적 사항」으로는 위험지역으로의 출국, 거주환경, 소득, 키 및 몸무게 음주 및 흡연 여부, 부업 또는 겸업, 타회사의 보험가입상황 등을 들 수 있습니다. 따라서 계약자 또는 피보험자는 신의성실에 입각하여 계약 전 알릴 의무 사항을 충실히 이행함으로써 보험계약이 정당한 조건에 의해 성립되고 유지될 수 있도록 하여야 합니다.

<u>계약의 무효가 될 경우에는 보장을 받지 못합니다.</u>

다음의 한 가지 사유에 해당하는 경우 회사는 계약을 무효로 할 수 있으며, 이미 납입한 보험료를 돌려드립니다.

① 타인의 사망을 보험금지급사유로 하는 계약에서 계약체결 시까지 피보험자의 서면 동의를 얻지 아니한 경우입니다.

② 사망을 보험금 지급사유로 하는 계약에서 만 15세미만자, 심신상실자 또는 심신박약자를 피보험자로 하는 경우입니다.

<u>계약을 해지하실 경우 다음 사항을 고려하십시오.</u>

① 계약을 해지하고 새로운 계약을 체결하려면 신계약의 효력이 발생한 후 기존 계약을 해지함으로써 보험의 보장이 공백 없이 승계되도록 하십시오.

② 계약을 해지하고 신계약을 체결하는 경우 초기에 과다한 비용이 소요될 수 있습니다. 즉 귀하께서 납입하는 계약초기기간의 보험료 중 상당부분은 보험회사 사업비에 책정되어 있기 때문입니다. 신계약을 체결하면 이러한 비용이 다시 지출되어 이중의 부담이 되는 것입니다.

③ 귀하가 나이가 들거나 건강이 악화된 이후 신계약을 체결하게 되면 보험료는 보다 높아지고 보험가입은 더욱 어려워질 수 있습니다.

<u>중도해지시 해약환급금은 보험료보다 적을 수 있습니다.</u>

생명보험의 해약환급금은 보험료 계산 시 적용한 위험률로 산출한 순보험료식 책임준비금에서 미상각 신계약비를 공제한 금액을 해약환급금으로 지급합니다. 즉 계약자가 납입하는 보험료는 그 일부가 불의의 사고를 당한 다른 가입자의 보험금으로 지급되고 또 다른 일부는 회사의 계약체결 및 유지에 필요한 경비로 사용되므로 이러한 것을 제하고 남은 보험료가 해약환급금으로 지급됩니다.

따라서 보험계약을 중도에 해지하게 되면 해약환급금이 납입한 보험료보다 적을 수도 있으며, 특히 계약초기에는 해약환급금이 없을 수도 있습니다.

6. 생명보험은 계약의 유지 및 보호를 위한 제도

1) 모집종사자가 기본적인 의무를 잘 이행하는 지를 확인함.

모집종사자는 계약체결 시 귀하에게 개별약관(상품요약서), 청약서부본을 전달하는지, 자필서명을 하도록 하는지, 약관상 중요한 내용을 충분히 설명하는지를 확인해 보셔야 합니다. 그리하여 모집종사자가 이러한 부분을 이행하지 않은 경우 귀하는 청약일로부터 3개월 이내에 계약을 취소할 수 있습니다. 다만, 전자거래기본법에 의하여 인터넷을 통한 가상의 영업장(사이버몰)을 이용하여 계약을 체결한 때에는 청약서 부본을 드리지 아니할 수 있습니다.

2) 필요한 보장과 상이한 계약이 체결된 경우 청약철회제도를 이용함.

귀하가 필요로 하는 보장내용과 실제 체결된 계약의 보장내용이 상이하거나 경제적 여건을 고려하여 적절치 못하다고 판단되는 경우에는 청약한 날 또는 제1회 보험료를 납입한 날로부터 15일 이내에 그 청약을 철회할 수 있습니다. 이 경우 청약철회를 접수한 날로부터 3일 이내에 제1회 보험료를 돌려드립니다.

3) 보험기간 중 일시적인 경제여건 애로 시 보험료 자동대출 납입제도의 이용 시 계약유지 가능함.

귀하께서 계약유지 중 일시적으로 경제적 여건이 악화되어 보험계약이 해지될 위기에 처한 경우 우리 회사에 납입최고기간이 경과되기 전까지 서면으로 보험료의 자동대출납입을 신청하면 약관대출금액 범위 내에서 보험료가 자동 대출되어 보험계약이 유효하게 지속됩니다. 자동 납입되는 보험료는 1년을 최고 한도로 하며, 그 이후 기간에 대해 자동대출납입을 원하는 경우 재신청하셔야 합니다.

4) 필요시 약관대출 가능함.

귀하는 귀하가 가입한 계약의 해약환급금 범위 내에서 우리 ○○생명보험주식회사가 정한 방법에 따라 대출을 받으실 수 있습니다. 이 약관대출은 별도의 담보가 필요 없고 신속하게 이루어지며, 이자도 저렴한 장점이 있으므로 불시에 자금이 필요하게 되는 경우 유익한 해결수단이 될 수 있습니다.

5) 생명보험은 다양한 세제혜택으로 재테크 수단

귀하께서 세금의 중요성을 인식하시고 한번 정도 절세하는 방법에 대해 고려해 보셨다면 생명보험에 가입하신 것은 훌륭한 선택입니다. 생명보험에 가입 시 폭넓은 세제혜택을 받을 수 있으므로 유익한 경제수단이 될 수 있습니다.

• 보험료에 대한 소득공제

보장성보험: 연간 납입보험료 중 100만원 한도 내에서 소득공제를 받을 수 있습니다.

장애인전용보장성보험: 연간 납입보험료 중 100만원 한도 내에서 소득공제를 받을 수 있습니다.

신(新)개인연금보험: 연간 납입보험료를 240만원 한도 내에서 소득공제를 받을 수 있습니다.
 ─구(舊)개인연금보험은 연간 납입보험료의 40%를 72만원 한도 내에서 소득공제 받을 수 있음.

• 이자소득(보험차익)에 대한 비과세

저축성 보험: 10년 이상 유지할 경우에는 만기 시 또는 해약하는 경우 발생하는 이자소득에 대하여 비과세 됩니다.

보험차익 비과세 유지기간

1996. 1. 1 ~ 1996. 5.12	1996. 5.13 ~ 1998. 3.31	1998. 4. 1 ~ 2000.12.31	2001. 1. 1 ~ 2003.12.31	2004. 1. 1 ~
5년	7년	5년	7년	10년

구(舊)개인연금보험: 10년 이상 보험료를 납입하고 만기 후 5년 이상 연금으로 지급받는 경우 발생하는 이자소득은 비과세됩니다.
 ─신(新)개인연금보험은 향후 지급받는 연금수령액 중 소득공제 받은 원금 부분과 투자 수익 부분은 연금소득으로 보아 연금소득공제를 적용한 후 종합과세.

• 상속보험금의 금융재산 상속공제

상속재산에 합산되는 사망보험금은 금융재산으로 인정되어 이 금융재산가액의 20%(2억원 한도, 2천만원 이하인 경우 전액)를 상속공제 받을 수 있습니다.

6) 예금자보호제도 등에 의해 지급이 보장

보험회사의 경영이 악화된 경우 보험업법의 계약이전제도에 의해 다른 보험회사로 계약을 이전하는 보호 장치가 마련되어 있습니다. 만약 파산 등으로 보험계약상의 채무를 이행할 수 없는 경우에 예금자 보호법에 의해 지급이 보장되며, 현행 예금자보호법상 생명보험 계약은 보험계약체결 시기에 관계없이 파산금융기관당 1인당 기준으로 해약환급금(또는 사고보험금이나 만기보험금)에 기타 지급금을 합쳐서 5,000만원을 한도로 하고 있습니다.

보험계약을 청약할 때는 상품요약서에 명시된 보장내용과 약관상 계약자의 권리와 의무를 확인하여야 하며, 특히 다음의 사항에 유의하셔야 합니다.

제3절 생명보험의 기본적 방법과 보험료 결정방법

1. 생명보험의 기본적 방법

(1) 연별 갱신방법(yearly renewable term method)

생명보험은 1년 단위 계약을 원칙으로 매년 계약을 갱신할 수 있다. 단, 계약 갱신 시에는 피보험자의 건강 등 부보 가능성을 불문하고 보험계약을 갱신할 수 있다.

생명보험 보험료는 나이별 사망률에 의해 결정되므로, 나이가 들수록 보험료는 증가하므로 건강한 자는 가입하지 않고 건강하지 못한 자만 남게 되어 동질성과 다수성 확보에 어려움이 있기 때문에 평생 동안 생명보험의 혜택을 원하는 경우 바람직한 방법이 못된다.

(2) 평준 보험료방법(level premium method)

나이와 상관없이 일정한 보험료를 내는 것으로, 계약초기에는 나이에 비해 많은 보험료를 내지만 나이가 들수록 나이에 비해 적은 보험료를 내게 된다. 따라서 계약 초반의 남는 보험료 적립 및 투자부분을 법으로 정해지므로 적립 및 투자되는 부분을 법정준비금이라 하며 이 법정준비금은 평생 동안 생명보험의 혜택을 가능하게 한다.

순보험료 부문: 계약금액과 법적 준비금의 차이

시간이 경과할수록 순보험료 부분 감소, 법정준비금 증가

계약환급금과 법정준비금 구별 요망

만기 시 계약환급금과 법정준비금 동일해짐

2. 생명보험에서의 보험료 결정방법

(1) 순수일시불보험료(net single premium)

대부분의 생명보험은 일시납, 월납 또는 분기별로 구입할 수 있으나, 어떤 방법을 사용하든

일시불 보험료가 모든 분납보험료 계산의 기초가 된다. 이 방법은 경비가 포함되지 않고 사망 시 지급받는 사망보험금의 현재가치로 표시될 수 있으므로 보험료 계산 시 사망률, 이자율, 투자수익 등이 고려된다.

순수일시불보험료 계산 시 가정

- 매해 보험료는 계약연도 초에 지불되고,
- 보험금은 보험사고발생 계약연도 말에 지급되며,
- 계약연도를 통해서 사망률은 불변한다.

1) 정기보험의 순수일시보험료

연도별갱신정기보험료 = 해당나이의 사망률×보험계약금액×연도말 1원에 대한 현가

2) 기타 정기보험

- 정기보험의 경우 연도별갱신정기보험외에 3년, 5년, 10년 등을 계약기간으로 하는 정기보험이 있다.
- 계약기간 5년짜리 정기보험의 총 순수일시보험료 산식
- 1차연도 순수일시불보험료＋2차연도 순수일시불보험료＋ … ＋5차년도 순수일시불보험료

3) 종신생명보험

순수일시불보험료는 기타 정비보험의 경우와 동일하게 적용하는데 차이는 계산기간이 종신(보통99세)까지라는 점이다.

(2) 순수평준보험료

보험가입 시 보험료를 일시불로 내는 것이 부담될 경우 분납으로 납부하게 된다. 따라서 이 방법은 매해 불입하는 액수가 균등하도록 분할 조정하는 것이다.

• 순수일시불보험료 = 순수평준보험료의 기대현재가치의 합

(3) 총보험료

손실보상에 충당될 순보험료에 이익, 배당, 비상이익 및 기타 비용을 합친 금액이다.

- 비용: 생산비용(인쇄, 인수, 검사), 분배비용(커미션, 광고비, 대리점), 유지비용(재계약, 세금)

이익(주식회사의 경우)

- 총보험료＝ 순보험료 ＋ 배당(participating policy)

비상이익(contingency margin)

비용: 생산비용(production expense) : 인쇄비용, 인수비용, 대리점비용

분배비용(distribution expense): 커미션, 광고비, 대리점비용

유지비용(maintenance expense): 재계약 커미션, 세금 등

제4절 생명보험 계약분석

1. 생명보험계약의 중요한 조항

1) 소유권 조항(ownership clause)

소유권조항에서는 피보험자가 살아 있는 동안에는 계약의 소유권자가 계약에 따른 모든 권리에 관해 규정하고 있다.

2) 계약구성조항(entire contract clause)

계약구성조항은 중대한 오류가 없는 한 계약은 무효 또는 취소될 수 없으며, 보험계약자의 동의 없이는 계약의 내용을 변경할 수 없다는 것을 규정하고 있다.

3) 유예기간 조항(grace period)

유예기간 조항은 보험료 납입 마감기일이 지나도 일정기간(대개 1개월 또는 2개월)의 유예기간을 두어 계약의 취소 또는 실효 없이 보험료 납입의 연기를 허용해 주는 조항이다.

4) 불항쟁조항

불항쟁조항에서는 보험계약 체결 후 일정기간이 경과된 후에는 보험계약자의 착오, 허위, 진술, 은폐, 사기 등을 이유로 보험금 지급을 거절할 수 없다고 규정하고 있다.

5) 연령오기조항

연령오기조항은 연령이 착오로 인하여 잘못 기재된 경우 보험금도 실제연령에 맞추어 조절 되어 지급된다는 것을 규정한 조항이다.

6) 부활조항

부활조항은 보험료 미납으로 보험계약이 실효된 후 일정기간 안에 이를 다시 부활시킬 수 있는 권리를 보험계약자에 부여하는 조항이다.

7) 자살조항(suicide clause)

자살조항은 계약개시 후 일정기간(일반적으로 2년) 안에 자살할 경우 약정된 사망 보험금은 지급되지 않고 납입된 보험료만 환급될 수 있음을 규정한 조항이다.

8) 전쟁조항

전쟁조항은 전쟁으로 인한 사망이나 전장에서 군복무중 사망한 경우 보험자의 책임이 면제 되어 사망보험금을 지급하지 않는다는 조항인데 계약에 따라 이 조항이 없을 수도 있다.

9) 계약전환조항

계약전환 조항은 추가보험료를 낼 경우 기존계약을 아무런 검증과정 없이 다른 계약으로 전환이 가능하다는 것을 규정한 조항이다.

2. 보험계약자의 선택권

1) 보험배당금 지급선택권

보험배당금 지급선택권은 보험계약자가 배당금을 지급받는 방법을 선택할 수 있는 방법으로 다음과 같다.
① 현금으로 받는 방법
② 배당금만큼 보험료 감면
③ 배당금으로 새로운 보험가입
④ 배당금으로 기존 보험에 추가하여 보다 큰 보험으로 바꾸는 방법

⑤ 보험회사로 하여금 배당금을 일정이자율로 적립시키는 방법

2) 보험금지급선택권

보험금지급선택권은 보험계약자가 보험금을 지급 받는 방법을 선택할 수 있는 권한으로 다음의 방법이 있다.

① 보험금을 보험사에 적립하고 그 이자만을 전기적으로 받는 방법
② 보험료는 일정기간 동안 나누어서 정기적으로 지급받는 방법
③ 보험금을 일정금액으로 나누어서 정기적으로 지급받는 방법
④ 보험금 수혜자 생존 시만 지급, 생존 시 지급하고 남은 금액을 다른 수혜자에게 지급하는 방법

3) 계약담보융자규정

계약담보 융자규정은 보험계약자가 자신이 소유하고 있는 보험의 현금가치 범위 내에서 보험자로부터 융자를 받을 수 있도록 규정한 조항이다(약관대출 또는 계약자대출).

4) 몰수금지선택권

몰수금지선택권은 계약을 중도에서 해지할 경우 일정금액의 해약환급금을 받을 수 있고, 지급 받는 방법도 선택할 수 있는 권한이다.

① 현금으로 지급 받는 방법
② 기존 비정기 보험보다 적은 보험금액의 비정기보험으로 대체하는 방법
③ 해약환급금으로 다른 정기보험으로 대체하는 방법

3. 생명보험의 가입

(1) 생명보험의 비용

생명보험의 비용은 일반적으로 다음과 같이 계산한다.
생명보험 계약을 위해 보험자에게 지불된 금액 − 보험자로부터 받은 금액
= 보험료 − 배당금 − 해약금

(2) 생명보험 비용의 계산 방식

1) 전통적 순비용 방법(traditional net cost method)
보험자나 보험대리인이 순보험 비용을 예시하는 데 많이 사용하며, (순보험비용 = 보험기간 중 납입한 보험료 총액 - 보험기간 중 받은 총 배당금액 - 만기 시 받은 총 해약환급금)으로 계산한다.

2) 이자율조정방식
이자율을 고려하지 않는 순비용 방법의 단점을 보완한 방법으로 해약비용지수방식(surrender cost index method)과 순보험료 비용지수방식(net payment cost index method)으로 나뉘나 두 방식은 매우 유사한데 차이점이 있다면 해약비용방식은 계약기간 만료 시 해약환급금을 받지만 순보험료 방식은 계약을 해지 않고 계속 유지한다는 가정을 한다는 점에서 다르다.

(3) 보험가입 시 유의사항

1) 적합한 보험선택
보험가입 시 가장 먼저 자신의 필요에 가장 적합한 보험을 선택하여야 한다.

2) 필요보험금액의 결정
본인 및 가족의 필요 금액, 소득의 증감, 환경변화 예측, 인플레이션 및 뜻하지 않는 사고 등에 대한 준비금을 고려해야 한다.

3) 배당금지급보험 가입여부 결정
배당금을 지급하는 참가적 보험과 지급하지 않는 비참가적 보험 중 자신의 상황에 맞게 신중하게 선택하여야 한다.

4) 충분한 비교 검토
여러 보험상품 중 가장 저렴하여 양질의 보험을 충분하게 비교, 선택하여야 한다.

5) 보험료 지불방법의 결정
일시불, 연별, 반년별, 월별 중 연별 납부방식이 가장 유리하다고 한다.

6) 기타 보험자의 재무적 건전성과 안정성 및 제공되는 각종 서비스의 질과 양 그리고 보험회사 대리인의 자질 등도 고려하여야 한다.

제5편

생명보험이란 무엇인가? II : 生命保險商品

제4장
생명보험 상품의 개요

1. 분류 방법

상품관리 규정상의 분류, 급부(보험사고)를 중심으로 한 분류, 보험가입 목적에 따른 분류, 피보험자 수에 따른 분류, 부리체계에 따른 분류, 보험금 지급 형태에 따른 분류, 건강진단 유무에 따른 분류, 피보험자 상태에 의한 분류, 기타 등

2. 급부(보험사고)에 따른 세 가지 분류

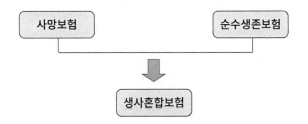

3. 가입 목적에 따른 분류

보장성보험: 사망보험, 상해보험, 질병보험, 간병보험
저축성보험: 연금보험, 교육보험 등의 생존보험

4. 부리체계에 따른 분류

① 금리확정형보험
② 금리연동형보험
③ 자산연계형 보험
④ 실적배당형 보험

5. 기타 분류

① 피보험자의 수에 의한 분류
② 보험계약의 대상에 의한 분류
③ 보험금의 정액유무에 의한 분류
④ 진단의 유무에 의한 분류
⑤ 피보험자의 상태에 의한 분류
⑥ 건강보험
⑦ 제3보험

제5장

생명보험 상품의 종류 및 해설

제1절 급부(보험사고)에 따른 분류

피보험자의 사망(제1급 장해 포함)을 보험사고로 하는 **사망보험**, 피보험자의 일정기간 동안 생존을 보험사고로 하는 **생존보험**, 그리고 둘의 결합 형태인 **생사혼합보험**으로 분류.

1. 사망보험

피보험자의 사망을 보험사고로 하는 보험계약이다.

정기보험: 일정한 기간 내의 사망만을 보험사고로 하여 보험금액 지급.

종신보험: 사망 시기에 관계없이 종신에 걸쳐 사망을 보험사고로 하여 보험금액 지급.

사망보험: 피보험자의 사망을 보험사고로 해서 보험금을 지급하는 보험계약을 말한다.

사망보험의 목적은 피보험자의 사망으로 말미암아 생길 수 있는 유가족의 경제적 필요를 충족시키는 데 있다. 사망보험에는 계약의 시점으로부터 일정기간 중에 사망하였을 경우에 보험금이 지급되는 정기보험과 기한을 정하지 않고 사망 시에 보험금이 지급되는 종신보험이 있다.

(1) 정기보험

1) 특징

보험계약기간이 일정기간으로 한정된다. 따라서 계약기간 내 사망 시에는 보험금을 지급하고, 생존 시에는 아무것도 지급되지 않으며 계약을 갱신하지 않는 한 계약은 소멸한다.

- 대부분의 정기보험은 갱신이 가능하다. 이는 새로운 기간을 정해서 피보험자의 건강상태 등 부보가능성과 무관하게 갱신이 가능하다. 그러나 계약 갱신 시마다 자연 피보험자의 나이가 많아지므로 보험료도 많아진다.
- 대부분의 정기보험은 다른 보험계약으로 전환이 가능하다. 이 경우도 피보험자의 건강상태 등 부보가능성에 관계없이 전환이 가능하다. 보험료 부과방법은 최초의 정기보험계약을 체결할 당시의 나이를 기준으로 하는 방법과 전환시점에서의 나이를 기준으로 하는 방법이 있다.
- 저축요소가 거의 없다. 순수한 보험혜택만을 위한 보험이므로 계약 만료 후 다른 보험과는 달리 아무것도 지급되지 않는다.

• 높은 실효율, 인플레이션에 강함, 젊은 세대주에게 유리, 계약 갱신 가능, 계약 전환 가능, 보험가격 비교 용이성

2) 성격

정기보험은 약정된 보험금이 피보험자의 사망 시에 지급되고, 보험기간 내에 생존해 있으면 보험금이 지급되지 않는 사망보험의 대표적인 보험계약이다.

구분	정기보험
보장기간	정해진 기간 동안만 보장
보험료	상대적으로 보험료가 싼 편
연금전환	대부분 연금 전환 불가능
인생설계	부분적인 인생설계 가능
상속설계	상속 설계 제한적
특약설계	상대적으로 제한적인 설계

3) 종류

① 연별 갱신정기보험

- 1년 단위 계약을 원칙으로 하며 피보험자가 원할 시에는 부보가능성에 대한 새로운 증빙 없이 1년 단위로 갱신할 수 있다.
- 나이가 들수록 보험료가 증가하며 대부분 저축성 보험으로 전환이 가능하다.

② 5년, 10년, 15년 또는 20년짜리 정기보험

- 계약기간 동안의 보험료는 동일하나, 갱신 시마다 나이가 많아지므로 보험료는 증가하

며, 5년짜리가 가장 신축적이다.

③ 보험금 감소정기 보험

- 시간이 경과 할수록 사망 시 보험금 지급이 점차 감소한다.
- 재가입 정기보험

  비교적 건강상태가 좋은 사람을 대상으로 하는 보험이며, 건강한 자는 보험료가 낮게 부
  과되는 반면 정기적으로 건강을 입증해야 한다.

종류 구분: 평준정기보험

　　　　　　체감정기보험

　　　　　　체증정기보험

　　　　　　갱신정기보험과 전환정기보험

4) 사용 되는 경우

- 많은 금액의 보험이 필요하나 보험료를 낼 돈이 충분하지 못한 경우
- 보험혜택이 일시적으로 필요한 경우
- 피보험자가 원하는 보험계약에 필요한 충분한 보험료가 없는 경우

5) 사용상의 제한

평생 동안 보험혜택을 원하는 경우에 적합하지 못하다.

6) 장점과 단점

장점

- 최초 보험가입 시 가장 저렴한 보험료로 사망보장을 받을 수 있다.
- 갱신조항 및 전환특권과 같은 다양한 특약이 존재한다.
- 일시적 사망보장상품을 찾는 젊은 층에 가장 적합한 상품이다.

단점

- 연령증가에 따른 보험료 부담 상승한다.
- 전 생애가 아닌 정해진 기간만 보장 제공 → 실질적 보장 기능 미흡
- 저축 효과와 해약환급금의 부재 → 비과세 혜택 ×, 계약유지에 대한 부담 높음

7) 활용

선택 시 유의사항

- 본인에게 적정한 가입금액 설정
- 우량체 할인 조건 확인 필수

- 최대한 넓은 범위의 보장을 받을 수 있게 설계
- 원하는 특약이 있는 상품을 찾아 선택

활용과 효용성
- 저소득이지만 높은 보장수준을 기대하는 사람에게 적합
- 자기의 전 재산을 새로운 사업에 투자하여 사업을 시작하는 단계의 사람에게 유용
- 자녀 양육 기간 동안 기존의 생명보험을 보완하는 수단
- 필요 자금을 축적할 기간에 대해 보장
- 일시적 소득보장이 필요한 상황에도 적합

(2) 종신보험

1) 특징
- 보험금 받지 못할 리스크가 없다.
- 장기 재무플랜 제공한다.
- 사망의 원인과 상관없이 보장한다.
- 상속대책으로 활용한다.
- 신축성 있는 보장 가능하다.

2) 성격
- 보험기간을 정해 놓지 않고 피보험자가 사망할 때까지를 보험기간으로 한다.
- 주로 피보험자의 사망 후 유족의 생활보장을 목적으로 한다.
- 104세 만기 양로보험이라고도 한다.
- 특별한 규정이 없다면 지급보험금과 보험료가 일정 수준을 유지한다
    (예외: 계단식 보험료 종신보험)
- 해약환급금: 계약자에게 유동성 제공하고, 보험계약에 있어 유용한 수단이다.

3) 정기보험과 비교

	정기보험	종신보험
보장기간	10년, 20년 등 단기	종신으로 초창기
보험금 지급사유	보험기간 내 사망 시, *보험금 수령하지 못할 가능성 有	보험기간 내 사망시, *보험금 반드시 수령
상품 기능	순수 보장	보장 + 저축
보험료	상대적으로 적음	상대적으로 많음
환급금	증가하다가 감소, 만기에는 0	계속 증가

4) 분류

종신생명보험은 평생 동안 보험혜택을 받는 보험으로 다음과 같이 분류된다.

가. 보통생명보험(ordinary life insurance)

- 평생보험혜택(보통 100세까지)을 주고 100세가 되어 사망하지 않고 살아 있더라도 보험금 전액이 지급되며, 보험료는 나이에 관계없이 일정하다.
- 투자 또는 저축의 요소를 가지고 있으며, 종신생명보험 중 가장 싸고 융통성이 많다.

나. 한정불생명보험(Limited-payment life insurance)

보험료 납부를 평준 보험료 형식으로 일생동안 내는 것이 아니라 일정기간(10년, 20년 등) 안에 납부하는 방법으로 내용면에서는 다른 생명보험과 다를 바 없다.

다. 유니버설 생명보험(Universal life insurance)

종신생명보험의 주된 특징인 평생보험 혜택뿐 만 아니라 보험료 납부, 수익성보장 및 계약조건 등에서 많은 융통성을 부여한 상품이다.

생명보험 구성요소 중 보장부분, 저축부분, 비용부분이 구분되어 일정기간마다 계약자에게 보고되며, 비교적 수익률이 높으며, 금융시장의 변동에 따라 신축적이다.

종류: 금리 확정형

　　　　금리 연동형

　　　　실적배당형

5) 활용

- 기존가입 보험 분석 필요하다.　　- 세금혜택 고려한다.
- 빨리 가입할수록 유리하다.　　　- 회사별 조건 비교
- 적절한 특약 선택한다.　　　　　- 중도해약은 큰 손해

6) 상품 소개

- 탄력적인 운용이 불가능한 데서 오는 단점 존재
- 유니버설 기능 도입으로 이러한 문제 해결

2. 생존보험

- 피보험자가 만기까지 생존하면 보험금이 지급되는 보험
- 피보험자가 보험 기간 중 사망할 경우 보험금 지급 또는 보험료 환급 불가

- 순수 생존보험, 저축기능보험

피보험자가 보험기간 만료일까지 생존해 있을 때에 한하여 보험금이 지급되는 생명보험을 말한다. 보험기간 도중에 피보험자가 사망하였을 경우 보험금뿐만 아니라 그 때까지 납입한 보험료도 환급 받지 못한다.

그러나 현재 우리나라에서 판매하고 있는 생존보험은 보험기간 중 사망 시에도 사망급여금을 지급하기 위하여 각종 사망보장이 부가되어 판매되고 있다. 생존하고 있는 것을 조건으로 매년 연금을 받게 되는 연금보험과, 자녀의 교육자금을 보장하는 교육보험이 여기에 속한다.

• 연금보험

피보험자의 생존에 대하여 매년 또는 매월 일정액을 지급할 것을 약속한 생존보험을 말한다. 즉, 연금보험은 일정금액을 일정기간 동안 정기적으로 연금수혜자에게 지급하는 보험을 말한다. 연금보험은 사회적 환경변화에 따라 경제적으로 생활능력이 없는 정년기 이후의 인생의 황혼기를 안락하게 보낼 수 있도록 젊었을 때 미리 노후생활자금을 준비하는 데 적합하도록 개발된 보험 상품이다.

연금보험에서 지급하는 연금은 가입자의 선택에 따라 확정된 기간 동안 정해진 연금을 수령하거나, 가입자가 사망할 때까지 종신토록 수령할 수도 있다. 또한 연금보험은 납입보험료의 세제혜택여부에 따라 소득공제혜택이 있는 연금저축보험과 소득공제혜택이 없는 일반연금보험으로 구분된다.

(1) 개요

연금: 매년 일정액을 지급 받는 것
연금보험: 생존보험의 한 형태로서 장수위험에 대응하기 위한 보험상품

(2) 특징

- 조기 사망으로 소득보장이 필요 없는 사람이 분담금을 내어 장수하는 사람에게 제공
- 사망률 반영한 위험에 대한 보장. 은행 연금 저축보다 지급량 많을 수 있음

(3) 연금보험의 분류

연금지급시기에 따라: a. 즉시개시연금, b. 특정시기개시 연금
보험회사의 책임내용에 따라: a. 종신연금, b. 확정불종신연금, c. 분할 상환연금

연금지급액수의 변동에 따라: a. 고정금액연금, b. 변액연금

(4) 연금보험의 종류

확정 금리형 연금보험: 보험금을 적립할 때 적용하는 금리를 보험회사에서 책정한 확정 금리
  로 확정
금리 연동형 연금보험: 공시이율 등을 기준으로 연금보험 금리 설정
변액 연금보험: 연금적립금액을 펀드나 채권 등에 투자하여 이익을 가입자에게 배분

(5) 활용

- 저렴한 보험료로 높은 이율이 적용되면 이상적
- 노후에 연금 수령 목적: 연금저축이 유리
- 중도 해지나 일시급 수령 가능성 존재: 비적격 연금보험이 유리

	보험사	은행, 투신 등
수익률	초기 낮음, 장기로 갈수록 이자소득세가 면제되기 때문에 실질수익률 역전	자산 운용 실적에 따라 수익률이 결정되므로 초기 수익률 높음
안정성	최저 이율 적용으로 가장 안전	투신의 경우 자산 운용 실적에 따라 손해 볼 수도 있음
지급방법	종신연금, 위험에 따른 추가 보장 가능	지급기간을 일정 기간까지만 선택 가능

• 교육보험

자녀 교육자금의 준비를 위한 보험으로, 보험계약에 따라 소정의 보험료를 납입하고 보험금 지급사유(예: 진학, 졸업 등)가 발생했을 때 보험금을 지급받는다. 소정의 교육을 받을 연령까지 생존하는 것을 보험금 지급사유로 하므로 일종의 생존보험이다. 또한 교육자금 외에도 질병 및 재해 등을 함께 보장하는 상품도 있으며, 부모를 종피보험자로 추가하여 부모가 사망하거나 장해상태가 되었을 때에도 자녀가 성장할 때까지 양육비를 보상받을 수 있는 상품도 있다.

3. 생사혼합보험: 양로보험(Endowment insurance)

사망보험과 생존보험을 혼합한 형태의 생명보험을 말한다. 피보험자가 보험기간 중에 사망하였을 때에 사망보험금을 지급하며, 보험기간 중의 미리 정해진 시기(보험기간의 만료 시를 포함)에 생존하고 있을 때에는 생존보험을 지급하는 보험이다. 사망보험의 보장기능과 생존보험의 저축기능을 동시에 가지는 것이라 할 수 있으며, 일명 양로보험이라 한다.

- 일정기간 내에 피보험자가 사망하면 일정금액의 보험금이 지급되고, 일정기간 까지 생존해 있어도 일정금액의 보험금이 지급된다.
- 즉 정기보험과 순수양로보험을 합친 형태로서 사망과 관계없이 일정금액의 보험금을 지불하는 보험으로 일종의 저축수단으로 많이 사용되어 왔다.
- 그러나 보험료가 비싸고 저축부분에 대한 수익성이 낮으며, 계약기간이 끝난 후 피보험자의 상태에 따라 적정 수준의 보험료로 보험가입을 하는데 여러 가지 문제가 생길 수 있다.
- 생사혼합보험
- 피보험자가 기간 내 사망하거나 기간 말까지 생존 시 동일액의 보험금 지급
- 저축성과 보장성 모두 갖춤 → 생활보장, 교육자금, 노후자금 등에 이용

4. 생존, 연금, 양로, 사망보험의 관계

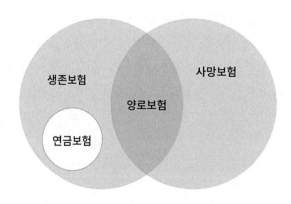

제2절 가입 목적에 따른 분류

1. 보장성보험

피보험자에게 사망, 상해, 입원, 생존 등과 같이 사람의 생명과 관련하여 보험사고가 발생했을 때 약속된 급부금을 제공하는 보험상품으로, 만기 생존 시 이미 납입한 보험료의 환급여부에 따라 순수보장형과 만기환급형으로 나뉘며, 만기환급형의 경우라도 만기 때 지급되는 급부금의 합계액은 이미 납입한 보험료를 초과하지 않아야 한다. 보장성 보험은 원초적 의미의 보험상품으로 각종 재해로 인한 사망이나, 암과 같은 질병으로 인한 사망, 입원, 치료, 유족보장을 주요 내용으로 하는 보험으로, 상해보험, 질병보험, 간병보험 등의 상품이 있다. 보장성 보험을 가입하고 납입한 보험료에 대해서는 연간 100만원을 한도로 소득공제 혜택을 주고 있다.

1) 상해보험

우연하고 급격한 외래의 사고로 인한 사람의 신체에 입은 상해에 대하여 치료에 소요되는 비용 및 상해의 결과에 기인한 사망, 후유장해 등의 위험을 보장하는 보험을 말한다.
상해보험은 보험의 객체가 사람이라는 점에서 손해보험과 다르며, 사고의 발생 시기는 물론 발생 자체도 불확정되어 있다는 점에서 생명보험과도 다르므로, 손해보험과 생명보험의 중간영역인 제3보험 분야에 해당되어 손해보험과 생명보험사업자의 겸영이 허용되고 있다.
상해보험에서 지급되는 보험금에는 통상 사망보험금, 장해보험금 및 의료비보험금이 있다.

2) 질병보험

질병에 대한 치료비를 보장할 것을 목적하는 보험을 말하며, 입원급여금, 수술급여금 및 진단보험금이 지급된다. 질병보험은 상법상 제3보험으로 분류되며 생명보험사와 손해보험사가 모두 상품을 개발하여 판매할 수 있다. 건강보험, 암보험, 어린이보험 등이 대표적인 질병보험이다.
생명보험상품은 질병으로 치료를 받은 경우 진단, 수술, 입원에 대하여 정액의 보험금을 지급하고, 손해보험상품은 치료비 중 본인이 부담한 실제치료비를 실손보상한다.

3) 간병보험

피보험자가 누워있거나 또는 치매로 간병이 필요한 상태(요간병상태)라고 의사의 진단을 받은 그날부터 계속해서 간병이 필요한 상태에 있는 기간이 일정기일을 초과한 경우에 보험금을 지급하는 보험을 말한다.

2. 저축성보험

보장성 보험과 달리 납입보험료보다 만기에 환급되는 보험금이 큰 보험을 말한다.
저축성 보험은 만기에 이자수익이 발생하기 때문에 납입보험료를 초과하여 환급된 금액에 대해서는 이자소득세를 과세함이 원칙이나 세법에서는 10년 이상 유지된 저축성 보험의 이자소득에 대해서는 비과세혜택을 주고 있다.

제3절　부리체계에 따른 분류

1. 금리확정형보험

보험회사가 보험료 산출 시 정한 확정금리를 예정이율로 적용하는 보험을 말한다.
확정금리를 적용하여 금리하락 시에도 안정적인 수익률이 보장되지만 금리상승 시에는 이를 반영하지 못하여 적립금의 상대적인 가치하락이 발생한다.

2. 금리연동형보험

보험회사의 자산운용이익률, 시장금리 등에 따라 책임준비금 적립이율이 변동되는 보험을 말한다.
시중금리가 높을 경우 금리확정형 보험에 비해 더 높은 수익률을 낼 수 있으나 반대의 경우에는 더 낮은 수익률을 낼 수 있다. 일반적으로 최저보증이율을 설정하여 일정수준 이상의 수익률을 보장한다.

3. 자산연계형 보험

보험회사가 최저이율을 보증함으로써 최저수익을 보장하는 동시에 주가지수 또는 채권 등의 연계자산에서 발생하는 수익을 계약자에게 추가 지급하도록 설계되어 투자손실의 위험이 없으면서 연계자산에서 발생하는 수익을 추가 지급하는 형태의 상품이다.

4. 실적배당형 보험

보험계약자가 납입한 보험료 중 일부를 일정한 투자재원으로 사용하고, 그 투자실적에 따라 계약자에게 투자이익을 나눠주는 형태를 말한다. 원금이 보장되는 일반보험과 달리 실적배당형 보험은 최악의 상황에서는 투자원금이 보장 되지 않고, 예금자보호 대상도 아니다. 보험상품 중 대표적인 실적배당형 상품으로는 변액보험을 들 수 있다. 변액보험은 투자실적에 따라 보험금지급액이 달라지는데, 예를 들면 변액종신보험은 투자실적에 따라 사망보험금이 달라지고(최저사망보험금은 보장함) 변액연금보험은 투자실적에 따라 연금지급액이 달라진다. 실적배당형상품은 투자실적에 따라 보험금이 좌우되고 일반상품에 비해 손해를 볼 위험도 있으므로 가입 시 주의가 요구된다.

제4절   배당유무에 따른 분류

- 사업의 결과 발생한 이익의 전부 또는 일부를 가입자에게 분배하는 보험을 배당보험.
- 이익을 분배하지 않는 보험을 무배당보험이라 한다.

• 보험료 계산의 3요소

① 예정위험율

과거 일정기간 동안 일어난 보험사고 발생 통계를 기초로 해서 앞으로 일어날 사고율을 예측한 것이다. 일반적으로 예정위험률이 높으면 보험료는 올라가고, 낮으면 보험료는 내려간다.

② 예정이율

보험료를 납입하는 시점과 보험금 지급 사이에는 시차가 발생하므로 이 기간 동안 기대되는 수익을 미리 예상하여 일정한 비율로 보험료를 할인해 주는데, 이 할인율을 의미한다. 예정이율이 높아지면 보험료가 싸지고 예정이율이 낮아지면 보험료가 비싸진다.

③ 예정사업비율

보험회사가 보험계약을 유지, 관리하면서 여러 가지 비용이 소요되는데 이러한 운영경비를 미리 예상하여 보험료에 포함시키는데 이러한 경비의 구성 비율을 의미한다.

생명보험회사에서는 예정사업비율을 신계약비, 유지비, 그리고 수금비의 세 가지로 세분하고 그 각각에 대해서 일정률을 설정한다.

예정사업비율이 낮으면 보험료는 싸지게 되고 예정사업비율이 높으면 보험료는 비싸지게 된다.

1. 배당보험

위험률차익, 이자율차익, 사업비차익에 의해서 발생한 배당금을 보험계약자에게 환급해주는 보험을 말한다.

1) 위험률차익

실제위험률이 보험료 산출의 기초가 된 예정위험률보다 낮은 경우에 발생하는 이익을 말한다.

2) 이자율차익

자산운용에 의한 실제수익률이 예정이율보다도 높은 경우에 생기는 이익을 이자율차익이라 말하며, 반대의 경우를 이자율차손으로 말할 수 있다.

3) 사업비차익

실제의 사업비가 예정사업비보다 적은 경우에 생기는 이익이다. 반대의 경우는 손실이 발생하며, 이를 사업비차손이라 한다.

식으로 표현하면 사업비차익(손) = 부가보험료의 총액 - 실제사업비의 총액이다.

2. 무배당보험

보험료 산정의 기초가 되는 예정사망률, 예정이율, 예정사업비율의 안전도를 가능한 한 축소하여 보험료를 저렴하게 하는 대신 계약자배당을 하지 않는 보험을 말한다.

현재는 일부 연금저축보험을 제외하고는 거의 모든 보험상품이 무배당상품이다.

제5절 생명보험 상품의 기타 분류

1. 피보험자의 수에 의한 분류

특정한 1인을 보험자로 하는 단생보험, 2인 이상을 보험자로 하는 연생보험, 그리고 가족 전체를 보험자로 하는 다연생 보험으로 분류된다.

2. 보험계약의 대상에 의한 분류

- 개인보험은 보험계약의 대상이 하나인 경우.
- 단체 보험은 일정한 조건을 구비한 피보험자 집단을 하나의 보험계약자로 하여 가입하는 보험(보험계약 체결이 편리하며 비교적 저렴한 것이 특징).

3. 보험금의 정액유무에 의한 분류

- 정액보험은 보험금 지급시기에 관계없이 항상 보험금이 일정액인 보험.
- 부정액보험은 보험금이 일정하게 확정되어 있지 않은 보험.
- 그 종류로는 체증식 보험, 체감식 보험, 감액보험, 변액보험이 있음.

4. 진단의 유무에 의한 분류

- 유진단보험은 계약체결 시 의사의 진단을 필요로 하는 보험.
- 무진단보험은 진단을 거치지 않고 가입자의 서면에 의한 고지 등을 가지고 선택하는 보험.

5. 피보험자의 상태에 의한 분류

- 우량체보험
- 표준체보험
- 표준미달체보험

6. 건강보험

- 보험을 든 사람이 질병에 걸렸을 때, 의료비용을 지불해 주는 보험의 형태
- 정부가 지원하는 건강보험 / 개인적으로 가입하는 민간의료보험
- 국민건강보험
- 민간의료보험

7. 제3보험

1) 제3보험 의의

재해로 인해서 상해를 당했을 때, 질병에 걸렸을 때, 위 두 가지 원인으로 인해 간병이 필요한 상태를 보장하는 보험이다. 손해보험과 생명보험의 두 성격을 모두 가지고 있어 제3보험으로 분류한다. 즉, 사람의 질병, 상해, 또는 이로 인한 간병에 관한 보험상품을 취급하는 보험업종 중 하나이다.

- 제3보험은 생명보험과 손해보험 2가지 모두의 성격을 띠고 있는 보험을 말한다.
- 제3보험에는 질병이나 상해를 보장하는 의료실비보험(실손보험), 간병보험 등이 대표적이다.
- 생명보험의 경우 생명보험사에서 판매하고, 손해보험의 경우 손해보험사에서 판매하지만, 제3보험의 경우 생명보험사와 손해보험사 모두에서 취급하는 상품이다.

2) 제3보험 종류

① **상해보험**: 보험기간 중 우연하고 급격한 사고로 인해 신체 상해를 입었을 때 생긴 손해를 보장한다.
② **질병보험**: 어떠한 질병에 걸리거나, 질병으로 인해서 발생될 수 있는 수술, 입원, 통원비 등을 보장한다.
    암보험(대표적인 질병보험), CI보험, 실손의료보험
③ **장기간병보험**: 상해 또는 질병으로 타인의 간병을 필요로 하는 상태를 보장하는 보험이다.

3) 제3보험 개요

제3보험은 사람이 질병에 걸리거나 재해로 인해 상해를 당했을 때 또는 질병이나 상해가 원

인이 되어 간병이 필요한 상태를 보장하는 보험이다. 손해보험과 생명보험의 두 가지 성격을 모두 갖추고 있어 어느 한 분야로 분류하기가 곤란하여 제3보험으로 분류하고 있다. 제3보험은 생존급부보장을 필요로 하는 소비자의 요구에 부응하기 위한 보험상품이라 할 수 있으며, 간호를 필요로 하는 본인뿐만 아니라 가족에 있어서도 중대한 관심사이며 상품의 발달이 기대되는 분야라고 할 수 있다. 우연하고 급격한 외래의 사고로 인한 상해의 치료 등에 소요되는 비용을 보장하는 상해보험, 질병에 걸리거나 질병으로 인해 발생되는 입원, 수술, 통원 등을 보장하는 질병보험, 상해, 질병으로 인한 활동불능 등 타인의 간병을 필요로 하는 상태를 보장하는 간병보험으로 구분하고 손해보험사 및 생명보험사 모두 영위 가능한 보험종목이다.

사람의 신체를 보험계약 대상으로 하며, 보상방법은 정액보상 및 실손 보상이 모두 가능하고 보험기간의 제한이 없이 상품개발이 가능하다. 제3보험에는 상해보험(상해사고로 인한 사망 및 후유장해, 치료비를 지급함), 질병보험(질병사고로 인한 후유장해, 치료비를 지급함. 질병사망은 제3보험 영역이 아니므로 제3보험에서의 질병사망 담보는 특약으로만 가능함), 간병보험(상해 또는 질병사고로 인한 간병비를 지급함) 등이 있다. 생명보험사와 손해보험사에서 판매하고 있는 건강보험, 암보험, 어린이보험, 간병보험 등이 제3보험에 속한다.

4) 상해, 질병, 간병보험 사고(제3보험사고)

① 상해 · 질병후유장해

상해로 인하여 신체가 그 부상을 입고 치료 후 남게 되는 후유증을 보상하는 보험 약관이다. 눈의 장해부터 정신행동 장해까지 우리의 신체부위별로 보험약관에서 정한 조건에 충족하게 되면 장해 지급률을 결정하여 가입금액에 따라 비율대로 지급하는 후유장해 약관이다. 통상 사고 발생일로부터 치료기간을 거친 후 일정기간을 충족 시 지급하며, 사고 원인이 상해인지, 질병인지에 따라 보상하게 된다.

피보험자가 후유장해가 남은 것 같다면 꼭 상담하고, 특히 뇌출혈이후 나타나는 신체장애에 대해서는 전문적인 손해사정사가 반드시 필요하며, 전문적인 손해사정사와 상담해야 한다.

② 암진단금

인생을 살면서 암이라는 질병에 진단 확정이 된다는 것은 정말 큰일이다. 그 치료과정을 보게 되면 정말 암이 아닌 것이 얼마나 감사한지 모른다.

그러나 암 진단금으로 보험사와 분쟁이 많기도 하죠. 이 때문에 보험가입자는 다시 한 번 큰마음에 상처를 받게 된다. 그 분쟁의 다수는 아래와 같다.

가. 암이 아니다?

보험약관에서는 암의 종류를 명시하고 있다. 그 예로, 방광암을 일반암으로 어떤 약관은 소액암으로 / 직장암을 일반암으로, 어떤 약관은 경계성 종양으로 분류하고 있다.

일부 몰지각한 보험사에서는 그 침범의 깊이에 따라 암이 아니라고 양아치 짓을 하기도 한다. 가장 최선의 방법은 보험약관을 정확히 확인하고 고지의무를 위반하지 말아야 한다. 보험약관과 고지의무에 대한 위반도 없는데 암이 아니라고 하는 것은 문제가 있다.

나. 90일 책임개시일과 진단 확정일

보험약관은 그 책임의 개시를 가입일로부터 90일이 지난 다음날이라고 명시하고 있다. 하지만 90일 이전에 조직검사나 영상 검사로 진단여부를 놓고 분쟁이 많이 발생하게 된다. 전문 손해사정사와 상담해야 한다.

다. 각종 입원비와 요양비

암의 치료 방법이 다양화되고 보다 효과적인 치료법이 개발되고 있다. 그러나 보험사에서는 암의 직접적인 치료에 대해 제한을 두고 있는 것이 현실이다. 보험약관에서도 "암직접치료"로 명시되어 있다.

③ 뇌출혈 / 뇌졸중 / 뇌혈관질환 진단금 / 심장질환 진단금

보험약관에서는 질병으로 인한 뇌질환에 대해 구분하여 보상하고 있다.

그 정도에 따라 전문의의 소견으로 진단금을 지급하게 된다. 단, 아주 경미한 뇌질환인 경우 보험사에서 지급거절 하는 경우가 있다. 담당 주치의는 뇌졸중이다 보험사에서는 뇌졸중이 아니다로 분쟁이 많이 있다.

심장질환이 발병을 하게 되면 많은 분들이 사망에 이르게 된다. 그래서 그 원인으로 심정인 경우 보험사와 진단금으로 인한 분쟁이 발생하게 된다. 보험금 지급사유를 찾는 손해사정업무를 어떻게 하느냐에 따라 그 결과물은 달라지게 된다.

④ 실손의료비

제2의 건강보험이라고 칭하며 많은 분들이 가입하고 있다. 하지만 이에 따른 분쟁도 있다. 실손의료보험 분쟁의 핵심은 고지의무 위반과 그 치료방법의 적절성이다. 보험사에서는 손해율이 높다는 이유로 보험금 지급심사에 날카로운 자를 재고 있다.

손해사정사 선임제도가 2020년도 부터 시행되고 있다. 실손보험을 청구하였는데 손해사정 절차를 안내받았다면 꼭 손해사정사를 직접선임하여야 공정한 심사를 받을 수 있다.

⑤ 간병보험

최근 폭발적으로 가입하고 있는 상품으로 치매로 인한 장기간병 상태를 보상하는 상품이다. 보험금 지급사유로 "치매"의 정도로 구분하고 있으며, 그 정도는 경증치매(CDR척도 1), 중등도 치매(CDR척도 2), 중증치매(CDR척도 3 이상)을 구분하여 보상하고 있다. 여기서 중요한 포인트는 치매간병보험은 "치매상태"가 가장 핵심이다.

쉽게 말해서 뇌출혈로 운동장애(반쪽을 움직이지 못하는 경우)가 발생하여도 치매상태가 아니면 보험금을 받을 수 없다.

그에 반해 노인 장기요양보험법에 따라 장기요양등급 1~5등급을 기준으로 보험금을 지급하는 상품이 간병보험상품이다. 이는 건보공단에서 심사를 하여 요양등급을 결정하기에 보험사에서는 보험금 지급심사를 할 수 없게 된다.

하지만 치매간병보험은 치매의 정도를 보험사에서 심사를 하게 되어 있어 많은 분쟁이 예상이 된다.

제6절 단체보험: 피용인 급여제도(employ benefit plan)

고용주가 스폰서가 되고 피고용인의 사망, 상해 또는 퇴직 시 피용인과 이들의 부양가족에게 일정한 경제적인 혜택을 부여하는 제도로서 크게 단체생명보험과 단체건강보험으로 분류된다.

1. 단체보험의 성격 및 특성

① 고용주와 보험사간의 계약하며, 일괄적으로 계약한다.
② 하나의 계약으로 전체 피용인(종업원)을 보험에 가입시키며, 단체 언더라이팅 한다.
③ 보험비용이 개인보험의 경우보다 보험료가 저렴하다.
  – 경험요율을 사용한다.
  – 계약설계의 신축성이 있다.

2. 단체보험의 기본 원리

- 단체보험가입은 단체 활동의 부수적이어야 한다.
- 조직구성원의 세대교체가 균형 있게 이루어져야 한다.
- 가입에 따른 혜택은 공식적인 기준이여야 한다.
- 일정 수 이상의 피용인의 보험가입을 필수요건으로 한다.
- 가능하다면 제3자가 보험료 일부를 부담하는 것이 바람직하다.

3. 단체보험 가입 요건

조직의 가입요건: 일정 수 이상의 구성원을 가진 조직이여야 한다.
구성원의 가입요건: 전 시간 피용인, 수습기간 만료 후, 일정한 자격요건,
　　　　　　　　　가입당시 근무하는 활동력 등을 가입요건으로 한다.

4. 대상단체

단체의 형태: 단수 고용주 단체, 채권자―채무자 단체, 노동조합 단체, 복수 고용주 단체,
　　　　　　기타 단체
최소규모 요건: 적절한 손실 분산 가능, 고정비용 분산 효과 극대화
단체의 종류: 협회, 동창회, 종교단체 등 다양

5. 단체보험과 개인보험과의 차이점 및 특징

단체보험: 구성원들을 위해 대표자가 하나의 보험증권으로 보험계약을 일괄 체결
생성배경: 우수한 인력 확보 / 충성심 향상 / 장기근속 유도
종업원복지제도의 핵심적 수단

6. 이점과 한계

이점
- 대량판매 → 보험보장 확대

- 개인보험가입이 불가능한 사람에게 보험혜택
- 고용주가 보험료의 대부분 부담 → 세금공제 혜택으로 종업원복지제도 운영에 도움

한계
- 보험보장이 영구적이지 못하고 임시적인 성격
- 고용주가 제도를 중단하거나 종업원이 퇴직할 경우 보험보장 중단
- 종업원들이 개인보험의 필요성 느끼지 못할 가능성

7. 단체생명보험의 종류

① 단체정기생명보험: 가장 비중이 높은 보험으로 1년 단위로 매년 갱신하고, 퇴직 시 영구
  보험으로 전환이 가능하며 보험비용이 저렴하지만 보험혜택기간이 일시적이고 영구보험
  으로 전환 시 보험비용이 너무 비싸진다.
  - 매년 갱신 정기보험의 계약형태: 매년 종료되나 자동 재계약
  - 종업원이 떠나거나 해고될 때 개인현금가치계약으로 전환 가능하며, 일반적으로 배우
    자와 자녀에 대한 보장 동시 제공.
② 단체채권자 생명보험: 금융기관이 대출 후 상환 전 채무자가 사망할 경우 보상받기 위한
  보험이다.
③ 단체적립보험: 근무기간에 따라 퇴직 후 일정량의 적립보험이 제공되는 보험으로 단체정
  기보험의 단점을 보완한 보험이다.
④ 단체영구보험: 종신보험과 같이 평준보험료를 지불하고 퇴직 후에도 피용인에게 보험혜
  택을 제공하는 보험이다.
⑤ 단체생존자소득혜택보험: 피용인이 사망할 경우 그 부양가족에게 매달 일정소득을 제공하
  는 보험.
⑥ 단체재해사망보험, 단체상해보험: 대부분의 단체생명보험은 단체재해사망, 상해보험을 추가
⑦ 단체유니버셜생명보험
  - 부보금액 일정 한도까지 보험부보 적격성의 제시 없이 가입 가능
  - 현금가치에 대한 이자율은 최소한도 정하여 보장
  - 종업원은 약관 대부를 받을 수 있고 현금가치 일부 찾을 수 있음
  - 정년퇴직 후에도 계속 유지할 수 있는 선택권 보유
  - 배우자 또는 자녀의 추가 담보 위해 정기생명보험 특약 이용 가능

8. 단체건강보험의 종류

① 단체주의료보험: 일정금액 이하의 의료비는 본인이 부담하고 그 이상은 보험에서 보상

② 단체기본치료비보험: 매년 치료비의 총액을 일정한도로 제한하는 보험

③ 단체소득불구 보험: 사고나 질병으로 인한 신체불구가 되어 수입이 중단 되었을 경우, 일부를 보상하는 보험이다.

④ 단체치과보험은 사고나 질병 또는 일반적인 치과치료비를 지급하는 보험이다.

⑤ 기타 Blue Cross와 Blue Shield 및 건강관리기구(HMO: Health Maintenance organization)가 있다.

제7절   특수 형태의 보험

1. 가족소득보험(Family income policy)

보험금 감소정기 보험과 보통 생명보험이 결합된 보험으로 계약기간 안에 사망 시 사망한 날로부터 계약기간까지 매월 일정 금액(보통, 계약금액의 1%)을 지급하며, 기간 만료 후에도 일정액의 보험금을 지급한다.

2. 가족유지보험(family maintenance policy)

계약 기간 안에 사망할 경우 사망시기와 관계없이 계약기간 전체에 해당하는 월별 지급금을 받게 된다.

3. 가족보험(family policy)

하나의 계약으로 한 가족 모두가 보험혜택을 받을 수 있는 보험으로 가장에 대한 보험으로 부적당하다.

4. 특별생명보험

일정금액 이상의 계약 금액, 상대적으로 싼 가격, 양질의 보험계약자라는 특징을 지닌다.

5. 수정생명보험(modified life insurance contracts)

5년 또는 10년 동안의 보험료는 종신보험의 평준보험료보다 적고 잔여기간의 보험료는 평준보험료보다 많도록 수정된 보험이다.

6. 배액보상보험(multiple protection insurance contracts)

일정기간 안에 사망할 경우 계약보험금의 2배 또는 3배를 지급하고 일정기간 후 사망할 경우에는 계약된 보험금만 지급한다.

7. 변액 생명보험(variable life insurance)

최근 선진국에서 취급하기 시작하는 보험으로 사망 시 지급하는 보험금의 크기가 보험회사의 투자활동 등 운용실적에 따라 달라지게 된다.

8. 조절가능 생명보험

보험계약자의 사정에 따라 계약금액, 지불 보험료 액수 및 기간을 조절할 수 있고, 형태도 정기보험과 종신보험을 맞바꿀 수 있다.

제1장
손해보험의 개념

제1절   손해보험의 의의

1. 손해보험의 개념

손해보험이란 보험회사가 보험사고로 생길 피보험자의 재산상의 손해를 보상하는 보험을 말한다. 즉, 피보험이익에 생긴 손해를 보상할 것을 목적으로 한다.

손해보험의 경우 피보험자가 실제 입은 만큼의 손해에 대한 보상만 받을 수 있다.

상법에선 화재보험, 책임보험, 자동차보험, 운송보험, 해상보험으로 책임보험을 규정한다.

손해보험계약은 보험계약자가 약정한 보험료를 지급하고 피보험자의 재산에 불확정한 사고가 생길 경우 보험자가 피보험자의 재산상의 손해를 보상할 것을 약정함으로써 효력이 발생한다(제638조, 제665조).

- 피보험자가 소정의 우연한 사고로 말미암아 생길 수 있는 손해를 보상할 것을 약속하고 보험계약자가 그 대가로 보험료를 지급할 것을 약속하는 계약이다.
- **생명보험**: 사고발생대상이 사람의 생명, 신체인 경우의 보험이다.

미래에 직면할 위험에 대비하기 위한 집단적 위험대비 제도이며, 현존하는 보험형태 가운데 가장 오랜 역사를 지니는 것은 후에 해상보험으로 발전한 것이고 그 후에 나타난 화재보험, 재해보험으로 확대되었다. 재해보험은 19세기에 더욱 확대되어 새로운 산업기술의 산물을 보험대상으로 하게 되었다.

19세기 말엽과 20세기 전반기에는 의료보험 등 다양한 형태의 사회보험이 생겼다. 20세기

말에는 자동차보험 등 다양한 종류의 책임보험이 역할을 증대시켰다. 보험대상은 재산과 사람으로 양분할 수 있고 보험으로 대치하는 사고는 재해와 의무 위반 등이다. 보험료와 보험급여의 징수 및 지불방식은 어떤 분야에서든 보험증권의 내용에 따라 다소 차이가 있다.

• 법률상 보험제도의 구분

상법: 사고발생대상에 따른 보험 구분에 따르면 손해보험 = 재산보험이라 할 수 있다.
(662조, 727조).

보험업법: 보험제도를 생명보험, 손해보험, 사람의 신체에 관한 보험인 제3보험 세 가지로 구분한다.

2. 손해배상과 손해보상:

손해배상은 채무불이행(민법 제390조) 또는 불법행위(민법 제750조) 등과 같이 위법행위로 발생한 재산적, 정신적 손해의 보전비용을 말하고, 손해보상은 보험계약 등과 같이 적법한 절차에 따라 손실을 보전하는 비용을 말한다.

3. 손해보험의 목적

− 손해보험은 금전으로 산정할 수 있는 이익을 목적으로 한다(상법 제668조).
− 장래의 이익도 손해보험의 목적으로 본다. 예) 상법 제698조 운송보험

4. 손해보험의 종류(6종류)

1) 「상법」은 손해보험을 화재보험, 운송보험, 해상보험, 책임보험, 자동차보험으로 구분하고 있다(「상법」 제4편 제2장 제2절부터 제6절까지).
2) 「보험업감독규정」은 손해보험을 화재보험, 해상보험, 자동차보험, 보증보험, 재보험, 책임보험, 기술보험, 권리보험, 도난보험, 유리보험, 동물보험, 원자력보험, 비용보험, 날씨보험으로 구분하고 있다[「보험업감독규정」(금융위원회고시 제2020−9호, 2020. 3. 18. 발령·시행) 제1−2조의2 및 별표 1].

5. 손해보험의 보험가액 및 손해액 산정

1) 보험가액(保險價額)

- 보험가액이란 사고발생 당시 보험계약자가 입게 되는 손해액의 한도로서 목적물을 금액으로 평가한 것을 말한다(금융감독원, 금융생활안내서(보험편), 2007).
- 당사자 간에 계약체결 시 보험가액을 미리 정한 경우 그 가액(기평가보험의 보험가액)은 사고발생 시의 가액으로 추정된다. 그러나 그 가액이 사고발생 시의 가액을 현저하게 초과할 때에는 사고발생 시의 가액을 보험가액으로 한다(「상법」 제670조).
- 당사자 간에 보험가액을 정하지 않은 경우 그 가액(미평가보험의 보험가액)은 사고발생 시의 가액을 보험가액으로 한다(「상법」 제671조).

2) 손해액 산정

- 손해보험은 보상할 손해액의 가액을 그 손해가 발생한 시기와 장소를 기준으로 산정한다. 그러나 당사자 간에 다른 약정이 있는 경우에는 신품가액에 의해 손해액을 산정할 수 있다(「상법」 제676조 제1항).
- 이때 손해액의 산정비용은 보험회사가 부담한다(「상법」 제676조 제2항).

제2절   손해보상의 원칙

손해보험에서 보험사고가 발생하였을 때 피보험자의 실질적인 재산상의 손해를 보상한다는 원칙을 말한다. 보험사고로 인한 실제 손해만을 보상한다는 측면에서 '실손보상의 원칙(實損補償의 原則)'이라고도 한다.

1. 손해보상의 방법

손해보험에서 이득금지의 원칙에 따라 재산상의 손실에 대하여 복구, 대체, 수리 등과 같은 원상회복을 의한 손해보상을 하게 된다.

2. 손해보상 원칙의 실현

① 피보험이익: 손해보험은 피보험이익의 가액을 보상한도로 한다. 즉 피보험이익은 보험자의 책임범위를 결정하고, 보험의 도박화, 인위적인 위험초래의 방지 및 초과보험, 중복보험의 판정기준이 된다. 또한, 일부보험의 보상액을 조정하는 기능을 갖는다.

② 보험자대위: 보험자가 피보험자의 실제 손해액을 보상한 후에 피보험자에게 잔존물이나 제3자에 대한 권리가 남아 있는 경우에 보험자는 피보험자의 지위에서 서서 잔존물 또는 제3자에 대한 권리를 행사함으로서 피보험자의 이중이득을 금지하고 있다(제681조, 제682조).

③ 타보험계약: 동일한 보험계약의 목적과 동일한 사고에 대하여 2개 이상의 계약에 체결되어 있는 경우에 그 중 일방의 보험계약에 대하여 나머지 다른 계약을 타보험계약이라고 한다. 이러한 타보험계약이 있는 경우에 각 보험자에게 보험계약의 내용을 통지하도록 하고 있고, 각 보험자는 연대하여 비례보상을 할 뿐 중복보상을 하지 않는다(제672조).

3. 손해보상 원칙의 예외

① 이익보험: 보험사고로 인한 상실이익이나 보수는 당사자 간에 다른 약정이 없으면 원칙적으로 보험자가 보상할 손해액에 산입하지 않는다(제677조).

② 신가보험: 신가보험은 물건보험에서 손상품의 객관적 가치와 관계없이 신품가액에 의하여 손해를 보상하는 보험을 말한다(제676조 ①단서).

③ 전손시 협정보험가액: 당사자 사이에 미리 보험가액을 정한 기평가보험의 경우에 협정보험가액이 실제가액을 초과하더라도 그 차이가 현저하지 아니하면 협정보험가액으로 보상한다(제670조).

4. 보험회사의 책임

① 보험회사는 보험사고로 생길 피보험자의 재산상의 손해를 보상해야 한다(「상법」 제665조).

② 보험의 목적에 손해가 생긴 후 그 목적이 보험회사가 보상 책임을 지지 않는 보험사고의 발생으로 멸실된 경우에도 보험회사는 이미 생긴 손해를 보상해야 한다(「상법」 제675조). 예를 들면, 화재보험의 목적이 화재로 일부 훼손된 후 홍수로 전부 멸실된 경우 보험회사는 화재로 인한 손해를 보상할 책임이 있다.

5. 보험회사의 책임 면책

① 보험사고가 보험계약자 또는 피보험자나 보험수익자의 고의 또는 중대한 과실로 일어난 경우 보험회사는 보험금액을 지급하지 않아도 된다(「상법」 제659조).

② 보험사고가 전쟁, 그 밖의 변란으로 생긴 경우 당사자 간에 다른 약정이 없으면 보험회사는 보험금액을 지급하지 않아도 된다(「상법」 제660조).

③ 보험목적의 성질, 하자 또는 자연소모로 인한 손해는 보험회사가 보상 책임을 지지 않는다(「상법」 제678조).

제3절   손해보험계약의 요소: 피보험이익, 보험가액, 보험금액

1. 피보험이익: 보험목적의 소유자는 피보험이익을 갖는다.

의의: 손해보험계약은 손해에 대한 보상을 목적으로 하는데 손해의 전제로서 피보험자는 보험의 목적에 어떠한 이익이 존재하여야 하고, 손해의 발생에 기초가 되는 특정 이익을 피보험이익이라 한다. 손해보험계약은 원칙적으로 피보험이익의 존재여부와 범위에 따라 보상책임이 정하여 진다. 상법에서는 피보험이익을 '보험계약의 목적"으로 표현하고 있다. 보험가액의 평가액을 말한다.

피보험이익은 "보험사고 발생여부에 대하여 가지는 경제상의 이해관계(이익)"이다.

– 보험자의 보상책임 최고한도는 피보험이익의 가액을 한도로 한다. 즉, 피보험자는 피보험이익을 초과하여 보상을 받을 수 없고, 보험자는 피보험이익 한도 내에서 보상책임을 지게 된다.

2. 보험가액

의의: 피보험이익을 금전으로 평가한 가액을 말한다. 이는 보험자가 보상하게 되는 법률상의 최고한도액을 의미한다.

3. 보험금액과 보험가액의 관계

의의: 손해보험에서 보험금액은 보험자 급여의무의 최고한도액이다. 즉, 보험자가 보상하여
       야 하는 계약상의 최고한도액으로 보험가입금액을 말하고, 보험가액은 피보험이익의
       가액, 즉, 보험이익을 금전으로 평가한 법률상의 최고한도액을 말한다.
       – 보험금액과 보험가액은 일치할 수도 있지만 그렇지 않는 경우도 있다.

1) **전부보험**: 보험금액과 보험가액이 일치하는 보험
2) **초과보험**: 보험금액이 보험가액을 현저하게 초과하는 보험을 말한다(제669조 ①). 즉, 당사
   자가 임의로 정한 보험금액이 피보험이익의 가액(보험가액)을 넘는 보험.
   보험계약 체결당시에 당사자에 의하여 보험금액을 보험가액 이상으로 정하여진 때에 발
   생하거나, 전부보험이 보험기간 중에 물가의 하락으로 보험가액이 현저하게 감소된 때에
   도 발생할 수 있다.
   성립요건: 현저한 초과, 보험가액의 산정 시기는 계약 당시에 정한다.
              보험계약자에게 사기가 없어야 함.

3) **중복보험**: 동일한 보험계약의 목적과 동일한 사고에 관하여 수개의 보험계약이 수인의 보
   험자와 동시 또는 순차로 체결된 경우에 그 보험금액의 총액이 보험가액을 초과한 경우를
   말한다(「상법」 제672조 제1항 전단). 즉, "중복보험"이란 동일한 보험목적을 가지고 사고에
   대비하기 위해 여러 개의 보험계약을 동시에 또는 차례대로 체결하는 보험을 말한다.
   성립요건: 수개의 보험계약, 보험계약 요소의 중복, 보험가액의 초과

4) **일부보험**: 보험금액이 보험가액에 미달하는 경우, 즉 보험가액의 일부를 보험에 붙인 물
   건보험을 말한다. 보험금액이 보험가액보다 적어야 한다. 보험자는 보험금액의 보험가액
   에 대한 비율에 따라 보상할 책임을 진다.

제4절 손해보험의 법률관계

1. 보험자의 손해보상의무

의의: 보험자는 보험계약자의 보험료지급의 대가로 위험보장을 한다. 즉, 보험기간 내에 보험사고가 발생한 경우 피보험자의 재산상 손해를 보상할 책임을 지는 것이다.

1) 손해보상책임의 발생요건:

① 보험기간 중의 보험사고 발생(보험기간 중의 우연한 사고)
② 피보험자의 재산상 손해의 발생
③ 인과관계: 보험사고와 손해 사이에는 상당한 인과관계가 있어야 한다.

2) 보험자의 면책사유:

① 보험계약자 등의 고의 또는 중과실에 의한 사고(제659조)
② 전쟁 도는 기타 변란에 의한 사고(제660조)
③ 손해보험에만 적용되는 보험목적의 성질, 하자 또는 자연소모로 인한 손해(제678조)는 보상하지 않는다.

3) 손해의 보상

① 손해액의 산정
② 손해보상의 방법
③ 손해보상의 범위
④ 손해보상의무의 이행

2. 보험목적의 양도

의의: 보험계약의 목적물을 타인에게 물권적으로 이전시키는 것을 말한다. 보험목적의 양도는 그 성질상 손해보험계약에서만 존재하고 인보험에서는 존재할 수 없다.
　　보험의 목적이 양도되면 보험의 목적에 설정되어 있던 보험계약상의 권리와 의무도 양수인에게 승계되는 것으로 추정한다(제679조).

1) 권리 · 의무 승계추정의 요건(보험목적의 양도요건)

① 양도 당시 유효한 보험계약관계: 보험의 목적이 양도될 때 양도인과 보험자 사이에 유효한
   보험계약이 존속하여야 한다.
② 보험의 목적이 물건일 것: 물건이란 동산, 부동산, 유가증권 등
③ 보험의 목적이 물권적 양도일 것
④ 양수인의 반대의사의 부존재

2) 양도의 효과

보험의 목적이 양도된 때에는 보험계약상의 권리와 의무가 양수인에게 승계되는 것으로 추
정한다.

3. 손해방지 · 경감의무

의의: 손해보험계약의 보험계약자와 피보험자는 보험사고가 발생한 경우에 손해의 방지와
     경감을 위하여 노력하여야 한다. 이를 '손해방지의무'라 한다. 이는 손해보험에서만 적
     용되는 의무이다. 이를 위하여 필요 또는 유익한 비용과 보상액의 합계액이 보험금액
     을 초과한 경우라도 보험자는 이를 부담한다(제680조).

1) 손해방지, 경감의무의 내용

① 의무 이행자: 보험계약자, 피보험자. 또 이들의 대리인, 지배인, 선장 등
② 의무이행의 시기와 종기: 보험자가 담보하고 있는 보험사고가 발생한 경우를 전제한다.
   책임보험은 피해자가 손해배상을 청구할 수 있는 사고가 발생한 때부터 피보험자는 본
   의무를 부담한다.
   손해방지,경감의무는 의무자가 보험사고의 발생사실을 안 때부터 부담한다.
   의무의 종기는 손해방지경감의 가능성이 존재하지 아니한 때이다.
③ 의무이행 범위: 보험자가 담보하고 있는 보험사고가 발생한 경우에만 생긴다.
④ 손해방지, 경감행위의 종류: 손해의 발생을 방지하는 행위뿐만 아니라 발생한 손해의 확대
   를 방지하는 행위도 포함한다. 노력과 목적만 있으면 본 의무를 이행한 것으로 본다.
⑤ 보험자의 지시를 따를 의무: 보험자가 보험사고의 발생에 관한 통지를 받고, 손해방지에
   관한 지시를 한 때에는 피보험자는 그에 따라야 할 이무가 있다.

2) 의무위반의 효과

보험계약자 또는 피보험자가 고의 또는 중대한 과실로 인하여 이 의무를 해태한 경우에는 상당한 인과관계가 있는 손해에 대하여는 보험자는 그 배상을 청구할 수 있고, 또 상계에 의하여 지급할 손해보상액으로부터 이를 공제할 수 있다고 본다.

3) 손해방지, 경감비용의 부담

손해방지경감의무를 이행시의 비용과 보상액이 보험금액을 초과한 경우라도 보험자가 부담하고, 보험자는 보험금액의 보험가액에 대한 비율에 따라 손해방지비용을 부담한다.

4. 보험자대위

의의: 보험사고로 인한 손해를 보상한 보험자가 보험계약자 또는 피보험자가 보험의 목적이나 제3자에 대하여 가지는 권리를 취득하는 것을 말한다.

즉, 보험자가 피보험자에게 보험금을 지급한 때에는 일정한 요건 아래 보험계약자 또는 피보험자가 가지는 권리가 보험자에게 이전하는 것으로 하고 있다.

보험목적물에 대한 권리취득을 목적물(잔존물)대위라 하고, 제3자에 대한 권리취득을 청구권대위라고 한다.

1) 보험목적에 관한 보험자대위(목적물대위)

의의: 보험의 목적이 전부 멸실한 경우에 보험금액의 전부를 지급한 보험자는 그 목적에 대한 피보험자의 권리를 취득하는데(제681조), 이를 '보험의 목적에 관한 보험자대위' 또는 '목적물대위', '잔존물대위'라 한다.

제681조(보험목적에 관한 보험대위)

보험의 목적의 전부가 멸실한 경우에 보험금액의 전부를 지급한 보험자는 그 목적에 대한 피보험자의 권리를 취득한다. 그러나 보험가액의 일부를 보험에 붙인 경우에는 보험자가 취득할 권리는 보험금액의 보험가액에 대한 비율에 따라 이를 정한다.

• 잔존물(목적물) 대위의 요건

① **보험의 목적의 전부멸실**: 보험사고로 보험 목적의 전부가 멸실되어야 한다(제681조).
② **보험금의 전부지급**: 보험자가 보험금액의 전부를 피보험자에게 지급하여야 한다(제681조).

• 잔존물 대위의 효과: 보험의 목적에 관한 모든 권리의 이전(취득)한다.

2) 제3자에 대한 보험자대위(청구권대위)

의의: 피보험자의 손해가 제3자의 행위로 인하여 생긴 경우 보험금을 지급한 보험자는 그 지급한 금액한도 내에서 제3자에 대한 보험계약자 또는 피보험자의 권리를 취득한다 (제682조). 이를 '제3자에 대한 보험자대위' 또는 '청구권대위'라 한다.

제682조(제3자에 대한 보험대위)

① 손해가 제3자의 행위로 인하여 발생한 경우에 보험금을 지급한 보험자는 그 지급한 금액의 한도에서 그 제3자에 대한 보험계약자 또는 피보험자의 권리를 취득한다. 다만, 보험자가 보상할 보험금의 일부를 지급한 경우에는 피보험자의 권리를 침해하지 아니하는 범위에서 그 권리를 행사할 수 있다.

② 보험계약자나 피보험자의 제1항에 따른 권리가 그와 생계를 같이 하는 가족에 대한 것인 경우 보험자는 그 권리를 취득하지 못한다. 다만, 손해가 그 가족의 고의로 인하여 발생한 경우에는 그러하지 아니하다[전문개정 2014.3.11.].

제3자에 대한 보험자대위의 요건

① 제3자에 의한 보험사고와 손해발생: 보험사고로 인한 피보험자의 손해가 제3자의 행위로 발생한 것이어야 한다.
  – 제3자의 행위란 보험계약의 목적(피보험이익)에 대하여 손해를 일으키는 행위로서 불법행위뿐만 아니라 채무불이행으로 인한 손해배상의무를 부담하는 경우를 포함한다.
  – 여기서 제3자란 피보험자에게 손해배상의무를 부담하는 자를 말한다.

② 보험자의 보험금지급: 보험자는 피보험자에게 보험금을 지급하여야 한다. 보험자 보험자가 보험금의 일부를 지급하여도 그 지급한 범위 안에서 대위권을 행사할 수 있다.

③ 제3자에 대한 피보험자의 권리 존재: 피보험자는 제3자에 대하여 손해배상청구권을 가지고 있어야 한다.

• 제3자에 대한 보험자대위의 효과

제3자의 책임 있는 사유로 보험사고 발생에 보험자는 보험금액을 지급하고 보험계약자 또는는 피보험자가 제3자에 대하여 가지는 권리를 당연히 취득한다(제682조).

3) 재보험자의 보험자대위

① 상관습(신탁양도에 의한 원보험자의 대위): 원보험자가 자기명의로 대위권을 행사하고 회수한 금액을 재보험자에게 교부하는 방법.

② Loan form(대출서류, 대출신청서): 재보험자가 원보험자에게 보험금액에 상당하는 금전을 대여해주고 원보험자가 회수한 금액을 재보험자에게 반환(해상보험의 상관습).

4) 인보험자의 보험자대위

원칙적으로 대위를 인정하지 않는다. 단, 상해보험의 경우 당사자 간에 약정이 있는 경우에 피보험자의 권리를 해하지 않는 범위 내에서 일부 인정한다(예컨대, 의료보험).

5. 손해보험계약의 변경, 소멸

손해보험계약의 계약관계는 계속적인 법률관계를 유지하고 계약체결 당시에 예기치 않았던 사정변경이 발생하는 경우에 보험계약이 변경 및 소멸할 수 있다.

- 보험계약의 변경사유: 특별위험의 소멸, 위험의 변경 및 증가, 당사자 파산의 경우
- 보험계약의 소멸사유: 보험사고 발생, 보험기간 만료, 보험계약의 실효, 보험계약의 해지, 상태 종료

1) 피보험이익의 소멸

피보험이익(보험계약의 목적)이 없으면 보험이 존재하지 않으므로, 이것이 소실되면 보험계약은 실효되어 계약관계는 당연히 종료한다.

보험계약자, 피보험자가 선의이고 중대한 과실 없이 피보험이익이 소멸한 경우에 보험자는 보험료의 전부 또는 일부를 반환하여야 한다(제648조).

2) 보험목적의 양도

피보험자가 보험의 목적을 양도한 때에는 양수인은 보험계약상의 권리와 의무를 승계한 것으로 추정된다(제679조 ①). 다만, 양수인이 보험의 목적은 양수하지만 보험계약상의 권리의무는 승계하지 않을 것을 확인하는 경우에 보험계약은 종료된다.

제5절   손해보험과 생명보험의 차이점

1. 법률적 근거에 따른 차이점

① 생명보험 및 손해보험 겸영 금지

－ 보험업법 제10조(보험업 겸영의 제한)

－ 보험회사는 생명보험업과 손해보험업을 겸영(兼營)하지 못한다. 다만, 다음 각 호의 어느 하나에 해당하는 보험종목은 그러하지 아니하다.

　1. 생명보험의 재보험 및 제3보험의 재보험

　2. 다른 법령에 따라 겸영할 수 있는 보험종목으로서 대통령령으로 정하는 보험종목

　3. 대통령령으로 정하는 기준에 따라 제3보험의 보험종목에 부가되는 보험

　　[전문개정 2010.7.23] [[시행일 2011.1.24.]]

－ 손해보험으로부터 다수의 소액 생명보험 계약자를 보호한다.

－ 리스크의 체계적 관리를 통해 잠재적 경영리스크을 최소화한다.

구　분	생명보험	손해보험
위험 발생	안정적, 다수	비안정적, 소수
인수 위험	사람의 생존, 사망	재산상 손해
위험 크기	소형	대형(대재해 위험)
통계적 기초	정확한 경험통계치	추정을 가산한 손해율
보험기간	장기	단기

② 보험사업의 허가는 보험회사 설립허가가 아님

보험 사업의 허가는 보험 회사 설립에 대한 허가가 아닌 보험사업(영업)에 대한 허가이므로 영위하고자 하는 사업의 종류마다 허가를 받아서 보험회사를 설립하여야 함.

③ 그 외

'참조순보험료율 검증기간 차이', '보험설계사·대리점·중개사 등의 생·손보 구분', '손해보험사업에서의 책임준비금 및 비상위험 준비금 계상' 등 법률에 의해 생·손보가 구분됨.

2. 생명보험과 손해보험의 이론적 차이점

① 보상 원리상의 차이

피보험이익의 관념 존재 유무	손해보험은 사고를 당한 피보험자가 '종전과 같은' 경제 수준을 유지할 수 있게 함을 목적으로 하며, 생명보험과는 달리 금전으로 산정할 수 있는 이익에 한 하여 그 목적으로 할 수 있다고 정하고 있다.
일부보험, 초과 보험, 중복보험의 발생	손해보험: 동일한 위험에 관하여 여러 개의 보험 계약이 체결되고, 보험 사고가 발생하면 보험자는 그 책임을 분담한다. 생명보험: 피보험 이익 관념이 없어 보험가액 개념도 없으며 일부, 초과, 중복 보험의 문제가 발생하지 않는다.
보험사고와 손해 사이의 인과관계	손해보험: 사고 발생 시 손해의 규모를 확정해야 하며, 그 손해가 보험에서 담보하는 위험으로부터 발생하였는지 여부와 당해 보험 사고와 상당인과관계가 있는지 따져보아야 한다. 생명보험: '손해' 개념을 전제하지 않으므로 보험 사고와 손해 사이의 인과관계를 따지지 않는다.
보험자 대위 제도의 존재 여부	손해보험: 피보험자가 보험에 가입하여 재산적 이득을 얻는 결과가 생기지 않도록 하기 위한 보험자대위를 인정하여, 피보험자에게 보상책임을 이행한 한도 내에서 잔존물이나 청구권을 취득한다. 생명보험: 실손보상 목적이 아니므로 잔존물대위나 청구권대위가 원칙상 금지된다.

출처: 김창기, 보험학원론, 문우사, 2015.

② 계약체결에 관한 권한분산 등의 차이

보험기간의 차이	손해보험: 통상 1년을 보험 기간으로 한다. 생명보험: 보험기간이 장기이며, 이에 따라 보험자의 책임이나 부담이 현저히 크므로 위험인수 결정에 있어 보험자의 신중함이 필요하다.
위험의 변경 및 증가의 통지	생명보험: 피보험자의 고지 의무를 보험자가 승낙하여 보험계약이 체결된 뒤에는 특별한 사정이 없는 한 보험자는 계약을 해지하지 못한다. 즉, 보험기간 중 몸이 쇠약해져도 그 사실을 보험자에게 통지할 필요가 없다.
계약체결권의 보험자 집중	생명보험: 보험계약의 체결, 거부, 갱신, 부활에 관한 권한 및 고지 수령권이 원칙상 보험자에게 집중(손해보험을 그러하지 않다)된다.

출처: 김창기, 보험학원론, 문우사, 2015.

③ 면책사유의 차이

손해보험: 보험계약자나 피보험자의 고의 또는 중과실로 인한 보험사고 발생 시 보험자는 그 책임이 면제

생명보험: 중과실로 인한 보험사고도 보험자의 책임이 있음

3. 종합

손해보험은 생명보험과 그 성질이 크게 다르므로, 양 보험업의 성질을 정확히 이해하는 시각이 필요하다.

제6절 손해보험의 원리

1. 위험의 분담

위험에 처한 집단의 구성원 각자가 그 위험집단에 속하는 모든 구성원의 위험을 분담하는 것이 원리이다. 많은 사람들이 힘을 합하여 손해를 분담한다고 하면, 손해발생의 시기나 손해액의 대소에 구애됨이 없이 손쉽게 이를 대처해 갈 수 있으며, 각자가 부담하는 경제적 부담도 적게 된다.

2. 수지상등의 원칙(Principle of Equivalence)

위험에 노출된 집단구성원으로부터 모인 기금과 위험집단 구성원 중 위험에 실제 처하여 입은 손해액이 일치해야 한다는 원칙이다.
수입보험료총액과 지급보험금총액이 균등하게 하는 것이다(총수입 = 총지출).

3. 급부, 반대급부 균등의 원칙

수식 $P = W \times Z$
위험집단에 속해있는 구성원 각자가 부담하는 보험료(P)는 1인당 평균 지급되는 보험금(Z)에 사고 발생 확률(W)을 곱한 값이다. 보험자와 개별보험가입자 간의 관계를 나타낸다.
($\neq$ 수지상등의 원칙)

4. 대수의 법칙

동질의 불확실한 위험을 가진 구성원들이 집단을 이루면 그 위험은 일정한 확률로 발생함.
이때 집단구성원들의 수가 많을수록 위험 발생 확률은 예상확률에 가까워진다(동전, 주사위).

5. 실손보상의 원칙(=이득금지의 원칙= 손해보상의 원칙)

- 손해보험은 피해자의 행위에 고의성이 없다는 사실에서 도박과 다르다.
- 손해보험은 가입에 제한이 있다(피보험이익을 가진 피보험자만 가입 가능).

보험사고 시 피보험자가 실제로 입은 손해만을 지급한다는 것으로 손해보험 보상원칙의 근
간이다.
손해보험 보상원칙의 근간으로서 유지되는 이유는 ① 피보험자의 경제적 유지, ② 보험계
약의 도박화를 방지하기 위함이다.

제2장
보험료 결정의 일반이론

제1절 보험료 결정의 주된 목적

1. 보험요율 결정의 목적

(1) 규제적 목적

보험요율은 일반적으로 정부나 감독당국의 통제와 감독을 받게 되는데, 이는 보험소비자를 보호하는 데 그 목적이 있다. 규제적 목적에 부합하기 위해서 다음의 요건을 만족시켜야 한다.

① 보험요율은 충분(adequate)하여야 한다: 보험요율은 모든 손실과 비용을 충분히 지불할 수 있도록 충분해야 한다는 의미로 보험요율이 부족할 경우 손실과 비용을 충분히 보상하지 못하여 보험소비자에게 피해를 줄 우려가 있기 때문이다. 따라서 충분한 보험요율 결정을 위해서는 정확하고 충분한 통계와 경험에 입각한 보험자의 합리적 판단이 필수적이다.

② 보험요율은 과도하지 않아야(not excessive) 한다: 이는 보험요율이 실제손실과 비용에 비해 지나치게 과도하여 소비자에게 필요 이상의 부담을 주는 것을 방지하기 위한 것이다.

③ 보험요율은 지나치게 차별적이지 않아야(not unduly discriminatory) 한다: 같은 정도의 위험이면 같은 정도의 보험요율이 부과되어야 하고 위험의 정도가 뚜렷이 다른 경우는 보험요율도 차별적으로 부과되어야 한다.

(2) 사업상의 목적

보험회사는 일반적인 이익을 추구하는 영리단체이므로 보험요율이 영리와 관련되어 결정되어야 한다는 것으로 다음 사항이 고려되어야 한다.

① 보험요율체계는 쉽고 이해하기 쉬워야 한다: 보험자는 물론 보험계약자(특히 개인계약자)가 보험요율과 관련하여 시간, 노력, 경비를 절약하기 위함이다.

② 보험요율은 상당기간 동안 안정적으로 유지되어야 한다: 보험요율 자체가 단기간 동안 자주 바뀌게 되면 보험소비자에게 혼돈을 주므로 한번 결정되면 일정기간 안정적으로 유지되어야 한다.

③ 보험요율은 위험 및 경제 환경 등의 변화에 탄력적으로 대응할 수 있어야 한다(예 : 교통량의 급증, 인플레이션 심화 등 → 보험요율의 탄력적 조절 필요).

④ 보험요율은 소비자로 하여금 손실방지에 대해 적극적으로 참여할 수 있도록 만들어 져야 한다(예: 일정기간 무사고 자동차보험 가입자 → 보험료 할인, 사고자 → 보험료 할증).

2. 보험요율에 관한 기본용어

보험요율(rate): 위험 한 단위당 가격

위험단위(exposure unit): 보험가격 결정에 있어 사용되는 단위

순보험료(pure premium): 전체보험료 중 손실과 손실을 처리하는 비용, 즉 손해사정 경비를 합친 금액

총보험료(gross premium): 순보험료와 loading이라는 보험운용에 필요한 여러 경비(모집인 커미션, 조사경비, 기타 운영비용)와 보험회사의 이익부분 등을 합친 금액

총보험료 = 순보험료 + loading = 보험요율 × 위험단위수

제2절 손해 및 배상책임보험에서의 보험료 결정방법

1. 판단요율방법(judgement rating)

– 보험요율이 위험에 따라 개별적으로 결정되며 이러한 요율결정도 대부분 보험자의 판단

에 의존하는 방법

- 이는 위험의 종류가 너무 다양하여 위험의 동질성과 다수성을 갖출 수 없으며 위험에 대한 통계자료도 부족한 경우 사용된다.
- 해상보험이나 일부 육상보험에서는 부보대상이 되는 화물, 선박, 해상조건 등이 매우 다양하고 통계자료도 충분하지 않으므로 이 방법을 많이 사용한다.

2. 분류요율방법(class rating)

- 부보대상이 되는 위험을 여러 가지로 분류하여 같은 분류에 속하는 위험은 같은 요율을 적용하는 방법
- 요율은 일반적으로 동일 분류 내의 평균 위험을 기준으로 결정되는 데, 사용상 편리하다는 장점을 가지고 있다.
- 대중적 성격이 강한 화재보험, 자동차보험, 산업재해보험, 생명 및 건강보험에서 많이 사용한다.

① 순보험료방법(pure premium method)

이 방법은 단위당 순보험료를 기초로 보험요율을 다음과 같이 산출한다.

♣ 위험단위당 순보험료 = (발생된 손실 + 손실처리경비)/위험단위수

♣ 위험단위당 총보험료 = (위험단위당 순보험료) / [1-경비율(loading/총보험료)]

② 손실률방법(loss ratio method)

실제손실률과 기대손실률을 비교하여 요율을 조정하는 방법 다음과 같이 산출한다.

♣ 실제손실률 = (실제손실 + 손실처리경비) / 경과보험료

♣ 기대손실률 = (기대손실 + 손실처리경비) / 총보험료

• 조정률 = 실제손실율 - 기대손실률 / 기대손실률

3. 조정요율방법(merit rating)

한 분류에 해당되는 요율, 즉 분류요율을 그 분류에 속한 개인의 위험종류 및 특성, 손실경험에 따라 상하로 조정하는 방법이므로 한 분류에 속한 개인일지라도 요율을 각기 차등 적용된다.

① 스케줄 방법

- 개별위험별로 표준요율을 정한 후 개별위험의 종류와 특성에 따라 이 표준요율을 조정하여 최종적으로 개별위험의 요율을 정하는 방법으로 주로 대형 상업건물, 공장, 아파트 단지 등의 화재보험에서 많이 사용된다.
- 장점: 정확한 요율산정이 가능하고, 위험방지시설에 대해 요율혜택을 부여하므로 위험장려효과가 있다(예: 건물에 스프링클러 장치 설치 시 요율이 낮아짐).
- 단점: 개별적인 위험의 특성을 일일이 파악해야 하므로 조사비용이 많이 든다.

② 경험요율방법

- 과거의 손실경험에 따라 요율을 조절하는 방법으로 과거의 손실경험이 평균보다 좋은 경우에는 다음 기간의 보험료를 하향조정하고 나쁠 경우 상향조정하므로 보험가입자에게 손실률을 낮추기 위한 손실방지 노력을 장려하는 효과가 있다.
- 이 방법은 보험료 규모가 크고 위험에 대한 통계자료가 많은 대기업 등 대규모 보험가입자를 상대로 많이 사용된다(일반배상책임, 근로자 산업재해, 자동차배상책임, 단체생명보험 등)
  ✓ 보험료조정률 = (과거손실률 − 기대손실률 / 과거손실률) × 신뢰도(0~1)

③ 소급요율방법

- 당해계약기간의 손실률을 기준으로 당해계약기간의 보험료를 소급 결정 하는 방법
- 계약기간 초기에 잠정적으로 최소보험료를 부과한 후 계약기간 말에 손실률을 기초로 최종보험료를 결정
- 근로자산업재해, 일반배상책임, 자동차, 강도 및 유리보험에서 많이 사용

제3장
손해보험의 분류 및 우리나라 역사

제1절 법률상의 분류

보험계약은 상법상 기본적 상행위의 하나이지만, 다른 상행위와 달리 보험 계약에 관하여는 자세한 규정(보험계약법)을 두고 있다.

1. 화재 보험

화재의 발생으로 인하여 보험의 목적에 발생한 손해를 보상하는 재산보험이다.

2. 운송 보험

- 일정한 구간의 화물 운송 중 발생하는 위험을 담보하는 구간보험의 일종이다.
- 기평가보험

3. 해상보험

해상사업에 관한 사고로 인하여 생길 손해를 보상할 것을 목적으로 하는 보험이다.

4. 책임보험

보험기간 중의 사고로 인하여 피보험자의 법률적 배상책임에 따른 손실을 보상하는 보험이다.

5. 자동차보험

자동차를 소유, 사용, 관리하는 과정에서 발생하는 손해를 보상하는 보험이다.

제2절 보험제도의 특징에 의한 분류

1. 보험목적의 차이에 의한 분류

손해보험: 사고로 입은 재산상 손해를 보상

인보험: 사고발생의 대상이 사람의 생명 또는 신체인 경우

보험 목적의 차이에 의한 분류는 법률적 부분과 많은 부분에서 궤를 달리함

2. 보험사업자의 형태에 의한 분류

• 공영보험

 − 국가, 지방자치단체, 또는 공법인이 운영하는 보험

 − 대다수가 강제적으로 가입해야 하는 강제보험으로 운영

• 사영보험

 − 개인이나 민간단체가 운영하는 보험

 − 주체가 임의로 가입 및 탈퇴할 수 있는 임의보험으로 운영

3. 영리성 여부에 의한 분류

– 사영보험의 경영주체 중 상호회사에 의한 사영보험은 운영주체의 영리목적이 아니라 사원 상호간의 이익도모를 목적으로 함.
– 영리보험과 상호보험은 법률적 구성에 있어 차이를 보이지만, 모두 동일한 보험의 기본 원리가 적용되어야 한다는 점에 있어 상법의 제한을 받음.

4. 보험가입주체에 의한 분류

• 가계보험

– 개인의 일상생활에 따르는 위험을 담보하는 보험.
– 일상생활은 상해위험, 재산위험, 배상책임위험의 세 가지 형태로 구분함.

• 기업보험

영리성 여부를 떠나 개인이나 법인, 모든 단체의 사무활동에 따르는 위험을 담보하는 보험.

5. 보험가입의 강제성 여부에 의한 분류

• 세 가지에 한해서는 보험가입을 강제함

① 불특정 다수에게 일상적으로 피해를 입힐 수 있는 사고가 빈발하는 위험이 발생하는 경우
② 사고가 한 번 발생하면 불특정 다수에게 치명적인 위험을 입힐 수 있는 거대 위험이 발생하는 경우
③ 사회복지보장을 위해 사회구성원의 최저생계를 보장하기 위한 분야인 경우
  – 일부 강제보험의 경우, 사영보험 형태로 운영되기도 함.

6. 위험발생의 주된 소재지에 의한 분류

보험은 위험발생의 주된 소재지에 따라 육상보험, 해상보험, 항공보험 등으로 구분함

7. 기타 분류

보험의 구분 방식은 가입자 수에 의한 분류, 목적의 수에 의한 분류 등 다양함. 하지만 일반적으로는 앞서 제시한 기준들이 가장 대표됨.

제3절   우리나라 손해보험의 역사

1. 도입

- 1876년: 우리나라에 서구식 손해보험이 처음 도입됨.

  강화도 조약 체결 후 해외 무역의 시작으로 해외열강들의 보험회사가 대리점을 개설하여 해상보험 판매를 시작함.
- 1910년: 일본에 의한 국권침탈 후 일본 보험회사 지점 대거 진출.

  화재보험, 자동차 보험 등 판매함.

2. 발전

- 1922년 : 우리나라의 독자적인 손해보험사로서 메리츠화재(구 동양화재)가 당시 1922년 '조선화재'라는 이름으로 최초 설립됨.
- 1956년 : 메리츠화재의 최초상장
- 1960년대 : 국민경제의 가파른 성장세와 함께 발전, 현대적인 모습 갖추기 시작.
- 1962년 5.16 이후 국가재건최고회의의 보험회사 감사로 손해보험사가 14개 10개로 정비되면서 체세 갖춤.

3. 손해보험협회

- 1946년 8월 1일 : 손해보험협회 설립. 회원사는 조선화재, 신동아화재, 대한화재, 서울화재 등 4곳.
- 보험업자들 사이의 업무질서 유지, 보험사업의 건전한 발전, 손해보험업계의 이익 대변

을 위하여 설립됨.

- 설립 이후 통합과 상담소설치, 연수기관 지정 등을 거치며 발전함.
- 현재 회사 수 31개(2020년 3월 기준)

4. 국내 손해보험의 변화 추이

- 우리나라 손해보험사업의 총액은 1980년 이전까지 미미, 80년대 이후로 급격히 늘어나 2014년 7월 기준 총액 42조 이상의 큰 규모를 보임. 1990년대에서 2010년대에 많은 발전이 있었다.
- 초창기 화재보험과 해상보험 위주였으나, 둘의 비중이 큰 폭으로 감소하며 다양한 종류 나타남.
- 최근에는 자동차보험과 장기손해 보험의 성장세가 두드러짐.
- 2013년 말에 장기손해보험이 전체 손해보험의 58.7%로 성장을 시작으로 지금은 절대적 비중 차지함.

제4장
손해보험의 주요상품 및 해설

제1절 화재보험(火災保險)

1. 화재보험의 정의

화재보험이란 우연한 화재사고로 발생할 수 있는 피보험자의 재산상의 손해를 보장(담보)함으로써 경제생활의 불안정을 제거 또는 경감하기 위한 사회적 경제제도이다.

화재보험은 화재로 인하여 보험의 목적에 생긴 손해를 보상하는 손해보험이다(「상법」 제683조). 즉, 피보험자의 재산(건물·동산)이 화재에 의하여 발생하는 손해를 보상하는 손해보험의 일종이다.

화재보험은 크게 주택화재보험과 일반화재보험으로 구분되며, 대상물건 및 보장(담보)내용은 아래 표와 같다.

구 분	대상물건	담보내	적용약관
주택화재보험	주택물건의 건물 및 수용가재	화재, 벼락, 폭발, 파열 소방 및 피난 손해 잔존물 제거비용 등 비용손해	주택화재보험 보통약관 및 특별약관
일반화재보험	일반물건 공장물건	화재, 벼락 소방 및 피난 손해 잔존물 제거비용 등 비용손해	화재보험 보통약관 및 특별약관

■ 화재보험이 보상하는 손해(담보손해)

① 화재 및 벼락에 따른 직접손해·소방손해·피난 손해, 주택화재보험에서 파열·폭발의 손해를 보통약관에서 담보한다. 풍수재 등은 특약으로 담보한다.
② 잔존물 제거비용(손해액의 10% 한도 내)
③ 손해방지비용, 대위권보존비용, 잔존물보전비용, 기타협력비용

- 화재보험의 계약자: 화재보험 계약자는 보험료를 납입하는 자로서 자격에는 제한이 없다.
- 화재보험계약의 피보험자: 화재보험계약의 피보험자는 건물 또는 동산의 소유자이다.
- 피보험이익: 손해보험에서 보험사고의 발생에 의하여 손해를 입을 우려가 있는 피보험자의 경제적 이익
- 면책사유: 중대 과실로 생긴 손해, 도난 및 분실로 생긴 손해, 발전기나 여과기로 생긴 손해 등등 10가지 사유 존재
- 보험금의 계산: 일반물건, 창고물건 & 공장물건, 재고자산(동산)

2. 화재보험의 개요

(1) 보험의 목적

주택·가재, 상점, 공장, 창고 등을 보험의 목적으로 하며, 건물과 동산으로 구분해서 인수한다.

(2) 보상하는 손해

화재보험은 기본적으로 화재(낙뢰)로 인한 손해, 소방손해, 피난 손해를 담보하며, 잔존물제거비용을 손해액의 10%를 한도로 담보하는 보험이다.
기타 구내폭발손해(주택화재보험에서는 보통약관으로 담보), 풍수재 등은 특약으로 담보할 수 있다.

(3) 지급보험금의 계산

주택물건과 일반물건의 건물에 대한 지급보험금: 80% Coins. 기준으로 보상한다.
- 보험가입금액이 보험가액의 80% 해당액과 같거나 그 이상일 때

지급보험금 = 보험가입금액을 한도로 손해액 전부(다만, 보험가입금액이 보험가액보다 많을 때에는 보험가액을 한도로 한다)

− 보험가입금액이 보험가액의 80% 해당액보다 적을 때

$$지급보험금 \;=\; 손해액 \times \frac{보험가액금액}{보험가액 \times 80\%}$$

− 일반물건의 동산과 공장물건에 대한 지급보험금: 비례보상

$$지급보험금 \;=\; 손해액 \times \frac{보험가액금액}{보험가액}$$

(4) 보험료 계산

• 보험요율 요소

건물의 구조(Construction), 건물의 용도(Occupancy), 방화시설(Protection), 유소위험(Exposure), 유지관리(Maintenance) 등을 고려하여 보험요율을 산정할 수 있다.

• 보험요율 체계

주택, 일반, 공장물건으로 구분하고 일반과 공장물건은 다시 직업종별과 공장종별에 따라 위험을 세분화하여 보험요율을 적용하고 있다. 다만, 보험가입금액이 1,500억원 이상인 물건에 대해서는 재보험자협의요율을 사용할 수 있다.

(5) 개 요

화재보험은 보험계약자가 보험료를 지급하고, 보험자는 보험의 목적에 화재라는 보험사고가 생김으로써 피보험자가 입은 재산상의 손해를 보상하는 것을 내용으로 하는 손해보험이다. 화재보험에는 보통화재보험 이외에 주택화재보험·장기화재보험 등이 있고, 또 '화재로 인한 재해보상과 보험 가입에 관한 법률'은 특수한 건물에 대해 '신체손해배상특약부 화재보험'의 가입을 강제하고 있다. 이와 같이 화재보험은 화재라는 보험사고로 보험의 목적인 물건에 생긴 손해를 보상하는 손해보험이므로, 가령 여러 가지 위험을 종합적으로 담보하여 그 가운데 화재로 인한 손해를 포함시키고 있는 것은 화재보험이라고 할 수 없다.

그리고 화재보험 계약에서 보험의 목적에 대한 도난위험담보특약을 하는 경우가 있으나, 그것은 도난보험이지 화재보험에 흡수되는 것은 아니다. 상법은 화재보험의 목적으로 건물과

동산을 들고 있으나(제685조), 그 밖에도 다리·입목·삼림·원료·기구 등 유체물이 동산이 든 부동산이든지 간에 그 목적으로 할 수 있으며, 그것이 개별적이든 집합된 물건이든지 간에 상관없다. 따라서 화재보험 계약에서는 구체적으로 보험의 목적범위를 정하게 되는데, 건물보험과 동산보험으로 나누어볼 수 있다.

보험자는 보험 계약이 성립한 후 보험 계약자의 청구에 의해 보험증권을 작성·교부해야 하는데(제640조), 화재보험증권에는 ① 건물을 보험의 목적으로 한 경우(건물보험)는 그 소재지·구조·용도, ② 동산을 보험의 목적으로 한 경우(동산보험)는 그것을 둔 장소의 상태와 용도, ③ 보험가액을 정한 경우는 그 가액을 기재해야 한다(제685조). 그 밖에도 화재보험증권에는 보험의 대상이 되고 있는 목적물의 범위를 반드시 기재해야 한다.

3. 화재보험의 종류

화재보험은 다음과 같이 구분할 수 있다[「보험업감독업무시행세칙」(금융감독원세칙 2019. 4. 26. 발령, 2019. 5. 1. 시행) 별표 14. 손해보험 표준사업방법서 부표 1].

① 주택화재보험: 보험의 목적이 아파트, 단독주택이나 연립주택 등으로 각 호나 각 실이 주택으로만 사용되는 건물 등의 화재 보장보험이다.

② 일반화재보험: 주택이나 공장을 제외한 일반건물 및 그 수용동산의 화재 보장보험이다. 음식점, 사무실 등

③ 공장화재보험: 공장건물 및 그 수용동산의 화재 보장보험

④ 그 밖의 화재보험: 그 밖에 상품별로 제공하는 화재 보장보험.

4. 화재보험의 책임 및 기재사항 등

• 보험회사의 책임

① 보험회사는 화재의 소방 또는 손해의 감소에 필요한 조치로 인해 생긴 손해를 보상할 책임이 있다(「상법」 제684조).

② 집합된 물건을 한꺼번에 보험의 목적으로 한 경우 피보험자의 가족과 사용인의 물건도 보험의 목적에 포함된 것으로 한다. 이 경우 그 보험은 가족 또는 사용인을 위해서도 체결한 것으로 본다(「상법」 제686조).

③ 집합된 물건을 한꺼번에 보험의 목적으로 한 경우 그 목적에 속한 물건이 보험기간 중 수시로 교체된 경우에도 보험사고의 발생 시 현존한 물건은 보험의 목적에 포함된 것으로 한다(「상법」 제687조).

※ 화재보험 손해의 범위

불의 연소에 의한 직접적인 손해는 아니더라도 화재의 소방 또는 손해를 감소시키기 위한 조치를 취하는 과정에서 발생한 손해도 보험회사는 보상을 해야 한다.

5. 화재보험 가입의 특례(특수건물 소유자)

(1) 특수건물 소유자의 손해배상책임

① 특수건물의 소유자는 그 건물의 화재로 다른 사람이 사망하거나 부상을 입었을 경우 과실이 없는 경우에도 지급해야 하는 보험금액의 범위에서 그 손해를 배상할 책임이 있다(규제 「화재로 인한 재해보상과 보험가입에 관한 법률」 제4조 제1항 전단).

② 실화(失火)의 특수성을 고려하여 실화자에게 중대한 과실이 없는 경우 그 손해배상액을 경감시켜주는 「실화책임에 관한 법률」에도 불구하고 특수건물 소유자는 경과실인 경우에도 손해배상책임을 진다(규제「화재로 인한 재해보상과 보험가입에 관한 법률」 제4조 제1항 후단).

(2) 화재보험의 의무가입 및 가입시기

① 특수건물의 소유자는 화재로 인한 손해배상책임을 이행하기 위해 그 건물에 대하여 손해보험회사가 운영하는 신체손해배상특약부화재보험에 가입해야 한다. 다만, 종업원에 대해 산업재해보상보험에 가입하고 있는 경우 그 종업원에 대한 손해배상책임을 담보하는 보험에 가입하지 않을 수 있다(규제 「화재로 인한 재해보상과 보험가입에 관한 법률」 제5조 제1항).

※ 신체손해배상특약부화재보험

화재로 인한 건물의 손해와 타인의 사망 또는 부상의 경우 발생하는 손해에 대한 배상책임을 담보하는 보험(「화재로 인한 재해보상과 보험가입에 관한 법률」 제2조 제2호)

② 특수건물의 소유자는 그 건물이 준공검사에 합격된 날 또는 그 소유권을 취득한 날부터 30일 내에 신체손해배상 특약부화재보험에 가입해야 한다(규제 「화재로 인한 재해보상과 보험가입에 관한 법률」 제5조 제4항).

③ 특수건물의 소유자는 신체손해배상특약부화재보험계약을 매년 갱신해야 한다(규제「화재로 인한 재해보상과 보험가입에 관한 법률」제5조 제5항).

※ 위 특수건물에 해당하는 건물의 범위에 대한 자세한 사항은「화재로 인한 재해보상과 보험가입에 관한 법률」에 따른『참조 3. 특수건물』에서 확인할 수 있다.

6. 외국인 등의 소유 건물에 대한 특례

특수건물 중 다음 중 어느 하나에 해당하는 건물은 화재로 타인이 사망하거나 부상당했을 때 과실이 없거나 경과실인 경우 그 손해를 배상할 책임이 없고, 손해배상책임의 이행을 위한 신체손해배상특약부화재보험에 가입하지 않아도 된다(「화재로 인한 재해보상과 보험가입에 관한 법률」제6조 및「화재로 인한 재해보상과 보험가입에 관한 법률 시행령」제4조).
① 대한민국에 파견된 외국의 대사·공사(公使) 또는 그 밖에 이에 준하는 사절(使節)이 소유하는 건물
② 대한민국에 파견된 국제연합의 기관 및 그 직원(외국인만 해당함)이 소유하는 건물
③ 대한민국에 주둔하는 외국 군대가 소유하는 건물
④ 군사용 건물(다만, 국방부장관 또는 병무청장이 관리하는 군사용 건물로서 다음의 건물은 제외된다)
　－ 국방부장관이 지정하는 3층 이상의 건물
　－ 국군통합병원의 진료부와 병동건물
　－ 군인공동주택

7. 보험금액

특수건물의 소유자가 가입해야 하는 신체손해배상특약부화재보험의 보험금액은 다음과 같다(「화재로 인한 재해보상과 보험가입에 관한 법률」제8조 제1항 및「화재로 인한 재해보상과 보험가입에 관한 법률 시행령」제5조 제1항).
① 화재보험은 특수건물의 시가에 해당하는 금액
② 사망의 경우: 피해자 1명마다 1억5천 만원의 범위에서 피해자에게 발생한 손해액. 다만, 손해액이 2천 만원 미만인 경우에는 2천 만원으로 한다.

※ 화재로 사망한 경우의 실손해액의 산정
화재로 사망한 경우 실손해액은 화재로 인하여 사망한 때의 월급액이나 월실수입액 또는

평균임금에 장래의 취업가능 기간을 곱한 금액에 남자평균 임금의 100일분에 해당하는 장례비를 더한 금액(「화재로 인한 재해보상과 보험가입에 관한 법률 시행규칙」 제2조 제1항)

※ 화재로 부상당한 경우의 실손해액의 산정
화재로 부상당한 경우 실손해액은 화재로 인하여 신체에 부상을 입은 경우에 그 부상을 치료하는 데에 드는 모든 비용(「화재로 인한 재해보상과 보험가입에 관한 법률 시행규칙」 제2조제2항)

※ 위 부상 정도(상해)에 따른 해당금액의 한도는 <「화재로 인한 재해보상과 보험가입에 관한 법률 시행령」 별표 1>에서 확인할 수 있다.

③ 부상에 대한 치료를 마친 후 더 이상의 치료효과를 기대할 수 없고 그 증상이 고정된 상태에서 그 부상이 원인이 되어 신체에 생긴 장애(이하 "후유장애"라 한다)의 경우: 피해자 1명마다 별표 2에 따른 금액의 범위에서 피해자에게 발생한 손해액.

※ 부상에 대한 치료를 마친 후 더 이상의 치료효과를 기대할 수 없고 그 증상이 고정된 상태에서 그 부상이 원인이 되어 신체에 장애가 생긴 경우의 실손해액의 산정
- 그 장애로 인한 노동력 상실 정도에 따라 피해를 입은 당시의 월급액이나 월실수입액 또는 평균임금에 장래의 취업가능기간을 곱한 금액(「화재로 인한 재해보상과 보험가입에 관한 법률 시행규칙」 제2조 제3항)

※ 위 부상 정도(후유장애)에 따른 해당금액의 한도는 <「화재로 인한 재해보상과 보험가입에 관한 법률시행령」 별표 2>에서 확인할 수 있다.

④ 재물에 대한 손해가 발생한 경우: 사고 1건마다 10억원의 범위에서 피해자에게 발생한 손해액

※ 재물에 대한 손해가 발생한 경우 실손해액의 산정
화재로 인하여 피해를 입은 당시의 그 물건의 교환가액 또는 필요한 수리를 하거나 이를 대신할 수리비와 수리로 인하여 수입에 손실이 있는 경우에는 수리기간 중 그 손실액의 합계(「화재로 인한 재해보상과 보험가입에 관한 법률 시행규칙」 제2조 제4항)

8. 가입의무 위반 시 제재

① 특수건물의 소유자가 신체손해배상특약부화재보험에 가입하지 않을 경우 500만원 이하의 벌금에 처해진다(「화재로 인한 재해보상과 보험가입에 관한 법률」 제23조).
② 특수건물의 소유자가 신체손해배상특약부화재보험에 가입하지 않을 경우 금융위원회는 관계 행정기관에 대하여 가입 의무자에 대한 인가·허가의 취소, 영업의 정지, 건물사용의 제한 등 필요한 조치를 할 것을 요청할 수 있다(「화재로 인한 재해보상과 보험가입에 관한 법률」 제7조 제1항).

9. 지급청구절차, 보험금청구 시 제출서류, 보험금지급

(1) 지급청구절차

① 보험금지급 청구
② 특수건물의 소유자가 그 건물의 화재로 타인이 사망하거나 부상당하여 손해배상책임을 부담하게 된 경우 피해자는 손해보험 회사에 보험금의 지급을 청구할 수 있다(「화재로 인한 재해보상과 보험가입에 관한 법률」 제9조).

(2) 보험금청구 시 제출서류

① 보험금의 지급을 청구하려는 자는 다음의 사항을 기재한 청구서를 손해보험회사에 제출해야 한다(「화재로 인한 재해보상과 보험가입에 관한 법률 시행령」 제6조 제1항).
   - 청구자의 주소 및 성명
   - 사망자에 대한 청구에 있어서는 청구자와 사망자와의 관계
   - 피해자와 보험계약자의 주소 및 성명
   - 사고발생일시·장소 및 그 개요
   - 청구하는 금액과 그 산출기초
② 청구서에는 다음의 서류를 첨부해야 한다(「화재로 인한 재해보상과 보험가입에 관한 법률 시행령」 제6조 제2항).
   - 진단서 또는 검안서
   - 청구자와 사망자와의 관계, 피해자와 보험계약자의 주소 및 성명, 사고발생일시·장소 및 그 개요 등을 증명하는 서류

- 청구 금액의 산출기초에 관한 증명서류

(3) 보험금지급

① 손해보험회사는 보험금의 지급 청구가 있을 경우 정당한 사유가 있는 경우를 제외하고 즉시 해당 보험금을 지급해야 한다(「화재로 인한 재해보상과 보험가입에 관한 법률 시행령」 제8조 제1항).

② 손해보험회사는 보험금을 지급하였을 경우 즉시 다음의 사항을 보험계약자에게 알려야 한다(「화재로 인한 재해보상과 보험가입에 관한 법률 시행령」 제8조 제2항).

③ 보험금의 지급청구자와 수령자의 주소 및 성명
   - 청구액과 지급액
   - 피해자의 주소 및 성명

제2절   책임보험(責任保險, liability insurance)

1. 책임보험(責任保險, liability insurance)의 의의

책임보험이란 피보험자가 보험기간 중의 사고로 제3자에게 배상할 책임을 진 경우 보험회사가 피보험자의 책임이행으로 발생할 손해를 보상할 것을 목적으로 하는 손해보험계약을 말한다(법제처·한국법제연구원, 법령용어사례집).
- 남의 신체나 재물에 손해를 끼쳤을 때, 그 손해에 대해 배상을 하게 하는 보험이다.
- 타인에게 인명·재산상의 피해를 입힘으로서 부담하는 법률상 배상책임을 담보함.

배상책임보험은 사적 경제주체가 당사자로 되어 체결하는 보험계약이므로 그 효과는 당사자의 의사내용에 따라 결정된다고 볼 수 있다.
배상책임보험제도의 법률관계에 있어서는 계약의 당사자가 아니면서 책임보험 계약관계에 커다란 이해관계를 가지는 피해자가 제3자로서 존재함을 전제로 하므로 논리구조상으로는 보험자(보험회사 및 공제조합), 피보험자, 피해자간에 기본적으로 각각의 법률관계를 형성하고 있다.
피보험자가 보험기간 중에 사고로 제3자에게 손해를 배상할 책임을 진 경우에 보험자가 그 손해를 보상하는 보험을 말한다(상법 제719조). 손해보험의 일종이다. 이것은 피보험자가 보험사고로 직접 입은 재산상의 손해를 보상하는 것이 아니고, 제3자에 대한 손해배상책임을 부담함으로써 입은 이른바 간접손해를 보상할 것을 목적으로 하는 점에서 일반손해 보험과 다르다.

책임보험의 경우 보험자의 보상책임을 지는 객체에 따라 신체손해배상책임보험과 재산손해배상책임보험으로 구분되고, 피보험자의 대상에 따라 영업책임보험, 직업인책임보험 및 개인책임보험으로 분류된다. 또 그 가입의 강제성 여부에 따라 임의책임보험(任意責任保險)과 강제책임보험(强制責任保險)으로 나눌 수 있다. 우리나라에서 시행되고 있는 강제보험으로는 「자동차손해배상 보장법」에 의한 자동차손해배상책임보험, 「화재로 인한 재해보상과 보험가입에 관한 법률」에 의한 신체손해배상특약부 화재보험, 「산업재해보상보험법」에 의한 산업재해보상보험 등이 있다.

책임보험에 있어서의 보험목적은 특정한 개개의 재화가 아니고 피보험자가 지는 배상책임이며, 그 배상책임의 담보가 되는 것은 피보험자의 모든 재산이다. 따라서 피보험자가 제3자의 청구를 방어하기 위하여 지출한 재판상 또는 재판 외의 필요비용은 피보험자가 배상책임을 지지 않는 경우에도 보험의 목적에 포함된 것으로 한다(상법 제720조1항). 그리고 영업책임보험의 경우에 피보험자의 대리인 또는 사업감독자의 제3자에 대한 배상책임도 보험의 목적에 포함된 것으로 한다(상법 제721조).

책임보험은 재산보험이므로 일반적인 물건보험과 같이 피보험이익을 평가할 수 없다. 그래서 책임보험약관은 보험료의 산정기준으로서의 보험금액을 정하여 각 개인과 단일사고에 대하여 적용할 책임한도액을 정하는 것이 보통이다. 따라서 책임보험에서는 원칙적으로 보험가액은 존재하지 않으나, 예외적으로 보관자의 책임보험(상법 제725조)과 같이 피보험자가 보관하고 있는 목적물이나 책임의 최고한도액이 제한된 경우에는 보험가액을 정하게 된다. 책임보험계약의 보험자는 피보험자가 보험기간 중에 사고로 인하여 제3자에 대한 배상책임을 진 경우에 이를 보상할 책임을 진다(상법 제719조). 피보험자는 보험자에 대하여 피보험자가 제3자의 청구를 방어하기 위하여 지출한 재판상·재판 외 필요비용의 지급을 청구할 수 있고(상법 제720조1항), 피보험자가 담보의 제공·공탁으로써 재판의 집행을 면할 수 있는 경우에는 보험금액의 한도 내에서 그 담보의 제공·공탁을 청구할 수 있다(같은 조 2항). 또 위의 필요비용의 선급·담보의 제공·공탁 등의 행위가 보험자의 지시에 의한 것인 경우에는 그 금액에 손해액을 가산한 금액이 보험금액을 초과하는 때에도 보험자가 이를 부담하여야 한다(같은 조 3항).

피보험자는 ① 제3자로부터 배상의 청구를 받았을 때 ② 제3자에 대하여 변제, 승인, 화해 또는 재판으로 인하여 채무가 확정되었을 때에는 지체 없이 보험자에게 통지를 발송하여야 하고(상법 제722조·제723조), 보험자는 특별한 기간의 약정이 없으면 통지를 받은 날로부터 10일 내에 보험금액을 지급하여야 한다(같은 법 제723조2항). 그러나 보험자는 피보험자가 책임을 질 사고로 인하여 생긴 손해에 대하여 제3자가 그 배상을 받기 전에는 보험금액의 전부 또는 일부를 피보험자에게 지급하지 못한다(상법 제724조1항). 또 피보험자가 보험자의 동의 없이 제3자에 대하여 변제, 승인 또는 화해를 한 경우에는 보험자가 그 책임을 면하게 되는 합의가 있는 때에도 그 행위가 현저하게 부당한 것이 아니면 보험자는 배상책임을 면하지 못한다(상법 제723조3항).

보험자는 보험계약자에게 통지를 하거나 보험계약자의 청구가 있는 때에는 제3자에게 보험금액의 전부 또는 일부를 직접 지급할 수 있고(상법 제724조2항), 보관자의 책임보험에 있어서 물건의 소유자는 보험자에 대하여 직접 그 손해의 보상을 청구할 수 있다(상법 제725조).

2. 배상책임보험의 특징

(1) 배상책임보험의 주요개념

법률상 배상책임: 보증보험 이외의 책임보험으로 담보하는 채권의 발생원인은 계약과 불법행위책임의 2가지 형태가 있음.

1) 계약책임(liability based on contract)

객관적요건

- 보험사고의 발생
- 계약목적물에 직접적인 손해가 발생
- 보험사고와 재물손해사이에 인과관계
- 가해자인 피보험자에게 위법성이 존재

주관적요건

- 피보험자에게 과실이 존재

2) 불법행위책임(Tort liability)

객관적 요건

- 보험사고의 발생
- 타인의 신체장해, 생명침해, 재물손해발생(직·간접손해)

- 보험사고와 타인의 신체장해, 생명침해, 재물손해에 인과관계
- 가해자인 피보험자에게 위법성이 존재(정당방위, 긴급피난, 피해자의 승낙 등은 제외)

주관적 요건
- 가해자인 피보험자에게 책임능력이 존재(미성년자, 심신상실자 등의 행위)
- 가해자인 피보험자에게 과실이 존재(경우에 따라 무과실책임 또는 보상책임 인정)

3) 양자의 관계

배상책임보험은 다른 손해보험과 마찬가지로 원칙적으로 보험기간 중에 발생한 손해사고 (Occurrence)를 기준으로 담보하며 특별한 경우에 한하여 예외적으로 피해자가 피보험자에게 손해배상청구를 처음으로 제기한 날짜를 기준으로 하여 담보함.

- **책임부담의 주관적 요건과 입증책임**: 양자 모두 과실 책임을 원칙으로 하지만 불법행위책임의 경우 피해자가 가해자에게 고의·과실을 입증하여야 하며, 계약책임에서는 채무자가 본인에게 과실이 없음을 입증하여야 함.
- **소멸시효**: 불법행위책임 　안날로부터 3년, 발생일로부터 10년(민766)
  　　　　　　　계약책임 　원칙적으로 10년(상사의 경우 5년)
- **상계**: 계약책임의 경우 가해자는 피해자에 대하여 가지는 반대채권으로 상계가 가능하나 불법행위책임의 경우 상계가 불가능
- **소송기판력**: 양자의 청구권을 법원에서 따로 행사하여도 이중소송의 금지에 저촉되지 않으며 한쪽 판결의 기판력은 다른 쪽에 미치지 아니함.

4) 법률상의 의무보험계약으로 인한 채무불이행과 불법행위는 각각 독립된 제도이며 당사자 사이에 2가지 요건이 모두 충족되는 경우(예: 자동차운송물이 교통사고로 피해를 입은 경우) 피해자는 선택적으로 계약책임 또는 불법행위책임을 물을 수 있으며(청구권경합설) 양자는 다음과 같은 차이를 가짐. 따라서 대형사고가 연발하지 않는 한 배상자력이 부족한 경우를 생각하기 어려운 대기업의 경우 굳이 보험가입을 의무화할 필요가 없다는 의견이 있을 수 있음.

그러나 배상책임위험은 그 규모의 예측이 어렵고 각 경제주체의 재정은 한계가 있으며, 보험은 배상 자력의 확보 이외에도 재무관리의 일관성유지, 신속한 사고처리, 위험의 사전예방, 위험관리의식의 고취 등 여러 기능이 있음.

(2) 배상책임보험의 구분

1) 일반배상과 보관자배상

일반배상책임보험은 본래 피보험자가 소유(Ownership), 사용(Use), 임차(Lease)하거나 보호, 관리 또는 통제(Care, Control and/or Custody)하는 재물이외의 타인의 재물에 입힌 손해와 피보험자의 피용인 이외의 타인의 신체에 장해를 입힘으로써 법률상 배상책임 있는 손해를 담보.

보관자배상책임보험은 재물손해 중에서 피보험자가 보호, 관리 및 통제하는 재물손해만을 예외적으로 담보하는 경우를 말함.

2) 일반배상과 전문직배상

전문직배상책임보험(Professional Liability Insurance)은 피보험자가 수행하는 전문 직업에 따르는 사고(Occurrence)나 업무상의 부주의(Negligence), 태만 또는 실수(Errors/Omissions)로 타인에게 신체장해(Bodily Injury)나 유형 또는 무형의 재산손해(Property Damage)를 입힘으로써 법률상 배상하여야 할 손해를 보상하는 보험이며 일반배상책임보험(General Liability Insurance)에 대응하는 개념이다.

위험의 전문성 여부는 구체적인 담보위험에 의하여 판단하여야 하는 것이지 직업자체에 의해 결정되는 것은 아님(예를 들면 병원을 운영하고 있는 의사의 전문직업 위험을 담보하는 경우에 의사의 치료행위상의 잘못으로 환자가 사망하거나 후유증이 발생한 경우에는 의사의 전문직업상의 배상책임위험이라 하겠으나 병원 건물에 누전으로 화재가 발생하여 환자가 상해를 입거나 환자가 사용하고 있는 침대가 파손됨으로써 환자가 바닥에 떨어져 상해를 입거나 사망한 때에는 일반배상책임보험에서 담보하는 위험임).

전문직배상책임보험은 분류방식에 따라 여러 종류로 구분할 수 있으나, 가장 보편적인 분류방식은 신체관련 직종인가의 구분과 전문성의 정도에 따라 구분됨

3) 손해사고기준증권과 배상청구기준증권

배상책임보험은 다른 손해보험과 마찬가지로 원칙적으로 보험기간 중에 발생한 손해사고(Occurrence)를 기준으로 담보하며 특별한 경우에 한하여 예외적으로 피해자가 피보험자에게 손해배상청구를 처음으로 제기한 날짜를 기준으로 하여 담보함

4) 법률상의 의무보험

일부 배상책임보험에서 보험가입을 강제하는 것은 피해자구제와 관련하여 가해자가 배상자력이 없어 피해자구제에 어려움이 있는 경우에 대비하는 측면이 강함.

따라서 대형사고가 연발하지 않는 한 배상자력이 부족한 경우를 생각하기 어려운 대기업의 경우 굳이 보험가입을 의무화할 필요가 없다는 의견이 있을 수 있음.

그러나 배상책임위험은 그 규모의 예측이 어렵고 각 경제주체의 재정은 한계가 있으며, 보험은 배상자력의 확보 이외에도 재무관리의 일관성유지, 신속한 사고처리, 위험의 사전예방, 위험관리의식의 고취 등 여러 기능이 있음.

(3) 배상하는 손해

- 피보험자가 피해자에게 지급한 법률상 손해배상금
- 피보험자가 지출한 비용
① 손해방지비용, 피보험자가 그 방법을 강구한 후에 배상책임이 없음이 판명된 때에는 그 비용 중 응급처치, 긴급호송 또는 그 밖의 긴급조치를 위하여 지급한 비용과 지급에 관하여 미리 회사의 동의를 받은 비용만 보상
② 대위권보전비용
③ 피보험자가 미리 회사의 동의를 받아 지급한 소송비용, 변호사비용, 중재, 화해 또는 조정에 관한비용
④ 증권 상 보상한도액내의 금액에 대한 공탁보증보험료. 그러나 그러한 보증을 제공할 책임은 부담하지 아니함
⑤ 사고처리를 위한 피보험자의 협력비용

(4) 보상 한도(Limit of Liability)

1) 의의

보상한도액(limit of liability)이라 함은 보험자가 사고발생 시에 보상하는 금액의 한도를 말한다. 보험사고는 보험기간 중 1회 또는 1회 이상 발생할 수 있다. 따라서 보상한도는 1회 사고마다 정할 수도 있고, 보험기간 중의 총 보상한도를 정할 수 있다.

1회 사고에 대하여 손해배상금이 보험증권에 기재된 자기부담금을 초과하는 경우에 한하여 그 초과분을 보상한다. 그러나 보험기간 중 발생하는 사고에 대한 회사의 보상총액은 보험증권에 기재된 총 보상한도액을 한도로 한다.

2) 효용

보상한도를 제한코자 하는 이유는 보험에 있어서의 피보험이익의 범위를 결정함으로써 보험자는 효율적인 보상업무를 시행코자 함이며 계약자, 피보험자 측에게는 발생 가능한 도덕

적 위험 등을 사전에 방지코자 함인 것이다.

3) 방식

일반적으로 물건보험에서는 보험의 목적인 재물의 가액이 있어 보험가입금액을 보상한도로 하고, 초과보험인 때에는 보험가액을 한도로 하는 것이 원칙(영국의 기계보험약관 중에는 1사고 당 보상한도를 정하는 것이 예외적으로 있음)이나, 배상책임보험에서는 보험의 성질상 여러 가지 제한이 있다. 즉 배상책임보험에 있어서 보험자의 담보책임은 특정인의 것이 아니고 불특정 인의 재산과 신체이기 때문에, 사고가 발생하면 어느 정도의 손해가 일어날지 알 수 없으므로 일정한도액을 정하지 않을 수 없다.

① **분할보상한도**(split limits): 일반적으로 대인배상의 경우는 1인당 및 1사고당의 두 가지 한도액을 규정하게 되고, 대물배상에 있어서는 1사고 당 한도액을 정하게 된다.

② **포괄단일 보상한도**(combined single limit): 계약에 의하여 대인배상이나 대물배상을 각기 구분하지 않고 포괄하여 한도액을 정하는 방법도 있는데, 이를 포괄단일한도(combined single limit)라고 한다.

③ **총보상한도**(aggregate limit): 경우에 따라서는 보험기간 중의 총 보상한도를 정하기도 하는데, 이를 aggregate limit라고 한다.

   해상법상의 선박의 소유자 내지 해상기업관계자의 총체적 책임제한제도(상법 제746조 이하)의 경우 등 여러 가지 의미로 사용되고 있으나 보험의 경우에는 보험금액 등 보험가입자가 보험계약에 의하여 보험자로부터 보상을 받을 수 있는 최고한도액을 가리킨다. 이를 책임한도액이라고도 한다.

4) 재물보험의 보상한도

보험금액이 보상한도이다. 그러나 보험금액이 보험가액을 초과하는 경우에는 보험가액을 한도로 보상한다.

5) 배상책임보험의 보상한도

어느 정도의 손해가 발생할지 예측할 수가 없으므로 계약에서는 보상한도를 약정하고 있다.

가. 단일 보상한도

① 한 사람당, 한 사고당 보상한도를 규정하는 경우: 자동차손해배상책임보험, 자동차종합보험 대인, 대물배상 등에서 활용하고 있다.

② 포괄단일 보상한도: 1개의 증권으로 각종의 위험을 각각 개별의 항목으로 담보하는 것을 말한다. 즉, 보상한도, 보험료, 보험자의 책임 등이 개별적으로 정해진다. 대표적인 것이

자동차보험증권이다.

나. 총 보상한도

보험기간 중에 보상할 총보상한도액을 정하여 매 사고마다 지급되는 보험금의 합계액이 이를 초과할 경우 초과부분은 보상하지 않는 방식을 말한다.

다. 무한책임(unlimits)

별도의 보상한도를 정하지 않고 법원의 손해배상 판결액 전액을 지급하는 형태.

3. 책임보험(Liability insurance)의 분류

책임보험은 다음과 같이 구분할 수 있다[「보험업감독업무시행세칙」(금융감독원세칙 2019. 4. 26. 발령, 2019. 5. 1. 시행) 별표 14. 손해보험 표준사업방법서 부표 1].

① 개인 배상보험: 개인의 활동에서 기인한 배상책임위험 보장보험
② 영업 배상보험: 시설 및 업무수행에 기인하여 타인의 신체나 재물에 손해를 입힘으로써 발생하는 손해배상책임 보장보험
③ 선주 배상보험: 해상여객운송사업자가 선박여객의 인명피해에 대한 손해배상책임 보장보험
④ 유도선사업자 배상보험: 유선, 도선사업자가 선박여객의 인명피해에 대한 손해배상책임 보장보험
⑤ 도로운송사업자 배상보험: 유상화물운송업자가 화물운송 중 발생하는 사고로 화주에게 손해를 입힌 경우의 손해배상책임 보장보험
⑥ 가스사고 배상보험: 가스의 제조, 판매, 대여 또는 부수 사업 및 가스의 사용에 의해 발생하는 사고로 인한 손해배상책임 보장보험
⑦ 체육시설 배상보험: 체육시설 내 발생하는 사고에 의한 손해배상책임 보장보험
⑧ 지자체 배상보험: 지방자치단체가 소유, 사용 또는 관리하는 시설 및 그 용도에 따른 업무수행 등에 대한 손해배상책임 보장보험
⑨ 그 밖의 일반배상보험: 위에 속하지 않는 일반 배상보험
⑩ 생산물 배상보험: 피보험자가 제조, 판매 또는 취급한 재물이나 작업 결과에 기인한 손해배상 책임보장보험
⑪ 생산물 회수 보험: 생산물의 결함에 의한 사고로 배상책임이 발생되었거나 발생우려가 있는 경우 생산물 회수비용 보장보험
⑫ 생산물 보증 보험: 생산물 자체의 하자나 결함에 대한 보상보험

⑬ 전문직 비행책임보험: 전문 직업인이 사람의 신체에 관한 전문 직업상의 행위로 부담하게 되는 손해배상책임 보장보험

⑭ 전문직 하자책임보험: 전문 직업인이 전문 직업상의 행위로 부담하게 되는 손해배상책임 보장보험

4. 책임보험의 책임 및 기재사항

(1) 보험회사의 책임

• 보상책임

① 보험회사는 피보험자가 보험기간 중의 사고로 인해 제3자에게 배상할 책임을 진 경우 이를 보상할 책임이 있다(「상법」 제719조).

② 보험회사는 피보험자가 제3자의 청구를 방어하기 위해 지출한 재판상 또는 재판 외의 필요비용을 보상할 책임이 있다(「상법」 제720조 제1항 전단).

  - 피보험자는 보험회사에 방어비용의 선급을 청구할 수 있다(「상법」 제720조 제1항 후단).

※ 방어비용이란 피해자가 보험사고로 인적, 물적 손해를 입고 피보험자를 상대로 손해배상 청구를 한 경우 그 방어를 위해 지출한 재판상 또는 재판 외의 필요비용을 말한다(대법원 1995. 12. 8. 선고94다27076 판결).

③ 피보험자가 담보의 제공 또는 공탁으로 재판의 집행을 면할 수 있는 경우 보험회사에 보험금액의 한도 내에서 그 담보의 제공 또는 공탁을 청구할 수 있다(「상법」 제720조 제2항).

④ 피보험자가 보험회사의 지시로 방어비용을 지출하거나 담보의 제공 또는 공탁을 한 경우, 그 금액에 손해액을 가산한 금액이 보험금액을 초과하는 때에도 보험회사는 이를 부담해야 한다(「상법」 제720조 제3항).

⑤ 피보험자가 보험회사의 동의 없이 제3자에게 변제, 승인 또는 화해를 한 경우 보험회사가 그 책임을 면하게 되는 합의가 있는 경우에도 그 행위가 현저하게 부당한 것이 아니면 보험회사는 보상할 책임을 면하지 못한다(「상법」 제723조 제3항).

(2) 보험증권의 기재사항

보험증권의 작성지와 그 작성연월일보험증권에는 다음의 사항이 기재되어야 한다(「상법」 제666조).

  - 책임보험의 목적

- 보험사고의 성질
- 보험금액
- 보험료와 그 지급방법
- 보험기간을 정한 경우 그 시기와 종기
- 무효와 실권의 사유
- 보험계약자의 주소와 성명 또는 상호
- 피보험자의 주소, 성명 또는 상호
- 보험계약의 연월일

5. 책임보험 가입의 특례

(1) 「수상레저안전법」에 따른 보험강제

등록 대상 동력수상레저기구의 소유자는 동력수상레저기구의 운항으로 다른 사람이 사망하거나 부상한 경우에 피해자(피해자가 사망한 경우에는 손해배상을 받을 권리를 가진 자를 말함)에 대한 보상을 위하여 소유일 부터 1개월 이내에 다음의 기준에 따라 보험이나 공제(이하 "보험 등"이라 함)에 가입해야 한다(「수상레저안전법」 제34조 및 「수상레저안전법 시행령」 제25조).
① 가입기간: 수상레저기구의 등록기간 동안 계속하여 가입할 것
② 가입금액: 규제「자동차손해배상 보장법 시행령」 제3조 제1항에 따른 책임보험금액 이상
※ 보험 등에 가입하지 않은 경우 50만원 이하의 과태료가 부과된다(「수상레저안전법」 제59조 제2항 제6호).

수상레저사업자는 다음의 기준에 따라 그 종사자와 이용자의 피해를 보전하기 위하여 보험 등에 가입해야 한다(「수상레저안전법」 제44조 및 「수상레저안전법 시행령」 제28조).
① 가입기간: 수상레저사업자의 사업기간 동안 계속하여 가입할 것
② 가입대상: 수상레저사업자의 사업에 사용하거나 사용하려는 모든 수상레저기구
③ 가입금액: 규제「자동차손해배상 보장법 시행령」 제3조제1항에 따른 책임보험금액 이상
※ 보험 등에 가입하지 않은 경우 수상레저사업의 등록이 취소되거나 3개월의 범위에서 영업의 전부 또는 일부의 정지명령을 받을 수 있다(「수상레저안전법」 제51조 제6호).

(2) 「항공사업법」에 따른 보험강제

1) 보험강제대상

① 다음의 항공사업자는 항공보험에 가입하지 아니하고는 항공기를 운항할 수 없다(「항공사업법」 제70조 제1항).

　　－ 항공운송사업자

　　－ 항공기사용사업자

　　－ 항공기대여업자

② 위의 자 외의 항공기 소유자 또는 항공기를 사용하여 비행하려는 자는 항공보험에 가입하지 아니하고는 항공기를 운항할 수 없다(「항공사업법」 제70조 제2항).

③ 초경량비행장치를 초경량비행장치사용사업, 항공기대여업 및 항공레저스포츠사업에 사용하려는 자는 보험 또는 공제에 가입하여야 한다(「항공사업법」 제70조 제4항).

2) 위반 시 제재

① 항공보험에 가입하지 아니하고 항공기를 운항한 항공사업자 또는 항공보험에 가입하지 아니하고 항공기를 운항한 자는 3년 이하의 징역 또는 3천만원 이하의 벌금에 처해진다(「항공사업법」 제78조 제1항 제5호 및 제6호).

② 보험 또는 공제에 가입하지 아니하고 경량항공기 또는 초경량비행장치를 사용하여 비행한 사람에게는 500만원 이하의 과태료가 부과된다(「항공사업법」 제84조 제2항 제19호).

(3) 「유선 및 도선 사업법」에 따른 보험강제

유·도선사업자는 승객·선원, 그 밖의 종사자의 피해보상을 위해 사업 개시 전까지(보험 또는 공제의 유효기간이 만료되는 경우에는 그 만료일 전까지) 보험 또는 공제에 가입해야 한다(규제 「유선 및 도선 사업법」 제33조 제1항 및 규제「유선 및 도선 사업법 시행령」 제27조).

(4) 「고압가스 안전관리법」에 따른 보험강제

1) 보험강제대상

다음에 해당하는 사업자, 특정고압가스 사용신고자 또는 용기 등을 수입한 자는 고압가스의 사고로 인한 타인의 생명·신체나 재산상의 손해를 보상하기 위해 보험에 가입해야 한다(규제「고압가스 안전관리법」 제7조 및 제25조 제1항).

－ 특별자치도지사·시장·군수 또는 구청장으로부터 고압가스 제조(용기에 충전하는 것 포함)

허가를 받았거나 신고를 한 사업자

- 용기·냉동기 또는 특정설비를 제조하는 자로 시장·군수 또는 구청장에게 등록을 한 사업자
- 고압가스의 수입을 업(業)으로 하는 자로 시장·군수 또는 구청장에게 등록을 한 사업자
- 고압가스 운반차량을 이용해 고압가스를 운반하는 자로 시장·군수 또는 구청장에게 등록을 한 사업자

※ 특정고압가스 사용신고자

보험 가입대상자는 다음에 해당하는 신고대상자를 말한다(규제「고압가스 안전관리법 시행규칙」 제53조제1항 및 제46조제1항).

① 저장능력 250킬로그램 이상인 액화가스저장설비를 갖추고 특정고압가스를 사용하려는 자
② 저장능력 50세제곱미터 이상인 압축가스저장설비를 갖추고 특정고압가스를 사용하려는 자
③ 배관으로 특정고압가스(천연가스 제외)를 공급받아 사용하려는 자
④ 압축모노실란·압축디보레인·액화알진·포스핀·셀렌화수소·게르만·디실란·오불화비소·오불화인·삼불화인·삼불화질소·삼불화붕소·사불화유황·사불화규소·액화염소 또는 액화암모니아를 사용하려는 자(다만, 시험용으로 사용하려 하거나 시장·군수 또는 구청장이 지정하는 지역에서 사료용으로 볏짚 등을 발효하기 위하여 액화암모니아를 사용하려는 경우 제외)

2) 위반 시 제재

위 사항을 위반하여 보험에 가입하지 않은 고압가스 제조신고자, 특정고압가스 사용신고자 또는 용기 등을 수입한 자에게는 2천만원 이하의 과태료가 부과된다(규제「고압가스 안전관리법」 제43조제1항 제6호).

(5) 「액화석유가스의 안전관리 및 사업법」에 따른 보험강제

1) 보험강제대상

액화석유가스 사업자 등, 가스용품을 수입한 자, 액화석유가스시설의 시공자와 액화석유가스 특정 사용자는 사고로 인한 타인의 생명·신체나 재산상의 손해를 보상하기 위해 보험에 가입해야 한다. 다만, 공제사업에 가입한 경우는 제외된다(규제「액화석유가스의 안전관리 및 사업법」 제57조 제1항).

※ 액화석유가스 사업자 등이란 액화석유가스 충전사업자, 액화석유가스 집단공급사업자, 액화석유가스 판매사업자, 액화석유가스 위탁운송사업자, 가스용품 제조사업자 및 액화석유가스 저장자를 말한다(「액화석유가스의 안전관리 및 사업법」 제2조 제16호).

2) 위반 시 제재

위의 사항을 위반하여 액화석유가스 사업자 등, 가스용품을 수입한 자, 액화석유가스시설의 시공자와 액화석유가스 특정 사용자가 보험에 가입하지 않은 경우에는 3백만원 이하의 과태료가 부과된다(「액화석유가스의 안전관리 및 사업법」 제73조 제3항 제17호).

(6) 「도시가스사업법」에 따른 보험강제

1) 다음에 해당하는 자는 그가 공급·사용하는 도시가스의 사고 또는 가스시설의 시공에 따른 사고로 인해 발생한 타인의 생명·신체 또는 재산상의 손해를 보상하기 위해 보험에 가입해야 한다(규제 「도시가스사업법」 제43조 제1항, 규제 「도시가스사업법 시행규칙」 제64조 제1항 및 2항).

① 도시가스사업자

② 월 사용예정량이 3천 세제곱미터 이상인 특정가스 사용시설의 가스사용자(다만, 공급규정 상의 주택용 특정가스사용 시설의 사용자 및 내관 및 그 부속시설이 바닥·벽 등에 매립 또는 매몰 설치되는 가스사용 시설의 사용자 제외)

③ 도시가스를 연료로 사용하는 온수 보일러(온수를 발생시키는 보일러를 말하며, 특정열사용기자 재 중 검사대상 기기에 해당하는 온수보일러 제외)와 그 부대시설의 설치공사 또는 변경공사 를 하는 시공자

2) 위반 시 제재

보험에 가입하지 않은 도시가스사업자, 특정가스 사용시설의 사용자, 시공자 또는 도시가스 사업자 외의 가스공급시설 설치자에게는 3천만원 이하의 과태료가 부과된다(규제 「도시가스 사업법」 제54조 제1항 제17호).

(7) 「체육시설의 설치·이용에 관한 법률」에 따른 보험강제

1) 보험강제대상

① 소규모 체육시설업자를 제외한 체육시설업자는 체육시설의 설치·운영과 관련되거나 그 체육시설 안에서 발생한 피해를 보상하기 위해 보험에 가입해야 한다. 다만, 체육도장 업, 골프연습장업, 체력 단련장업 및 당구장업을 설치·경영하는 소규모 체육시설업자의 경우는 제외 된다(규제「체육시설의 설치·이용에 관한 법률」 제26조).

② 소규모 체육시설업자를 제외한 체육시설업자는 체육 시설업을 등록하거나 신고한 날부 터 10일 내에 규제 「자동차손해배상 보장법 시행령」 제3조 제1항에 따른 금액 이상을 보장하는 손해보험에 가입해야 한다. 이 경우 보험 가입은 단체로 할 수 있다(규제 「체육

시설의 설치·이용에 관한 법률 시행규칙」 제25조 제1항).

2) 위반 시 제재

① 보험에 가입하지 않은 경우 100만원 이하의 과태료가 부과된다(규제 「체육시설의 설치·이용에 관한 법률」 제40조 제1항 제4호).

② 특별시장·광역시장·도지사 또는 특별자치도지사, 시장·군수 또는 구청장은 체육시설업자 또는 사업계획의 승인을 받은 자가 보험에 가입하지 않은 경우 기간을 정해 그 시정을 명할 수 있다(규제「체육시설의 설치·이용에 관한 법률」 제30조 제8호).

(8) 「청소년활동 진흥법」에 따른 보험강제

1) 보험강제대상

이동·숙박형 청소년수련활동 계획을 신고하려는 자, 수련시설 설치·운영자 또는 위탁운영단체는 청소년활동의 운영 또는 수련시설의 설치·운영 중 청소년활동 참가자 및 수련시설의 이용자에게 발생한 생명·신체 등의 손해를 배상하기 위해 보험에 가입해야 한다(규제 「청소년활동 진흥법」 제25조 제1항).

2) 보험에 가입해야 하는 수련시설은 다음과 같다(규제「청소년활동 진흥법 시행령」 제13조 제1항).
- **청소년수련관**: 다양한 수련거리를 실시할 수 있는 각종 시설 및 설비를 갖춘 종합수련시설
- **청소년수련원**: 숙박기능을 갖춘 생활관과 다양한 수련거리를 실시할 수 있는 각종 시설과 설비를 갖춘 종합수련시설
- **청소년문화의 집**: 간단한 수련활동을 실시할 수 있는 시설 및 설비를 갖춘 정보·문화·예술중심의 수련시설(건축 연면적이 1,000㎡ 이하인 청소년문화의집 제외)
- **청소년특화시설**: 청소년의 직업체험·문화예술·과학정보·환경 등 특정 목적의 청소년활동을 전문적으로 실시할 수 있는 시설과 설비를 갖춘 수련시설
- **청소년야영장**: 야영에 적합한 시설 및 설비를 갖추고 수련거리 또는 야영편의를 제공하는 수련시설
- **유스호스텔**: 청소년의 숙박 및 체재에 적합한 시설·설비와 부대·편익시설을 갖추고 숙식편의제공, 여행청소년의 활동지원 등을 주된 기능으로 하는 시설
- **청소년이용시설**: 수련시설이 아닌 시설로서 그 설치목적의 범위에서 청소년활동의 실시와 청소년의 건전한 이용 등에 제공할 수 있는 시설

3) 위반 시 제재

보험에 가입하지 않은 경우 300만원 이하의 과태료가 부과된다(규제 「청소년활동 진흥법」 제72

조 제2항 제10호).

(9) 「어린이놀이시설 안전관리법」에 따른 보험강제

1) 보험강제대상

관리주체 및 안전검사기관은 어린이놀이시설의 사고로 인해 어린이의 생명·신체 또는 재산상의 손해가 발생하는 경우 그 손해에 대한 배상을 보장하기 위해 보험에 가입해야 한다(규제 「어린이놀이시설 안전관리법」 제21조 제1항).

※ 관리주체란 어린이놀이시설의 소유자로서 관리책임이 있는 자, 다른 법령에 의하여 어린이놀이시설의 관리자로 규정된 자 또는 그 밖에 계약에 의하여 어린이놀이시설의 관리책임을 진 자를 말한다(규제 「어린이놀이시설 안전관리법」 제2조 제5호).

2) 위반 시 제재

보험에 가입하지 않은 경우 500만원 이하의 과태료가 부과된다(규제 「어린이놀이시설 안전관리법」 제31조 제1항 제5호).

(10) 「학원의 설립·운영 및 과외교습에 관한 법률」에 따른 보험강제

1) 보험강제대상

학원설립·운영자 및 교습자는 학원·교습소의 운영과 관련하여 학원·교습소의 수강생에게 발생한 생명·신체상의 손해를 배상할 것을 내용으로 하는 보험이나 공제사업에 가입하는 등 필요한 안전조치를 취해야 한다(규제 「학원의 설립·운영 및 과외교습에 관한 법률」 제4조 제3항).

2) 위반 시 제재

보험에 가입하지 않은 경우 300만원 이하의 과태료가 부과된다(규제 「학원의 설립·운영 및 과외교습에 관한 법률」 제23조 제1항 제1호).

(11) 「낚시 관리 및 육성법」에 따른 보험강제

1) 보험강제대상

① 낚시터업자와 낚시어선업자는 다음에 따라 낚시터를 이용하려는 사람과 낚시어선의 승객 및 선원의 피해를 보전(補塡)하기 위해 보험이나 공제에 가입해야 한다(규제 「낚시 관리 및 육성법」 제48조 및 규제 「낚시 관리 및 육성법 시행령」 제22조 제1항 본문).

  - **낚시터업자의 경우**: 낚시터의 최대수용인원(낚시터 관리선을 둔 경우에는 선박검사증서 또는 어선검사증서에 기재된 관리선의 최대승선인원을 합산한다)의 피해를 보전(補塡)하기 위한

보험이나 공제

  - 낚시어선업자의 경우: 어선검사증서에 기재된 낚시어선의 최대승선인원의 피해를 보전하기 위한 보험이나 공제

※ 다만, 어선 소유자의 배우자(사실혼 관계 포함) 및 직계 존속·비속으로서 어선에서 근로를 제공하는 사람인 가족어선원에 대한 보험이나 공제는 가입하지 않을 수 있다(규제「낚시 관리 및 육성법 시행령」 제22조 제1항 단서).

② 보험이나 공제의 가입금액은 규제「자동차손해배상 보장법 시행령」 제3조 제1항에 따른 금액 이상으로 한다(규제「낚시 관리 및 육성법 시행령」 제22조 제2항).

※ 선원의 경우에는 「어선원 및 어선 재해보상보험법」 제2조 제1항 제6호에 따른 어선원 등의 재해를 보할 수 있는 금액 이상으로 한다(규제「낚시 관리 및 육성법 시행령」 제22조 제2항).

3) 위반 시 제제
보험에 가입하지 않은 경우 시장·군수·구청장은 낚시어선업자에게 영업의 폐쇄를 명하거나 3개월 이내의 기간을 정하여 그 영업의 정지를 명할 수 있다(규제「낚시 관리 및 성법」 제38조 1항 제10호).

(12) 「연구실 안전환경 조성에 관한 법률」에 따른 보험강제

1) 보험강제대상
연구주체의 장은 연구활동 종사자의 상해·사망에 대비하여 연구활동 종사자를 피보험자 및 보험수익자로 하는 보험에 가입해야 한다(규제「연구실 안전환경 조성에 관한 법률」 제14조 제1항).

2) 위반 시 제재
보험에 가입하지 않은 경우 2천만원 이하의 과태료가 부과된다(규제「연구실 안전환경 조성에 관한 법률」 제25조 제1항 제2호).

(13) 「주차장법」에 따른 보험강제

1) 보험강제대상
기계식주차장치보수업을 경영하고자 시장·군수 또는 구청장에게 등록을 한 자는 그 업무를 수행함에 있어서 고의 또는 과실로 타인에게 손해를 입히는 경우 그 손해에 대한 배상을 보장하기 위해 보험에 가입해야 한다(규제「주차장법」 제19조의16 제1항).

2) 위반 시 제재

보험에 가입하지 않은 경우 시장·군수 또는 구청장은 기간을 정하여 그 시정을 명할 수 있다(규제「주차장법」제19조의18 제2호).

(14) 여객자동차 운수사업법」에 따른 보험강제

• 보험강제대상

국토교통부장관 또는 시장·도지사는 여객을 원활히 운송하고 서비스를 개선하기 위하여 필요하다고 인정하면 운송사업자에게 자동차 손해배상을 위한 보험 또는 공제에 가입하도록 명할 수 있다(규제「여객자동차 운수사업법」제23조 제1항 제8호).

※ 여객자동차 운수사업이란 여객자동차 운송사업, 자동차 대여사업, 여객자동차 터미널 사업 및 여객자동차운송가맹사업을 말한다(「여객자동차 운수사업법」제2조 제2호).

(15)「화물자동차 운수사업법」에 따른 보험강제

1) 보험강제대상

국토교통부장관은 화물자동차의 안전운행을 확보하고, 운송 질서를 확립하며, 화주의 편의를 도모하기 위해 필요하다고 인정하면 운송사업자에게 다음의 보험 또는 공제에 가입하도록 명할 수 있다(규제「화물자동차 운수사업법」제13조 제4호).

- 화물의 멸실, 훼손 및 인도의 지연으로 발생한 운송사업자의 손해배상 책임을 이행하기 위해 적재물배상 책임보험 또는 공제에 가입해야 한다(규제「화물자동차 운수사업법」제35조 전단).
- 자동차의 운행으로 다른 사람이 사망하거나 부상한 경우의 손해배상책임을 보장하기 위해 운송 사업자는 의무적으로 보험이나 공제에 가입해야 한다(규제「화물자동차 운수사업법」제13조 제4호 후단).

※ 화물자동차 운수사업이란 화물자동차 운송사업, 화물자동차 운송주선사업 및 화물자동차 운송가맹사업을 말한다(규제「화물자동차 운수사업법」제2조 제2호).

2) 위반 시 제재

보험 또는 공제에 가입하지 않은 경우 500만원 이하의 과태료가 부과된다(규제「화물자동차 운수사업법」제70조 제2항 제15호).

(16) 「야생생물 보호 및 관리에 관한 법률」에 따른 보험강제

• 보험강제대상

수렵장에서 수렵 동물을 수렵하려는 사람은 수렵으로 인해 다른 사람의 생명·신체 또는 재산에 피해를 일으킨 경우에 이를 보상할 수 있도록 보험에 가입해야 한다(규제「야생생물 보호 및 관리에 관한 법률」제51조).

(17) 「승강기시설 안전관리법」에 따른 보험강제

• 보험강제대상

유지관리업자는 그 업무를 수행하면서 고의 또는 과실로 타인에게 손해를 입힌 경우 그 손해에 대한 배상을 보장하기 위해 보험에 가입해야 한다(규제「승강기시설 안전관리법」제11조의3).

(18) 「궤도운송법」에 따른 보험강제

• 보험강제대상

궤도사업자 또는 전용궤도운영자는 궤도운송사고가 발생한 경우 피해자에게 보험금을 지급할 것을 내용으로 하는 보험에 가입해야 한다(규제「궤도운송법」제26조).

제3절 자동차보험

1. 자동차보험의 의의

자동차를 소유, 사용, 관리하는 피보험자가 자동차를 소유, 사용, 관리하는 과정에서 우연한 사고로 인하여 발생한 피보험자의 손해보전을 목적으로 하는 손해보험계약을 말한다. 즉, 우연한 사고로 인하여 발생하는 손해인 배상책임손해, 자기신체상해 또는 자기차량손해 등이 발생하였을 때 그 손해를 보상해 줄 것을 목적으로 하는 보험이다.

배상책임손해: 피보험자동차사고로 남을 사망하게 하거나 다치게 하여 피보험자가 법률상 손해배상 책임을 짐으로써 입은 손해(대인배상책임손해)

타인의 재물에 손해를 입혀 법률상 손해배상책임을 짐으로써 입은 손해(대물
배상책임손해)

자기신체상해: 피보험자 및 그 가족 등이 사고로 다치거나 사망하는 경우에 손해배상.

자기차량손해: 피보험자동차가 파손되거나 도난되는 경우에 손해배상.

(1) 자동차보험의 기능 및 필요성

1) 기능

① **피해자 보호**: 가해자(자동차 소유자)를 대신하여 보상한다.

② 자동차 소유자의 경제적 파탄 위험을 예방.

③ 교통사고처리특례법에 의하여 보험가입자의 형사처벌 면제

④ 개인과 기업에 안전성 제공으로 사회보장적 기능.

⑤ 교통안전사업 실시 및 지원으로 사고 예방적 역할.

2) 필요성

교통사고 발생 시에 가해자가 부담해야 할 법적 책임을 전가한다.

① **민사적 책임(손해배상책임)**: 피보험자동차를 운행 중 다른 사람의 신체나 재물을 손상 시
에 손해배상 대인배상 I · II 및 대물배상에 가입하면 보험자가 교통사고 시 손해배상

② **형사적 책임**: 교통사고는 고의적 사고가 아닌 과실사고인 만큼 피해자와 원만히 합의한
것으로 간주할 때(대인배상 I · II 및 대물배상에 가입되어 있으면)에는 "공소권이 없음"으로
처리되어 형사적 처벌을 면제를 받는다. 단, 사망사고, 도주사고, 10대 중과실 사고 등은
교통사고처리특례법의 예외규정에 해당되어 피해자와의 합의여부와 자동차보험가입 여
부에 관계없이 형사적 처벌을 받는다.

• 교통사고처리특례법(交通事故處理特例法)이란?

업무상 과실 또는 중대한 과실로 교통사고를 일으킨 운전자에 대해 형사처벌 등의 특례를
인정하는 법률로 교통사고 발생 시 교통사고 피해자에 대한 신속한 피해회복과 가해자에
대한 형사처벌을 간편하고 신속하게 함으로써 국민생활의 편의를 도모하자는 취지에서
1982년부터 시행된 법률이다.

「교통사고처리특례법」이 적용되기 위한 요건은 첫째, 차의 교통으로 인한 사고일 것, 둘째,
과실(또는 중과실)로 인한 사고일 것, 셋째, 보험에 가입되어 있을 것, 넷째, 특례 예외 11개
항에 포함되지 않을 것 등을 필요로 한다. 예외조항에는 신호 또는 지시위반, 중앙선 침범,

횡단·유턴·후진위반, 제한속도 20㎞ 초과, 앞지르기 방법 또는 금지 위반, 건널목 통과방법 위반, 횡단보도에서의 보행자 보호의무 위반, 무면허운전, 음주 등 운전, 보도침범 및 보도횡단방법 위반, 승객추락방지의무 위반, 어린이보호구역에서의 주의의무 위반 등이다.

③ **행정적 책임**: 행정상의 책임에는 벌점과 범칙금 등에 관한 규정을 두어, 교통법규를 위반하여 사고가 발생한 때에는 면허정지나 취소 등의 행정적 처분대상이 된다(도로교통법).

(2) 자동차보험 요약 및 개요

요 약

보험이 부담하는 위험의 종류뿐만 아니라 그것들을 근거 짓는 법적 원리에 따라 다양한 종류의 자동차보험이 있다. 한국에서는 1984년의 자동차손해배상보장법에 의한 자동차손해배상책임보험은 대인배상책임을 담보하는 강제책임보험으로서, 법령에 정해진 보험금액의 한도에서 보험자가 보상책임을 지는 유한배상책임보험이다. 책임보험은 임의책임보험으로서, 대인배상책임은 무한으로 담보하고 있는 무한배상책임보험이고, 대물배상책임은 한도 내에서 보상책임을 지는 유한배상책임보험이다. 이 자동차보험은 기업위험의 담보보다는 피해자의 보호라는 사회정책적인 이유에서 제정되었다.

개 요

책임보험은 피보험인이 법적으로 책임이 있다고 판단되는 사고로 야기된 타인의 재산에 대한 손해나 타인에게 입힌 손상을 보상해준다.

충돌보험은 보험가입차량이 다른 자동차나 물체와 충돌한 경우에 입은 손해를 보상해준다.

종합보험은 화재나 절도 또는 여타의 원인으로 야기된 보험가입차량의 손해를 보상해준다.

의료지불보험은 보험가입자나 승객에 대한 의료치료를 부담한다. 이 밖에도 많은 나라에서 자동차사고보험에 대해 다양한 접근들이 시도되었다. 그중에는 무과실에 근거한 의무 책임보험과 잠재적인 희생자들을 위해 운전자나 소유주가 가입하는 손해보험(사고·재산 보험)이 있다.

일반적으로 존재하는 무과실보험은 피보험인이 보험에 의해서 충당되는 것의 초과분에 대해서 과실 책임자에게 손해배상을 청구하고, 책임소재에 대한 법적인 결정에 따라 보험회사들이 서로 비용을 벌충한다는 의미에서 제한적이다. 한편 완전무과실보험의 경우, 피보험인이 과실 책임자에 대해 소송을 제기할 수 없으며, 보험회사가 다른 보험회사의 비용을 벌충하는 것이 허용되지 않는다.

한국에서는 1984년의 자동차손해배상보장법에 의한 자동차손해배상책임보험은 대인배상책임을 담보하는 강제책임보험으로서, 동법 시행령에 의해 정해지는 보험금액의 한도에서 보험자가 보상책임을 지는 유한배상책임보험이다.

그리고 자동차종합보험에 의해 판매되고 있는 책임보험은 임의책임보험으로서, 대인배상책임은 무한으로 담보하고 있는 무한배상책임보험이고, 대물배상책임은 2,000만 원을 한도로 그 보상책임을 지는 유한배상책임보험으로 영위되고 있다. 이 자동차보험은 기업위험의 담보보다는 피해자의 보호라는 사회정책적인 이유에서 제정되었다.

2. 자동차보험 종류와 특징

자동차보험에는 차를 가지고 있는 소유자가 의무적으로 가입해야 하는 책임보험과 운전자의 의사에 따라 추가로 가입할 수 있는 종합보험이 있다. 차를 운전하는 운전자의 범위를 정해서 가입하는 것이 일반적인데 연령으로 제한하거나 운전자의 가족, 또 타인이라도 특정 인물을 지정해 가입할 수 있다.

주의해야 할 것은 자동차보험에 든 차라고 해도 지정된 범위의 운전자가 아닌 다른 사람이 운전을 하다가 사고를 내면 보험이 적용되지 않는다는 것. 보장범위 안에 지정된 운전자가 많아질수록 보험료도 비싸진다.

자동차보험을 매년 새로 가입하거나 갱신하면서도 자동차보험 전문용어와 설명들은 늘 생소하게 느껴진다. 이왕 운전을 시작하는 초보 운전자라면 보험을 가입할 때 헷갈리거나 모르는 내용은 당당히 물어보고 꼼꼼히 검색해보자. 사고 난 후에 보상범위를 확인해보는 건 의미가 없다. 관련용어를 제대로 이해하고 본인의 운전스타일이나 운행환경을 고려한 후 가장 적합한 보험상품을 선택해야 소 잃고 외양간 고칠 일이 안 생긴다.

(1) 자동차보험의 종류

자농자보험은 다음과 같이 구분할 수 있다[「보험업감독업무시행세칙」(금융감독원세칙 2019. 12. 20. 발령, 2020. 1. 1. 시행) 별표 15. 자동차보험 표준약관 보험종목 및 가입대상].

① 개인용 자동차보험: 법정정원 10인승 이하의 개인소유 자가용 승용차에 대한 보장보험. 다만, 인가된 자동차학원 또는 자동차학원 대표자가 소유하는 자동차로서 운전교습, 도로주행교육 및 시험에 사용되는 승용자동차는 제외.

② 업무용 자동차보험: 개인용 자동차를 제외한 모든 비사업용 자동차에 대한 보장보험

③ 영업용 자동차보험: 사업용 자동차에 대한 보장보험

④ 이륜 자동차보험: 이륜자동차 및 원동기장치 자전거에 대한 보장보험

⑤ 농기계 보험: 동력경운기, 농용트랙터 및 콤바인 등 농기계에 대한 보장보험

(2) 책임보험

책임보험은 자동차를 구매해서 소유한 사람이라면 무조건 의무적으로 가입해야 하는데 혹시 모를 사고가 발생했을 때 피해자를 보호하기 위한 최소한의 장치다. 책임보험에 가입하지 않을 경우 가입하지 않은 날 수만큼을 계산해서 과태료가 부과된다. 책임보험 미가입 시 신규 등록이나 이전등록, 자동차 정기 검사를 받을 수 없게 되고 미가입 상태에서 운전을 하다가 적발이 되면 1년 이하의 징역이나 5백만 원 이하의 벌금형에 처하도록 되어 있다. 책임보험의 보상범위는 대인배상 1억 원, 대물배상 1천만 원의 한도로 되어 있다.

1) 대인배상1

타인을 다치게 하거나 사망하게 한 경우 보상하는 의무보험이다. 사망 시 최저 2천만 원에서 1억 원 한도로 보상되며 부상은 14개 상해등급별로 80만 원부터 2천만 원까지 보상되고 후유장애는 14개 급별로 630만 원부터 1억 원까지 보상된다.

2) 대물배상(책임보험)

자동차 사고로 남의 차량을 손상시켰을 경우를 위한 의무보험이다. 책임보험 안에는 1천만 원 한도 이상 가입하도록 되어 있으며, 보상되는 항목에는 수리비, 수리기간 내의 렌트비, 피해자의 영업손실, 자동차 시세하락 손해 등에 대한 보상도 포함되므로 보상금액을 1억 원 이상 높여 추가 가입하는 것이 일반적이다.

• 종합보험

무조건 가입해야 하는 책임보험만으로는 큰 사고의 경우 보상금액이 부족할 수 있다. 따라서 많은 운전자가 만약을 대비해 추가 보상범위를 정해 책임보험과 함께 종합보험에 가입한다. 종합보험 안에는 의무적으로 가입해야 하는 책임보험 이외에 운전자가 필요에 따라 선택해서 가입할 수 있는 상품들이 있다. 선택 가능한 보험의 종류에는 대인배상2, 대물배상, 자기신체사고, 자기차량손해, 무보험자동차상해 등이 있고 보험종류와 금액의 범위를 정해서 선택적으로 가입할 수 있다. 보험을 가입할 때 본인에게 필요한 보장범위와 보험의 종류를 알아두면 실속 있는 보험가입을 할 수 있으므로 각각의 보장내용과 범위를 제대로 이해하자.

3) 대인배상2

책임보험 안에서의 대인배상1은 최고 1억 원까지 보장을 하지만 아래와 같은 경우처럼 책임보험으로 보상이 턱없이 부족한 경우가 있어 대인배상2의 보험이 필요하다

단, 11대 중과실 사고의 경우에는 책임보험 범위 내에서만 보상이 가능하며 형사 처벌되어 벌금이나 실형 등이 선고되고 반드시 피해자와의 형사합의가 필요하다. 11대 중과실 사고에는 신호위반, 중앙선 침범, 20km 이상의 속도위반, 앞지르기 방법 위반, 철길 건널목 통과방법 위반, 횡단보도 사고, 무면허운전, 음주운전, 보도침범 사고, 승객추락 방지 의무위반, 어린이보호구역 안전운전 의무위반이 있다.

그렇다면 음주운전이나 무면허 운전과 같은 사고는 전혀 보상받을 수 없을까? 일부 책임보험에 한해 제한적으로 보상이 가능하다. 하지만 아래와 같이 자기부담금을 지급해야 보상이 된다.

무면허 운전 사고부담금: 1사고당 대인배상1 − 200만 원/대물배상 − 50만 원
음주운전 사고부담금: 1사고당 대인배상1, 2 − 200만 원/대물배상 − 50만 원

대리운전자가 사고를 냈을 경우에는 대리운전자가 보험계약 시 설정한 운전자 범위와 연령에 모두 부합할 때만 보상이 가능하며 그렇지 않을 경우 대인배상1만 보상된다.

4) 대물배상(책임보험 한도 이상 추가)

최근 5년간 수입차가 2배 가까이 증가했다는 통계가 있다. 수입차의 수리비는 국산차에 비해 약 3~4배 이상 비싸기 때문에 수입차와 사고가 났을 때 의무 가입한 1천만 원으로는 턱없이 부족할 수 있다. 따라서 대부분의 보험 가입자는 대물배상 한도금액을 1사고당 1억 원 이상으로 추가 가입하고 있다.

5) 자기차량손해

자기차량손해 보험은 자기 과실이나 자연재해로 발생한 자기차량손해에 대해서 보상을 받는 것으로 수입차와 대형차와 같이 차량가액이 높은 차일수록 가입률이 높다. 하지만 피해 전체 금액을 보상받는 것이 아니라 자기부담금이라는 제도가 있어 잘 따져보고 한도금액을 결정해 가입해야 한다. 2011년 2월 16일 이후 계약부터 자기차량손해의 자기부담금은 자차 손해 금액의 20%를 부담하도록 변경되었다. 단, 가입자가 부담하는 최대 금액은 50만원까지이며 자기부담금은 물적사고 할증기준 금액에 연동하여 최고 5만원, 10만원, 15만원, 20

만원으로 적용된다. 자차손해 자기부담금은 물적사고 할증기준금액 선택과 연동되어 있어 이 금액을 선택하면 자동으로 자차손해 자기부담금이 정해진다.

물적사고 할증 기준 금액이란 대물배상책임 사고나 자기차량손해와 같은 물적 사고가 났을 때 다음해의 보험가입 시 보험료 할증여부를 결정하는 기준 금액이다. 이 기준 금액을 초과하는 보험금이 지급되는 사고가 발생하는 경우 다음해에 보험료가 할증된다. 예를 들어, 할증 기준 금액을 50만원으로 선택할 경우 50만원을 초과하는 물적사고가 발생했을 때 보험처리를 하면 다음연도 보험가입 시 보험료가 할증된다. 또 물적사고 할증 기준 금액 이하의 사고라도 여러 차례 발생한 경우에는 보험료가 할증된다.

2012년 기준 가입통계에 의하면 자동차보험 가입자들은 할증기준 금액을 50만원 > 200만원 > 100만원 > 150만원 순서로 가입하는 경향을 나타냈다.

사고경력이 없거나 사고확률이 낮다고 생각하는 사람, 차량가액이 낮아서 자차손해 자기부담금을 낮게 설정하길 원하는 사람은 할증기준 금액을 낮게 설정하며 몇 차례의 사고경험과 경력으로 사고 가능성이 높다고 생각하는 사람, 사고발생 시 갱신보험료 상승폭이 커질 경우 보험료가 부담이 되는 사람, 고가의 차량으로 자차손해 자기부담금을 높게 설정해도 무방한 사람 등은 높은 금액으로 설정하는 경우가 많다.

6) 자기신체사고

자기신체사고는 내가 낸 사고로 나와 내 가족이 동승 중 신체적인 피해가 발생한 경우에 보상받을 수 있는 보험이다. 가족의 범위는 부모(배우자의 부모 포함), 배우자, 자녀(며느리 또는 사위 포함)이며 사망과 부상 금액의 한도를 정할 수 있고 부상의 정도에 따라 급수가 정해져 있어 그에 해당하는 보상금을 받는다. 형제, 자매는 가족범위에 포함되지 않으므로 필요한 경우 가족＋형제자매로 가입해야 하며, 조부모와 손자, 손녀도 가족의 범위에 포함되지 않는다.

피보험자가 사고 당시 안전벨트를 착용하지 않은 경우에는 자기신체사고 보상액에서 운전석과 보조석은 20%, 뒷좌석은 10%에 해당하는 금액을 공제한 후에 보상한다.

7) 무보험자동차상해

교통사고 가해자가 뺑소니이거나 보험에 가입하지 않았을 때, 책임보험 초과손해를 추가로 보상하는 보험이다. 피보험자와 배우자, 부모, 자녀 모두의 사고를 보상하며 1인당 2억 원, 5억 원 한도에서 지급한다. 단, 대인배상1, 대인배상2, 대물배상, 자기신체사고에 모두 가입한 경우에 한하여 가입할 수 있다.

8) 긴급출동 서비스

긴급출동 서비스도 종합보험 안에서 선택 가입해야 받을 수 있다. 보통 보험가입 기간 1년 중 5회의 긴급출동 서비스가 제공되며 각 보험사마다 배터리충전, 타이어 교체 등의 공통 서비스 외에도 간단한 교환, 정비 서비스를 제공하기 때문에 비교해본 후 본인에게 필요한 서비스를 체크하고 보험사를 결정하는 것이 좋다.

3. 자동차보험의 분류

(1) 가입주체에 따라 분류

가입 보험	가입 대상
개인용 자동차보험	승용차를 가지고 있는 일반 개인
업무용 자동차보험	회사(법인)차량, 법인소유 자가용승용차, 버스, 화물, 건설기계, 정부나 지자체 소유 자동차/10인승 초과 자가용버스, 화물, 건설기계 등을 개인이 소유한 경우
영업용 자동차보험	택시, 시내버스, 시외버스, 전세버스, 개인소유화물, 렌터카, 법인소유화물

(2) 희망담보에 따라 분류

희망 담보	가입 보험
타인의 사망, 상해사고에 대한 배상책임 담보	대인배상1 / 대인배상2
다른 사람의 차량이나 재물을 파손한 경우에 대한 배상책임 담보	대물배상
운전자 본인 및 그 가족 등의 상해나 사망 담보	자기신체사고/자동차상해
운전 중 사고로 자신의 차량이 파손된 경우나 차량 침수의 담보	자기차량손해
보험에 가입하지 않은 차 또는 뺑소니차에 의한 사고 담보	무보험차상해

4. 자동차보험의 보상범위

대인배상 1

- 피보험자 자동차로 인하여 타인을 사망하게 하거나 다치게 하여 입는 손해로 인한 보상
- 보험금액은 피해자 1인당 한도액이므로 사고횟수와 관계없이 자동 복원, 1사고 당 한도액은 없음

대인배상 2

- 대인배상 1과 함께 체결된 경우에 한하여 적용

- 대인배상 1로 지급될 수 있는 금액을 넘는 손해를 보상
- 사망보험금, 부상보험금, 후유장해보험금으로 나누어진다.

대물배상
- 피보험자 자동차 사고로 남의 재물을 멸실, 파손하여 책임을 짐으로써 입은 손해 보상
- 수리비, 교환가액, 대차료, 휴차료, 영업손실, 자동차 시세하락손해 등을 고려 금액 지급

자기신체사고, 자동차상해
- 피보험자 자동차 사고로 인하여 상해를 입었을 때 보상
- 피보험자는 기명피보험자, 피보험자동차를 사용 중인 친족, 승낙/위탁을 얻어 이를 사용 중인 자 등이 있음

자기차량손해
타인의 차 또는 타 물체와의 충돌, 접촉, 추락, 전복 또는 차량의 침수로 인한 손해, 화재, 폭발, 낙뢰, 날아온 물체, 떨어지는 물체에 의한 손해, 도난 등으로 인한 손해 보상

무보험차상해
피보험자 1인당 2억 원을 한도로 지급

5. 자동차보험의 구성

(1) 개요

자동차보험은 자동차사고로 타인(제3자)에게 피해를 입힌 경우 이를 보상하는 보험과 자신(피보험자)의 피해를 보상하는 보험으로 나눈다(「보험업감독업무시행세칙」 별표 15. 자동차보험 표준약관 제2조 제3항).

배상책임: 자동차사고로 인해 피보험자가 손해배상책임을 짐으로써 입은 손해를 보상

담보종목	보상하는 내용
대인배상 I	자동차사고로 다른 사람을 죽게 하거나 다치게 한 경우 「자동차손해배상보장법」에서 정한 한도에서 보상
대인배상 II	자동차사고로 다른 사람을 죽게 하거나 다치게 한 경우 그 손해가 대인배상 I 에서 지급하는 금액을 초과하는 경우에 그 초과 손해를 보상
대물배상	자동차사고로 다른 사람의 재물을 없애거나 훼손한 경우에 보상

배상책임 이외의 보장종목: 자동차 사고로 인해 피보험자가 입은 손해를 보상

담보종목	보상하는 내용
자기신체사고	피보험자가 죽거나 다친 경우에 보상
무보험자동차에의한 상해	보험자동차에 의해 피보험자가 죽거나 다친 경우에 보상
자기차량손해	피보험자동차에 생긴 손해를 보상

(2) 보험종목 및 가입대상

1) 보험종목

자동차보험의 종목은 크게 개인용자동차보험(플러스개인용자동차보험), 업무용자동차보험(플러스업무용자동차보험), 영업용자동차보험, 이륜자동차보험 등으로 구분된다.

2) 가입대상

보 험 종 목	보 험 종 목
개인용자동차보험(플러스개인용자동차보험)	법정승차정원 10인승 이하의 개인소유 자가용승용차
업무용자동차보험(플러스업무용자동차보험)	개인용을 제외한 모든 자가용 및 관용의 자동차와 건설기계
영업용자동차보험	모든 영업용의 자동차와 건설기계 및 대여차(렌트카)
이륜자동차보험	모든 이륜자동차와 원동기장치자전거(50cc이상)

(3) 담보종목

1) 담보종목

– 구 분

① 자동차보험의 담보는 자동차손해배상보장법의 규정에 따라 자동차보유자가 의무적으로 가입하여 하는 의무보험(대인배상 I (책임보험) 및 대물배상)과 가입자가 가입여부를 결정할 수 있는 임의보험으로 구분된다.

② 개인용자동차보험의 담보는 대인배상 I, 대인배상 II, 대물배상, 자기신체사고(또는 자동차 상해), 무보험자동차에 의한 상해, 자기차량손해의 6가지 담보종목으로 구성된다.

구 분	담 보
의무보험	대인배상 I (책임보험), 대물배상
임의보험	대인배상 II, 자기신체사고, 무보험자동차에 의한 상해, 자기차량손해

2) 담보종목별 내용

① 대인배상 I : 자동차사고로 다른 사람을 죽게 하거나 다치게 한 경우에 자동차손해배상보
  장법에서 정한 한도 내에서 보상한다.

-보상한도

구 분	피해자 1인당 보상한도
사망	1억원(최저 2,000만원)
부상	부상급별에 따라 최고(1급) 2,000만원, 최저(14급) 80만원
후유장애	장해급별에 따라 최고(1급) 1억원, 최저(14급) 630만원

② 대인배상 II : 자동차사고로 다른 사람을 죽게 하거나 다치게 한 경우, 그 손해가 대인배
  상 I 에서 지급되는 금액을 초과하는 경우에 그 초과손해를 보상한다.
  보험가입금액(피해자 1인당 기준)은 5천만원/1억원/2억원/3억원/무한으로 구분된다.

③ 대물배상: 자동차사고로 다른 사람의 재물을 없애거나 훼손한 경우에 보상한다. 보험가
  입금액(1사고당 기준)은 1천만원/2천만원/3천만원/5천만원/1억원으로 구분된다.
  '05.2.22 대물배상 가입의무화에 따라 최저 1천만원 이상의 보험가입금액으로 가입해야
  한다.

④ 자기신체사고: 피보험자가 죽거나 다친 경우에 보상한다.
  보험가입금액(피보험자 1인당)은 1천5백만원/3천만원/5천만원/1억원(사망기준)으로 구분
  된다.

⑤ 자동차상해: 피보험자가 죽거나 다친 경우에 보상한다. 보험가입금액(피보험자 1인당)은 1
  억원/2억원(사망기준)으로 구분된다. 자동차상해는 자기신체사고에 비해 지급금액, 지급
  기준 등 보장기능을 확대한 고보장 담보이다.

⑥ 무보험자동차에 대한 상해: 무보험자동차에 의해 피보험자가 죽거나 다친 경우로 피보험
  자 1인당 2억원을 한도로 보상한다.

⑦ 자기차량손해: 피보험자동차가 파손된 경우 보상한다. 자기부담금은 5만원, 10만원, 20만
  원, 30만원, 50만원의 5가지로 구분되고, 지급보험금에서 공제한다.

(4) 차종

비사업용자동차 중 개인소유 자가용승용차의 차종구분은 법정 승차정원 및 배기량, 차량구
조에 따라 다음과 같이 구분된다.

법정 승차정원	배기량/차량구조	적용차종	사례
6인 이하	1,000cc 이하	소형A	마티즈
	1,000cc 초과 1,600cc 이하	소형B	아반떼1.5
	1,600cc 초과 2,000cc 이하	중형	SM5
	2,000cc 초과	대형	에쿠스
7인 이상 10인 이하	전방조종자동차	다인승 1종	그레이스
	비전방조종자동차	다인승 2종	쏘렌토

전방조종자동차: 가장 앞부분과 조향핸들 중심점까지의 거리가 자동차 길이의 1/4 이내인 자동차를 말한다(예: 봉고형자동차).

6. 자동차보험료 계산

(1) 개요

자동차보험료는 순보험료와 부가보험료로 구성되어 있다. 순보험료는 사고발생시 보상에 필요한 보험금으로 사용되는 재원이며, 부가보험료는 보험회사의 운영에 필요한 비용으로 사용되는 재원이다.

$$기본보험료 = 순보험료 + 부가보험료$$

과거에는 순보험료와 부가보험료를 전보험사가 동일하게 적용하였으나, 2001년 8월부터 자동차보험 가격자유화가 실시된 이후로는 보험회사별로 자체 통계에 근거하여 순보험료를 각기 산출하고 또한 회사운영에 필요한 비용이 차이가 나므로 회사별로 보험료가 다를 수 있다.

(2) 보험료 결정요소

• 보험료 결정요소

보험가입자별로 납입하는 보험료를 결정하는 요소에는 보험가입경력, 교통법규위반경력, 사고경력, 가입자연령, 운전자의 범위 등이 있다.

• 가입자 특성요율

1) 보험가입 경력요율

보험가입경력요율은 피보험자가 보험에 가입한 기간에 따라 차등하여 적용하는 것이며, 보험가입기간뿐만 아니라, 관공서, 법인체, 군대 등에서 운전직 또는 운전병으로 근무한 기간 및 외국에서의 보험가입기간을 포함하여 적용한다.

2) 교통법규 위반경력요율

교통법규위반경력요율은 피보험자의 교통법규위반실적 평가대상기간 중 교통법규위반실적에 따라 보험요율을 최고 20%까지 할증하는 제도이며, 개인용자동차보험과 업무용 및 영업용자동차보험에 가입하는 개인소유자동차에 적용된다.

• 평가대상기간 및 보험료 적용기간

평가대상기간은 할증1그룹은 전전년 5월 1일부터 당년 4월 30일까지, 할증2그룹 및 기본그룹은 전년 5월 1일부터 당년 4월 30일까지로 하며, 당년 9월 1일부터 익년 8월 31일 사이에 책임이 시작되는 계약에 대하여 적용한다. 단, 법규위반실적기간이 평가대상기간 미만인 경우에는 당해 실적기간을 평가대상기간으로 한다.

법규위반경력요율

구분		적용대상 법규위반	적용요율
할증 그룹	1그룹	무면허운전금지/사고발생시 조치	20%
		주취운전금지 1회	10%
		주취운전금지 2회 이상	20%
	2그룹	신호지시준수의무, 중앙선우측통행, 속도제한을 항목구분 없이 2회~3회	5%
		신호위반, 중앙선침범, 속도제한을 항목구분 없이 4회 이상	10%
기본그룹		신호지시준수의무, 중앙선우측통행, 속도제한을 항목 구분없이 1회 이상	0%
		기타 할증그룹 이외의 벌점있는 교통법규위반	
		교통법규위반실적 평가대상 기간 중 사고가 있는 자로서 할증그룹에서 제외되는 경우	
할인그룹		할증 및 기본그룹이외의 경우	△α%

3) 우량할인 및 불량할증(할인할증률)

① 자동차보험에 있어서 할인·할증제도는 자동차운행에 따른 위험도가 서로 다른 경우 보험료를 차등화하여 보험 가입자간 형평성을 제고하는 측면과 사고 시 할증 및 무사고시 할인제도를 둠으로써 사고를 스스로 예방하려는 노력을 하도록 유도하는 데 그 목적이 있다.

② 할인할증 적용등급은 평가대상기간 및 과거 3년간 발생한 보험사고실적(사고유무 및 사고내용)에 따라 담보구분 없이 증권별로 평가하여 적용한다.

• 자동차보험 갱신 시 할인할증 평가대상기간

갱신계약의 전전계약 보험기간 만료일 3개월 전부터 전계약 만료일 3개월 전까지의 기간

③ 사고의 평가는 개인용자동차보험 및 개인소유 업무용 소형차(자가용경승합, 1톤 이하 화물)의 업무용 자동차보험은 증권에 표시된 기명피보험자를 기준으로 평가한다.

따라서 개인이 상기에 해당하는 2대 이상의 자동차를 소유한 경우에도 평가대상기간 중 사고를 모두 합산하여 평가한다. 다만, 동일증권계약은 그러하지 않는다.

• 동일증권계약

상기 피보험자별로 평가하는 차종에 있어서는 피보험자가 두 대 이상의 자동차를 한 보험회사에 보험기간을 일치시켜 동일한 증권으로 계약을 체결할 수 있으며, 이 경우에는 각각의 자동차별로 사고평가를 하여 산출한 할인할증률을 산술평균하여 적용한다.

④ 기타의 업무용자동차보험과 영업용자동차보험은 피보험자와 피보험자동차를 기준으로 각각 평가한다.

⑤ 할인할증에 평가되는 사고는 자동차보험에서 보상책임이 있는 사고이며, 사고가 발생한 경우에도 보험금 청구포기를 한 경우에는 포함되지 않는다. 무과실사고의 경우도 할인할증에 포함되나, 구상으로서 보험회사가 지급한 보험금을 전액 환입할 수 있는 사고는 제외된다.

⑥ 갱신계약의 할인할증 적용등급은 전계약의 적용등급 및 보험기간, 평가대상기간 중의 사고유무, 사고기록 점수, 과거 3년(보험가입기간이 3년 미만이면 그 가입기간) 동안의 사고유무에 따라 다음과 같이 결정되며, 기본등급을 11Z로 할 때 할인할증 등급별 적용률은 최저 40%에서 최고 200%까지 산정한다.

• 사고평가방법

1. 상기 평가대상기간(과거 1년) 중 보험사고의 내용별 사고점수에 따라 할증률을 산정한다.

2. 평가대상기간 중 보험사고가 없는 경우에는 상기 평가대상기간 말일로부터 과거 3년간 보험사고 유무에 따라 사고가 있는 경우에는 전계약의 적용등급과 동일하게 적용(단, 전계약의 적용등급이 보호등급인 경우, 갱신계약은 일반등급 적용)하고, 사고가 없는 경우에는 할증등급은 기본등급으로, 기본등급 및 할인등급은 한단계 할인된 등급이 적용된다(갱신계약이 1년 미만인 경우 전계약의 적용등급 적용. 다만, 전계약이 보호등급으로서 1년 미만인 경우 갱신계약은 일반등급 적용).

⑦ 평가대상기간 중 사고내용별 점수는 다음과 같이 산정되며, 사고점수 1점을 단위로 10%씩 할증된다.

- 사고기록점수가 1점 미만인 경우, 갱신계약은 전계약의 적용등급을 적용한다. 단, 전계약의 적용등급이 보호등급인 경우 갱신계약 적용등급은 일반등급으로 한다.
- 사고기록점수 합계가 1점 이상인 경우, 전계약 적용등급에서 사고기록점수를 차감하여 갱신계약등급이 결정된다. 단, 전계약적용 등급에서 사고기록점수를 차감한 값이 1 미만일 경우 최고할증등급을 적용한다. 장기무사고자 보호등급의 경우, 사고기록점수가 1점인 경우 일반등급을, 2점 이상인 경우[최저할인등급−(사고기록점수−1)]등급을 적용한다.

사고내용별 점수

구 분	사 고 내 용			점 수
대인사고	사망사고			건당 4점
	부상사고	1급		
		2급~7급		건당 3점
		8급~12급		건당 2점
		13급, 14급		건당 1점
	자기신체사고 · 자동차상해			건당 1점
물적사고	물적사고 할증기준금액 초과 사고			건당 1점
	물적사고 할증기준금액 이하 사고			건당 0.5점
	가해자불명 1점사고			1점

4) 특별할증

특별할증요율은 위장사고, 자동차를 이용한 범죄행위 등의 일정한 항목에 해당하는 사고 야기자 및 사고다발자 등에게 부과하는 항목으로 보험회사가 최고 50% 한도 내에서 적용한다.

5) 특별요율

자동차의 구조나 운행실태가 동종차종과 상이한 자동차의 특별위험에 대하여 적용하는 요율로 에어백 장착자동차 요율, 스포츠형 자동차요율 등이 있다.

① 상기 이외 보험회사별로 ABS장치 장착자동차 특별요율, 자동변속기 장착자동차 특별요율, 도난방지장치 장착자동차 특별요율 등 다양한 할인 특별요율이 있다.

② 상기 특별요율의 할인 및 할증률은 보험회사별로 다소 차이가 있다.

6) 특약요율

기본약관에 특별약관을 첨부하여 체결하는 보험계약에 대하여 적용하는 요율로 부부운전자 한정운전 특약, 만26세 이상 한정운전 특약 등이 있다.

• 운전자 한정 운전특약

피보험자가 피보험자동차에 대하여 운전할 사람을 한정하는 특약을 말한다.

구 분	내 용
가족운전자 한정운전 특약	피보험자가 피보험자동차에 대하여 운전할 자를 기명피보험자와 그 가족으로 한정.
부부운전자 한정운전 특약	피보험자가 피보험자동차에 대하여 운전할 자를 기명피보험자와 그 배우자로 한정.
보험회사마다 상기 이외 다양한 운전자 한정운전 특약(형제 한정운전 특약 등)이 있다.	

• 운전자연령 한정운전 특별약관

피보험자가 피보험자동차에 대하여 운전할 사람의 연령을 한정하는 특약을 말한다.

구 분	내 용
만 21세 이상 한정운전 특약	피보험자가 피보험자동차에 대하여 운전할 사람의 연령을 21세 이상으로 한정하는 특약
만 24세 이상 한정운전 특약	피보험자가 피보험자동차에 대하여 운전할 사람의 연령을 24세 이상으로 한정하는 특약
만 26세 이상 한정운전 특약	피보험자가 피보험자동차에 대하여 운전할 사람의 연령을 26세 이상으로 한정하는 특약
만 30세 이상 한정운전 특약	피보험자가 피보험자동차에 대하여 운전할 사람의 연령을 30세 이상으로 한정하는 특약

보험회사마다 상기 이외 다양한 운전자연령 한정운전 특약(만 35세 이상 한정운전 특약 등)이 있다.

7) 기명피보험자 연령요율

자동차보험 계약체결시의 기명피보험자 연령을 기준으로 해당 연령에 대하여 적용하는 요율을 말한다.

(3) 보험료 계산

1) 대인배상 I

$$적용보험료 = 기본보험료 \times 특약요율등 \times \overbrace{(보험가입경력요율 + 교통법규위반경력요율) \times (우량할인 \cdot 불량할증요율 + 특별할증률)}^{가입자특성요율} \times 물적사고할증기준요율 \times 기명피보험자연령요율 \times 특별요율 \times (1 + 단체업체특성요율)$$

2) 대인배상Ⅱ, 대물배상, 자기신체사고, 자동차상해, 무보험상해, 자기차량손해

$$\text{적용보험료} = \frac{\overset{\text{가입자특성요율}}{\overbrace{}}}{\begin{array}{l} \text{기본보험료(또는 특약보험료)} \times \text{특약요율등} \times (\text{보험가입경력요율} + \text{교통} \\ \text{법규위반경력요율}) \times (\text{우량할인} \cdot \text{불량할증요율} + \text{특별할증률}) \times \text{물적사고할} \\ \text{증기준요율} \times \text{기명피보험자연령요율} \times \text{특별요율} \times (1 + \text{단체업체특성요율}) \end{array}}$$

3) 용어설명

기본보험료: 보험계약 체결 시 적용보험료 산정의 기본이 되는 보험료를 말하며, 순보험료와 부가보험료로 구성된다.

적용보험료: 기본보험료에 당해 계약의 제반 요율 적용요소(특약요율, 가입자특성요율, 할인할증률, 특별할증률, 기명피보험자 연령요율, 특별요율 등)를 감안하여 산출한 금액으로서 보험계약자가 지불하여야 할 보험료를 말한다.

7. 자동차보험의 책임 및 기재사항 등

(1) 보험회사의 책임

보상책임

보험회사는 피보험자가 자동차를 소유, 사용 또는 관리하는 동안에 발생한 사고로 인해 생긴 손해를 보상할 책임이 있다(「상법」 제726조의2).

(2) 보험증권의 기재사항

자동차보험증권에는 다음의 사항이 기재되어야 한다(「상법」 제666조 및 제726조의3).
- 보험의 목적
- 보험사고의 성질
- 보험금액
- 보험료와 그 지급방법
- 보험기간을 정한 경우 그 시기와 종기
- 무효와 실권의 사유
- 보험계약자의 주소와 성명 또는 상호
- 피보험자의 주소, 성명 또는 상호

- 보험계약의 연월일
- 보험증권의 작성지와 그 작성연월일
- 자동차의 소유자와 그 밖의 보유자의 성명과 생년월일 또는 상호
- 피보험자동차의 등록번호, 차대번호, 차형연식과 기계장치
- 차량가액을 정한 경우 그 가액

(3) 자동차 양도 시 보험계약의 승계

- 피보험자가 보험기간 중 자동차를 양도한 경우 양수인은 보험회사의 승낙을 받은 경우에 한해 보험계약으로 인해 생긴 권리와 의무를 승계한다(「상법」 제726조의4 제1항).
- 보험회사는 양수인이 양수 사실을 알리면 바로 승낙 여부에 관한 통지를 해야 하고 보험회사가 통지를 받은 날부터 10일 내에 승낙 여부에 관한 통지를 하지 않을 경우에는 승낙한 것으로 본다(「상법」 제726조의4 제2항).

8. 자동차보험의 의무가입 대상자 등

(1) 의무가입 대상자

① 자동차보유자는 자동차의 운행으로 다른 사람이 사망하거나 부상당한 경우에 피해자에게 보상금을 지급하는 책임보험(대인배상 I)에 가입해야 한다(규제 「자동차손해배상 보장법」 제5조 제1항).

※자동차보유자란 자동차의 소유자나 자동차를 사용할 권리가 있는 자로서 자기를 위해 자동차를 운행하는 자를 말한다(규제 「자동차손해배상 보장법」 제2조 제3호).

② 자동차보험의 대상인 자동차: 자동차란 건설기계 중 다음 중 어느 하나에 해당하는 것과 「자동차관리법」의 적용을 받는 자동차를 말한다(규제 「자동차손해배상 보장법」 제2조 제1호).
   - 덤프트럭
   - 타이어식 기중기
   - 콘크리트믹서트럭
   - 트럭적재식 콘크리트펌프
   - 트럭적재식 아스팔트살포기
   - 타이어식 굴삭기

※「자동차관리법」의 적용을 받는 자동차

「자동차관리법」에서 자동차란 원동기에 의해 육상에서 이동할 목적으로 제작한 용구 또는
이에 견인되어 육상을 이동할 목적으로 제작한 용구로서 다음 중 어느 하나에 해당하는 기
계는 자동차에서 제외된다(「자동차관리법」 제2조 제1호).

－ 건설기계
－ 농업기계
－「군수품관리법」에 따른 차량
－ 궤도 또는 공중선에 의하여 운행되는 차량
－ 의료기기

(2) 의무가입의 범위

자동차보유자는 책임보험(대인배상Ⅰ) 등에 가입하는 것 외에 자동차의 운행으로 다른 사람
의 재물이 멸실되거나 훼손된 경우 사고 1건당 2천만원의 범위에서 피해자에게 발생한 손
해액을 지급하는 보험(대물배상보험)에 가입해야 한다(규제 「자동차손해배상 보장법」 제5조 제2항
및 규제 「자동차손해배상 보장법 시행령」 제3조 제3항).

(3) 의무가입의 면제

① 자동차보유자는 보유한 자동차(규제 「자동차손해배상 보장법」 제5조 제3항에 따라 면허 등을 받
은 사업에 사용하는 자동차는 제외)를 해외체류 등으로 6개월 이상 2년 이하의 범위에서 장
기간 운행할 수 없는 다음의 경우에는 그 자동차의 등록업무를 관할하는 특별시장·광역
시장·도지사·특별자치도지사·광역시장·도지사·특별자치도지사(자동차의 등록업무가 시
장·군수·구청장에게 위임된 경우에는 시장·군수·구청장을 말함, 이하 '시·도지사'라 함)의 승인
을 받아 그 운행중지 기간에 한하여 자동차보험의 가입 의무를 면제받을 수 있다. 이 경
우 자동차보유자는 해당 자동차등록증 및 자동차등록번호판을 시·도지사에게 보관해야
한다(「자동차손해배상 보장법」 제5조의2제1항 및 「자동차손해배상 보장법 시행령」 제5조의2).
   － 해외근무 또는 해외유학 등의 사유로 국외에 체류하게 되는 경우
   － 질병이나 부상 등의 사유로 자동차 운전이 불가능하다고 의사가 인정하는 경우
   － 현역(상근예비역은 제외)으로 입영하거나 교도소 또는 구치소에 수감되는 경우

② 위에 따라 자동차보험의 가입 의무를 면제받은 사람은 면제기간 중에는 해당 자동차를
   도로에서 운행하여서는 안 된다(「자동차손해배상 보장법」 제5조의2 제2항).

(4) 자동차손해배상책임 및 면책사유

① 자기를 위해 자동차를 운행하는 사람은 그 운행으로 다른 사람이 사망하거나 부상당한 경우 그 손해를 배상할 책임을 진다(「자동차손해배상 보장법」제3조 본문).
② 다음의 경우에는 손해를 배상할 책임을 지지 않는다(「자동차손해배상 보장법」제3조 단서).
  – 승객이 아닌 자가 사망하거나 부상당한 경우 자기와 운전자가 자동차의 운행에 주의를 게을리 하지 않았고, 피해자 또는 자기 및 운전자 외의 제3자에게 고의 또는 과실이 있으며, 자동차의 구조상의 결함이나 기능상의 장해가 없었다는 것을 증명한 경우
  – 승객이 고의나 자살행위로 사망하거나 부상당한 경우

9. 자동차보험의 보험금 범위 및 청구 등

(1) 보험금의 범위

① 자동차보유자는 자동차의 운행으로 다른 사람이 사망하거나 부상당하면 피해자에게 보상금을 지급하는 책임보험(대인배상Ⅰ)에 가입한 경우, 피해자 1명당 지급되는 보험금의 범위는 다음과 같다(규제「자동차손해배상 보장법」제5조제1항 및 규제「자동차손해배상 보장법 시행령」제3조제1항).
  – 피해자가 사망한 경우 1억 5천만원의 범위에서 피해자에게 발생한 손해액으로 한다. 다만, 손해액이 2천만원 미만인 경우에는 2천만원으로 한다(규제「자동차손해배상 보장법 시행령」제3조 제1항 제1호).
  – 피해자가 부상당한 경우 부상 정도에 따라 최고(1급) 2천만원부터 최저(14급) 80만원까지의 범위에서 피해자에게 발생한 손해액으로 한다(규제「자동차손해배상 보장법 시행령」제3조 제1항 제2호).

※부상 정도에 따른 해당금액에 대한 자세한 내용은 『상해의 구분과 책임보험금의 한도금액(「자동차손해배상 보장법 시행령」별표 1)』에서 확인할 수 있다.

  – 피해자가 부상에 대한 치료를 마친 후 더 이상의 치료효과를 기대할 수 없고 그 증상이 고정된 상태에서 그 부상이 원인이 되어 신체의 장애가 생긴 후유장애의 경우 부상 정도에 따라 최고(1급)억 원에서 최저(14급) 630만원의 범위에서 피해자에게 발생한 손해액으로 한다(규제「자동차손해배상보장법 시행령」제3조 제1항 제3호).

※위 부상 정도에 따른 해당금액에 대한 자세한 내용은 『후유장애의 구분과 책임보험금의 한도금액(「자동차손해배상 보장법 시행령」 별표 2)』에서 확인할 수 있다.

② 대물배상보험은 사고 1건당 2천만원의 범위에서 사고로 인해 피해자에게 발생한 손해액을 지급한다(규제「자동차손해배상 보장법 시행령」 제3조제3항).

③ 대인배상Ⅱ의 의무가입 및 보험금액

- 다음에 해당하는 자는 자동차사고로 다른 사람이 사망하거나 부상당한 경우 그 손해가 책임보험(대인배상Ⅰ)의 배상책임한도를 초과하여 피해자 1명당 1억원 이상의 금액 또는 피해자에게 발생한 모든 손해액을 지급할 책임을 지는 보험이나 「여객자동차 운수사업법」, 「화물자동차 운수사업법」 및 「건설기계관리법」에 따른 공제에 가입해야 한다(규제 「자동차손해배상 보장법」 제5조제3항 및 「자동차손해배상 보장법 시행령」 제4조).
- 국토교통부장관 또는 시장·도지사에게 사업면허를 받거나 등록한 여객자동차 운송사업자
- 시장·도지사에게 사업 등록을 한 자동차 대여사업자
- 국토교통부장관의 허가를 받은 화물자동차 운송사업자 및 화물자동차 운송가맹사업자
- 시장·도지사에게 사업 등록을 한 건설기계 대여업자

(2) 보험금 등의 청구 및 소멸시효

① 제3자에 의한 지급청구: 사고의 피해자는 보험회사에게 보험금을 자기에게 직접 지급할 것을 청구할 수 있다. 이 경우 피해자는 자동차보험 진료수가에 해당하는 금액을 진료한 의료기관에 직접 지급하여 줄 것을 청구할 수 있다(규제 「자동차손해배상 보장법」 제10조 제1항).
※자동차보험 진료수가란 자동차의 운행으로 사고를 당한 사람이 의료기관에서 진료를 받음으로써 발생하는 비용을 말한다(규제 「자동차손해배상 보장법」 제2조 제7호).

② 피보험자의 지급청구: 의무보험에 가입한 사람과 그 의무보험 계약의 피보험자는 보험회사가 보험금을 지급하기 전에 피해자에게 손해배상금을 지급한 경우 보험회사에게 보험금의 보상한도에서 그가 피해자에게 지급한 금액의 지급을 청구할 수 있다(규제 「자동차손해배상 보장법」 제10조 제2항).

③ 피보험자의 가불금 지급청구: 의무보험에 가입한 사람과 그 의무보험 계약의 피보험자가 자동차의 운행으로 다른 사람을 사망하게 하거나 부상당하게 한 경우 피해자는 보험회

사에게 자동차보험진료수가는 전액을, 그 외 보험금은 가불금으로 지급할 것을 청구할 수 있다(규제「자동차손해배상 보장법」제11조 제1항).

④ **소멸시효**: 규제「자동차손해배상 보장법」제10조에 따른 보험회사에 대한 보험금(공제금 포함) 청구권과 「자동차손해배상 보장법」제11조 제1항 피해자에 대한 가불금 청구권은 3년간 행사하지 않으면 시효로 소멸한다(「자동차손해배상 보장법」제41조).

10. 자동차보험의 가입자의 교통사고 발생 시 특례

(1) 교통사고 후 공소제기 면제

교통사고를 일으킨 차가 보험 또는 공제에 가입된 경우에는 다음 중 어느 하나에 해당하는 죄를 범한 해당 자동차의 운전자에 대해 공소를 제기할 수 없다(「교통사고처리 특례법」제4조 제1항 본문).

- 교통사고로 인한 업무상과실치상죄
- 교통사고로 인한 중과실치상죄
- 차의 운전자가 업무상 필요한 주의를 게을리 하거나 중대한 과실로 다른 사람의 건조물 이나 그 밖의 재물을 손괴한 경우

(2) 공소제기 면제의 예외

다만, 다음의 행위로 운전자가 교통사고를 일으켜 업무상과실치상죄 또는 중과실치상죄를 범한 경우에는 보험 또는 공제에 가입되어 있더라도 공소를 제기할 수 있다(「교통사고처리 특 례법」제4조 제1항 단서 및 제3조 제2항 단서).

- 신호기 또는 교통정리를 하는 국가경찰공무원 및 자치경찰공무원을 보조하는 사람의 신 호나 통행의 금지 또는 일시정지를 내용으로 하는 안전표지가 표시하는 지시에 위반하 여 운전한 경우
- 차와 우마의 운전자는 도로의 중앙으로부터 우측부분을 통행해야 하는데 이를 위반하여 중앙선을 침범하거나 고속도로 또는 자동차전용도로에서 횡단·유턴 또는 후진한 경우
- 운전자가 교통의 안전과 원활한 소통을 확보하기 위해 지정된 도로의 제한속도를 매시 20km 초과하여 운전한 경우
- 운전자가 앞지르기가 금지된 시기와 장소에서의 앞지르기, 잘못된 방법으로 앞지르기, 고속도로에서의 앞지르기 방법 위반, 끼어들기의 금지에 위반하여 운전한 경우

- 운전자가 철길 건널목의 통과방법을 위반하여 운전한 경우
- 횡단보도에서의 보행자보호 의무를 위반하여 운전한 경우
- 운전면허 또는 건설기계조종사면허를 받지 않았거나 국제운전면허증을 소지하지 않고 운전한 경우(이 경우 면허의 정지 중에 있거나 운전의 금지 중에 있는 경우에는 운전면허 또는 건설기계조종사면허를 받지 않거나 국제운전면허증을 소지하지 않은 것으로 봄)
- 취중에 운전을 하거나 과로·질병 또는 약물(마약·대마 및 향정신성의약품과 흥분·환각 또는 마취의 작용을 일으키는 유해화학물질)의 영향으로 정상적인 운전을 하지 못할 염려가 있는 상태에서 운전한 경우
- 차마의 운전자는 보도와 차도가 구분된 도로에서는 차도로 통행해야 하는데 이를 위반하여 보도를 침범하거나 보도횡단방법에 위반하여 운전한 경우
- 모든 차의 운전자는 운전 중 타고 있는 사람 또는 타고 내리는 사람이 떨어지지 않게 하기 위해 문을 정확히 여닫는 등 필요한 조치를 해야 하는데 이를 위반하여 운전한 경우
- 어린이 보호구역에서 차의 통행을 제한하거나 금지하는 조치 등이 취해진 경우 이를 준수하고 어린이의 안전에 유의하면서 운전해야 할 의무를 위반하여 어린이의 신체를 상해에 이르게 한 경우
- 자동차의 화물이 떨어지지 않도록 필요한 조치를 하지 않고 운전한 경우

또한, 다음의 경우에는 보험 또는 공제에 가입되어 있더라도 공소를 제기할 수 있다(「교통사고처리 특례법」 제4조 제1항 단서 및 제3조 제2항 단서).
- 운전자가 교통사고로 업무상과실치상죄 또는 중과실치상죄를 범한 후 교통사고를 일으킨 차의 운전자나 그 밖의 승무원은 즉시 정차하여 사상자를 구호하는 등의 필요한 조치를 해야 하는데 하지 않고 도주 하거나 피해자를 사고 장소로부터 옮겨 유기하고 도주한 경우
- 운전자가 교통사고로 업무상과실치상죄 또는 중과실치상죄를 범한 후 경찰공무원의 음주측정요구에 불응(운전자가 채혈측정을 요청하거나 동의한 경우 제외)한 경우
- 피해자가 신체의 상해로 인해 생명에 위험이 발생하거나 불구 또는 불치나 난치(難治)의 질병에 이르게 된 경우
- 보험계약 또는 공제계약이 무효 또는 해지되거나 계약상의 면책규정 등으로 인해 보험회사, 공제조합 또는 공제사업자의 보험금 또는 공제금 지급의무가 없게 된 경우

제4절 운송보험

1. 해상운송보험

보험 중 가장 오랜 역사(약 300년)를 가진 보험으로 선박, 선박에 적재된 화물, 해상운송상의 제3자에 대한 배상책임, 선주에 대한 수익손실 등을 부보해 주는 보험으로 다음의 3가지로 나뉜다.

① **선박보험**: 해상에서 발생되는 손실 중 선박의 선체손실을 보상해 주는 보험
② **적하보험**: 화물의 해상운송 중 선박의 침몰, 좌초, 충돌, 행방불명 등을 원인으로 화물의 일부 또는 전부가 손실을 입었을 경우 이를 보상해 주는 보험
③ **해상배상책임보험**: 선박운항에서 각종 손인으로 발생될 수 있는 선주나 용선인의 법적 배상책임을 보상하는 보험이다. 이 보험은 크게 두 가지로 분류될 수 있는데 하나는 RDC(Running Down Clause)라고 하여 다른 선박에 입힌 선체손실이나 적재된 화물의 손실만을 보상하고 제3자의 신체의 손상이나 사망, 부두나 항만 시설의 손실, 선원들의 부상 또는 사망 등은 부보하지 않는다. 다른 하나는 P & I(Protection and Insurance)라고 하는 보험인데 선원들의 부상 또는 사망에 따른 법적 배상책임을 보상하는 보다 넓은 부보범위를 가진 보험으로 별도의 계약으로 부보되는 것이 일반적이다.

2. 육상운송보험

- 기차, 트럭 등의 육상운송 수단을 이용하여 화물을 출발지에서 목적지까지 운송하는 도중에 우연한 사고로 인하여 화물에 발생한 손해를 담보하는 보험
- 1920년대 해상운송보험으로부터 출발한 보험으로 운반되는 재산, 다리와 터널 또는 유동적 재산을 부보하는 데 사용된다.

(1) 운송보험의 종류

① **화물수송보험**: 트럭, 철도, 비행기 등에 의한 수송위험을 부보하는 보험. 즉 철도 및 트럭 등을 이용하여 일정구간 동안 육상으로 운송하는 도중에 발생한 화물의 손해를 보상하는 보험
② **교통통신시설보험**: 교량, 선창, 부두, 터널, 변전시설, 전신. 전화시설, 송신탑, 안테나 등의 시설이 불의의 사고로 인하여 손실 시 보상해 주는 보험

③ 기업재산부동보험: 이동적이거나 항상 새로운 장소에 위치하게 되는 기업재산을 부보하기 위해 설계된 육상운송보험의 일종
④ 수탁자 보험: 수탁자, 자신의 과실로 인한 손실을 보상해 주는 보험
⑤ 운송예정보험: 반복, 연속적으로 발생하는 국내 운송의 경우, 매 운송당 증권발급의 번거로움을 피하기 위하여 통상 연 단위로 예정보험계약 체결

(2) 보험기간

① 보험의 시기: 운송인이 운송할 목적으로 보험의 목적을 보험증권에 기재한 발송지의 보관장소에서 반출할 때 개시
② 보험의 종기: 보험증권에 기재된 도착지의 보관장소에 보험의 목적이 반입될 때 종료(반입 전이라도 보험증권에 기재된 도착지의 보관장소에 도착한 후 24시간 경과된 때 종료)

(3) 보험료의 납입

다른 약정이 없는 한, 보험료는 보험기간의 시작 전에 납입하여야 하며, 보험기간이 시작된 후라도 보험료를 받기 전에 생긴 손해는 보상하지 않음.

(4) 보험조건 및 담보위험

① 보상하는 손해 – 조건별 담보위험: 전위험담보, 전부 손해 및 일부 손해 담보
② 보상하지 아니하는 손해: 고의에 의한 손해, 자연적인 발화, 폭발 등에 의한 손해

제5절 해상보험

---

1. 해상보험계약의 정의 및 기원

보험자가 그 계약에 의하여 합의한 방법과 범위 내에서 해상손해, 즉 해상사업에 수반되는 손해에 대하여 피보험자에게 손해보상을 약속하는 계약이다(가장 오래된 형태의 운송보험).

2. 개 요

(1) 보험의 목적

모든 적법한 해상사업은 해상보험계약의 목적이 될 수 있다.

• 적법한 해상사업이 존재하는 경우는 다음과 같다.

① 일체의 선박, 화물 또는 동산이 해상위험에 노출되는 경우(피보험재산)

② 일체의 화물운임(freight), 여객운임(passage money), 수수료(commission), 이윤(profit) 또는 일체의 전도금(advances), 대출금(loan), 선비(disbursements)를 위한 담보(security)인 피보험재산이 해상위험에 노출됨으로써 위험에 직면한 경우

③ 피보험재산의 소유자 또는 피보험재산에 기타 이해관계가 있거나 책임이 있는 자가 해상위험으로 인하여 제3자에 대하여 배상책임을 부담하는 경우

④ 해상보험의 대표적인 피보험이익은 선박의 소유권, 화물의 소유권, 운임의 소유권(통상운임, 용선료, 선주교역운임 등으로 선불운임은 화주에게, 후불운임은 선주에게 피보험이익이 있다) 등

⑤ 또한, 소멸이익과 불확정이익, 일부 이익, 보험의 비용도 피보험이익이 될 수 있음.

(2) 보상하는 손해

① 영국 MIA(The Marine Insurance Act 1906) 제1조에서 "해상보험계약은 보험자가 그 계약에 의하여 합의한 방법과 범위 내에서 해상손해. 즉, 해상사업에 수반되는 손해에 대하여 피보험자에게 손해보상을 약속하는 계약이다"라고 규정하고 있다.

② 우리나라 상법 제693조에서도 "해상보험계약의 보험자는 해상사업에 관한 사고로 인하여 생길 손해를 보상할 책임이 있다"라고 규정하고 있다.

③ 또한, 해상보험의 범위는 해상사업에만 국한하는 것은 아니며, 해상항해에 수반되는 내수 또는 육상위험의 손해까지도 확장 부담할 수 있고 건조중의 선박 또는 선박의 진수(進水) 또는 해상사업과 유사한 일체의 사업도 해상보험의 담보위험에 포함할 수 있다(MIA 제2조).

(3) 보험의 종류

① 적하보험: 아래의 제7절 참고 및 기본적인 내용을 저술함.

해상운송에 부수해서 발생하는 침몰, 충돌, 선박화재 등 각종의 위험에 의해 운송화물

등의 재산이 손해를 입은 경우에 보험을 인수한 보험자가 그 손해를 보상할 것을 약속하고 보험계약자가 그 대가로서 보험료를 지불하는 의무를 부담하는 보험이다.

② 선박보험: 아래의 제6절 참고 및 기본적인 내용을 저술함.

해상운송사업자가 선박의 해상운송과 관련하여 발생하는 선박의 물적손해, 비용손해, 손해배상책임손해, 수익상실손해 등의 위험으로부터 경제적인 부담을 덜고자 이용하는 보험을 말한다.

③ 운송보험: 위의 제4절 참고 및 기본적인 내용을 저술함.

화물의 육상운송(호수와 하천운송 포함)에 따르는 제반위험을 담보하는 보험으로 보험의 목적은 운송화물 자체이며, 운송에 이용되는 용구, 가령 기차나 자동차는 차량보험으로 부보대상이다.

3. 해상보험과 해상손해의 종류

(1) 물적 손해와 비용손해

① 전손: 피보험이익이 전부 멸실된 경우를 말하며, 현실전손과 추정전손 있음
② 분손: 전손을 제외한 모든 손해를 말하며, 공동해손과 단독해손, 구조비용 및 단독비용을 포함함
③ 구조비용: 피보험위험으로 인하여 발생하는 손해를 방지하기 위하여 지출한 비용, 피보험위험으로 인한 손해로서 보상받을 수 있음
④ 특별비용(particular charge): 보험목적의 안전이나 보존을 위하여 피보험자가 지출한 비용이거나 피보험자를 위하여 지출한 비용
⑤ 손해방지비용(sue and labor charge): 손해의 확대를 방지하거나 경감하기 위하여 합리적인 조치를 취하는 데 소요된 비용

(2) 직접손해와 간접손해

- 직접손해는 보험사고로 말미암아 보험의 목적 그 자체에 발생한 손해
- 간접손해는 보험사고로 인해 당해 피보험자가 입은 직접손해 이외의 손해

(3) 현실적 손해와 감정적 손해

- 현실적 손해는 보험사고로 말미암아 피보험 화물에 현실적으로 발생한 멸실 또는 손상

- 감정적 손해는 손상이 발생하지 않은 부분에 대해서까지 손상이 발생했을 것 같은 염려에서 근거가 없는 보상청구를 하는 경우

제6절 선박보험

해운업을 영위함에 있어 선박의 좌초, 화재 발생, 충돌에 따른 상대선박에 대한 배상책임 또는 기타 원인에 의한 선박의 침몰 등의 해상위험에 대비한 보험

1. 선박보험의 종류

(1) 선체보험(hull & machinery insurance)

- 선체보험은 선체 그 자체뿐만 아니라 모든 선박자재, 의장선구, 기관과 항해용구 및 기타 비품들을 포함하는 선박을 피보험 목적물로 함.
- 피보험 선박의 물적 손실 및 비용손해와 상대선박에 지급해야 하는 법적 충돌배상책임을 담보로 함.

(2) 항해보험(voyage insurance)

보험목적물을 어느 지점으로부터 어느 지점까지 가입하는 보험

(3) 선박불가동 손실보험(loss of earning/ hire insurance)

선박불가동 손실보험은 선체보험증권 하에서 담보되는 위험에 기인한 선박손상의 결과 선박이 가동 불능상태가 되는 경우의 예상수익의 손실을 보상하는 보험

(4) 운임보험(freight insurance)

운임보험은 선박이 해난사고로 인하여 항해를 중단하거나 포기하는 경우 그 사고가 발생하지 않았더라면 취득하였을 운임의 손실을 보상해 주는 보험

(5) 초과책임보험(excess liabilities insurance)

선체 보험가입금액과 선박정상가액의 차이에서 발생하는 피보험자의 경제적인 손실 혹은 선박운항에 필요한 비용 등을 담보로 함.

(6) 계선 보험(port risk insurance)

계선위험은 항해위험에 비하여 사고발생의 가능성이 현저히 적으므로 선박이 일정 항구 또는 일정한 안전해역에서 휴항을 하는 경우 가입함.

(7) 건조보험(builder's risk insurance)

선박의 건조에서부터 진수, 시운전 및 인도에 이르기까지 이에 따르는 제반 육상위험 및 해상위험을 담보함으로써 건조자의 경제적 손실을 보험자에게 전가시키기 위한 보험

2. 선박보험료율

(1) 요율 종류

① **협정요율**: 한국 국적선이거나 선박의 소유자나 관리자가 국내법인 또는 개인인 선박을 대상으로 보험개발원에서 제공하는 500톤 미만 선박보험 협정요율서 요율을 적용
② **보험개발원 구득요율**: 요율서의 적용 특칙상 보험개발원에 구득요율을 적용토록 명시한 선박에 대해서는 건별로 보험개발원에 요율을 구득하여 적용
③ **국내외 재보험자 구득요율**: 총 500톤 이상의 선박에 대해서는 주식회사 대한재보험과 사전 협의한 요율을 사용

(2) 요율구성 요소

선박요율 산정은 보험자의 경험과 직감에 많은 영향을 받게 되며 선박의 무게, 선령, 구조물 및 장비, 선급유지 여부, 선박의 용도, 운항구역, 보험조건 등의 여러 가지 요소가 복합적으로 고려됨.

3. 조건별 담보위험 및 보상범위

ITC–HULL: 선박에 발생한 모든 손해를 보상

FPL UNLESS ETC: 좌초, 침몰, 화재, 폭발, 충돌, 접촉에 의해서 발생한 분손 및 전손의 손해를 보상

TLO SC/SL: 담보위험에서 발생한 전손 및 전손을 방지하기 위하여 발생한 구조비 및 손해방지비용을 보상

제7절 적하보험(積荷保險)

해상이나 항공 또는 이에 부수하는 육상 등에 운송되는 물건이 멸실이나 손상됨으로써 피보험자가 입은 경제적 손실을 보상하는 보험이다.

해상 보험의 하나. 배에 실은 짐이 없어지거나 헐거나 깨졌을 때에 생기는 재산상의 손해를 보충할 목적으로 가입하는 보험이다.

항해에 관한 사고로 적하에 생기는 손해를 보상하는 해상보험을 말한다. 이 적하보험에 있어서는 보험가액이 당사자 사이에서 협정되는 것이 보통이나, 협정이 없는 때에는 그 적하 당시의 시세에 의한 적하물의 가액과 선적 및 보험에 관한 비용을 합산한 가액이 보험가액이 된다(상법 제697조). 또 보험의 목적인 적하가 목적지에 도착함으로 인하여 생기는 이익도 보험에 붙일 수 있다(상법 제698조).

이것을 희망이익보험(希望利益保險)이라고 한다. 이 밖에 보험기간·보험자의 면책사유에 관하여는 해상보험의 경우와 같으나 보험계약자·피보험자 이외의 특정자(용선자, 송하인 또는 수하인)의 고의 또는 중대한 과실로 인하여 생긴 손해 및 선박이 변경된 후의 사고로 인한 손해에 관하여는 보험자는 보상책임을 지지 않는 점이 이 보험의 특색이다(상법 제706조2호·제703조).

1. 위험의 시기와 종기

(1) 시기

화물이 보험증권에 기재된 지역에서 창고 또는 장치장에서 운송시작을 위하여 출발할 때 위험의 담보가 개시.

(2) 종기

- 목적지에서 최종 창고 또는 보관 장소에 인도될 때
  통상의 운송과정을 벗어난 기타의 보관창고나 장소에 인도될 때
- 최종 양하항에서 하역 후 60일이 경과한 때

(3) 목적지 변경 시 위험의 종기

변경 시, 변경 장소로 출발 시점에서 보험은 종료

2. 적하보험 보장내용

(1) 보험기간

해상보험 구증권(S.G. Policy)의 본문 약관상으로는 화물이 실제로 본선에 선적되는 시점부터 담보를 개시하여 화물이 도착항에 안전하게 양하되는 시점까지를 보험기간으로 정하고 있다. 그러나 현실적으로 적하보험의 기간은 특별약관인 협회 적하약관(Institute Cargo Clause, I.C.C)의 운송약관(Transit Clause)에 포함된 창고간약관(Warehouse to Warehouse Clause)에 의해서 송하인의 창고로부터 수하인의 창고까지 확장담보 되는 것이다. 이에 따른 적하보험의 위험시기와 종기를 다음과 같이 살펴 볼 수 있다.

(2) 보험시기

협회적하약관의 운송약관에서는『화물이 운송개시를 위해 보험증권에 기재된 지역의 창고 또는 보관장소를 떠날 때에 적하보험 계약의 담보효력이 개시하는 것』으로 규정되어 있다. 그런데 중요한 것은 무역거래조건에 따라 매도인과 매수인의 위험부담의 분기점 및 소유권 이전의 분기점이 결정되고 있는바, 이것은 곧 피보험 이익이 발생하게 되는 장소 및 시기를 의미하므로 실질적으로 적하보험의 위험의 시기는 운송약관의 내용과는 달리 무역거래 조

건에 따라 달라지게 된다.

(3) 공장인도조건(EXW)

배도인(Seller)이 화물을 공장에서 매수인(Buyer)에게 인도하는 조건으로 인도 후 위험과 비용은 매수인이 부담하므로 매수인이 적하보험에 가입하게 된다. 따라서, 매수인이 체결한 적하보험은 매수인이 화물을 인도 받는 시점부터 담보효력이 개시된다.

(4) 선측인도조건(Free Alongside Ship: F.A.S.)

화물을 선적항의 본선 선측에서 인도하는 무역조건으로 화물을 본선 선측까지 운반하는데 소요되는 제비용은 매도인이 부담하고 매수인은 지정된 항구의 지정된 본선 선측에서 화물을 인수한 이후의 모든 비용과 위험을 부담하게 되므로 그때부터 적하보험의 담보효력이 개시된다. 따라서 매도인으로서는 본선 선측에 화물을 인도시킬 때까지는 적절한 보험대비책을 세워두어야 할 것이다.

(5) 본선인도조건(Free on Board: F.O.B.)

수출항의 본선 선상에서 화물을 인도하는 무역조건으로 화물을 본선에 적재할 때까지 소요되는 비용과 위험은 매도인이 부담하고, 매수인은 지정항구의 본선적재 이후의 모든 비용과 위험을 부담하게 되므로, 이때부터 적하보험의 담보효력이 개시된다. 따라서 매도인은 본선에 적재할 때까지의 위험에 대비하여 별도의 보험계약을 체결하도록 하여 위험의 대비책을 강구해야 한다.

(6) 운임포함조건(Cost and Freight: C & F)

목적지 항구까지의 운임을 매도인이 부담하는 무역조건으로 매도인의 위험 부담은 화물을 본선에 적재했을 때 종료된다. 따라서 적하보험의 부보 의무는 매수인에게 있으며 담보위험의 시기는 F.O.B. 소선의 경우와 같다.

(7) 운임, 보험료 포함조건(Cost, Insurance and Freight: C.I.F)

목적지 항구까지의 운임 및 해상보험료를 매도인이 부담하는 무역조건으로 매도인의 위험 부담은 F.O.B. 조건과 같이 화물을 본선에 적재했을 때 종료된다. 이 조건에 따라 적하보험의 담보효력은 협회적하약관(I.C.C)의 운송약관(Transit Clause)에 기재된 선적지의 선적대기 장소에서 본선에 적재하기 위해 떠날 때부터 개시되며 본선에 선적을 종료하면 보험증권도 동시에 양도된다.

(8) 보험의 종기

협회적하보험약관의 운송약관 제1조에는 위험의 종료시점을 다음과 같이 규정하고 이 중 가장 먼저 이전이나 또는 목적지를 도래하는 때에 종료된다.

피보험화물이 보험증권에 기재된 목적지의 수하인의 창고 혹은 보관장소, 기타 최종창고 혹은 보관장소에 인도될 때 보험증권에 기재된 목적지에 도착하기 이전이나 또는 목적지를 불문하고 피보험자가 운송의 통상과정이 아닌 보관 또는 할당이나 분배를 위하여 사용키로 한 기타의 창고 또는 보관 장소에 인도될 때 최종 양하항(揚荷港)에서 외항선으로부터 피보험 화물의 양하완료 후 60일이 경과된 때 우리나라의 경우 수입화물에 대해서는『운송종료 특별약관(30일간)』을 사용하고 있는데 이는 운송약관 중에 "하역완료 후 60일" 대신 "하역완료 후 30일"로 대체한다는 내용이다.

※ 양하항(揚荷港): 화물이 양하되는 항구. 선하 증권에 표기가 되어 있기 때문에 양하항의 변경은 원칙적으로 금지되어 있다.

제5장

손해보험의 기타상품 및 해설

♣ 보증보험, 재보험, 장기손해보험, 여행보험, 부동산권리보험, 기타

제1절   보증보험(保證保險)

1. 보증의 의의

채무자가 채무를 이행하지 않는 경우 채무자가 아닌 제3자가 그 채무 이행책임을 부담하는 행위를 말하며, 이때의 채무자를 주채무자, 주채무자가 부담하는 채무를 주채무라 하며 채무이행 책임을 대신 부담하는 제3자를 보증인, 보증인이 부담하는 채무를 보증채무를 보증채무라 하고, 보증채무를 발생하게 하는 계약을 보증계약이라 한다.

2. 보증보험의 의의

(1) 보증보험이란?

보증보험은 채무자가 채권자에 대하여 부담하는 각종 채무 또는 의무의 이행을 보증하는 제도이다.

일반적으로 경제활동을 하는데, 개인 또는 법인이 각종 계약을 맺게 되고, 이에 따라 채권·채무관계가 발생하면 채권자는 채무자가 계약상의 채무 또는 의무를 불이행하는 경우 손해

를 입게 되는 위험을 부담하게 되는데 이러한 재산상 손해의 가능성에 대비하여 채권자는 채무자인 상대방에게 담보로서 연대보증인이나 부동산 또는 현금이나 유가증권 등을 제공할 것을 요구하게 된다.

이때 보증보험회사에서 발행하는 보증보험증권으로 담보에 갈음하여 활용할 수 있는데, 이 것이 바로 보증보험제도이다. 보증보험이란 보험의 형식을 빌린 보증제도라 할 수 있다.

(2) 보증보험의 경제적 기능

① 채권담보 기능: 채무자의 채무불이행에 따른 채권자의 재산상 손실을 예방 및 보전함으로써 채권자의 채권을 확실하게 보장해 준다.

② 신용공여 기능: 개인이나 기업이 간편하게 이용할 수 있으며, 공신력 있는 회사가 채무자에게 신용을 공여(채무보증)함으로써 채권자와 채무자가 서로 믿고 거래할 수 있도록 해 준다.

③ 대형, 연쇄사고의 예방기능: 보증보험은 채무자의 채무불이행시 채권자가 입게 되는 손해를 보상해 줌으로써 연쇄부도와 같은 파급위험을 방지한다.

3. 요약 및 개요

채무자의 채무불이행에 의한 채권자의 손해를 보상해주는 보험. 손해보험의 성질을 가지며, 보험사고가 보험계약자의 채무불이행이라는 인위적인 사고인 것이 특징이다. 이행보증보험 · 할부판매보증보험 · 지급계약보증보험 등 채무이행을 보증하는 보험과 납세보증보험 · 인허가보증보험 등 법령상 의무의 이행을 보증하는 보험으로 나뉜다. 보험계약이 보증의 형태를 취할 수 있음을 규정한 보험업법 제5조 1항에 의해 기초가 만들어졌다. 천재지변 · 전쟁 · 내란 등의 변란으로 생긴 손해, 피보험자의 유책 사유로 생긴 손해, 피보험자가 정당한 이유 없이 보험자의 손해조사에 협조하지 않음으로써 증가된 손해는 면책사유이다.

보험업법 제5조 1항은 보험계약이 보증의 형태를 취할 수 있음을 나타내어 보증보험계약의 기초를 마련하고 있다. 보증보험은 보험자가 보험계약자의 행위로 인한 피보험자의 손해보상을 내용으로 하여 손해보험의 성질을 가진 것이다. 보증보험에는 채무의 이행을 보증하는 보험과 법령상 의무의 이행을 보증하는 보험이 있는 바 이행보증보험 · 할부판매보증보험 · 지급계약보증보험 등이 전자, 납세보증보험 · 인허가보증보험 등이 후자의 예에 속한다.

그 밖에도 신원보증보험 등이 일반적으로 이용되고 있다. 보험자는 보험기간 중에 생긴 보험사고로 말미암아 피보험자가 입은 재산상의 손해보상을 책임지는 것은 다른 손해보험의 경우와 같으나(상법 제665조), 보증보험의 경우에는 보험사고가 보험계약자의 채무불이행이라는 인위적인 사고라는 점에 특징이 있다. 보증보험약관에는 면책사유로 3가지를 들고 있는데(입찰약관 제4조, 지급약관 제3조), 천재지변·전쟁·내란 기타 이와 비슷한 변란으로 생긴 손해, 피보험자의 책임 있는 사유로 생긴 손해, 피보험자가 정당한 이유 없이 보험자의 손해조사에 협조하지 않음으로써 증가된 손해 등에 대해서는 손해배상책임을 지지 않도록 규정하고 있다. 보험자는 피보험자가 보험사고의 발생사실을 통지하고 보험증권 또는 그 사본과 손해액을 증명하는 서류를 제출하여 보험금지급을 청구할 때 보험금지급에 필요한 조사를 마치면 곧 보험금을 지급하여야 한다(입찰약관 제9조). 한편 보증보험에 있어서는 통상의 손해를 한도로 배상책임지는 민법상 채무불이행의 경우(민법 제393조)와는 달리 보험금액의 한도에서 피보험자가 입은 실제의 손해를 보상하게 된다(입찰약관 제8조). 또한 보험자는 보험금을 지급한 때 보험계약자에 대하여 구상권을 가지며 피보험자의 이익을 해치지 아니하는 범위 안에서 피보험자가 보험계약자에 대하여 가지는 권리를 대위(代位)한다(입찰약관 제10조 1항). 보험계약자 또는 피보험자가 고지의무(상법 제651조), 위험변경증가의 통지의무(상법 제652조), 위험유지의무(상법 제653조) 등을 위반한 때 보험자는 그 보험계약을 해지할 수 있다. 그러나 보증보험계약의 채권담보적인 기능에서 볼 때 주계약의 채권·채무가 소멸되지 아니한 한 보험계약자는 피보험자의 동의 없이 임의로 그 계약을 해지할 수 없다. 한편 보증보험계약은 보험계약자와 피보험자 사이의 주계약에 따른 보험계약자의 채무이행을 담보하고 있는 것이므로 주계약에 관한 중대한 변경이 있었을 때에는 보험계약의 효력이 상실된다(입찰약관 제4조, 지급약관 제4조).

제2절 재보험(再保險, Reinsurance)

1. 재보험(再保險, Reinsurance)의 개념과 역사

(1) 재보험(re-insurance)의 정의

위험이 대형화 되어감에 따라 보험자가 단독으로 보험담보를 못하고, 위험분산을 위하여 보험계약상의 책임에 대한 전부 또는 일부를 다른 보험자에게 인수시키는 보험을 재보험이라 한다. 즉, 보험자가 피보험자 또는 보험계약자와 계약을 체결하여 인수한 보험의 일부 또는 전부를 다른 보험자에게 전가시키는 보험이다.

재보험(再保險)은 보험계약의 위험을 분산시키기 위해 보험회사가 드는 보험으로 보험사를 위한 보험이라고 할 수 있다. 이때 보험계약을 처음 체결한 보험자를 원보험자라고 하고, 원보험자로부터 리스크를 인수한 보험자를 재보험자라고 한다. 한 보험회사가 인수한 계약의 일부를 다른 보험회사에 인수시키는 것으로 '보험을 위한 보험'이다.

☞ 보험자의 위험관리 기법 중 위험을 수직분산 시키는 방법이며 보험자간의 위험의 처리 기법이기도 하다. 재보험(Reinsurance)(상법 제661조)

Robert W. Strain은 재보험을 "재보험자가 대가(재보험)를 받고 출재자에게 출재사가 발급한 보험증권 하에서 지급하게 되는 손해의 전부 또는 일부에 대하여 보상할 것을 약속하는 거래"라고 정의하고 있다(Reinsurance Contract Wording, 1992, p.766).

재보험은 손해보험에서 보험경영의 안정화를 위해서 꼭 필요하다. 거대위험을 인수하는 손해보험 특성상, 일정 부분만을 보유하고 나머지 부분은 전 세계 재보험자에게 위험을 분산함으로써 위험의 집중화를 막는다.

재보험은 보험자가 인수한 보험계약상의 책임의 전부 또는 일부를 다른 보험자에게 인수시킬 것을 목적으로 하는 보험계약으로 책임보험의 일종이다(제661조). 이때의 재보험에 대하여 처음의 보험을 원보험(原保險: 元受保險)이라 한다. 재보험은 원보험자가 혼자서 전부 부담하기 어려운 다액의 계약 또는 다수의 계약을 체결한 경우 또는 화재보험에 있어서는 지역적으로 한 곳에 편재한 다수계약이 체결된 경우 등에 위험의 일부를 다른 보험자에게 전가하면서 한편 보험료의 차액을 이득하기 위하여 이용된다. 재보험과 원보험은 경제상으로는 동질적인 위험을 부담하므로 같은 성격의 보험이 되나 법률상으로는 전혀 별개의 계약이므로 원보험이 손해보험이든 인보험이든 재보험은 책임보험에 속한다(제726조). 재보험자가 보상책임을 부담하는 시점은 원보험자가 보험사고발생 때의 채무를 부담하므로 그 때가 된다. 따라서 원보험자가 현실로 이행하였는가는 불문한다.

• 재보험과 공동보험

재보험은 원보험자와 재보험자가 수직관계인 반면, 공동보험이나 병존보험은 수평관계이다. 또한 공동, 병존보험은 각 보험자가 각각 독립하여 보험계약을 체결한다.

(2) 법적 성질

원보험자가 보상책임을 짐으로써 입은 손해를 재보험자가 보상하므로 책임보험의 성격을 갖는다는 책임보험계약설이 통설이다.

상법은 책임보험에 관한 규정을 재보험에 준용하고 있으므로 책임보험계약설을 취하고 있다. 또한 인보험의 재보험이나 손해보험의 재보험 모두 손해보험에 속한다.

(3) 재보험의 역사

- 보험사업 초기에는 보험회사들이 자기가 감당할 수 있는 한도까지만 보험을 인수하였기 때문에 재보험의 필요성이 부각되지 않음.
- 20세기 초반에 들어 산업화와 함께 대형 계약이 크게 증가하면서 이에 대한 재보험수요 또한 증가함.
- 세계 최초의 재보험 전문보험회사는 1846년에 설립된 독일의 쾰른 재보험회사

2. 재보험의 역할 및 필요성(기능)

(1) 재보험의 필요성 및 기능

재보험은 보험자의 보험인수 능력을 높이고 예기치 못한 사고로부터 보험회사를 보호한다. 보험회사가 도산할 위험을 줄여 주고 손익의 변동성을 줄여준다.

재보험사는 위험 관리에 풍부한 노하우를 보유하고 있으며 원보험사에게 그 노하우를 제공하고 있다.

① 위험의 분산: 원보험자는 위험의 분산으로 인수능력을 증대시켜 영업수익을 확대시킬 수 있다.

② 보험자의 인수능력 강화 및 증대, 대형재해로부터 보험자의 보호

③ 보험계약자 보호: 보험계약자는 거대위험을 부보 가능하고, 다수 보험자와 일일이 계약을 체결하는 번거로움을 피할 수 있다.

④ 지급여력유지

⑤ 새로운 상품 및 위험인수에 따른 정보획득

⑥ 이익의 평준화로 보험수익의 안정: 위험의 분산을 통한 이익의 평균화를 통해 기업을 안정시킨다.

⑦ 보험사업의 중지: 영업종목 중지 시 이용.

(2) 재보험의 역할

재보험계약을 통한 대형위험을 처리할 수 있고, 출자회사의 재무구조를 개선하고, 새로운 상품 개발에 있어 재정적, 경험적 지원이 가능하고, 신규 시장진입 보험회사에 대해 담보력의 제공 가능 역할 한다.

- 보험자의 인수 능력을 증가시킨다.
- 대형재해로부터 보험자를 보호하는 역할을 한다.
- 수익의 안정을 가져올 수 있다.
- 미경과보험료 적립금에 따른 재정적 부담을 줄인다.
- 영업종목의 일부 또는 전부를 중지하는 데 사용된다.

3. 재보험의 기본원리 및 재보험 계약관계

(1) 재보험의 특성

- 대형위험에 대한 부담과 책임을 분산시킬 수 있음
- 재보험계약은 손해보험계약의 일종
- 보험회사로부터 분산되어 재보험으로 인수된 위험은 또다시 국제적으로 분산
- 고도의 전문성과 기술력을 필요로 하는 영역

(2)재보험과 원보험 계약간의 관계

- 공동운영의 원칙
- 상법상 별도의 독립된 계약
- 최대 선의의 원칙을 준수할 의무

(3) 재보험(再保險)의 계약관계

1) 책임보험의 준용

상법에서는 책임보험에 관한 규정을 재보험계약에 준용한다(상법 726조).

2) 당사자의 의무

• 원보험자

① 보험료지급의무   ② 고지의무

③ 통지의무   ④ 위험유지의무

⑤ 손해방지경감의무   ⑥ 재보험자에게 자료, 서류 등을 제시할 의무

• 재보험자

① 보험금지급 책임을 진다.

② 책임의 발생 시기

원보험금 지급의무 발생시설이 통설이다. 즉 원보험자가 원피보험자에게 보험금지급의무를 진 때이다.

3) 재보험과 원보험의 계약관계

가. 양계약의 독립성

① **보험료 관계**: 원보험자는 원보험계약자의 보험료 부지급을 이유로 재보험료의 지급을 거절할 수 없다.

② **보험금액 관계**: 재보험자의 보험금 부지급을 이유로 피보험자에게 보험금지급을 거절할 수 없다.

③ **양계약의 관계**: 양 계약은 직접적인 권리, 의무는 없으나 위험의 동질성으로 인하여 원보험이 재보험에 영향을 미친다.

나. 원보험계약자, 피보험자의 재보험자에 대한 직접청구권

개정상법에서는 책임보험에서 제3자의 직접청구권이 인정되고, 책임보험이 재보험에 준용하므로 피보험자는 재보험자에게 보험금을 직접 청구할 수 있다.

4. 재보험요율

(1) 재보험료율 산정과정

① 다수의 법칙: 다수의 보험 가입자를 통해 사고통계를 예측할 수 있다.
                통계 기반 보험료 산정한다.

② 급부 및 반대급부의 원칙: 보험계약자로부터 징수할 보험료가 사고발생시 보험료를 지급하는 데 부족하지 않아야 함

③ 수지상등의 원칙: 보험계약에서 수입보험료의 총액과 지급보험금의 총액이 같아야 함

(2) 보험료 산정 시 준수해야 할 원칙

① 비과도성의 원칙: 보험료율을 타당하게 산정해야 함

② 적정성의 원칙: 보험회사 간에 과당 경쟁 및 덤핑 방지를 위해 필요함.

　　　　　　　보험료율은 기업운영을 위한 이윤을 충당하는 수준에서 책정되어야 함

③ 공정성의 원칙: 보험계약자별 위험의 크기에 따라 그 보험료율을 차등화해야 함

5. 재보험의 분류방법

(1) 재보험의 분류

① 거래 유형에 따라

임의재보험(任意再保險): 원보험자가 재보험에 가입하는 출재(出再)나 재보험자가 재보험을 받아들이는 수재(受再)에 관하여, 원보험자와 재보험자 간에 아무런 의무가 없고 양자의 자유의사에 의거하여 거래되는 재보험.

특약재보험(特約再保險): 원보험 회사와 재보험 회사 사이에 미리 거래 내용과 조건 등을 정한 특약을 체결하여 그것과 맞는 원보험 계약이면 무조건 재보험할 것을 약정하고 실행하는 일. 이에는 비례 재보험 특약, 초과액 재보험 특약, 초과 손해액 재보험 특약이 있다.

② 책임분담 방식에 따라

비례재보험(比例再保險): 특약 재보험 가운데 하나. 특약의 대상으로 정한 모든 원수보험 계약의 인수 보험 금액의 일정 비율을 재보험에 출재(出再)할 것을 약정하는 형태이다.

비비례재보험(非比例再保險): 보험 금액이 아닌 손해액을 기준으로, 보험을 출재(出再)한 회사와 재보험사 사이의 책임이 분할되는 보험.

(2) 거래 유형에 따른 분류

1) 임의 재보험

정의: 출자회사가 재보험사에 청약을 하고 재보험사는 보험계약의 인수 여부를 결정하는 거래방식

장점: 자유롭게 재보험사에게 위험을 분산시킬 수 있음

단점: 업무가 많고 복잡함. 출재회사의 담보능력을 초과하는 위험도 지게 됨.

2) 특약 재보험

정의: 출재회사와 재보험사 간의 기본적 거래조건을 사전에 선정하여 재보험 청약과 인수가 자동으로 이루어지게 하는 거래방식

장점: 비용과 시간이 절약됨. 재보험사는 출재회사에 대한 역선택의 위험을 제거할 수 있음.

단점: 재보험사와 출재회사 모두 재량권이 적어짐

(3) 책임분담 방식에 따른 분류

1) 비례재보험
정의: 보험금액에 대한 출재회사의 보유액과 재보험자의 인수비율에 따라, 보험사고 발생시 동일한 비율로 부담액을 산출하는 방식
분류: 출재방법에 따라 분류
　비례재보험특약: 원보험사가 인수한 계약 중 사전에 정했던 조건과 맞는 모든 계약의 일정비율이 재보험으로 처리되는 방법
　초과액재보험특약: 원보험사가 일정 금액을 보유하고 보유 한도액을 초과하는 부분에만 재보험사에게 출재하는 방법

2) 비비례재보험

보험사고 발생시 출재회사와 재보험사의 책임 분담을 손해액을 기준으로 하는 방법
장점: 사무처리비용이 적게 듦. 누적위험 담보에 적절하려 보유보험료를 증대시킬 수 있음.
단점: 보험계 인력 필요. 재보험사는 비례재보험 대비 수익은 높지만 보험료 수입이 적음.

6. 재보험자의 대위권과 재보험 Pool

(1) 재보험자의 대위권

• 序言
원보험자의 대위권은 재보험자로부터 받은 재보험금 한도 내에서 재보험자에게 이전된다. 재보험 계약상 재보험자가 원보험자에게 보험금을 지급하면 원보험자가 그의 피보험자에 대하여 가지는 권리를 대위 취득하여 대위권을 스스로 행사할 수는 있으나 재보험계약의 경제적, 사회적 기능적인 측면에서 볼 때에 사실상 불가능하므로 상관습상 원보험자에게 그 권리를 위임하는 데 아래의 두 가지의 형태로 나타나고 있다.

① 신탁양도에 의한 원보험자의 대위권행사
재보험자에게 이전된 대위권을 재보험자 자신이 행사하지 아니하고 재보험자의 위임에 따라 원보험자가 자신의 이름으로 제3자에 대하여 이를 행사하고 그 회수한 액을 재보험자에게 교부하는 일종의 상관습을 말한다.

② 대부형식(Loan Form)

재보험자가 곧 재보험금을 지급하지 않고 원보험자에게 재보험금 상당액을 교부하여 주고 원보험자로 하여금 제3자에 대한 권리를 행사시켜 원보험자가 회수한 범위 내에서 재보험자에게 위의 금액을 반환하도록 하는 상관습을 말한다.

(2) 재보험 Pool

1) 보험 pool이란

보험자가 인수한 위험에 대하여 둘 이상의 회사가 pool을 결성하고 거액의 인수 보험금액의 소화를 기도하는 조직이다.

2) 재보험 pool

pool 가입회사가 상호 협의에 따라 자사 인수계약의 전부 또는 일부를 pool에 출재하여 다른 회사가 출재한 계약과 함께 묶어서 그 중의 일부를 다시 再재보험으로 인수하는 것을 말한다.

3) pool의 목적
① 거대위험의 인수
② 대수의 법칙이 적용되기 어려운 계약을 인수
③ 언더라이팅 및 잘 알려지지 않은 계약 인수
④ 위험의 내용이 잘 알려지지 않은 계약 인수
⑤ 대재해의 가능성을 내포한 보험종목에 활용

7. 재보험 처리과정

재보험 처리순서

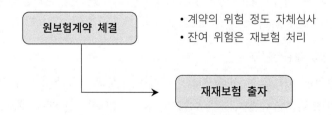

(1) 임의재보험 처리과정

계약을 체결하는 절차
- 재보험 청약서 작성(위험, 보험금액, 담보조건, 보험요율, 수수료)
- 재보험 인수 심의를 통한 인수 결정(=계약심사)
- 계약 인수여부 확정 후 해당 재보험료 3개월 내 송금

체결 이후 사고가 발생했을 때 처리하는 절차
- 사고를 통지받고 출재회사는 즉시 재보험자에게 통보
- 사고금액 확정 후 재보험자에게 재보험금 청구서 발송 재보험자는 원보험회사에 2개월 내 재보험금 송금

(2) 특약재보험 처리과정

재보험 청약서 작성: 특약재보험 청약서 작성(위험 범위, 수수료, 담보조건, 특약기간 언더라이팅 정보)
언더라이팅을 통한 인수 결정: 재보험자의 심의 후 인수여부 결정
분기별 재보험료 및 재보험금 청산
- 수재회사 간 체결된 특약의 내용을 기반으로 분기별 명세서 또는 결과 계수를 통보하는 방식.
- 3개월마다 대차청산(※대차청산: 재보험 미수 및 미지급 금액을 상호 청산하는 것)
- 한도액 초과의 대형사고 발생 시 재보험사가 재보험금을 즉시 지급하기도 함(=즉시불 보험금)

8. 재보험 계약방법과 형태

(1) 재보험의 계약방법

1) 임의(수의) 재보험(Facultative Reinsurance)
가장 오래된 방법으로 계약 체결시마다 사정에 맞춰 계약조건을 임의로 정하는 방법
(특징)
- 원수보험자는 출재여부를 자유롭게 결정할 수 있고 재보험자 또한 원수보험자로 출재된 것에 관해 수재여부를 자유로이 정할 수 있다.

– 대형 위험이나 비표준적 위험 처리 시 사용된다.

(장점)

– 상황에 따라 계약조건 등을 정할 수 있는 융통성이 있다.

(단점)

– 재보험자를 구하고 계약조건을 정하는 데 많은 시간과 노력 및 경비가 든다.

– 재보험계약 성립여부가 경우에 따라 불확실하다.

2) 약정(특약 또는 자동) 재보험(Treaty or Automatic Reinsurance)

원수보험자와 재보험자 사이에 계약에 관한 대체적인 거래 조건에 관해 합의를 본 후, 이 조건에 맞는 위험은 자동적으로 정해진 계약에 따라 자동적으로 처리하는 방법

(특징)

– 거래조건 성립시 원수보험자는 계약에 따라 출재를 해야 하고 재보험자는 수재를 해야 함.

– 특약조건에 맞는 위험을 주로 다룬다.

(장점)

– 수의재보험에 비해 시간과 노력 경비의 절감, 출·수재에 대한 불확실성의 제거

(단점)

– 재보험자는 원수보험자가 불량위험 선택 시 영업실적이 나빠질 수 있다. 역선택의 위험

3) 수의의무재보험(Facultative Reinsurance)

원수보험자에게는 출재의 자유가 있고, 재보험자에게는 선택의 자유 없이 출재된 위험은 의무적으로 인수해야 하는 재보험 방법이다.

4) 재보험pool(Reinsurance Pool)

여러 보험자가 일정한 계약조건에 따라 참여하여 일정한 위험에 대하여 공동으로 책임을 지는 재보험방법으로 주로 원자력위험, 자연위험 등과 같이 대형위험을 부보대상으로 한다.

(2) 재보험의 형태

1) 비례재보험(Proportional Reinsurance)

원수보험자와 재보험자가 각각 인수하기로 한 계약금액에 비례하여 보험료 및 손실부담금이 각각 정해진다.

비례분할재보험(Quota Share): 계약금액을 원수 보험자와 재보험자간에 분할하는 데 있어서 일정 금액을 기준으로 하기보다 일정 비율을 기준으로 분할하고 보험료와 손실 금액도 이 비율에 의해 분할된다.

보유초과재보험(Surplus): 계약금액을 원수보험자와 재보험간에 분할하는 데 있어 일정금액을 기준으로 분할된다.

2) 비비례재보험(Non-proportional Reinsurance)

이는 비례재보험과 달리 인수한 계약금액을 기준으로 하는 것이 아니다.

발생된 손실에 따라 정해진 손실금액, 또는 손실율 까지는 원수보험자가 책임을 지고 나머지 손실부문의 전부 또는 일부를 재보험자가 책임을 지는 형태이다.

초과손해재보험(Excess of Loss): 위험당 또는 사고당 발생된 손실에 따라 정해진 손실금액까지는 원수보험자가 책임을 지고 나머지 부문의 전부 또는 정해진 손실 금액은 재보험자가 책임을 지게 된다.

손실률재보험(Loss Ratio or Stop Loss): 일정기간동안의 누적 손실률이 일정률에 이를 때 까지는 원수보험자가 모든 손실을 책임지고, 일정 손실률을 넘는 손실에 대해서는 재보험자가 책임을 진다.

종합초과손해재보험(Aggregate Excess of Loss): 손실률재보험과는 달리 누적손실률을 기준으로 하는 것이 아니라 손실액을 기준으로 한다.

제3절 장기손해보험

1. 개요

장기손해보험의 개요

장기손해보험은 예정이율을 적용하여 보험료를 산출하는 손해보험을 말하며, 일반적으로 보험기간이 장기인 것이 특징이다.

2. 장기손해보험의 구성

(1) 보험종목 및 가입대상

• 보험종목

장기손해보험은 기본계약의 성격에 따라 장기화재, 장기종합, 장기상해, 장기질병, 장기간병, 장기기타 보험으로 나눈다.

① **장기화재**: 장기손해보험 중 화재로 인한 재물에 생긴 손해 보장
② **장기종합**: 장기손해보험 중 재물손해, 신체손해, 배상책임손해 보장 중 두 가지 이상의 손해를 보장
③ **장기상해**: 장기손해보험 중 신체의 상해로 인한 손해 보장
④ **장기질병**: 장기손해보험 중 질병에 걸리거나 질병으로 인한 입원, 수술 등의 손해 보장
⑤ **장기간병**: 장기손해보험 중 활동불능 또는 인식불명 등 타인의 간병을 필요로 하는 상태 및 이로 인한 손해 보장
⑥ **장기기타**: 상해, 질병, 간병 보장 중 두 가지 이상의 손해를 보장

• 가입대상: 개인 및 단체

(2) 담보종목

담보는 크게 상해, 질병, 상해 및 질병, 비용손해, 재물손해, 배상책임으로 구분할 수 있다.

3. 보험료 계산

(1) 개요

보험료는 순보험료와 부가보험료로 구성되어 있다. 순보험료 중 위험보험료는 사고발생시 보상에 필요한 보험금으로 사용되는 재원이며, 저축보험료는 해지 시 해지환급금, 만기시 만기환급금의 재원으로 쓰인다. 또한 저축보험료는 해지 시 해지환급금, 만기 시 만기환급금의 재원으로 쓰인다. 또한 부가보험료는 보험회사의 운영에 필요한 비용으로 사용되는 재원이다.

(2) 보험료 결정요소

보험료는 예정위험률, 예정이율, 예정사업비율에 의해 계산된다.

(3) 보험료 계산

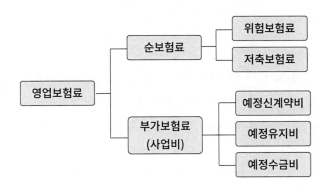

제4절   여행보험

1. 개요

• 여행보험의 개요

여행자보험은 해외여행, 국내여행, 남북한주민왕래보험으로 구분하여 여행중 상해로 인한 사망·후유장해, 의료실비를 기본계약으로 하며, 상해 이외의 질병으로 사망 또는 치료비, 휴대품손해, 여행중 배상책임등을 특약형태로 가입할 수 있다.

2. 여행보험 구조

(1) 기본

해외여행보험	해외여행중 상해위험담보(사망후유장해, 의료비)
국내여행보험	국내여행중 상해위험담보(사망후유장해, 의료비)
남북주민왕래보험	남북한여행중 상해위험담보(사망후유장해, 의료비)

(2) 특약

질병사망담보	해외여행중, 국내여행중, 남북한여행중 질병사망담보
질병치료비담보	해외여행중, 국내여행중, 남북한여행중 질병치료비담보
배상책임담보	해외여행중, 국내여행중, 남북한여행중 배상책임담보
휴대품손해담보	해외여행중, 국내여행중, 남북한여행중 휴대품손해담보
기타담보	해외여행중, 국내여행중, 남북한여행중 천재위험 등

(3) 보험가입자격 제한

위험직종종사자, 위험운동 참가자, 연령 등 피보험자의 직업, 직무, 기타사항으로 인하여 가입이 제한되거나 불가능 할 수 있으며 가입금액이 제한될 수 있음.

  -15세 미만자 등은 질병사망담보에 가입할 수 없음

(4) 상품특이 사항

- 순수보장성보험으로 만기 시 환급금이 없음.
- 의료실비를 담보하는 다수계약이 체결된 경우, 해당 약관에 따라 비례보상.

3. 보통상해보험 보험료 계산

보험요율서상 기본요율에 할인할증율을 반영한 적용요율에 보험가입금액을 곱하여 계산.

제5절 부동산권리보험

1. 개요

부동산에 대한 권리상의 하자로 인하여 생긴 손해를 보상하는 보험.

2. 부동산권리 보험의 구성

(1) 보험종목 및 가입대상

부동산권리보험의 종목은 크게 부동산 소유권용 권리보험, 부동산 저당권용 권리보험, 부동

산 임차권용 권리보험 등으로 구분

보험종목보험가입대상부동산 소유권용 권리보험부동산 소유권부동산 저당권용 권리보험부동산 저당권 부동산 임차권용 권리보험부동산 임차권

(2) 가입대상

보험종목	보험가입대상
부동산 소유권용 권리보험	부동산 소유권
부동산 저당권용 권리보험	부동산 저당권
부동산 임차권용 권리보험	부동산 임차권

(3) 담보종목

－구분

① 부동산권리보험의 담보는 가입자가 가입여부를 결정할 수 있는 임의보험임

② 부동산 소유권용 권리보험의 담보는 소유권에 관련된 하자, 거래 내부적으로 잠재되어 있는 하자, 권리방어 비용의 담보종목으로 구성된다.

－담보종목별 내용

① 소유권에 관련된 하자: 진정한 소유권자로부터 소유권을 취득하지 못하여 입게 되는 손해를 보상

② 거래 내부적으로 잠재되어 있는 하자: 각종 문서의 위조, 사기, 인감증명의 무효 등으로 인한 손해를 보상

③ 권리방어비용: 사고발생시 권리방어를 위한 법적조치를 취하고, 이로 인해 발생하는 비용을 보상

3. 부동산권리 보험료 계산

(1) 개요

보험료는 순보험료와 부가보험료로 구성되어 있습니다. 순보험료는 사고발생시 보상에 필요한 보험금으로 사용되는 재원이며, 저축보험료는 해지시 해지환급금, 만기시 만기환급금의 재원으로 쓰인다. 또한 부가보험료는 보험회사의 운영에 필요한 비용으로 사용되는 재원이다.

(2) 보험료 결정요소

보험가입자별로 납입하는 보험료를 결정하는 요소에는 권리조사비용, 지역, 조사항목 등이 있음

(3) 보험료의 계산

보험가입금액에 따라 보험료가 계산됨.

제7편

제3보험이란 무엇인가?

제1장
제3보험의 개념

제1절   제3보험이란?

사람의 질병·상해 또는 이로 인한 간병에 관하여 계약을 하고 손해를 입으면 보상을 해주는 보험
이다. 즉, 상해보험, 질병보험, 간병보험, 기타(실손의료보험 또는 일명 실비보험)보험 등을 가입
(계약) 시에 위험보장을 목적으로 사람의 질병·상해 또는 이에 따른 간병에 관하여 금전 및
그 밖의 급여를 지급하는 보험이다.

- 제3보험은 손해보험 및 인보험의 두 가지 성격을 모두 갖추고 있으며 Gray Zone이라고
  도 한다.
- 또한, 제3보험은 손해보험회사, 생명보험회사에서 다 판매가 가능하기 때문에 가입한 상
  품에 따라 정액보상(정해진 금액 그대로 다 받는 것), 또는 실손보상(내가 낸 만큼만 받는 것)
  모두 가능하다.
- 제3보험의 종류는 3가지이다. 즉, 상해보험 / 질병보험 / 간병보험(치매보험이라고도 한다)이
  있다.
- 제3보험이란, 사람의 신체사고에 대하여 사망/후유장해 및 치료비, 간병비 등을 보상하
  는 보험으로 "민영 의료보험"을 법적 개념으로 표현한 용어이다.
- 제3보험은 보험금 지급방식에 따라 실손의료보험과 정액의료보험으로 나눈다.
- 실손의료보험은 상해, 질병 및 간병으로 실제 발생한 의료비용을 보상하는 상품인 반면,
  정액의료보험은 특정 질병이 발생하면, 진단비/수술비/입원비 명목으로 계약 당시에 약
  정한 금액을 지급하는 상품이다.

- 제3보험은 생명보험회사와 손해보험회사 모두 겸영 가능하다.

제2절 제3보험의 종류

- 제3보험의 종류는 상해보험, 질병보험, 간병(치매)보험, 실손의료보험 등을 제3보험이라고 한다.
- 제3보험은 손해보험 및 인보험의 두 가지 성격을 모두 갖추고 있으며 Gray Zone이라고도 하는데, 아래의 그림을 보면 겹쳐있는 부분이 제3보험이다. 그래서 검정과 흰색을 겹치면 회색이 된다. 이런 의미로 그레이 존이라고도 한다.

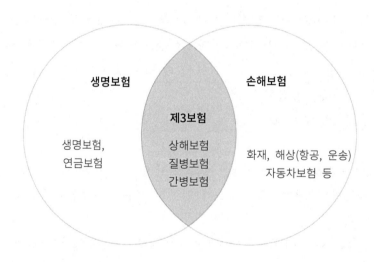

1. 상해보험

(1) 담보조건

상해보험은 급격(예측불가, 불가피)하고도 우연(원인/결과)한 외래(외부의 원인)의 사고로 인해 피보험자의 신체에 상해를 입었을 때 그 손해를 보상하는 상품이다.

(2) 보장방식

사망 및 후유장해: 생명은 가치를 환산할 수 없으므로 생명보험과 마찬가지로 정액방식으로 보상한다.

실종: 법원실종기간이 끝나는 때에 사망한 것으로 간주한다.

재난: 가족관계등록부에 기재된 사망연월일을 기준으로 지급한다.

후유: 장해지급률을 상해발생일로부터 180일 이내에 확정하여 [보험가입금액×장해지급율]에 해당하는 값을 지급한다. 치료가 길어져 180일이 초과되면, 180일이 되는 날의 의사 진단에 기초하여 고정한다.

(3) 면책

약관에서 보상하지 않는 경우를 "면책"이라고 하며, 심신상실 상태가 아닌 정상인의 고의사고, 임신/출산/전쟁/폭동/위험한 직무에 해당되는 경우는 보험금을 지급하지 않는다.

2. 질병보험

돈이 많이 드는 3/9/12대 질병에 대하여 선택적 보상을 하는 상품으로, 진단비, 수술비, 입원비 등을 보장한다. 단, 이로 인한 사망은 다루지 않는다(사망은 생명보험).

질병보험은 가입 시 대기기간을 적용함으로써 의도된 가입을 막는다. 다만, 갱신형 질병보험의 경우 갱신 후 계약에 대해서는 대기기간을 두지 않는 경우가 일반적이다.

(1) 암보험

우리나라 사망률 1위에 해당하는 암에 대해 집중 보장하는 상품이다.

최근 암보험 상품의 경향은 다음과 같다.

보험금 차등화: 암의 진행, 기수에 따라 치료비 등 수준을 달리 한다.

재진단암: 재발이 되어도 보장받을 수 있도록 2년을 간격으로 재발 시 진단보험금을 지급한다.

가입대상확대: 80세 이상이거나 과거 병력이 있어도 가입할 수 있다.

보장기간확대: 최대 종신가입 가능하다.

(2) CI(치명적 질병)보험

암/뇌/심장 관련 질병의 상황이 "중대할" 경우에 한하여 보장한다.

(3) 치아보험

다른 과는 실비처리가 가능한 반면, 치과는 실손보상을 적용하지 않는 경우가 많다.
치아보험은 진단형과 무진단형이 있다.

진단형: 치아 관련 검진을 받고 보험사에 자료를 제출하여 위험성이 없는 경우 가입할 수 있다. 위험성이 없기 때문에 가입 즉시 보장되며, 보장한도에 제한이 없다.
무진단형: 고지사항을 듣고 질문서에 체크만 하면 가입이 이루어지지만, 면책/감액기간이 붙는다.

3. 간병보험

보험기간 중 장기요양상태가 되거나 일상생활장해 및 치매 등으로 일상생활이 어려운 경우 보험금을 지급하는 상품이다.
공적 노인장기요양보험은 자기부담금이 존재하고 급여 대상이 제한되어 있기 때문에, 추가 보장을 원하는 사람이 가입한다.

구 분	장기간병보험(민영보험)	노인장기요양보험(사회보험)
근거법	보험업법	노인장기요양보험법
도입시기	2003.8	2008.7
가입여부	임의	의무
급여대상	회사자체기준 또는 공적 장기요양등급 적용	65세 이상 노인 또는 65세 미만 노인성질환자
지급사유	약관상 지급사유 발생 시	장기요양 1~5등급 판정을 받고 요양서비스 수가 발생 시
급여종류	일시금(진단자금), 정액연금(요양자금)	시설급여(요양서비스 수가의 80%, 등급별/시설별 월 한도 내 지급) 재가급여(요양서비스 수가의 85%, 등급별 월 한도 내 지급), 가족요양비(월 15만원)

4. 실손의료보험

- 병원에서 계산을 하면 진료비 명세서를 받게 되는데, 이때 진료비는 다음과 같은 구조로 되어 있다.

건강보험급여(치료와 직접 연관된 항목): 공단부담

건강보험비급여(직접 치료가 아닌 항목 예: 영양주사, 한약보약, 특진): 본인부담

- 실손의료보험은 위처럼 [건강보험급여 중에서 본인이 부담해야 하는 부분]과 [건강보험비급여]에 대해 보상하는 상품이다.

- 표준형(진료비의 80%)을 기준으로 상세 내역은 다음과 같다.

다수계약: 여러 보험사의 실손의료보험을 들고 있다면, 보험료별 비례보상 한다.

자기부담금: 입원이라면 200만원 한도로 나머지 20%를 본인이 부담하며, 통원이라면 나머지 20%와 병원종별금액 중 큰 금액을 본인이 부담한다.

보상한도: 입원은 연간 총 5천만원을 보상하고, 통원은 연간 180회 한도로 외래와 약제비를 구분하여 보상한다.

5. 해외여행보험

예상치 못한 중대한 일이 발생하여 여행일정을 취소할 경우 발생하는 경제적 손실, 해외여행 중 상해/질병으로 인한 의료비 지출, 휴대품 분실, 배상책임 등 다양한 위험을 보장하는 상품이다.

주거지(집)를 출발하는 순간부터 도착하는 순간까지 적용된다.

- 외국상황이다 보니 확실한 자료가 필요하다.

  의료비: 현지 영수증 또는 진단서 첨부

  도난: 현지 경찰서 신고 후 확인증 제출

제2장
제3보험의 상품 및 해설

제1절 　상해보험

피보험자가 우연한 사고로 인하여 신체에 상해를 입은 경우 보험금액 기타의 급여를 하는
보험이다.

1. 개요

상해의 요건

① 급격성: 사고의 발생이 짧은 시간 안에 일어나 이를 피할 수 없음
② 우연성: 사고의 발생을 예견할 수 없음
③ 외래성: 사고 발생 과정에서 외부적 요인이 개입됨
- 우연에 의해 급격히 일어나는 외래의 사고로 상해를 입은 피보험자의 사망. 후유 장해
  또는 의료비용을 담보하는 보험
- 상해보험은 원칙적으로 신체의 상해사고를 보험사고로 하나, 특약에 따라 신체와 관련
  없는 위험까지 담보하는 경우도 있음

(1) 특징

① 사람의 생명과 신체를 대상으로 함.
　　→ 금전으로 환산 불가능, 따라서 피보험이익이 존재하지 않음

② 보험금 지급 방식에서 실손보상방식과 정액급부방식을 모두 차용함
   → 상해보험의 담보위험이 손해보험의 위험에 비해 범위가 넓기 때문

   실손보상방식: 피보험자가 입은 실질적 손해를 한도로 하는 방식
   정액급부방식: 보험계약상의 약정금액 지급

③ 상해보험은 손해보험에서 생기는 초과·전부·일부·중복보험의 문제가 없으나, 정액급부와 실손보험으로 인한 위험을 모두 담보함
   → 이 중 실손보험에서는 위의 4가지 문제의 규정이 적용되는 경우가 있음
④ 상해보험 보험자의 대위권이 제한된 범위 내에서 인정됨
   → 손해보상적 성격의 담보위험에 관해서는 보험수익자에게 부당이득이 발생함
      따라서 이 경우 도덕적 차원에서 보험자의 대위권이 인정됨
⑤ 상해보험은 인보험에 속하기 때문에 보험계약자. 피보험자 및 보험수익 자의 손해방지의무가 없음
⑥ 상해보험의 사망사고는 우연성, 급격성을 가진 외래의 사고로서 사고의 발생여부와 시기, 발생형태가 불분명함
   → 이와 비교해 생명보험의 사망사고에서는 사망 그 자체는 확정되어 있고 발생 시기만이 불분명함
⑦ 상해보험의 기간은 원칙적으로 1년이며, 장·단기 계약이 가능함

(2) 면책사유

보통약관상의 면책위험	절대적(일반적) 면책위험 ☞ 항상 면책
	- 보통약관에서 면책으로 분류하는 위험 - 어떤 행위가 고의라 할지라도 그 원인이 피보험자의 입장에서 우연한 것이면 담보가능 (긴급피난, 익명구조, 정당방위) - 면책대상: 자살, 폭력, 뇌 질환, 형 집행, 천재지변, 전쟁위험 등
특별약관상의 면책위험	상대적 면책위험 ☞ 별도 약관(추가보험료 지불) 없을 시 면책
	- 상해보험과 관련해 보통약관에서 면책으로 분류하는 위험을 추가로 담보하는 경우 - 면책대상: 익스트림 스포츠, 자동차 경기, 선박 탑승시의 사고 등

(3) 보험금의 지급

1) 사망보험금

지급 요건

- 피보험자가 사망한 직접적인 이유가 보험사고에 의한 상해여야 함
- 사고일로부터 1년 이내에 사망하여야 함
- 피보험자가 탑승한 항공기나 선박이 행방불명된 경우, 정부기관이 피보험자의 사망을 인정하여 호적에 사망이 기재되어야 함.

보험수익자

- 보험에 명시된 특정인
- 법정상속인이 존재할 경우 민법상 상속규정에 따라 지급
- 보험금은 보험증권에 기재된 전액 지급(단 보험 만료 전 후유장해보험금을 지급한 경우에는 해당금액 제외 후 지급)

2) 입원보상금

지급 요건

피보험자가 보험사고로 상해를 입거나 질병에 걸려 입원한 경우
- 보험증권에 기재된 금액을 26주 한도로 정기적으로 지급
- 같은 질병으로 여러 번 입원할 경우, 입원하지 않는 기간이 1년 이내이면 이를 하나의 상해 또는 질병으로 인한 입원으로 간주

3) 벌금 및 방어요건에 대한 보상금

지급 요건

- 휴일 중 자동차 운전 중 급격하고 우연한 사고가 일어났을 때 지급
- 대한민국 내에서 발생
- 타인을 사망하게 하거나 상해를 입혀야 함
- 피보험자가 확정판결에 의해 벌금을 부담하거나 구속
- 보험증권에 기재된 금액을 한도로 지급하며 보험 기간 중 모든 사고에 대하여 해당 한도 내에서 피보험자가 실제로 지출한 비용을 보상

4) 보험청구권 상실

– 보험 기간이 만료되기 이전에 보험계약자, 피보험자, 보험수익자가 사고의 통지 또는 보험금 청구서류에 고의로 다른 내용을 기재할 경우

– 해당 관계자가 서류나 증거를 위조·변조했을 경우

– 해당 관계자가 상당한 이유 없이 사고 조사를 방해하거나 회피한 경우

– 보험금의 청구·지급기한이 만료되면 청구권은 자연적으로 상실됨(청구권은 보험사고 발생일로부터 2년 이내) → 보험자는 보험금청구를 접수한 날을 기준으로 신체 손해의 경우 3일, 재산 및 배상책임에 관한 경우 20일 이내에 보험금을 지급해야 함

(4) 보험금 부담

지급보험금 비례분담방식에 따른 보험금 분납 요건

– 보험수익자가 해당 보험 외에 가입된 다른 보험에 의해 의료비를 보상받을 수 있어야 함

– 그 보험금의 합계액 > 피보험자가 실제 지급한 의료비

종류: 단체상해보험, 국내여행보험, 해외여행보험

2. 구성

(1) 기본계약

① 상해후유장애

보험금지급사유: 상해사고로 인하여 상해를 입고 1년 이내에 그 직접결과로서 사망 또는 신체의 일부를 잃었거나 또는 그 기능이 영구히 상실된 경우 – 상해후유장애

보험금지급액: 보험가입금액의 3%~100%

② 상해의료비

보험금지급사유: 상해사고로 인하여 상해를 입고 그 직접결과로써 의사의 치료를 받을 경우

보험금지급액: 1사고당 의료비가입금액 및 180일을 한도로 실손의료비

(2) 특약

① 질병사망

보험금지급사유: 질병으로 사망하거나 신체의 일부를 잃었거나 그 기능이 영구히 상실되어 장해분류표에서 정한 지급률이 80%이상의 후유장해가 남았을 경우

보험금지급액: 질병사망 보험가입금액

② 기타담보: 휴일상해, 교통상해, 소득보상금, 입원비 등

(3) 보험가입자격 제한

① 위험직종종사자, 위험운동 참가자, 연령 등 피보험자의 직업, 직무, 기타사항으로 인하여 가입이 제한되거나 불가능할 수 있으며 가입금액이 제한될 수 있음.

② 15세 미만자 등은 질병사망담보에 가입할 수 없음

(4) 상품 특이사항

-순수보장성보험으로 만기 시 환급금이 없음
-의료실비를 담보하는 다수계약이 체결된 경우, 해당 약관에 따라 비례보상
-피보험자의 직업 또는 직무에 따라 보험료가 차등 적용

3. 보험료 계산

(1) 기본계약

-피보험자의 직업 또는 직무에 따른 급수별 차등 위험률
-상해의료실비 보험가입금액은 50만원부터 3,000만원이며 5만원부터 20만원까지의 자기 부담금 설정가능

(2) 보험료 결정요소

-피보험자의 직업 또는 직무
-보험가입금액, 자기부담금

(3) 보험료의 계산

-보험요율서상 기본요율에 할인할증율을 반영한 적용요율에 보험가입금액을 곱하여 계산
-의료실비담보의 가입금액별 요율의 적용은 아래와 같음.
① 의료실비담보 가입금액이 50만원을 초과하는 경우 아래의 할증계수를 적용. 다만, 의료 실비담보의 가입금액이 각 구간의 중간일 경우에는 상하계수의 격차 범위 내에서 직선 보간을 하여 적용

보험가입금액	50만원	100만원	200만원	300만원	500만원	1,000만원	2,000만원	3,000만원
할증계수	1.00	1.49	1.76	1.91	2.10	2.37	2.64	2.79

② 의료실비담보 가입금액별로 자기부담금을 설정하는 경우 의료실비 요율은 아래의 조정계수를 적용선보간을 하여 적용.

자기부당금액	5만원	10만원	15만원	20만원
조정계수	0.15	0.28	0.40	0.51

계산식: 의료실비요율(50만원 기준) × (가입금액 할증계수 − 자기부담금 조정계수)

4. 단체상해보험

- 근로자의 복리후생을 향상시키고 각종 질병이나 상해 등의 재정적, 심리적 불안을 해소하여 기업의 안정적인 경영을 꾀하는 보험상품
- 근로자의 상해사망, 질병사망, 의료비 등을 보장
- 보험의 적용대상: 의료보험법의 적용을 받는 근로자나 그의 가족
- 연간 보험한도를 설정하고 보험금 지급(전액 지급, 부분 지급)

5. 국내여행보험

대상: 국내여행을 목적으로 주거지를 떠난 피보험자

보상 손해: 사망, 후유장애, 의료비, 휴대품 손해, 배상책임

• 사망보험금

상해로 인한 사망: 상해 입은 후 1년 이내에 사망 → 보험가입 시 정한 보험금 지급

질병으로 인한 사망: 여행 도중에 발생한 질병으로 인해 보험기간 내 사망

→ 질병사망담보특별약관에 따라 보험금 지급

• 후유장해보험금

보험에서 보상하는 손해에 명시된 사고로 인해 상해를 입은 후 신체 일부를 잃거나 신체의 기능이 영구히 상실되는 경우 지급(장해분류표에 따라 차등지급)

• 의료비보험금

사고로 인한 상해를 치료받는 과정에서 발생하는 비용과 여행 기간에 발생한 질병 치료비
보상치료 시작 시점으로부터 180일 이내의 치료비를 보험가입 금액의 한도에 따라 지급

• 휴대품 손해보험금

여행 도중 소지품이 도난 당하거나 사고로 인해 파손되는 경우에 손해를 입은 품목에 대해
최대 20만원을 한도로 보상

• 배상책임손해보험

보험가입자가 타인에게 손해를 입혔을 경우에 손해배상금을 보상

• 보상하지 않는 손해

− 보험가입자의 고의로 인해 발생하는 손해

− 천재지변이나 방사능에 의한 손해

− 전쟁 등의 국가적 위기상황에서 발생하는 손해

− 피보험자의 질병이나 범법 행위로 인한 손해

− 위험한 운동이나 경기에서 발생하는 손해

6. 해외여행보험

① 해외여행을 목적으로 주거지를 떠났을 때부터 주거지로 돌아오는 기간 사이에 발생한
   상해, 질병, 배상책임, 휴대품 분실, 긴급 비용을 보상하는 상품
② 국내여행 보험과 거의 유사, 그러나 특별비용과 항공기 납치에 대한 보험금을 지급한다
   는 점에서 차이가 있음
③ 해외여행보험상품에서 보상하는 특별비용
   − 조난이나 납치 등 예기치 않은 사고로 인해 피보험자가 행방불명되거나 사망하는 경
     우 긴급수색 등의 구조활동에 발생하는 비용(특별비용담보특별약관 제2조)
④ 여행보험의 추세와 관련 법안
   − 최근 국내외 여행자가 늘면서 여행보험에 가입하는 사람들이 많아지고 있는 추세
   − 15세 미만의 여행보험상품에도 사망담보를 포함할 수 있게 하는 법이 발의됨
   − 또 81세 이상의 고령자도 5개의 손해보험사에서 별도의 심사과정 없이 여행보험에 가
     입할 수 있음

제2절 질병보험(疾病保險, sickness insurance)

1. 질병보험계약의 의의, 성격

의의: 보험자가 피보험자의 질병에 관한 보험사고가 발생할 경우 보험금이나 그 밖의 급여
를 지급할 것을 목적으로 하는 인보험계약을 말한다(제739조의2).
보험업법 제4조는 질병보험을 제3보험으로 분류하여 생명보험회사, 손해보험회사가
모두 영위할 수 있다.
생명보험 및 상해보험에 관한 규정을 준용한다.

보험자가 피보험자의 질병에 관한 보험사고가 생길 경우.
질병보험은 사람의 질병 또는 질병으로 인한 입원·수술 등의 위험(질병으로 인한 사망을 제외
함)에 대해 금전 및 그 밖의 급여를 지급할 것을 약속하고 대가를 수수하는 보험(계약)을 말
한다(「보험업감독규정」 제1-2조의2 및 별표 1 제3호).

• 보험자의 책임

질병보험계약의 보험자는 피보험자의 질병에 관한 보험사고가 발생할 경우 보험금이나 그
밖의 급여를 지급할 책임이 있다(「상법」 제739조의2).
• 성격: 사람의 신체에 발생하는 질병을 담보하는 보험으로서 인보험적 성격을 가진다.
실손의료비와 같이 질병의료비를 담보하는 보험은 손해보험의 특징을 겸하기도 한다.

2. 질병보험의 특징

(1) 면책기간

① 서설: 보험계약은 이미 성립하였으나 일정기간 보험자의 보상책임을 면제하는 기간을 면
책기간이라고 한다. 면책기간은 주로 암보험과 같이 고액으로 만성질환을 담보하는 경
우에 적용한다.
② 면책기간의 설정취지: 암과 같은 특정질환의 경우에는 장기간의 잠복기를 거쳐 발생하는
경우가 많고, 보통 만성적 경과를 거쳐 발현되는 경우가 대부분이다. 이러한 만성질환을
보험계약의 청약과 함께 초회 보험료 지급 시부터 보험자의 보상책임을 인정하게 되면

도덕적위험이 발생할 수 있다. 이를 방지하기 위하여 암보험, CI보험 등과 같이 고액으로 진단비을 보장하는 경우에는 면책기간을 설정한다.

③ **면책기간 내의 보험사고**: 보험자의 책임이 면제되는 기간 중에 피보험자에게 보험사고가 발생하게 되면 보험자는 보상책임을 지지 아니한다. 면책기간 중에 발생한 보험사고(질병의 진단 등)가 면책기간을 경과한 때까지 유지되더라도 보상하지 않는다. 이 때문에 면책기간 중에 보험사고가 발생하는 경우에 암보험의 경우에는 그 계약을 무효로 하고, CI보험 등은 보험계약자에게 취소권을 인정하고 있다.

(2) 질문표

질병보험에서는 피보험자의 병력고지가 중요한 판단요소가 된다. 이를 판단하기 위하여 실무에서는 질문표에서 피보험자가 일정기간 이내에 진단, 입원, 수술, 처치, 치료, 검사 등의 사실을 질문하고 있다. 보험자가 서면으로 질문한 사항은 주요한 사항으로 추정한다(제651조의2). 이러한 질문사항에 대하여 불고지하거나 부실하게 고지하는 경우 고지의무 위반으로 추정한다.

• 보험 실무상 질문표에 주로 묻는 사항

① 청약일로부터 3개월 이내에 의사로부터 진찰, 처치, 정밀검사를 통하여 진단, 입원, 수술, 투약을 받은 경우,

② 청약일로부터 5년 이내에 의사로부터 진찰, 검사를 받고 그 결과 입원, 수술, 정밀검사, 진단, 조직검사를 받았거나, 계속하여 7일 이상의 치료 또는 30일 이상의 투약 받은 사실이 있는 경우.

③ 청약일로부터 5년 이내에 10대 질환으로 진단받은 사실이 있는 경우.
  – 10대 질환: 암, 백혈병, 고혈압, 당뇨병, 협심증, 심근경색증, 심장판막증, 뇌졸중(뇌경색, 뇌출혈), 간질환(간경화), 에이즈(또는 HIV보균)

(3) 한국표준질병사인분류(KCD)

보험실무에서는 질병의 동일성 여부를 판단하기 위해 한국표준질병사인분류체계를 인용하고 있다. 즉, 현증이 같더라도 그 원인에 따라 한국표준질병사인 분류코드로 특정질병의 여부를 판단한다.

(4) 보험사고

피보험자가 질병으로 인하여 진단, 입원, 수술 등을 시행한 시점이 된다.
진단－진단 확정된 시점, 암진단－조직검사 보고일, 입원－입원한 때, 수술－수술한 때가
보험사고일 이다.

3. 질병보험의 효과

(1) 보험금 지급의무

생명보험 및 상해보험에 관한 규정을 준용한다(제739조의3).

(2) 면책사유

보험사고가 피보험자의 고의에 의한 경우에 보험자는 보험금의 지급책임을 부담하지 않는
다. 또, 피보험자가 정당한 이유 없이 의사의 지시를 따르지 않은 때에는 보험자는 그로 인
하여 악화된 부분에 대하여는 보험금 지급책임을 지지 않는다.

－ 생명보험 표준약관에서는 청약일 이전에 진단된 질병은 원칙적으로 보험기간 중에 보험
  사고가 발생하더라도 보험자는 보상책임이 없다고 규정하고 있다. 다만, 청약일 이후 5
  년이 지나는 동안 그 질병으로 인하여 추가적인 진단 또는 치료사실이 없을 경우에 보
  험자는 보상책임을 부담한다.

(3) 질병보험의 무효

질병보험의 사망을 담보로 하는 경우에 15세 미만자, 심신상실자 또는 심신박약자를 피보험
자로 하는 계약은 무효이다. 또한, 암보험에서는 책임개시일(90일) 이전에 암으로 진단 확정
된 경우에 그 계약은 무효로 한다.

1. 장기간병보험(長期看病保險)의 의의

장기간병보험이란 피보험자가 상해나 질병으로 인하여 오랜 기간 간병을 필요로 하는 진단을 받게 될 경우에 보험금을 지급하는 보험이다.

중증 질병 및 상해로 인해 오랫동안 요양이 필요하거나 노인성질환으로 인해 도움 받을 인력이 필요할 때 금전적으로 보상 받을 수 있는 상품이다.

즉, 피보험자가 상해, 질병 등의 사고로 일상생활 장해상태 또는 치매상태로 진단이 확정될 경우 간병 비용을 연금이나 일시금의 형태로 받을 수 있는 보험이다(출처: 매경시사용어사전) 일상생활 장해상태는 보장개시일(90일) 이후에 발생한 재해 또는 질병으로 인해 특별한 보조 기구를 사용해도 생명유지에 필요한 일상생활 기본동작들을 스스로 할 수 없는 상태를 말하며, 치매상태는 보장개시일(2년) 이후에 치매상태가 되고 이로 인해 중증의 인지기능 장애가 발생한 상태로서 각각 발생시점으로부터 90일 이상 지속돼야 진단이 확정된다.

2. 장기간병보험의 개요 및 이해

피보험자가 보험기간 중 상해 또는 질병 등으로 인해 타인의 도움이 필요한 장기간병상태가 되었을 때 본인과 가족의 육체적, 경제적 그리고 정신적 고통을 덜어 주기 위해 간병비용을 지급하는 보험이다.

장기간병보험은 활동불능 또는 인식불능 등 타인의 간병을 필요로 하는 상태 및 이로 인한 치료 등의 위험을 보장으로 상해, 질별 등의 사고로 일상생활 장애상태 또는 치매상태로 진단이 확정된 경우 간병비용을 연금이나 일시금의 형태로 지급하는 장기손해보험 상품으로 "장기요양보험"이라고도 한다.

미국에서는 "Long Term Care(LTC)", 일본에서는 "개호보험"으로 통칭되었으며, 우리나라에서도 처음에는 개호보험 등으로 칭하다가 장기간병보험 또는 장기요양보험으로 명칭이 통합되었다.

3. 장기간병보험의 필요성

우리나라는 평균수명의 연장과 함께 초고령 사회로 급격히 진입하면서 노인질병이 증가하고 있으며, 이에 따른 노인 장기간병 의료비 부담과 가족을 통한 장기간병에 대한 공백이 발생되는 현실적 문제가 증가하고 있어 간병상태에 대한 대비가 더욱 요구되고 있다. 또한 노인 장기요양보호법의 시행을 통해 장기요양시설이 확대되고 있어 간병보험에 대한 수요가 점점 더 증가할 것으로 본다.

노인의 장기 간병에 대한 국가나 사회단체의 지원이 아직은 부족함이 있어 민영 장기간병 보험의 수요가 높아지고 있고, 치매, 중풍, 뇌졸중 등으로 인해 장기간병 상태가 되면 매월 간병비를 주는 장기 간병 보험이 국내에서 판매가 활성화되고 있다.

4. 장기간병보험 보험금의 종류 및 지급사유

보험회사는 피보험자가 보험기간 중에 국민건강보험공단 등급판정위원회에 의해 1등급, 2등급, 3등급 또는 4등급의 장기요양등급의 판정을 받아 노인장기요양보험 수급대상으로 인정받은 경우(상품에 따라 1등급, 1~2등급, 1~4등급 등을 보상) 보험수익자에게 약관에서 정한 보험금을 지급(일시지급형, 매월지급형)한다.

장기요양등급은 노인장기요양보험법상 "심신의 기능상태 장해로 일상생활에서 다른 사람의 도움이 필요한 정도"를 측정하여 장기요양신청인의 "요양필요도"에 따라 1,2,3,4,5등급 및 인지지원등급으로 구분되며, 1등급이 가장 정도가 심하다.

• 장기요양등급별 인정점수 및 기능상태

장기요양등급은 1~5등급과 그 외 등급이 있는데, 인지상태와 생활모습에 따라서 등급이 달라진다.

① 1등급: 95점 이상

　　심신의 기능상태 장애로 일상생활에서 전적으로 다른 사람의 도움이 필요한 상태. 모든 생활에 다른 사람의 도움으로 생활을 유지하고 완전히 정신건강을 잃어버려서 거동조차할 수 없는 상태이다.

② 2등급: 75점 이상 95점 미만

　　심신의 기능상태 장애로 일상생활에서 상당 부분 다른 사람의 도움이 필요한 상태. 대부분 생활에 도움을 요청해야 생활을 유지할 수 있다.

③ 3등급: 60점 이상 75점 미만

　　심신의 기능상태 장애로 일상생활에서 부분적으로 다른 사람의 도움이 필요한 상태.

④ 4등급: 51점 이상 60점 미만

　　　심신의 기능상태 장애로 일상생활에서 일정부분 다른 사람의 도움이 필요한 상태.

　　　생활에 큰 불편함은 없지만, 일부분 다른 사람의 도움을 받아야 생활할 수 있다.

⑤ 5등급: 45점 이상 51점 미만, 가장 낮은 요양등급인 인지등급.

　　　치매환자(노인장기요양보험법 시행령 제2조에 따른 노인성질병으로 한정한다)

⑥ 그 외 등급

5. 장기요양등급을 확정받기 위한 절차

(1) 전문자격을 갖춘 의사의 소견서 제출한다.

장기요양신청서는　대리인이 접수할 수 있다.

환자의 현재 상태, 의사소견서 및 진단서를 제출, 이 자료를 바탕으로 환자의 등급이 결정된다. 장기요양등급은 1~5등급과 그 외 등급이 있는데, 인지상태와 생활모습에 따라서 등급이 달라진다.

(2) 조사과정에서 해당기관에서 파견한 직원이 환자의 거주지에 직접 와서 상태를 확인한다.

신체적으로 상해를 입거나 현재 치매가 어느 정도 진행되었고 생활에 얼마나 영향을 미치게 되는지 확인한다. 항목은 총 52가지와 특기사항을 기준으로 조사한다. 52가지 중에는 신체, 인지, 행동변화, 간호처치, 재활로 5가지를 중심으로 조사한다.

① 신체기능은 의상을 갈아입거나 식사하고 화장실, 씻는 행위 등이 있다. 여기서만 12가지 항목이 있다.

② 인지는 현재 날짜나 자신에 대한 기본정보, 의사소통 능력, 상황 판단력 등을 살펴본다.

③ 행동변화는 환각이나 환청증세가 있는지 확인하고 정신적인 불안감을 표현하고 있는지 여부를 주로 확인한다. 길을 잃는 것도 행동변화 중 하나로, 불안 증세가 있는 분들은 물건을 망가트리거나 숨기는 행동 등을 살펴본다.

④ 간호처치와 재활

　　위 내용을 중심으로 나온 결과지는 우편으로 발송되며, 이를 들고 병원에 방문하여 제출하면 된다. 65세 이상인 경우에는 신청서만 제출해도 무방하며, 65세 미만인 경우 신청서는 물론 의사소견서도 같이 제출할 필요가 있다.

제4절   실손의료보험(實損醫療保險)

1. 실손의료보험의 개념

실손의료보험이란 보험가입자가 질병이나 상해로 입원 또는 통원치료 시의 의료비로 실제 부담한 의료비를 보험회사가 보상하는 상품이며 건강보험을 말한다. 이 보험은 실제 손실을 보장한다. 즉, 국민건강보험법에 의해 발생한 의료비 중 환자 본인이 지출한 의료비를 보험가입금액 한도 내에서 보장하는 보험이며, 정식 명칭은 의료실비보험이다.

국민건강보험 급여 항목 중 본인부담액과 법정 비급여 항목의 합계액에서 자기부담금을 공제한 후 지급한다. 실손의료보험은 자기부담금 설계 방식에 따라 표준형, 선택형Ⅱ 중에 가입자가 선택할 수 있다.

생활하면서 중병에 걸리거나 큰 사고를 당하게 되면 막대한 의료비가 발생된다. 이때 실손의료실비보험은 국민건강보험에서 보장하지 않는 의료비에 대해 보장해준다. 의료실비보험은 보험기간이 1년인 상품으로 매년 보험료가 변하는 갱신형 보험이 대부분이다.

15년마다 재가입이 필요하며 갱신과 재가입을 통해 최대 100세까지 보장받는다.

실손의료보험은 개인이 병원이나 약국에서 지출한 의료비를 일정 금액 보장해주는 보험이다. 예전에는 의료비를 전액 보장해주거나 내가 낸 의료비보다 더 많이 보장해주는 보험도 있었으나 이제는 그런 보험은 없고 보통 본인부담금을 공제하고 일정 금액만 보장해준다. 실손의료보험은 일부 비갱신 보험과 달리 질병에 걸릴 위험률과 보험금 지급 실적 등을 반영해 보험료가 3~5년마다 바뀐다. 나이가 들면 들수록 보험료가 오르며, 보험사에 따라 만 60세 또는 65세까지 가입이 가능하다. 그러나 장기간 납입해야하기 때문에 빨리 가입할수록 유리하다.

2. 실손의료보험의 보험가입 추천 및 개요

요즘에는 거의 대부분 사람들이 실손의료보험에 가입되어 있다. 저자는 개인적으로 다른 건 몰라도 실손의료보험 하나쯤은 꼭 가지고 있어야 한다고 생각한다.

내가 언제 갑자기 아플지도 모르고 병원비가 언제 어떻게 많이 발생될지도 모르기 때문에 이런 상황에 대비해 실손의료보험에 가입되어 있으면 갑작스러운 큰 병원비 지출에도 당황하지 않을 수 있다. 그리고 다른 수술비나 진단비 등 특약을 제외한 '실손의료비' 담보만을 가입하게 되면 보험료도 부담스럽지 않고 저렴하기 때문에 아직 실손의료보험에 가입되어 있지 않은 분들에게는 하루빨리 가입하길 추천한다.

보험 가입자가 실제 부담한 의료비를 보상하는 건강보험. 질병 및 상해로 인해 발생하는 의료비용 중 국민건강보험에서 보장하지 않는 국민건강보험 비급여 부분과 본인 부담금을 보장한다. 실손의료보험의 실손(實損)은 '실제 손실'이란 뜻이다. 줄여서 '실손보험'이라 하며 '의료실비보험' 혹은 '실비보험'이라고도 부른다. 민간 보험사가 운영하며 입원치료와 통원치료를 구분하여 치료 목적의 비용에 대하여 보장한다.

과거에는 의료비를 전액 보장하는 상품이 많았지만 2009년 10월 이후엔 표준화 작업을 통해 의료비의 90%만 보장하는 상품이 출시되고 있다. 보험사들이 2020년 실손의료보험료 인상을 위해 고지문을 고지하는 등 사전 작업에 착수했다. 보험사들은 손해율을 고려해 15~20% 수준의 실손보험료 인상을 추진 중인데, 정부 협의에 따라 인상률 조정이 이뤄질 전망이다.

2016년 6월 기준 전 국민의 약 65%인 3,296만 명이 가입하여, 단일 민간 보험 상품 가운데 최고의 가입자 수를 확보한 것으로 알려졌다. 2017년 4월부터는 기본형과 특약형으로 구분되어, 도수치료, 체외충격파치료, 증식치료, 비급여 주사제, 비급여 MRI 검사 등은 특약형을 신청해야 보험금이 지급되도록 했다.

3. 실손의료보험의 특징

실손의료보험은 정해진 금액이 아닌, 실제 치료에 들어간 비용을 보상받는다. 국민건강보험 비급여 부분인 입원실 비용의 80%를 보장받거나, 선택형 가입 시 90%를 보장받는 식이다. 이와 달리 보험 약관에 따라 정해진 금액을 지급하는 상품은 정액형 보험이라 한다. 국민건강보험공단이 운영하는 국민건강보험과 달리 실손의료보험은 민간 보험사가 운영한다.

4. 실손의료보험의 보장내용

실손의료보험은 입원치료와 통원치료를 구분해 보장한다. 입원보장과 통원보장은 각각 질병과 상해의 두 가지로 구분해 총 4개의 담보로 구성한다. 기본적으로 입원·통원 치료비를 보장하지만, 치료 목적이 아닌 입원이나 예방접종, 건강검진 비용 등은 보상하지 않는다. 단 의사의 임상적 소견을 받아 치료 목적으로 검사한 비용은 보상이 가능한 경우도 있다. 특약형의 경우 후유장해나 사망 등의 항목을 보장하는 상품도 있다. 2016년부터는 실손의료보험 보장범위가 확대되어, 치매와 우울증, 조울증, 공황장애, 틱장애, 주의력결핍과잉행동장애, 외상 후 스트레스 장애 등 증상이 명확한 정신질환이 보장 대상에 포함되었다.

5. 실손의료보험의 보험료

실손의료보험 상품은 매년 보험료가 오르는 갱신형 보험이 일반적이다. 가입 대상과 보장 금액, 지급 기준 등 세부 사항은 보험사에 따라 다르다. 가입 연령은 최대 65~70세 정도로 나이가 많을수록 가입이 제한되거나 보험료가 오른다. 65세 이상 고령층을 대상으로 하는 실손의료보험 상품은 '노후 실손의료보험'이라 한다. 노후 실손의료보험은 일반 실손의료보험보다 가입자가 내는 자기부담금이 크다.

6. 어느 보험회사의 실손의료보험으로 가입해야 하나?

아마 가장 많은 분들이 궁금해하시는 부분이 바로 이 질문일 것이다. 실손의료비를 가입해야 하는 건 알겠는데 판매하는 회사가 많으니 어느 회사의 상품으로 가입해야 하는지 고민스러울 것이다.

결론부터 말하자면, 가장 저렴한 실손의료비를 판매하는 회사로 가입하면 된다.

사실 실손의료보험은 2009년 10월 이후로 표준화가 되면서 보장 내용이 어느 회사든 동일하다. 차이점은 회사마다 계약 안에 실손의료비 보험 외에 같이 끼워져 있는 특약이나 담보 내용이 다르다.

예를 들어

	보장내용
A회사	실손의료보험 + 암진단비 + 뇌출혈진단비
B회사	실손의료보험 + 골절수술비

위와 같이 A회사와 B회사 계약이 있다고 가정하면 두 회사의 계약 내용은 다르지만 그 계약 안에 자리 잡고 있는 '실손의료보험'은 보장내용이 동일하다. 그러니 진단비나 수술비 등 특약 없이 그냥 '실손의료보험'만 가입한다면 어느 회사든 보장내용은 동일하기 때문에 가격을 비교해보고 가장 저렴한 회사로 선택하시면 된다(물론 다른 진단비나 수술비 등 보장을 받고 싶어서 같이 가입하는 경우에는 내용이 달라질 수 있다).

저렴한 실손의료보험을 찾는 방법은 매우 다양하지만, 인터넷 검색창에 실손의료보험 비교를 검색하면 바로 비교해볼 수 있는 사이트가 조회되니 해당 사이트에 나이 등 간단한 정보를 입력하여 비교해보는 방법이 가장 빠르다고 생각된다. 한 가지 팁은 아무래도 설계사를 통해 가입하는 것보다는 다이렉트로 가입하는 것이 저렴할 것이다. 많은 사람들이 큰 병원비 지출에 걱정 안 하도록 실손의료보험에 가입하여 혜택을 받기 바란다.

7. 실손의료보험의 제도개선

실손보험에 대한 제도개선도 지속적으로 이루어졌다. 2016년 12월 금융위원회와 보건복지부, 금융감독원은 실손보험 제도 개선 방안을 발표했다. 이에 따르면 2017년 4월부터 실손보험은 '기본형'과 '특약형'으로 구분된다. 실손보험료 상승의 주된 요인이었던 도수치료, 체외충격파치료, 증식치료, 비급여 주사제, 비급여 MRI 검사 등 5가지 진료는 원하는 사람에 한하여 보험료를 추가로 납부하고 보장받는 특약으로 분리했다. 특약형 상품은 가입자의 자기부담비율을 기존 20%에서 30%로 높이고 특약 이용 횟수도 제한된다. 기본형 실손보험에 가입하면 5가지 진료행위에 대한 보험금을 받을 수 없으나, 대부분의 질병·상해치료를 보장받을 수 있으며, 보험금은 40세 남성·여성 기준으로 26.4% 저렴해질 것으로 예상되었다. 보험 가입 후 2년 동안 한 번도 보험금을 청구하지 않은 가입자에겐 다음해의 보험료가 10% 할인 적용된다. 보험금의 청구도 보험사의 모바일 애플리케이션을 통해 청구할 수 있다.

8. 최근의 실손의료보험

최근 2017년 4월 이후로 실손의료보험이 개정되면서 [기본형]과 [선택형]으로 나뉘어 판매되고 있다. [기본형]만 가입한 사람은 [선택형]에 해당되는 치료를 받았을 경우 보장받을 수 없다.

[선택형]은 특약 3개로 이루어져 있으며, 아래와 같다.
　　특약 ① – 비급여 도수치료, 체외충격파, 증식치료
　　특약 ② – 비급여 주사료(항암제/항생제/희귀 의약품 제외)
　　특약 ③ – 비급여 MRI(급여 적용된 MRI는 제외)

기존 실손의료보험에서는 치료를 분리하지 않고 본인부담금을 제외한 의료비를 보장해주었는데, 개정된 실손의료보험에서는 분리된 특약 3개에 해당하는 치료에 대해서는 기존보다 높은 본인부담금을 적용하기 때문에 더 적은 금액으로 보장받고 횟수 제한도 생겼다.

실손의료보험은 지금까지 계속 개정되었다. 그리고 개정될 때마다 본인부담금은 커지고 보장되는 금액은 줄어들었다.

앞으로도 실손의료보험은 개정될 것이고 높아지는 손해율로 인해 본인부담금은 지금보다 더 커질 것이다. 그래서 실손의료보험이 가입되어 있지 않은 분들은 지금보다 본인부담금이 더 커진 상품으로 바뀌기 전에 빨리 가입해야 한다고 추천한다.

9. 실손의료보험의 상품구조 및 보장내용

(1) 표준형 단독실손의료보험(상해·질병 공통): 기본형

입원: 보상대상의료비의 80% 해당액 보상

통원: ① 외래(1회당)

보상대상의료비에서 병원규모별 1~2만원과 보상대상의료비 20% 중 큰 금액 공제 후 보상

② 처방조제비(1건당)

보상대상의료비에서 8천원과 보상대상의료비의 20% 중 큰 금액 공제 후 보상

특약

① 도수치료·체외충격파치료·증식치료

보상대상의료비에서 2만원과 보상대상의료비의 30% 중 큰 금액을 차감한 금액

② 비급여 주사료

보상대상의료비에서 2만원과 보상대상의료비의 30% 중 큰 금액을 차감한 금액

③ 비급여 자기공명영상진단(MRI/MRA)

보상대상의료비에서 2만원과 보상대상의료비의 30% 중 큰 금액을 차감한 금액

(2) 선택형Ⅱ 단독실손의료보험(상해·질병 공통) : 기본형

입원: 보상대상의료비중 급여 본인부담금의 90% 해당액과 비급여의 80% 해당액 보상

통원: ① 외래(1회당)

보상대상의료비에서 공제금액(병원규모별 1~2만원과 공제기준금액(보상대상의료비의 급여 10% 해당액과 비급여 20% 해당액의 합계액)중 큰 금액)을 공제 후 보상

② 처방조제비(1건당)

보상대상의료비에서 공제금액(8천원과 공제기준금액(보상대상의료비의 급여 10% 해당액
과 비급여 20% 해당액의 합계액)중 큰 금액)을 공제 후 보상

특약

① 도수치료·체외충격파치료·증식치료

보상대상의료비에서 2만원과 보상대상의료비의 30% 중 큰 금액을 차감한 금액

② 비급여 주사료

보상대상의료비에서 2만원과 보상대상의료비의 30% 중 큰 금액을 차감한 금액

③ 비급여 자기공명영상진단(MRI/MRA)

보상대상의료비에서 2만원과 보상대상의료비의 30% 중 큰 금액을 차감한 금액

• 실손형보험과 정액형보험의 차이

실손형은 입원 또는 통원을 통해 치료를 받았을 때, 실제로 본인이 지출한 의료비를 보험가
입금액 한도 내에서 지급하는 보험이며, 정액형은 치료비 규모와 상관없이 보험사고가 발생
하면 계약당시 보상하기로 약정한 금액을 보험금으로 지급하는 보험이다.

구 분	실손보험	정액보험
보험목적	실제발생 비용손해(금액으로 측정가능)	질병 또는 재해(금액으로 측정 부적절)
보상금액	일정한도 내에서 실제 부담한 금액	사전에 약정한 금액
보상범위	포괄주의(보상하지 않은 항목 열거)	열거주의(보상하는 항목 열거)
다수계약 가입시 처리	각 계약의 지급액 합이 실제로 부담한 금액을 초과하지 않도록 비례보상	중복에 관계없이 각 계약의 사전약정금액을 보상

(3) 단독실손의료보험 보장내용 및 가입금액

기본형

구 분		지급사유	가입금액	
상해	입원	피보험자가 상해로 인하여 병원에 입원하여 치료를 받은 경우	1/3/5천만원	
	통원	외래: 피보험자가 상해로 인하여 병원에 통원하여 치료를 받은 경우 처방: 피보험자가 상해로 인하여 병원에 조제비: 통원하여 처방조제를 받은 경우	합산 30만원 한도	5/10/15/20/25 만원
질병	입원	피보험자가 질병으로 인하여 병원에 통원하여 치료를 받은 경우		5/10/15만원
				5/10/15/20/25 만원
	통원	외래: 피보험자가 질병으로 인하여 병원에 통원하여 치료를 받은 경우 처방: 피보험자가 질병으로 인하여 병원에 조제비: 통원하여 처방조제를 받은 경우	합산 30만원 한도	5/10/15만원

특 약

구 분	지급사유	가입금액
도수치료·체외 충격파치료·증식치료	피보험자가 상해 또는 질병의 치료목적으로 병원에 입원 또는 통원하여 비급여도수치료 체외충격파치료 · 증식치료를 받은 경우	350만원 (입 · 통원 합산 최대50회)한도
비급여 주사료	피보험자가 상해 또는 질병의 치료목적으로 병원에 입원 또는 통원하여 비급여에 해당하는 주사료를 부담하는 경우	250만원 (입 · 통원 합산 최대50회)한도
비급여 사기공명영상	피보험자가 상해 또는 질병의 치료목적으로 병원에 입원 또는 통원하여 비급여 지기공명영상진단을 받은 경우	300만원 한도

찾아보기

참고문헌

이용욱, 보험계약법, 고시아카데미, 2019

이용석, 피보험이익론, 학현사, 2019

정형익 · 김광준, 보험업법, 고시아카데미, 2019

이경재, 포인트 보험계약법, 보험연수원, 2016

김창기, 보험학원론, 문우사, 2015

김희길 · 김도현, 보험론, 탑북스, 2015

황정봉, 보험학원론, 대왕사, 2013

손순형 · 홍미경, 위험관리와 보험, 세학사, 2012

김동훈, 보험론, 학현사, 2011

이경룡, 보험학원론, 영지문화사, 2011

삼성생명보험(주) 및 생명보험협회 자료

삼성화재보험(주) 및 손해보험협회 자료

보험개발원 자료

보험연수원 자료

최상언

계명대학교 경영대학원 졸업(금융보험학 전공)
前 삼성그룹 삼성생명보험(주) 융자 과장, 교육소장, 지점장 역임
前 삼성생명보험 대구금아(주) 임원 및 지점장 역임
現在 그린스펙(주) 사외이사(경영자문 및 기타)
現在 리치매니지먼트 대표
現在 계명문화대학교 경영학부
    (담당과목: 보험학 및 보험계약론, 회계원리, 원가관리회계, 기타)

보험학개론

초판발행	2020년 8월 30일
중판발행	2024년 9월 3일
지은이	최상언
펴낸이	안종만·안상준
편 집	전채린
기획/마케팅	장규식
표지디자인	이미연
제 작	고철민·김원표
펴낸곳	(주)박영사
	서울특별시 금천구 가산디지털2로 53, 210호(가산동, 한라시그마밸리)
	등록 1959. 3. 11. 제300-1959-1호(倫)
전 화	02)733-6771
f a x	02)736-4818
e-mail	pys@pybook.co.kr
homepage	www.pybook.co.kr
ISBN	979-11-303-1083-1 93320

copyright©최상언, 2020, Printed in Korea

정 가   29,000원